Exercices géopolitiques pour l'Union Européenne

Les puissances et leurs différends

Nicolas Bárdos-Féltoronyi

Exercices géopolitiques pour l'Union Européenne

Les puissances et leurs différends

L'HARMATTAN

© L'Harmattan, 2010
5-7, rue de l'École-Polytechnique ; 75005 Paris

http://www.librairieharmattan.com
diffusion.harmattan@wanadoo.fr
harmattan1@wanadoo.fr

ISBN : 978-2-296-11803-4
EAN : 9782296118034

PRÉFACE

Des crises multiples se succèdent dans le monde. Crise bancaire imputable à la crise de régulations étatiques partout. Crise financière liée à l'endettement extérieur des EUA, supérieur à celui de l'ensemble du monde. Crise idéologique due à la chute des idées néo-libérales et néo-conservatrices. Crise géopolitique devenue perceptible grâce à la géographie des conflits, notamment dans la Caucasie méridionale. C'est bien dans ce cadre que s'inscrivent les exercices que je propose et qui visent à éclairer les dimensions variées de la géopolitique.

Certes, comparaison n'est pas raison. Mais, voulant m'exercer en géopolitique dans le but précité, rien ne m'empêchera de songer de prime abord à une série d'analogies afin de me faire comprendre.

Voici un couple dans un lit à deux, c'est-à-dire dans un lit «parisien». Tantôt le bonheur, tantôt l'horreur. Après des moments de joies, les voici devant le fait que l'Autre, toujours l'Autre, occupe les trois-quarts du lit ou tire constamment la couverture à soi. Quelle épouvante son ronflement discret mais constant et lancinant. Et ses «cris et chuchotements» dans le sommeil sont effrayants. Tout autre cas mais combien significatif, je pense à ces différends si fréquents de voisinage dont les causes sont multiples : bruits de toutes sortes, déplacements sournois des clôtures, bavardages troublants entre voisins, jets incessants de détritus, cris d'enfants ou de parents, atteintes flagrantes à mes droits de propriétaire, etc.

Dois-je faire allusion aux tensions constantes entre ville et campagne, entre capitale et provinces ou entre régions ? Prenez le cas de la Belgique : trois régions, trois communautés culturelles, onze provinces et un Royaume fédéral. Les conflits demeurent constants entre eux pour des raisons territoriales et budgétaires, mais aussi pour élargir des zones d'influence linguistiques et des compétences. Manipuler les représentations variées des uns des autres s'avère évidemment aisé. Les procès d'intention restent sans nombre entre les politiques de diverses entités et toujours à propos d'Autrui, d'autres régions ou communautés.

Ainsi va-t-il de la géopolitique sur le plan international ou interétatique. Basé sur les rapports de force de chacun, le bonheur s'appelle *la coopération* ou l'alliance entre pays, tandis que *le conflit* ou la guerre correspond à des différends portant sur des territoires ou des frontières, sur des idéologies ou des cultures opposées ou représentées comme telles, sur des zones d'influence ou d'intérêt, des configurations ou des positions géographiques, des contrôles des richesses naturelles ou des voies de communication, etc. Les exercices qui sont proposés ici, se limitent à n'aborder que
• les rapports de force entre États ou fédérations d'États,
• la position des régions variées du monde eurasiatique,
• les enjeux géo-économiques et ceux de la parole.

Il s'agit des propos qui situent l'UE par rapport à l'ensemble *eurasiatique* et s'inscrivent dans une vision concentrique autour d'elle. Il est question d'exercices et pas d'études exhaustives et définitives, *d'exercices diversifiés* tant dans la forme que dans le contenu, selon les contrées envisagées et selon les objectifs poursuivis ! Les propos théoriques du chapitre introductif qui visent à proposer une grille d'analyse géopolitique, précèdent les exercices proprement dits. Leur lecture n'est pas indispensable ni un préalable, mais simplement utile pour les non initié-e-s. La grille d'analyse qui y est proposée, reste indicative, évolutive et non arrêtée.

Les exercices se proposent comme des étapes dans une recherche perpétuellement inachevée ! Resitués dans un ensemble géopolitique, ils examinent les données et les événements récents dans l'optique des *problématiques suivantes* :

- l'adhésion, l'association ou l'intégration de certains pays eurasiatiques est-elle possible, probable ou souhaitable à l'UE ; il s'agit donc d'analyser ces différents modes d'élargissement de cette dernière ;
- dans ce contexte, c'est aussi étudier les mutations géopolitiques du continent eurasiatique qui seraient susceptibles d'avoir un impact sur l'UE ;
- enfin, il s'agit de fournir des éléments d'appréciation dans la perspective de la définition d'une géostratégie de l'UE dans le contexte du continent eurasiatique.

La problématique géopolitique qu'entretiennent la Russie, le Japon[1] et les EUA dans leurs rapports complexes et mouvants avec l'UE demeure ici constamment sous-jacente. Selon moi, elle nécessite, dans le cas de chacun de ces pays, tout un ouvrage pour étudier à fond ! L'imbroglio du Proche et du Moyen-Orient n'est pas abordé. La situation des infrastructures de communication au sens large du terme (routes, chemins de fer, satellites, conduites, etc.), ainsi que celle des océans, des mers et passages maritimes ne sont pas non plus étudiées en particulier. La géopolitique en termes d'accès à l'eau ou aux matières premières énergétiques est suffisamment évoquée par ailleurs en langue française en raison du cas du Proche-Orient dont la Palestine[2], de l'Afrique et de l'Inde[3]. La privatisation de la violence dite légitime, autrement dit le mercenariat privé organisé sous forme de multinationale a récemment été soumise à des analyses approfondies[4].

---

1. Pour ces deux pays, je recommande l'ouvrage d'Yves LACOSTE, *Géopolitique - La longue histoire d'aujourd'hui*, Larousse, Paris, 2006, ainsi que Pascal MARCHAND, *Atlas géopolitique de la Russie, puissance d'hier, puissance de demain ?*, Autrement, Paris, 2007.
2. Grâce à l'usage de la force physique, chaque citoyen-ne israélien-ne peut utiliser neuf fois plus d'eau que chaque Palestinien-ne.
3. Les multinationales Coca-Cola et Pepsi Cola consomment en Inde une quantité telle d'eau que les habitant-e-s concerné-e-s n'en ont plus du tout à suffisance.
4. Voir BROMWICH, David, «Euphemism and American Violence», in : *The New York Review*, 3.4.2008 ; CONESA, Pierre, Modernes mercenaires de la sécurité, in : *Le Monde diplomatique*, avril 2003; RENOU, Xavier, *Privatisation de la violence - Mercenaires & sociétés militaires privées au service du marché*, Agone, Marseille, 2006 ; ROBERT, Adam, *The Wonga Coup*, Profile Books, Londres, 2006 ; VIGNAUX, Barbara & François DOMINGUEZ, «La nébuleuse des mercenaires français», in : *Le Monde diplomatique*, août 2003.

Tant du point de vue méthodologique que du degré d'approfondissement, la diversité de ces exercices apparaîtra grande. Elle comporte sans doute un avantage en termes pédagogiques. Elle met en évidence la nécessité d'adapter constamment la manière d'aborder des questions qui se présentent. Chaque exercice est brièvement introduit pour en expliquer la portée et éventuellement indiquer les conditions dans lesquelles il a été établi. La plupart d'entre eux ont été rédigés pour le présent ouvrage, ne fût-ce que dans leurs versions finales. Fondamentalement, ils sont *destinés à des étudiant-e-s de maîtrise, à des chercheur-e-s qualifié-e-s et au grand public intéressé*[5].

Comme n'importe quel analyste ou commentateur, l'auteur de ces exercices est évidemment biaisé par ses orientations propres qui, probablement, proviennent entre autres de ses origines hongroise et chrétienne, de son mode de pensée régulationniste et de ses options écolos. Il participe activement aux travaux et animations de Pax Christi Wallonie-Bruxelles, mouvement catholique de paix.

Outre les ouvrages cités au bout de chaque thème envisagé dans les «bibliographies spécifiques», ainsi que dans la Bibliographie générale, chacun est notamment nourri à partir des informations parues dans le *Financial Times*, *La Libre Belgique*, *The Baltic Times*, *Courrier des Balkans*, *Népszabadság* (le plus important quotidien hongrois), *INFO-TÜRK* et surtout le *Neue Zürcher Zeitung*, ainsi que sur base de celles publiées dans des hebdomadaires et dans des revues spécialisés, ou qui figurent dans diverses revues de presse.

Sauf indication contraire, les données figurant dans les tableaux proviennent de *CIA - The World Factbook* qui reste une source d'information par trop biaisée, quoi qu'établie par des autorités politiques des EUA[6]. La cartographie s'appuie principalement sur Google[7]. Afin d'alléger au maximum le présent ouvrage, j'ai renoncé à introduire des références bibliographiques dans le corps du texte en les réservant aux «bibliographies spécifiques» figurant à la fin de chaque exercice et à me référer à mes propres publications qui n'apparaissent que dans la seconde partie de la «Bibliographie générale».

La structure de l'ouvrage s'inspire des préoccupations successives ou logiques de l'UE ou de l'auteur. Néanmoins, elle pourrait apparaître comme quelque peu arbitraire. Aussi est-il utile d'en fournir, à titre indicatif, des justifications dès à présent. Après le chapitre introductif dont il est déjà question ci-dessus et pour débuter, il s'imposa de traiter deux questions de départ : pour situer l'UE de «l'extérieur», il fallait se demander comment se dessine le système des grandes puissances aujourd'hui, alors

---

5. Quant au niveau de *baccalauréat*, je recommande l'ouvrage fort pédagogique en deux parties dont beaucoup de sections peuvent servir à l'initiation aux études géopolitiques : VICTOR, J.-C., Virginie RAISSON & Frank TÉTART, *Le dessous des cartes. Atlas géopolitique*, vol. 1, ainsi que *Le dessous des cartes Atlas d'un monde qui change*, vol. 2, ARTE-Tallandier, Paris, respectivement 2005 et 2007.
6. Les données en $ sont converties en €, sur base de $ 1,25 = € 1.
7. http://www.1001maps.fr/index.php?page=019.

que, pour la fixer de «l'intérieur», l'interrogation devait porter sur les limites, les frontières et la portée de l'UE. Cette analyse est poursuivie par celle d'un espace qui représenterait un «vide géopolitique[8]» : trois pays coincés entre l'UE et la Russie, auxquels les EUA s'intéressent également. À quelle zone d'influence appartiendront-ils ?

En ce qui concerne les territoires situés de la mer Méditerranée jusqu'aux confins de la Russie et de la Chine, des discussions semblables se présentent en termes géopolitiques et, par conséquent, des «grands jeux» s'y déroulent et méritent examen. Il y a des candidats pour devenir une grande puissance ou du moins une puissance régionale dont on tient compte et il faut aussi les examiner. Il s'ensuivra un examen de quelques «cas géo-économiques», précédé d'une définition de la dimension spécifiquement socio-économique de la géopolitique, de celle de la géo-économie. Pour terminer, on fera une tentative de cerner quelques cas géoculturels. La table des matières détaillée constitue un guide pour le lecteur.

Dans un souci d'économie, la disposition de l'ouvrage consiste à faire figurer un tiers environ des exercices sous forme imprimée dans ce livre et le restant au site de l'auteur : www.bardosfeltoronyi.eu. C'est à ce site que le lecteur est simplement renvoyé.

*

C'est ici enfin qu'il convient de remercier tous ceux qui m'ont aidé à mener à bien cette présentation d'exercices : nombreux collègues, étudiants, amis, auditeurs ou téléspectateurs et bien d'autres. Toutes leurs contributions y apparaissent sous une forme ou une autre, sans qu'ils en portent une quelconque responsabilité. Mes remerciements tout particuliers vont à Madame Marie van Zeebroeck qui, avec beaucoup de délicatesse, a bien voulu améliorer les textes, voire simplement les rendre lisibles en langue française !

*

Voici le sommaire du livre :

CHAPITRE INTRODUCTIF : Pour une grille d'analyse
PARTIE 1 : Comment situer l'UE dans le monde ?
PARTIE 2 : Des situations «entre deux» : pays plats de transit
PARTIE 3 : Objet des «grands jeux» différenciés
PARTIE 4 : Autres grandes puissances : avérées, virtuelles ou potentielles
PARTIE 5 : Cas géo-économiques
PARTIE 6 : Cas géoculturels

---

8. Qui, selon moi, n'existe jamais dans ce bas monde !

Chapitre introductif :
Pour une grille d'analyse

D'emblée, il faut clarifier un point de vocabulaire essentiel en vue de la suite. Le vocable «géopolitique» lui-même est équivoque et prête à confusion. Dans le langage courant, il tendrait à désigner une action ou une activité. Par contre, dans l'usage scientifique, il désigne une discipline analytique d'interprétation et de compréhension de certains faits politiques qui s'inscrivent dans l'espace et le temps. Une application éventuelle en termes normatifs et prévisionnels, voire d'action, devient possible par ce que l'on peut appeler la *géostratégie*. De cette façon, on peut nettement distinguer entre la géopolitique et la géostratégie, cette dernière restant évidemment une pratique des gouvernants, des militaires et des diplomates. Certes, l'observation des géostratégies de divers acteurs fait néanmoins l'objet de la «science géopolitique».

Une discipline interdisciplinaire

Pour créer une grille d'analyse géopolitique applicable à des situations variées dans le monde, il nous faudra élucider un certain nombre de notions telles que la ou le politique, l'espace et le temps, l'État et les multinationales dans le contexte international. La géopolitique emprunte inéluctablement des connaissances

- au géographe politique,
- à l'économiste qui s'occupe du domaine international,
- au militaire d'état-major
- au diplomate chevronné et
- bien sûr au politologue.

Au géographe, elle empruntera ses conceptions de l'espace et le temps. De l'économiste, elle retiendra la notion des banques et firmes multinationales ainsi que leurs stratégies. Du militaire, elle saisira l'importance des questions de la stratégie, de la guerre ou des armes ainsi que de l'invasion, de l'occupation et du maintien ou de l'imposition de la paix. Du diplomate, elle apprendra la portée des négociations, des conciliations, des arbitrages dont l'aboutissement permet d'éviter ou d'éluder la guerre. Enfin, du politologue, elle retiendra un grand nombre de connaissances comme la suite le montrera. D'où, le risque réel de confusions interdisciplinaires qui mérite clarification. Il s'agit, par ailleurs, d'une étude plus complexe que compliquée. Elle fait apparaître, d'une façon systématique et communicable, les principales données et les mécanismes primordiaux de situations qui, au premier abord, semblent confuses et inextricables.

De quoi s'agit-il en vérité ?

Avant d'aborder les notions de base, la discipline elle-même doit donc être définie. En toute première approche, on peut considérer que, en se référant à Yves Lacoste, la géopolitique correspond à «l'analyse des rivalités de pouvoirs sur des territoires, en confrontant les point de vue des différents protagonistes et en accordant une attention précise à l'idée qu'ils se font chacun de leur propre nation et de son territoire». En élargissant le terme de «territoires» à la notion d'«espaces», la géopolitique étudie, d'après moi, les rapports entre *les données naturelles* ou *de représentations* et la stratégie des États ou d'autres acteurs institutionnalisés, ainsi que les rapports de force entre ces acteurs dans l'espace et le temps en fonction d'*enjeux* variés. En termes géopolitiques, le temps comme l'espace sont considérés comme des *moments* et des *champs d'exercice du pouvoir, de l'autorité ou de la puissance*. Les espaces d'affrontements ou de rivalités y côtoient des zones de *coopération* ou d'alliances, tandis que les temps de guerres alternent avec des périodes sans *conflits*.

Les données naturelles ou les représentations prises en compte seront telles que la manière de pratiquer de la géographie, l'attachement national, les climats, les convictions religieuses ou d'autres idéologies, les reliefs, la compréhension de l'histoire et de la tradition, l'hydrographie, la Culture ou la langue. Ainsi, la géo-économie et la géoculture sont respectivement les dimensions socio-économiques et culturelles de la géopolitique. Aussi convient-il, bien entendu, d'écarter tout matérialisme ou un déterminisme géographique qui ne tiendrait pas compte des processus socio-économiques et des discours en jeu. Quant aux *acteurs institutionnalisés*, il faut prendre en considération des protagonistes aussi variés que les États, les Églises, les multinationales, les institutions internationales, les groupes mafieux, les ONG, etc. Enfin, les enjeux peuvent être territoriaux, idéologiques, économiques et bien d'autres à partir des buts que les acteurs se donnent.

Exerçant un pouvoir dans le cadre d'une institution, les divers *acteurs* s'enracinent et se développent nécessairement dans l'espace géographique. De même, ils ne peuvent éviter de s'inscrire et d'évoluer dans le temps, du passé au présent. Simultanément, tant le temps que l'espace ont une nature humaine, c'est-à-dire historique et géographique. Ni l'un ni l'autre n'existerait sans l'homme. L'humanité se donne ainsi un temps historique et un espace géographique. Elle le fait dans le concret comme dans l'imaginaire. Parmi les acteurs institutionnels, on privilégiera ici les États ou les fédérations d'États, telle l'UE, les banques et entreprises multinationales, quelques organisations dites non gouvernementales comme les Églises ou des mouvements associatifs.

La *stratégie des acteurs,* étatiques ou non, produit un réseau dense mais évolutif des rapports de force : frontières, zones d'influence, rayons d'action, voies de communication. De cette façon, elle détermine les conditions variées de *sécurité* dans le temps et dans l'espace territorial, économique ou spirituel. Parler en termes de stratégies correspond à l'idée que les relations internationales, les conflits, la sécurité, la force ou la puissance, les alliances, etc., ne tombent pas du ciel et relèvent naturellement de ce que font les personnes, les communautés, les États, etc., en vue d'atteindre tel ou tel objectif ou but.

Il n'y a pas de «définition classique de la sécurité» car la définition elle-même est un enjeu géopolitique. Il suffit de voir que le choix du thème «terrorisme» enclenche une question de sécurité totalement différente en Afghanistan ou en Irak d'une part, et aux États-Unis d'autre part, par exemple en termes du nombre de tués et de blessés ou en termes de croissance et de destructions socio-économiques. Il faudra, par ailleurs, traiter *la sécurité et le risque* internationaux, entre autres, eu égard à la «privatisation» dans le monde, tel que le développement du mercenariat privé multinational dont l'expansion est fulgurante ces dernières décennies (près de la moitié du personnel américain en Irak est fourni par ces nouvelles multinationales à partir de 2003)[9].

En fonction des buts, des valeurs, des intérêts ou des objectifs, les *enjeux* géopolitiques correspondent à des thèmes bien connus tels que les territoires ou l'espace en général, les voies de communication, les ressources naturelles, les frontières et les populations ou tels que les représentations et les certitudes idéologiques comme les croyances religieuses, le patriotisme ou le nationalisme, les convictions politiques, etc. Les *facteurs* ou les *données* qui comptent en géopolitique correspondent très souvent à ce qui vient d'être évoqué comme enjeu. Prenez la sécurité ! Une fois acquise, la sécurité devient une donnée ou un facteur important.

Les *méthodes* géopolitiques sont nombreuses. La méthode comparatiste pose les mêmes questions à propos de situations plus ou moins analogues. La similitude ou la différence des réponses révèlent fréquemment les éléments les plus significatifs. Les méthodes heuristiques ou dialectiques contribuent à poser de bonnes questions dont dépendent de bonnes réponses, des interprétations sensées. Analyser géopolitiquement un pays, une région du monde, une situation ou un acteur collectif signifie étudier ses rapports de force avec d'autres entités géographiques, spirituelles ou économiques dans le temps et dans l'espace et, ce, avec des méthodes variées.

De la critique aux présupposés

Dans ce cadre, il convient de ne jamais oublier d'appliquer *les principes de la critique historique* : consulter des documents contradictoires, vérifier leur qualité, réfléchir à la vraisemblance des informations, noter les dates successives des documents et leurs auteurs, se méfier des témoins «directs» mais non qualifiés, sans négliger totalement leurs apports comme étant de l'ordre du subjectif ou simplement du ressenti, multiplier les sources d'information[10], etc. On est souvent tributaire de l'information diffusée par les médias qui ont leurs propres sources, leurs allégeances, leurs propres points de vue et leurs présupposés sur les situations. Hélas, l'objectivité n'est pas de ce monde !

Il y a certes des *faits* mais ceux-ci sont toujours, d'une façon ou d'une autre, «représentés», construits et interprétés par des acteurs sociaux, politiques, religieux, cultu-

---

9. BROMWICH, David, «Euphemisme and American Violence», in : *The New York Review*, 3.4.2008 & SCAHILL, Jeremy, *Der Aufstieg der mächtigsten Privatarmee der Welt*, Antje Kunstmann, München, 2008.

10. Grâce aux trois invasions américaines au Moyen-Orient depuis le début des années 1990, on sait que les informations de source américaine ou britannique sont constamment «contrôlées» et leurs maniements sont devenus des armes comme n'importe quelles armes de guerre ! Malgré cela, tout chercheur qui se respecte, ne négligera point ces sources d'information en les restituant par rapport à d'autres.

rels, etc., qui «sélectionnent» les faits indiqués ou rapportés, en en ignorant d'autres. En réalité, la plupart des acteurs mènent leurs propres stratégies et en fonction de cela font subir aux faits des distorsions, des manipulations. Les faits sont «racontés», ce qui souligne l'importance de ce que l'on appelle «la narration». Celle-ci se réfère à des ensembles de récits qui, du point de vue géopolitique, énoncent la relation entre les peuples les uns à l'égard des autres, entre ces peuples et leurs mémoires, par exemples nationales. Cette narration est un fait politique en soi qui construit l'inconscient collectif et la vision de «l'Autre».

En conséquence, il importe d'identifier aussi *nos propres présupposés*. Nous ne sommes pas différents des autres, nous sommes pleins de préjugés ! Ce qui est compliqué dans les exercices géopolitiques, ce ne sont pas tant qu'existent des présupposés ou des préjugés, c'est le fait que nous les ignorons ou que nous ne sommes pas assez conscients des nôtres ou de ceux des autres, ou pis, nous les passons sous silence. La communication, le débat et… un peu d'humilité scientifique peuvent révéler leur grande utilité en pratiquant la géopolitique. C'est pour cette raison qu'il convient aussi d'élucider explicitement les fondements de nos théories et de nos concepts afin que le débat contradictoire devienne possible.

La géopolitique comme une construction est constamment confrontée à la réalité non moins construite. Elle rencontre néanmoins un autre obstacle aussi. Le commun des mortels, les politiques et même les politologues ne font que malaisément la part entre *ce qui est* et *ce qui est souhaité, voulu ou poursuivi*, entre la réalité et le souhaitable[11]. Comprendre une situation, un événement ou un fait est tout autre chose que de vouloir les transformer, les façonner ou les modifier. En un mot, il convient toujours de distinguer l'analytique du normatif, dans la mesure du possible.

Mes propres auteurs de référence sont, en ordre alphabétique : S. Amin, R. Aron, B. Badié, R. Blackburn, N. Bobbio, R. Boyer, A. Chauprade, C. von Clausewitz, P. Gowen, G. Kennan, P. Kennedy, Y. Lacoste, A. Lieven, R. Luxemburg, I. Mészáros, J. B. Metz, C.-A. Michalet, G. Orwell, F. Perroux, S. Rosière, L. Rühl, C. Schmitt, T. Thual, C. Vandermotten, I. Wallerstein, tandis que mes revues préférées restent indiscutablement *LIMES*, *Hérodote*, *New York Review*, *Le Courrier des Balkans*, *New Left Review* ou *BELGEO*. Ces auteurs et revues reflètent des visions du monde, à l'exclusion d'autres. Leurs présupposés, valeurs et buts en font autant. Ceux-ci, comme leur vision du monde, correspondent aux miens. Que le lecteur le sache !

Un exemple typique d'une opinion et d'un présupposé personnels

L'hypothèse de fond pour moi correspond ainsi à admettre l'observation du déclin structurel mais relatif des EUA. Cette position n'exclut guère la reconnaissance du

---

11. C'est la raison pour laquelle il s'avère si difficile d'avoir recours à la littérature existante dont les auteurs résident dans les pays qui sont des grandes puissances. Hélas, c'est le cas manifeste des auteurs américains. Dans n'importe lequel des courants géopolitiques aux EUA règne la conviction profonde que les idéaux, les valeurs et, par conséquent, les buts américains doivent absolument être protégés et soutenus, quelle que soit la situation.

«rêve d'Amérique» de beaucoup d'Européens notamment, depuis le XIXᵉ siècle[12]. Elle ne signifie guère un antiaméricanisme. Elle correspond à la fois à une constatation relativement fondée et une position anti-impérialiste[13]. Cet exemple est fourni ici dans un double but : d'une part, montrer ce que peut être un présupposé fort, même s'il peut être réfléchi et raisonné, d'autre part, s'agissant d'une question de fond, illustrer en théorie et en pratique la portée d'un présupposé dans le cadre du présent ouvrage.

Pour beaucoup, les EUA seraient une puissance hégémonique, quoique non omnipotente, qui justifierait une attitude «pro-atlantiste» qu'alimente encore aujourd'hui la «mémoire des peuples». Pour d'autres, ils seraient une puissance ambivalente et dangereuse, ainsi qu'actuellement en voie d'affaiblissement[14]. Badie & alii leur attribuent «l'illusion unipolaire ou hégémonique» qui ne fait qu'activer «la violence sociale internationale». Pour moi, ils sont, en tout cas, impérialistes, mais en déclin structurel. Partant de ces opinions, il convient naturellement de développer quelques arguments. Remarquons, dès à présent, qu'arguer du déclin structurel mais relatif des EUA n'est autre, dans le cadre du présent ouvrage, que de mettre en évidence en quoi tel ou tel préjugé diffus peut se transformer en présupposé plus ou moins bien explicité. C'est cette transformation que visent les lignes qui suivent. Il est évident qu'un tel débat n'a rien à voir avec un quelconque antiaméricanisme sommaire.

Avant tout, il faut ainsi *rigoureusement distinguer,* dans un État de démocratie représentative tel que les EUA, entre le peuple américain et les autorités de Washington. Le premier exige le respect dans la tolérance alors que les secondes méritent un examen critique. L'un fait référence à l'idée que chaque peuple et sa Culture ne sont pas nécessairement meilleurs ni pires que d'autres. L'autre a trait à des organes politiques et leurs actions qui peuvent être acceptées ou refusées, approuvées ou condamnées, etc., selon les options de chacun. «L'anti-yankeesme» qui actuellement se répand dans le monde prend carrément des accents racistes que je refuse.

1) Depuis le XIXᵉ siècle, les autorités de Washington *se considèrent comme une puissance mondiale* que le monde n'aurait antérieurement jamais vue et qui aurait à y jouer un rôle déterminant. «L'esprit wilsonien» exprime fort bien cette sorte de mes-

---

12. Primo, tous les peuples d'Europe ont connu, dans la deuxième moitié du XIXᵉ siècle, une misère agricole atroce. Des millions et des millions de paysans sont partis vers les EUA à la recherche de terres riches et fertiles. Secundo, de nombreuses personnes persécutées par les régimes nazi ou fasciste, puis soviétique, se sont réfugiées dans ce pays qui représentait, pour eux, un havre de paix. Tertio, tous ceux qui ont craint l'Union soviétique, ont vu dans les EUA un pays qui les défendrait. Quarto, beaucoup considèrent qu'au cours du XXᵉ siècle, les EUA ont trois fois sauvé l'Europe, du moins l'Europe occidentale, face à l'expansionnisme de Guillaume et d'Hitler et du risque d'expansionnisme de Staline. Quinto, plus récemment, l'élite centre-européenne est, en partie, devenue proaméricaine alors qu'elle est, dans sa grande majorité, issue des partis uniques antérieurs.

13. Voir à ce propos LAYNE Christopher, *The Peace of Illusions : American Grand Strategy from 1940 to the Present*, Cornell U.P., Ithaca & Londres, 2006 et GOWEN Peter, A Radical Realist, in : *New Left Review*, sept-oct 2006.

14. Si peu antiaméricain au point que George SOROS écrit : «I see a certain parallel between the pursuit of American supremacy and the boom-bust pattern that can be observed from time to time in the stock market. That bubble is now bursting», in : *The Bubble of American Supremacy : Correcting the Misuse of American Power*, Public Affairs, 2003.

sianisme. Non seulement le peuple américain mais d'autres aussi à travers le monde partagent cette conviction, notamment en Europe. À mon sens, celle-ci n'est pas sans fondement. Les EUA apparaissent, par excellence, comme le pays de la liberté, des terres disponibles et des possibilités sans limites et, peut-être, jusqu'aujourd'hui. Certes, d'autres peuples ou couches de populations les voient comme sources de violence, d'occupation et d'exploitation à travers l'Amérique latine, l'Asie ou au Proche ou Moyen-Orient. À ce propos, on ne peut pas oublier les analyses d'un George Kennan sur l'histoire coloniale des EUA qui se déroule, encore maintenant, devant nos yeux.

Depuis le milieu du XIXe siècle, *la politique d'expansion* des EUA correspond à une triple orientation. D'une part, elle correspond à la constitution du pays même en envahissant les territoires des Indiens et du Mexique. D'autre part, elle remplit le rôle de «libérateur» ; et on songe évidemment aux deux guerres mondiales. Une proportion non négligeable des habitants d'Europe occidentale en est sentimentalement marquée. Au centre de l'Europe, les sentiments s'avèrent plus mélangés : «trahis» pendant des décennies tandis que «sauvés» depuis peu. Enfin, la politique expansionniste vise également à une position dominante dans le monde. Les bases militaires, portuaires et aériennes en témoignent dans plus d'une centaine d'États. Strictement interdit par la Charte de l'ONU rédigée par Washington, le recours fréquent aux menaces et à l'usage de la force constitue d'autres illustrations de ce que l'on appelle les comportements impérialistes des EUA. Quoique ce type de comportement soit réel, il ne se singularise point, dans ce domaine, de celui de la Grande-Bretagne ou de l'URSS qui se sont comportés de la même façon dans le passé, voire se comportent dans le présent.

2) D'après moi, *le déclin y est cependant perceptible* sous la forme de perte d'influence au moins[15]. Un peu arbitrairement, je daterais son début à la fin lamentable de la guerre américano-vietnamienne en 1975. On observe l'avènement progressif mais irrésistible de l'UE et de la Chine depuis cette date tandis qu'à la fin des années 1980, l'implosion de l'URSS ne leur accorde qu'un répit insuffisant. Les multinationales américaines ne représentent à présent qu'un quart des 100 premières entreprises, alors qu'au début des années 1950, elles occupaient encore quatre cinquièmes des places. L'endettement international des EUA totalise une somme supérieure à l'ensemble des dettes extérieures de tous les pays du monde. Leurs échecs militaires au Vietnam sont suivis par ceux en Somalie, au Liban, en Afghanistan et en Irak ces dernières décennies[16]. Les effets de la tornade Katerina en 2005 au sud-est des EUA montrent bien que les structures domestiques manquent de plus en plus d'efficacité en termes d'organisation, de communication et de gestion.

---

15. Voir «Editoriale» de *LIMES*, n°5, 2008,: L'impera senza credito.
16. Lors des préparatifs de l'invasion de l'Irak en 2004, l'armée américaine a eu besoin de neuf mois pour amener ses forces en Irak, alors qu'une de ses flottes gigantesques se trouvait déjà en Méditerranée et qu'elle dispose de nombreuses bases militaires dans les parages. Deux des alliés de longue date, la Belgique et la Turquie refusèrent le transit sur leur territoire, du moins pendant quelques semaines et avant d'avoir trouvé des compromis. Washington a été totalement mal informé sur la situation militaire en Irak. Au moment où j'écris, le pays qui n'est qu'un «nain stratégique» par rapport aux EUA, n'est toujours pas occupé au sens militaire du terme. Il en est de même en Afghanistan où les forces militaires américaines font manifestement défaut et doivent être suppléées par des armées d'autres pays. Que feraient-elles face à la Chine, à la Russie ou l'Inde ? La fameuse doctrine militaire des EUA de pouvoir mener deux guerres classiques en même temps dans le monde ne tient manifestement plus.

Leur position s'ébranle sous l'effet des évolutions telles que le non-respect par un grand nombre d'États de l'embargo contre l'Iran, l'Irak ou la Corée du Nord ; la retraite de l'armée américaine de Somalie ; le renforcement significatif de l'armée japonaise ; le chaos centrafricain ; l'accueil plus que froid du Brésil et des pays du Mercosur («marché commun» sud-américain) à des propositions ou des pressions économiques de Washington ; la distance prise par l'Arabie Saoudite ; la chute de la dictature tant choyée par les EUA en Indonésie ; l'impossibilité de réconcilier l'Ethiopie et l'Erythrée ; etc. Leurs succès dans les Balkans ne sont dus qu'à l'atlantisme européen et à la complicité russe. Pour affronter l'ensemble de ces évolutions, Washington est obligée de créer des bases militaires et d'envoyer des instructeurs militaires américains dans toute l'Europe du centre et du sud-est, ainsi qu'en Asie centrale et en Afrique, mais son armée devient ainsi dispersée et inefficace.

Déclin relatif !

Néanmoins, *ce déclin est relatif et non absolu.* Il n'exclut pas la persistance d'une position de grande puissance, notamment nucléaire ; à ce titre-là, les EUA sont présents et agissent partout. Leur diplomatie s'avère souvent brillante, sauf interférences présidentielles parfois aberrantes. Il reste ceux qui voient dans les EUA l'unique superpuissance et cette représentation favorise aussi la position de Washington. Nonobstant, ils ne doivent être étonnés que d'aucuns les considèrent comme *une puissance impérialiste* remplissant, avec d'autres puissances, un vide géopolitique après la disparition de l'URSS. Si l'on épouse, par contre, l'opinion selon laquelle le monde devient multipolaire depuis des décennies, rien n'empêche de trouver impérialistes tout aussi bien Washington qu'éventuellement Moscou ou Beijing.

Apparemment, l'UE ne semble pas encore courir le risque de devenir une puissance impérialiste[17] et cela est heureux (voici encore un présupposé normatif !). Car, dans leur désir de retrouver leur position antérieure, des puissances en déclin paraissent moins raisonnables, supportent plus difficilement la contradiction sur le plan international et développent plus aisément un comportement agressif. *L'UE est militairement et pratiquement indéfendable* pour de nombreuses raisons : étroitesse de son territoire, manque d'armes nucléaires en nombre suffisant à opposer à ses deux voisins disposant de ces armes, haute densité démographique et socio-économique, centralité du pouvoir, etc. Elle choisit donc une posture géostratégique du «faible au fort», de David par rapport à l'un ou l'autre Goliath ou qui se prend pour tel. C'est probablement la seule voie pour lui éviter la guerre ou même la menace de guerre, malgré les différences croissantes entre les deux côtés de l'Atlantique. C'est sans doute ce qui explique le fait que ses dépenses militaires, de diplomatie et de coopération au développement égalent celles des EUA, mais où les premières ne représentent que la moitié de celles de ces deux dernières catégories de dépenses.

---

17. Beaucoup d'alter-mondialistes pointent des comportements impérialistes dans l'UE, surtout dans le domaine socio-économique et dans les interventions toujours plus nombreuses «hors zone» de l'OTAN qui seraient basées sur le plan stratégique fort ambigu de la PESD/PESC.

En réalité, les EUA ne seraient véritablement pas une menace mais un risque accru pour l'UE, selon certains, alors que d'autres perçoivent même une menace[18].

3) À mon sens, se référer constamment aux «valeurs communes» des deux côtés de l'Atlantique est une pratique de propagande. Il s'agit de quelles valeurs ? Et des valeurs de qui ? Consommateurs, croyants catholiques ou non, travailleurs, athées, grands actionnaires, fonctionnaires publics, politiciens et de quels partis ? Il convient de se méfier de ce genre de références qui se prêtent à des manœuvres intellectuelles, même si, historiquement, il existe sans doute des similitudes de deux côtés de l'Atlantique. Par contre, je ne vois guère le risque croissant nécessairement attaché au «comportement hégémonique» de Washington depuis Reagan jusqu'aux deux Bush, en passant par Clinton. Certes, il reste l'hypothèse jamais nulle que les EUA pourraient, pour faire image, à un moment donné, vouloir bombarder les Champs-Élysées pour des raisons de politique intérieure, en une espèce de fuite en avant.

Sans «valeurs communes» et malgré ou à cause précisément des «intérêts divergents», les liens transatlantiques méritent un soin exceptionnel. Spontanément, s'organise d'ailleurs «l'endiguement» de la puissance, surtout celui de l'illusion unipolaire et de la vaine tentation hégémonique des EUA. Il faut considérer à sa juste valeur que la diplomatie –qui évite la guerre– implique des négociations ou des gesticulations variées et comporte une combinaison de succès et d'échecs. À toute diplomatie ad hoc est, sans aucun doute, préférable une «diplomatie institutionnalisée». Dans le cadre du «nouvel agenda transatlantique» de 1995 et de la «déclaration commune sur le partenariat transatlantique» de 1998 ou plus simplement au sein de l'OTAN, la «diplomatie institutionnalisée» signifie des réunions régulières ou périodiques, des ordres du jour négociés et des procès-verbaux dûment établis.

Je n'ignore pas le caractère peu démocratique de ces «agendas ou déclarations» qui ne sont quasi jamais soumis pour ratification aux parlements concernés. Cela a été, par exemple, aussi le cas de la «déclaration de Washington» de l'OTAN de 1999 qui régit désormais les interventions militaires «offensives et hors zone». Je défends néanmoins l'opinion selon laquelle il faut certes combattre la non-transparence quasi absolue de ces enceintes, mais ce serait une erreur que de les supprimer si l'on ne

---

18. DEMPSEY, Judy, «EU and NATO bound in perilous rivalry», in : *International Herald Tribune*, 5.10.2006, CONESA, Pierre, Les États-Unis sont-ils une menace pour l'Europe, in : *Le Monde Diplomatique*, avril 2008; FERGUSON, Niall, An Ottoman warning for indebted America, in : *FT*, 1.1.2008; RACHMAN, Gideon, America loses faith in imperialism, in : *FT*, 19.11.2007. Quant aux menaces non inimaginables : Nicholas BURNS, the US undersecretary of state and a former ambassador to NATO, bluntly told a NATO conference in Sweden on May 25 2005, «Let's get it straight. NATO does the big military operations (or to be more accurate, US-led coalitions drawn from NATO and elsewhere are expected to do them). The UE, he continued, handles peacekeeping operations. If not, there will be friction, and you (meaning the Europeans) are not going to be happy […]». What Washington does not want is an Europe that aims to be counter-weight to US power or a power center in a multipolar geopolitical structure. Such could be «the road to war», Condoleezza Rice once warned […] What is unacceptable to the US administration is an Europe with political and strategic ambitions on its own. Nonetheless, that seems likely to be the Europe that will survive the doomed adventure of the constitution, in : William PFAFF, What's Left of the Union ?, *New York Review*, 14.7.2005 (c'est moi qui souligne !).

dispose pas d'une meilleure formule ! Le multilatéralisme combat le risque de guerre. Il ne se représente plus comme un choix mais, d'après moi, comme une nécessité. La situation géopolitique du monde est en mutation et nécessite de garder raison par des moyens diplomatiques afin d'éviter la guerre !

Voici donc une opinion élaborée qui correspond à un présupposé fort des exercices proposés. Il convient cependant de revenir sur les diverses étapes qui peuvent conduire à l'élaboration d'une grille d'analyse géopolitique.

Du politique à la géopolitique

Une discussion de concepts s'impose tout d'abord. L'analyse politique interprète ainsi le terme «politique» dans une activité ou action particulière et dans un domaine ou territoire spécifique. Le terme lui-même désigne la volonté d'obtenir ou de garder le pouvoir en vue d'exercer une contrainte, de jure ou de facto, au travers d'institutions idoines. Si l'on définit le terme d'institution comme une formation sociale organisée selon les règles indépendantes de la volonté individuelle de ses membres, le pouvoir est institutionnalisé dans la mesure où il ne peut être exercé sans que soient respectées les règles en question. Par ailleurs, le pouvoir est toujours sacralisé jusqu'à un certain point car toute société espère sa pérennité et redoute sa disparition. Cette dimension sacrée du pouvoir lui est constitutive et est, elle-même, un instrument du pouvoir. Du point de vue géopolitique, un État ou une Église est, de fait, un pouvoir institutionnalisé par excellence.

On peut comprendre le phénomène du politique comme quelque chose qui est *socialement construit*. Il correspond à *une structuration des imaginaires collectifs à travers des réseaux institutionnels organisés*. Ces réseaux sont, eux-mêmes, liés à d'autres appareils institutionnels dont l'État par excellence. D'où les valeurs, les règles et les institutions apparaissent comme buts et enjeux, comme moyens et objectifs. Elles se prêtent aux manœuvres et interprétations idéologiques et seront tantôt «opium du peuple», tantôt sens et signification. Comme tout phénomène social, elles seront basées sur *un processus de légitimation*. Pour Bourdieu, la croyance que l'institution organisée tend à masquer, est à la fois la croyance dans l'institution et tous les intérêts liés à la reproduction de l'institution.

Selon les angles d'attaque choisis, on distingue, traditionnellement, dans l'analyse politique
- des *domaines* tels que : organisations spatiales (interne et externe), fonctions (organisation, arbitrage, finances, cohésion, intégration, etc..), modalités de l'action (planification, décision, exécution, contrôle, etc.), caractéristiques formelles (institutions, règles, procédures, etc..) ;
- des *facteurs ou enjeux* tels que : puissance, honneurs, prestige, profits ou jouissance en termes généraux mais, plus spécifiquement, tempéraments et désirs (conservateurs ou progressistes, libéraux ou réactionnaires, néo-libéraux ou écologistes, etc.), capacités d'organisation, moyens d'information et de communication (villes, ports

et plaines d'aviation, voies de communication, matières premières, etc.), géopolitique des classes sociales, religions, idéologies, Culture, technologies dont les armes.

De même, on établira des distinctions
- entre *formes ou acteurs* tels que : institutions et mouvements socioculturels, structures socio-économiques, systèmes de valeurs et de représentations collectives, nations et minorités, partis et mouvements sociopolitiques ;
- selon *les types de légitimité* soit wéberiens : style traditionnel-coutumier, charismatique-populiste ou rationalo-légaliste, soit marxiste : lutte de classes où l'État est instrumentalisé ;
- entre *régimes ou constitutions* tels que : démocratie directe (locale ou référendaire) ou indirecte par représentation, groupes de pression privés ou sociaux très articulés, avec ou sans concertation, agglomérations de pouvoir, notamment capitalistes (nationales et multinationales), trilogie classique de «monarchie, aristocratie et démocratie»; à la trilogie classique s'ajoutent des alternatives telles que *les régimes* de : «despotisme oriental» ou oligarchies variées, royaliste ou républicain, présidentiel ou parlementaire, bipartisan ou multipartisan, communiste ou conservateur-censitaire, nazi-fasciste ou libéralo-censitaire, nationaliste ou social-démocrate, écolo-libéral ou écolo-social-démocrate.

Sans entrer dans les détails[19], ces distinctions nous seront évidemment utiles pour mener les analyses avec suffisamment de discernement et de clarté. Passons, à présent, à ceux précisément qui sont considérés comme les acteurs de la (géo)politique.

Acteurs institutionnels

Les phénomènes de pouvoir constituent, répétons-le, l'objet de l'analyse politique : les relations conflictuelles ou coopératives entre les personnes, les groupes ou États en vue d'obtenir ou de garder le pouvoir. Acteurs de pouvoir, ces personnes et groupes se trouvent au sein de sociétés humaines dans lesquelles persiste constamment l'inégalité. Il en résulte une complexité des luttes et des rapports sociaux qui vont de la stratification sociale au mode d'organisation du pouvoir, du développement inégal à la hiérarchisation des acteurs toujours mouvante.

Dans le cadre de ces relations, les phénomènes essentiels de pouvoir correspondent à ceux
- de persuasion,
- d'autorité,
- de coercition,
- d'influence ou
- de contrainte physique.

---

19. Voir les encyclopédies et les manuels de (géo)politiques idoines et nombreux qui peuvent approfondir ces diverses notions et distinctions.

Ces phénomènes s'organisent par la voie institutionnelle. L'institutionnalisation fonde la notion traditionnelle du pouvoir. *Le pouvoir peut être public ou privé, social ou collectif.* Les institutions ont ainsi trait à l'État, aux firmes ou banques privées, aux Églises, aux organisations syndicales, aux ONG dont les Églises, etc. Donc, en reposant la question de savoir sur quoi porte une analyse politique, la réponse est, en style télégraphique : acquérir ou garder le pouvoir ; institutionnaliser ce dernier ; lutter ou coopérer ; se développer inégalement et hiérarchiser.

En fait, l'analyse politique de caractère non normatif était, il y a peu de temps encore, réservée uniquement à l'étude de l'État en tant qu'un acteur d'ordre public, de ses institutions et de son organisation au sein des formations étatiques. À présent, elle connaît une certaine extension avec le développement des sociétés et avec la mise en question des États-Nations qui existent depuis le XVIe siècle en Europe. À l'instar des grandes Églises depuis toujours «multinationales», d'autres acteurs privés ou associatifs, publics ou internationaux, apparaissent depuis le siècle dernier. Leur pouvoir dépasse tantôt le niveau de nombreux États-Nations, tantôt les rapports de parenté ou de proximité micropolitique ou micro-socio-économique. Sur le plan public ou social, les institutions supranationales et les ONG en sont les exemples actuels les plus éclatants alors que, sur le plan privé, ce sont les firmes, les banques et les groupes multinationaux qui s'imposent, avant tout, à la réflexion politique.

À quelque niveau qu'il soit organisé, l'État est et reste, par excellence, un appareil de contrainte important, légitime ou non. Selon les interprétations qu'on lui donne, il peut être soumis ou non à des intérêts particuliers, par exemple, à des classes dominantes, ou à des forces extérieures comme c'est le cas pour la (néo)colonisation ou le capitalisme internationalisé. La contrainte étatique fera référence à la rationalité, à la justice ou encore à la morale de la dignité de l'homme. Ainsi, on a déjà torturé au nom de la «pureté de l'homme».

C'est dans l'État que, selon Hegel, la société se pense. C'est encore par l'État que, selon Marx, les classes possédantes organisent l'exploitation despotique, féodale ou capitaliste. C'est finalement par l'État notamment que, selon les régulationnistes, sont mises en place :
- les conjonctions spécifiques des mécanismes qui concourent à la reproduction d'ensemble, compte tenu des structures politico-économiques (féodales, capitalistes, etc.) et des formes sociales en vigueur (esclavagisme, salariat, etc.);
- les procédures institutionnelles qui permettent de rendre compatibles les comportements des acteurs sous les contraintes d'un certain ordre ou équilibre global.

On reviendra encore sur la question de l'État.

Dans ce cadre théorique, les acteurs suivants seront principalement privilégiés dans nos exercices : les États et les groupes d'États, les élites ou les classes sociales, les grandes associations telles les Églises et les grandes firmes/banques multinationales. Par exemple, par leur capacité de contrôle et d'organisation, les grandes firmes et banques, tout aussi bien que les groupes financiers et industriels, nationaux et multinationaux, disposent de pouvoirs étendus. Ils ont recours également à la contrainte au

sens large du terme et sous des formes différentes de celles des pouvoirs publics. Ils peuvent aussi l'exercer par l'intermédiaire de ceux-ci. En ce qui concerne les multinationales, leurs actionnariats ou propriétaires, significatifs mais peu nombreux, semblent s'organiser, actuellement,
- en réseaux d'oligarchies privées à échelle internationale et
- à travers des entités juridiques localisées, par exemple, au Lichtenstein, à Hongkong ou dans des îles au milieu des mers et océans.

Ambiguïté du politique : du développement inégal à la hiérarchisation du monde

Depuis que les hommes réfléchissent à la politique, ils oscillent, comme nous l'avons déjà souligné, entre deux interprétations diamétralement opposées. Pour les uns, la politique est essentiellement une *lutte*, un combat, le(s) pouvoir(s) permettant aux individus et aux groupes d'assurer leur domination sur la société ou une partie de la société, ou sur un pays ou une partie de pays et d'en tirer profit. Pour les autres, la politique est un effort incessant pour faire régner la paix, le bien-être, l'ordre et la justice, le(s) pouvoir(s) assurant, directement ou indirectement, l'intérêt général, le bien commun ou ce qui les remplace contre la pression des particularismes. C'est la *coopération*. Les exercices proposés utiliseront simultanément les deux hypothèses.

Pour Balandier, *la profonde ambiguïté du pouvoir* n'est cependant autre que d'apparaître, à la fois, comme nécessité et comme danger, comme légitime et comme sans base. Ainsi, d'une façon fort ambivalente, le pouvoir serait, en même temps,
- *accepté* en tant que garant de la sécurité, de l'efficacité et de l'ordre (policier, politique, économique ou social),
- *révéré* en raison de ses messages sacrés et ses implications symboliques,
- *contesté* et combattu parce qu'il justifie et entretient l'inégalité, le désordre.

Il en résulte qu'il faille aussi retenir, pour nos analyses, les représentations dont se dotent les groupes, les peuples ou les sociétés. Elles peuvent avoir une grande importance dans certaines situations ou évolutions. Sans doute, les nombreux changements de régimes d'ordre politique dans le monde depuis le milieu du XXe siècle ne font que refléter la recherche constante d'équilibre entre ce qui y est accepté, révéré ou contesté.

À cette quête incessante se superposerait aussi un autre phénomène. Dans nos analyses, nous supposons en effet que, dialectiquement, le monde, chaque pays ou région, ainsi que tout secteur ou activité de la société, tout peuple, connaissent invariablement un *développement inégal* ; celui-ci est autant le résultat que le point de départ des activités humaines ; d'où la *hiérarchisation* de ces entités, inéluctable et toujours mouvante. Les rapports entre groupes, organisations et territoires s'inscrivent dans des stratégies alternatives de luttes et de coopération, de violence et d'action d'évitement de la violence, de contrainte et d'intégration, ainsi qu'entre des «centres» et des «périphéries».

Si l'on accepte ce double postulat, il en résulte que le monde dans lequel nous vivons, comporte des organisations, des institutions et des régulations en constante évolution dans le temps et différenciées selon l'espace. Interprétée d'une façon limitative, *l'analyse (géo)politique apparaît ainsi comme un instrument de découverte et d'étude des phénomènes spatiaux et temporels de pouvoir, ainsi que des représentations que l'on s'en fait.* Elle porte à la fois sur diverses évolutions, stratifications, institutions et procédures, et sur des situations et positions diversifiées dans l'espace assurant «le gouvernement des hommes, ainsi que des systèmes de pensée et des symboles qui les fondent et les légitiment» selon Balandier.

Quel que soit le régime politique, la question de l'autonomie de l'individu, de la société civile, de la nature de la société se pose, dès lors, par rapport aux pouvoirs publics et aux firmes ou groupes privés. Il en est de même s'agissant des conflits et des coopérations entre les États, les classes sociales et ces firmes ou groupes multinationaux.

L'image du pouvoir et la raison politique

Tenant compte de la notion de l'ambiguïté du politique de Balandier, les brillants commentaires de Maesschalck, consacrés notamment à Machiavel et à Marcuse, font dégager deux pôles de la réflexion politique : l'un lié à la logique du pouvoir, au «pouvoir machiavélien», et l'autre à la culture de résistance nécessaire pour faire passer le champ des rapports de pouvoir réglé par la logique du premier pôle, à la «résistance marcusienne». Du côté du premier pôle, l'homme s'efface devant la fonction du pouvoir et le calcul qui en soutient la logique. Le pouvoir se perd sans doute s'il ne prête attention aux rapports sociaux qu'il établit et s'il n'assure pas, lui-même, sa propre crédibilité, son image.

La politique repose ainsi sur une *gestion du pouvoir* au sein des relations sociales : c'est ce qui la distingue de la religion, de la morale ou de la science. Du point de vue éthique, un acte politique s'analyse en termes de ce qui est posé et de celui qui le pose. Or, l'un peut le considérer comme heureux alors que, pour l'autre, il est désastreux et vice versa. C'est bien ce qui est un paradoxe moral et montre que l'on peut construire une éthique du pouvoir mais qu'elle n'apprendra rien sur la façon de l'exercer en raison de *l'ambivalence profonde de toute action politique.*

Gouverner, c'est donc établir, maintenir et renforcer un pouvoir en utilisant, entre autres, l'image produite par les actes qu'on pose ou les paroles que l'on prononce. Aucune action ou parole politique n'est univoque mais peut être interprétée de plusieurs manières, à l'avantage ou au désavantage de celui qui en fait usage. Les actes du pouvoir ne pourront, répétons-le, être réduits à une éthique du gouvernement. La nécessité de *gérer l'image du pouvoir* révèle, au-delà du calcul politique nécessaire qui est directement en cause, la contingence propre au politique dans l'ordre des réalités humaines. D'où l'importance des discours, de la propagande et de la corruption linguistique[20] !

Un pouvoir sans raison va, en effet, à la ruine par perte de légitimité et est toujours menacé parce qu'il repose sur une contradiction : les gouvernés veulent et, tout à

---
20. Voir les fameuses annexes «linguistiques» d'Orwell : *1984* !

la fois, ne veulent pas du pouvoir. Le travail de la raison politique réside dans le renforcement des conditions sociales de l'équilibre qui a produit l'ordre de pouvoir existant. Ce travail doit donc reconstituer les conditions de son institution. Il peut être considéré, cependant, autant comme un renforcement de l'ordre établi que comme la subversion de celui-ci, à condition de pérenniser le pouvoir.

La force du pouvoir est dans la manière dont il gère ses actions positives ou négatives par rapport à la conscience critique des citoyens. La politique est, par conséquence, un jeu d'équilibre basé sur les rapports de force. Le pouvoir qu'elle produit est, dès lors, fragile et laissé à la responsabilité historique autant de ceux qui gouvernent que de ceux qui sont gouvernés. C'est Marcuse qui, toujours selon Maesschalck, permet d'expliciter le versant de la résistance, le deuxième pôle de la réflexion politique. Une telle résistance se développe conjointement par un tissu, «un réseau d'actions sociales et par l'efficacité possible d'une mémoire collective». Cette mémoire rappelle les plaisirs meurtris par l'injustice et la permanence d'un appel radical en toute existence au bonheur de vivre.

Sans doute, beaucoup d'institutions et d'actions internationales sont pénétrées de cette ambivalence. Ces institutions voient la gestion, les manipulations auxquelles se prêtent les «mémoires collectives des peuples». Les ambivalences les font balancer entre l'incarnation étatique ou quasi-étatique du pouvoir «machiavélien» et la résistance de caractère social de Marcuse. La raison en serait que la pérennité ou la continuité socio-historique s'expriment, voire se sauvegardent dans le processus évolutif actuel.

L'opinion publique est sous l'influence des médias créateurs d'images multiples[21], telles la division substantielle entre «l'axe du mal» et les démocraties, entre les terroristes, les bandits et les démocrates ou entre le caractère irréconciliable de l'orthodoxie et du catholicisme. Les représentations des uns à l'égard des autres y jouent le rôle décisif. Il en est de même des valeurs symboliques attribuées à des idées, des événements ou à des objets.

Les notions de politique tout autant que celles d'acteurs et d'ambiguïté politiques, etc., sont maintenant et jusqu'à un certain point éclaircies. Nous devons encore aller plus loin, nous devons saisir le sens des concepts davantage abstraits tels l'espace, le temps et l'État. Le but en est évidemment d'esquisser une grille d'analyse consistante et explicite en vue des exercices géopolitiques pratiques.

Espace, temps et État

Toute politique s'incarne, disions-nous, dans l'espace et/ou s'en donne un ou plusieurs. C'est avec insistance que, dès les premières lignes de ce chapitre, est mise en évidence l'importance du lieu ou de l'endroit ainsi que celle du moment et de la durée des événements soumis ici à l'analyse. Aussi convient-il, à présent, d'expliciter ces deux catégories fondamentales que sont l'espace et le temps dans le cadre de

---

21. Le mot «médias» est interprété ici au sens très large du terme, en y incluant des «experts ou professeurs» qui s'autoproclament, avec la complicité de beaucoup, comme détenteurs uniques du savoir.

référence déjà esquissé. Le faire est, sans aucun doute, particulièrement indiqué dans le contexte actuel de la nouvelle internationalisation du capital qui se déroule vigoureusement. Cette internationalisation marque les étapes de l'économie-monde de type braudélien du XXIe siècle. Selon la fameuse formule d'Yves Lacoste, «la géographie, ça sert, d'abord, à faire la guerre». On pourrait tenter une paraphrase et affirmer que «l'histoire, ça sert, d'abord, à justifier les guerres».

Du point de vue géopolitique, l'univers s'inscrit évidemment dans l'espace, mais dans des espaces pas nécessairement réductibles à des seuls espaces géographiques ou territoriaux. Les aspects spatiaux de cet univers ne se réduisent pas non plus à un problème de localisation de l'État, bien qu'il y ait évidemment des rapports entre l'espace et la Nation, les États et leurs zones d'influence ou la monnaie et son espace. En effet, *l'espace n'existe que s'il est structuré.* Il désigne un milieu concret ou abstrait, à deux dimensions au moins, et défini par des propriétés particulières. Cependant, l'espace admet une multiplicité de facettes qui peuvent même se superposer : le pays ou l'habitat, le terrestre et le maritime, les critères de nationalité ou de religion, d'intérêt ou de solidarité économique, ou encore, plus généralement, de stratégie, d'histoire ou d'appartenance, etc.

L'espace est une notion difficile qui a toujours préoccupé tant le géographe, l'économiste et le géopolitologue que les praticiens des autres sciences sociales. Commençons en allant des conceptions les plus simples vers les plus compliquées. On peut le penser de prime abord comme une *distance* que l'on peut surmonter ou vaincre par un effort, forcé ou commun, ou bien encore par un coût, entre un point A et un point B. L'espace est alors défini par des aires délimitées par cet effort ou coût. Délimitation vaut frontière ou bordure.

En allant plus loin, on peut considérer l'espace comme une *surface*. Cette conception tient compte des *effets d'agglomération, d'occupation* et *d'attraction*. Ces effets induisent des «économies d'échelle» qui sont dues à la densité croissante en un lieu de populations et de forces militaires, d'activités religieuses ou de processus de production et de vente, telle qu'une ville, un canal ou un port. Ces lieux se distinguent d'autres lieux. Mais cette manière de concevoir l'espace le réduit à une technique de décision et finalement n'explique guère son existence. En effet, le choix de la localisation une fois effectué, il n'est plus possible de la modifier sans coût ni sacrifice et, surtout, sans concertation entre acteurs impliqués.

Une autre façon de réfléchir l'espace est de le considérer comme un phénomène lié à *l'occupation d'une surface de terrain ou de sol*. Mais cette manière de le réfléchir fait intervenir le facteur *emplacement*. Or, l'occupation d'un emplacement déterminé est fonction de l'espace pris en considération. François Perroux fera la démonstration que l'espace
- ne saurait être ramené à une collection d'unités élémentaires,
- est profondément hétérogène, polarisé et inégalitaire,
- est traversé par des rapports de pouvoir.

Perroux brise ainsi la conception tant économiciste qu'empiriste de l'espace.

Le monde est, pour Perroux, un système composé de sous-systèmes et qui se trouve toujours en voie de formation et connaît des structures évolutives. Il postule que l'espace est inscrit dans l'histoire, dans la durée, dans une évolution irréversible, du moins pour une période déterminée car «les capitaux fixes ont une durée : pour transformer un ensemble déterminé de machines et d'immeubles en un autre, il faut du temps et de l'argent» et «les organisations sont des ensembles durables d'hommes hiérarchiquement assemblés ; ils ne peuvent pas être changés sans délais et sans coûts». Pour des laps de temps variables, ils s'inscrivent dans un temps irréversible ! En outre, l'espace et les pouvoirs humains sont, pour lui, intimement liés et caractérisés par la coopération et les conflits, les structurations et les déstructurations. Enfin, chaque acteur –l'État, l'Église ou la firme– a des préférences de structures à l'égard de l'espace, selon son importance relative.

L'État et l'espace

Lipietz met en évidence, d'une façon critique, qu'en réalité, tout espace est, en un certain sens, polarisé et homogène : par exemple, polarisé du point de vue d'appartenances et de sa structure, homogène du point de vue du mode de fonctionnement et de son espace de représentation. L'homogénéité est constitutive de la polarisation. Pour Lipietz, «l'espace concret que nous appelons espace social, ...reproduit, dans la pensée, la réalité sociale dans sa dimension spatiale.». Compte tenu de ces représentations, les acteurs sont nombreux et chacun d'entre eux crée ses propres espaces instables. Ces créations d'espaces font suite à des séries de décisions successives séparées et parcellaires dont chacune comporte son espace spécifique. En l'absence d'un plan social ou global, l'interaction des stratégies des acteurs se réalise forcément dans l'incohérence. Ces acteurs la considèrent insupportable au sens propre du terme.

Or, explique Lipietz, l'initiative privée et parcellaire n'est pas capable de susciter le développement de l'espace social. Du fait de l'atomisation et du caractère éclaté des décisions privées, il n'existe pas un mécanisme de régulation économique tel que le marché pour la marchandise, qui permettrait de résoudre la contradiction entre la participation et l'exclusion, le social et le privé dans sa dimension spatiale. De fait, en vertu du mode de production qui prévaut à chaque moment historique (esclavagiste, tribal, féodal, capitaliste, colonial etc..), les individus et les groupes –selon leurs formations sociales spécifiques– sont amenés à se donner des villes, des nations ou des usines. Ils font des villes, des régions, des usines, selon leurs intérêts apparemment collectifs, sociaux et à travers les institutions de l'État.

Il s'agit, en effet, d'une mise en rapport fondamentale entre l'État et l'espace comme ensemble. Comme l'écrit Lipietz, «il ne s'agit pas seulement du rapport entre l'institution politique et la spatialité du politique, encore que celle-ci joue le rôle principal dans l'espace social concret et pour commencer dans sa délimitation géographique... Plus profondément, il s'agit de comprendre que, si l'espace social est la dimension spatiale de la société considérée comme totalité, comme communauté matérielle, comme produit de l'activité collective indépendante des activités particulières.., alors cet espace social entretient un rapport spécifique avec les institutions qui représentent l'intérêt collectif et font figure d'État».

L'instance politique qui s'exprime par et dans l'État est celle «où se reflète, se reproduit et s'impose l'unité des formations sociales» qui constituent la société. Elles se trouvent traversées par des contradictions. Les contradictions sont aussi bien horizontales, entre ville et campagne, entre régions diverses ou entre branches d'activités par exemple, que verticales, du haut en bas de la société, d'une classe à une autre, d'une collectivité à une autre.

On peut distinguer ainsi entre :
- l'intervention de l'instance politique dans *la (re)production de la spatialité des modes de production et des régimes politiques*, c'est-à-dire la politique que l'on appelle communément l'«aménagement du territoire» qui accommode, conforte et garantit la reproduction, par exemple, par des mécanismes politiques, bancaires, sociaux ou budgétaires ou par la garantie de la propriété privée ;
- la même intervention dans *l'articulation spatiale des modes de production et des régimes politiques* par la politique internationale et régionale : garantir la propriété privée, fixer la spécificité du cadre national eu égard à d'autres territoires et régler concrètement les contradictions à l'intérieur du cadre national.

La globalisation et les territoires du capital

Dans le contexte de ce début du XXIe siècle, les enjeux des rapports entre territoires et mondialisation sont devenus multiples et complexes. Peemans montre que la question des rapports entre les logiques qui ont présidé à la construction des États-Nations et celles qui prévalent aujourd'hui, se repose avec acuité. «L'avènement de l'espace global remet en valeur l'espace local, appelé à se transformer en support des "pôles de performance" à vocation de compétitivité globale… Les "territoires" sont, dès lors, considérés comme des gisements de ressources humaines[22] qui permettent de s'insérer dans le global…

Les échelles macrospatiales et microspatiales s'y emboîtent naturellement les unes dans les autres et le marché organise les complémentarités et les synergies entre les unes et les autres… Dans les faits, la dimension spatiale locale des activités des acteurs globaux est devenue une réalité fort prégnante. Les grands groupes financiers, industriels, les grandes chaînes de distribution ont désormais des implantations dans des dizaines de pays différents… Si ces implantations recomposent finalement un "espace" à l'échelle globale, qui est géré en tant que tel, leur sécurité et leur fonctionnement dépendent toujours de conditions "locales".»

Selon Peemans, ces évolutions «ont entraîné une tendance à la délégitimation de l'État… On peut, dès lors, s'interroger sur les rapports réels qui existent entre ces macro-espaces de la croissance, toujours plus dilatés, et les milliers d'espaces locaux, ruraux et urbains…». De plus «progressivement s'est affirmée l'idée de la nécessité de refonder l'État autour des critères de fonctionnement du /capital/…. La gouvernance traduit cette volonté hégémonique de redessiner la nature des États selon les critères de la nouvelle doctrine globaliste. La gouvernance est, en fait, un modèle uni-

---
22. Et, éventuellement, comme localisations des matières premières et énergétiques, ajouterais-je !

versaliste d'État léger géré selon des règles qui s'apparentent plus aux principes d'une saine comptabilité d'entreprise qu'à ceux de la souveraineté politique… Le concept de gouvernance a eu un impact décisif dans l'affaiblissement de la liaison univoque antérieure entre souveraineté et territoire dans le cadre de l'État-Nation…»

La globalisation actuelle, distincte de celle d'avant 1914, «exige un pouvoir de décision local qui puisse fournir avec efficacité les infrastructures et les services demandés par les investisseurs». Elle entraîne «une version plus autoritaire de la modernisation, avec un rôle explicite attribué aux militaires pour maintenir l'ordre… Ses acteurs n'hésitent d'ailleurs plus à l'imposer par la voie militaire (Irak, Afghanistan, Somalie) ou par la menace de l'intervention directe (Soudan, Iran, Cuba, etc.)… La gouvernance néo-libérale /est/ partagée entre un courant multilatéraliste (soutien au rôle des institutions multilatérales pour l'imposer) et un courant unilatéraliste (interventions militaires directes pour l'imposer…).»

Dans le processus capitaliste de la globalisation présente, l'État se trouverait en déphasage temporel par rapport au règne «mondial» du capital. Il en manque. Cependant, le capitalisme est loin d'être entièrement mondial pour le moment. Il n'en reste pas moins qu'il serait en retard devant le dynamisme du capitalisme qui déborde les frontières des États-Nations actuels, tout en soutenant par la libéralisation, la déréglementation et la privatisation pratiquées. En même temps, la fonction et la place de l'État se redéfinit constamment par la création de fédérations d'États (UE, Mercosur, ASEAN, etc.), d'institutions internationales privées (OMC) ou publiques (Tribunal pénal international), du mercenariat multinational, des mafias diverses, etc.

D'ailleurs, on assiste aux «mutations de la pensée géographique» elle-même et «celles des espaces géographiques qui se sont produites ou qui ont été amorcées» pendant le XXe siècle. Les mouvements démographiques deviennent substantiels. Car, «le visage démographique du Monde a changé» et «les déplacements des hommes n'ont pas cessé… Ils se font toujours en direction de l'Amérique du Nord, de l'Europe occidentale ou du Golfe persique… La redistribution des activités industrielles et de services […] s'est faite essentiellement en fonction de la recherche d'avantages comparatifs de localisation, à travers la valorisation par les firmes tant des rentes de situation, en particulier celles héritées du temps long comme la structure des réseaux urbains, que de l'inégale répartition du capital social des territoires ou des économies d'agglomération qui peuvent s'y réaliser…

[…] Des préoccupations nouvelles sont apparues ou se sont développées dans la façon dont les sociétés humaines perçoivent leurs rapports avec leur environnement et son avenir… Des visions pessimistes redoutent la croissance des inégalités. Des groupes politiques ou sociaux s'inquiètent d'un renforcement incontrôlé de la mondialisation. Celle-ci cependant n'a pas conduit, jusqu'à présent, à l'uniformisation puisque, dans chaque partie du Monde, elle a dû prendre en compte le poids de passés différents et de spécificités géographiques, physiques et humaines.»[23], à l'échelle microspatiale comme dirait Peemans.

---

23. DECROLY & NICOLAÏ 2006.

Les concepts de temps

L'élucidation de la notion d'espace s'est inéluctablement inscrite dans celle de temps. Néanmoins, il convient, bien entendu, de l'aborder directement et distinctement. Comme on le sait, saint Augustin médita de la façon suivante : «Qu'est-ce que le temps ? Si personne ne me le demande, je le sais ; mais, si on me le demande, je ne le sais plus». N'est-ce donc pas bien téméraire de le penser quand même ? Nous disions que l'espace n'existe que s'il est structuré, s'il désigne un milieu concret ou abstrait, s'il est défini par des propriétés particulières et si l'élément structurant en est une multiplicité de déterminants dont, bien sûr, l'État. Il en serait de même du temps. Le temps n'existerait pas non plus s'il n'était pas structuré. Il convient cependant qu'il soit localisé. A contrario, chaque événement ou phénomène dans l'espace peut, de son côté, être daté. Ainsi, le temps n'existe-t-il finalement que s'il est localisé et daté. Dans cette perspective, après l'analyse des notions d'espace, il importe, à présent, de discerner celles de temps.

Chacun sait, met en évidence Dumazdier, à quel aspect de son expérience répond le mot temps ; mais aucune définition de la notion correspondante n'aurait reçu jusqu'ici une approbation unanime. Commençons d'abord par faire ici abstraction de la notion météorologique qui évoque le temps comme un état de l'atmosphère, à un moment donné, considéré surtout dans son influence sur la vie et l'activité humaines. Ceci dit, il semble bien que la catégorie temps se subdivise en deux : la durée et des moments. Il convient, en effet, de saisir que

1. la simultanéité nie la succession mais non pas *la durée* qui, elle, peut n'être que répétition identique ; l'idée de synchronie y est bien présente et alimente des analyses dites *synchroniques ou structurales* ;
2. la notion «constitutive» à l'égard du temps qui se réfère aux concepts de présent, de passé et d'avenir, qui en désigne des processus, *des moments*, des parties ou des phases bien déterminées ; ici, bien sûr, l'idée de l'horloge et de la diachronie s'impose et alimente des analyses dites *diachroniques ou historiques*.

La simultanéité rend possible la réduction de l'ordre temporel à une suite unilinéaire que l'on pourrait considérer comme continue. Le temps signifie alors le changement continuel par lequel le présent devient le passé et anticipe l'avenir. L'expérience humaine d'événements n'est d'ailleurs accessible que si ces événements sont présents, à un moment donné, dans l'ordre temporel. Il en résulte la reconnaissance du rôle constitutif du présent qui, à son tour, fonde celui du passé et de l'avenir.

Simultanéité et «temps opératoires»

Ainsi, comme Norro l'explique, le temps désigne une période qui va d'un événement antérieur à un événement postérieur. Si, avec Perroux, l'on insiste sur l'irréversibilité des processus temporels, on aura tendance à identifier le temps au devenir, à la diachronie. Si l'on remarque, au contraire, qu'il n'y a pas lieu de mettre en mouvement les relations ni de succession, ni de simultanéité, qui, une fois établies, restent toujours les mêmes, on aura tendance à faire du temps le milieu immobile de tous les changements, la synchronie.

Néanmoins, Norro soutient que les deux notions du temps peuvent se réconcilier par le principe de simultanéité. Le temps ne désigne plus alors une durée mais un rapport entre deux durées au moins ou, si l'on veut, un certain nombre de simultanéités. Les intervalles qui séparent deux simultanéités forment la durée concrète mais reconstruite dans l'abstraction d'un système de références temporelles. Dans la vie courante, le déroulement du temps de chacun sera, par exemple, mesuré au temps des horloges. Basés sur la cosmogonie biblique, les jours, les semaines et les années sont, selon nous, des cadres mentaux qui structurent la vie en société, comme ils sont structurés par elle. La semaine exceptée, qui est un cycle totalement construit, l'année est désaisonnalisée par le travail en usine ou au bureau tandis que l'alternance du jour et la nuit s'annule sous le règne de la lampe électrique. La société se superpose et se substitue à la nature.

Dans cette hypothèse, il faut donc reconnaître *le caractère totalement arbitraire du choix du système de références*. Il en résulte que l'acteur social qui impose sa référence temporelle, domine le temps social, le temps au rythme duquel fonctionne la société. Les acteurs institutionnels règlent leur conduite en fonction des plans qui s'inscrivent dans le temps : dans le passé pour évaluer les données, dans le présent pour définir les objectifs et dans l'avenir pour réaliser ces derniers. Le temps ici se réduit, en réalité, au présent et perd son rôle de stratégies complexes et mouvantes dans le chef des divers acteurs. Enfin, ces divers temps sollicitent l'attention de tous les acteurs et c'est à travers eux et les stratégies qu'ils entraînent que les rapports des forces évoluent.

En termes pratiques, on peut distinguer quatre classes de périodes en fonction de «temps opératoires» des actions :
1. la période infracourte ou instantanée ;
2. la période courte ou moyenne dont la durée se mesure en années ou en lustres ;
3. la période longue qui, en plusieurs décennies, enregistre des modifications du capital fixe, des données géographiques, des structures et des institutions mais aussi celles dans le système des grandes puissances telles que depuis la dernière guerre mondiale de 1939-1945 ;
4. la période ultra-longue ou séculaire où se produisent des mutations de régimes dans l'organisation sociale et spatiale ainsi que dans les techniques de production ; une telle période est, par exemple, le capitalisme depuis sa naissance au XVe ou XVIe siècle jusqu'à la Révolution industrielle en Europe occidentale.

Cette périodisation peut être interprétée d'une façon mécaniciste ou dialectique. La première interprétation en ferait un découpage radical parmi ces phases alors que la seconde mettrait en évidence l'enchevêtrement entre elles. En partant de la supposition que tout long terme commence dans le court terme, la deuxième interprétation sera privilégiée dans la suite. Avec Braudel, un présupposé complémentaire considère que «les civilisations sont des réalités de très, très longue durée» et qu'elles «sont solidement accrochées à leur espace géographique»[24] ou représenté comme tel dans l'imaginaire collectif.

---

24. Fernand BRAUDEL, *La Méditerranée, espace et l'histoire*, Flammarion, Paris, 1985.

À l'instar des analyses spatiales de Lipietz, on peut considérer le temps concret, que nous appelons temps social, comme celui qui reproduit et représente dans la pensée la réalité sociale dans sa dimension temporelle. Les Églises poursuivent des politiques d'expansion ou de défense à plus ou moins long terme. Les firmes sont nombreuses et chacune d'entre elles opte pour ses propres rythmes de développement. Chacune de ces actions comporte une dimension temporelle spécifique dont l'adéquation est un souci constant pour chaque acteur.

Du fait de l'atomisation et du caractère éclaté des décisions privées, il n'existe pas un mécanisme de régulation dans l'ordre temporel : pas d'horloge certifiée ou de calendrier officiel, ni d'échéances légales et sanctionnables, sauf à travers les institutions de l'État ou d'ordre étatique. De fait, en vertu du mode de production qui prévaut à chaque moment historique (esclavagiste, tribal, féodal, capitaliste, colonial etc..), les individus et les groupes –selon leurs formations sociales spécifiques– sont amenés, vu leurs intérêts apparemment collectifs, à admettre que les magiciens, les prêtres ou les princes fixent et mesurent le déroulement du temps.

L'État et le temps

Il s'agit, en effet, d'une mise en rapport fondamentale entre l'État et le temps. Il ne s'agit pas seulement du rapport entre l'institution politique et la temporalité du politique, encore que celle-ci joue le rôle principal dans le temps social concret et pour commencer dans l'établissement d'un calendrier. Plus profondément, il s'agit de comprendre que le temps social est la dimension temporelle de la société considérée comme totalité, comme communauté matérielle, comme produit de l'activité collective indépendante des activités particulières. Comme pour l'espace social, le temps social entretient un rapport spécifique avec les institutions qui représentent l'intérêt collectif et font figure d'État.

L'instance politique qui s'exprime par et dans l'État est celle où se reflète, se reproduit et s'impose l'unité des formations sociales qui constituent la société. Elle se trouve traversées par des contradictions. Les contradictions sont simultanément
- historiques, entre le développement temporel des divers régimes ou des modes de production du «centre» et de la «périphérie», ou la réduction légale de la durée hebdomadaire ou journalière du travail ;
- structurelles, du haut en bas de la société, d'une classe à une autre, d'une collectivité à une autre, dans la position différenciée des acteurs qui s'expriment, entre autres, dans des politiques budgétaires menées, dans le développement inégal de régions ou dans la fixation différenciée des horaires, etc...

L'État procède à des interventions unificatrices. Ces interventions ne visent aucunement l'uniformisation à l'intérieur de celui-ci mais «gèrent» les contradictions historiques et structurelles dont il a été question ci-dessus. Le débat autour du calendrier de l'adhésion des pays d'Europe centrale à l'UE ou le rythme de l'intégration européenne en elle-même sont de beaux exemples des modalités et des articulations concrètes d'une politique sociale du temps. L'unicité du temps politique national contemporain ne serait, par conséquent, qu'un processus par lequel des classes dominantes se créent un temps social spécifique.

C'est ainsi que la succession des régimes peut trouver une explication. Il en est de même quant au décalage économique entre les pays développés ou sous-développés dont l'ordre temporel n'est pas unilinéaire. Si l'État peut se faire prévaloir d'une certaine autonomie, le collectif s'inscrira dans un temps horizon collectif. Il se peut aussi que la firme multinationale externalise ses intérêts du long terme à charge des pouvoirs publics. L'illustration par excellence en cette matière est la création d'un réseau public d'autoroutes sur lesquelles circulent les voitures et les cars privés.

Enfin, il faut tenir compte de l'historicité de l'espace et la spatialité de l'histoire. La stratégie spatiale des acteurs s'inscrit dans le présent mais par rapport à un espace concret qui est déjà là. La stratégie temporelle des acteurs s'incarne aussi dans le présent mais par rapport à une conjoncture concrète et de caractère temporel qui, elle aussi, est une donnée.

Les notions de l'État

L'État a déjà été évoqué plusieurs fois. Sa conceptualisation devient, à présent, nécessaire. Comme pour le concept de l'espace ou du temps, les définitions de l'État sont innombrables. Cette multiplicité tient à la diversité des points de vue auxquels se placent leurs auteurs. Le géographe identifie l'État à un territoire tandis que le sociologue le confondrait peut-être avec le fait de la différenciation entre gouvernants et gouvernés. L'historien y voit une manière d'être de la nation alors que le juriste l'assimile à un système de normes. Le philosophe ou le moraliste s'interrogent enfin sur son caractère juste, sa nature éthique et sa légitimité.

Les difficultés que le langage éprouve à rendre compte de l'État, proviennent de ce qu'il n'appartient pas au monde des phénomènes concrets. Nul ne l'a jamais vu ni touché. On ne connaît que ses manifestations multiples. L'État est une idée et, comme toute idée, il est difficile de le cerner ! En tant que manifestation institutionnelle, il est l'enjeu des rapports de force, de la lutte politique, alors qu'en même temps, il est l'arbitre de la société dans beaucoup de ses expressions collectives où la volonté de l'individu se trouve transcendée par cette autorité. Quoi qu'il en soit, l'autonomie de l'État doit, en pratique, être considérée comme relative car il peut être soumis à des impératifs contradictoires qui exigent alternativement des moments et des zones larges de liberté et d'initiative institutionnelles, et d'autres conjonctures où l'action étatique est entièrement soumise à la logique du pouvoir privé ou privatisé.

Comme nous l'avons déjà mis en évidence, le mot État a reçu de nombreuses définitions. Les deux définitions les plus répandues dans les sciences sociales sont respectivement wébérienne et marxienne. Celle de Max Weber définit l'État comme une «communauté humaine qui, dans les limites d'un territoire déterminé [...] revendique avec succès, pour son propre compte, le monopole de la violence physique légitime».

Celle de Marx, qui prend l'État dans ses rapports avec la société, y voit une «organisation de domination de classe, d'oppression d'une classe par une autre ; c'est la création d'un ordre qui légalise et affermit cette oppression en modérant le conflit des classes».

Autonome ou non, beaucoup observent que les États tels qu'ils existaient au XXe siècle, sont en crise structurelle, dont ils tentent de sortir par l'intégration «vers le haut» et le régionalisme «par le bas». L'intégration «vers le haut» donne lieu à la création *sui generis* de «fédérations d'États» telles que l'UE. Il n'empêche qu'une véritable «prolifération d'États» s'observe ces dernières décennies. Ce processus affaiblit la majorité d'entre eux par rapport aux plus grands. La catégorie «État» peut ainsi être interprétée soit comme acteur indépendant ou autonome, soit comme entité soumise aux intérêts privés dominants ou à d'autres États. Mais, quelle que soit l'évolution qu'il connaît, il sera, dans le contexte actuel, toujours garant d'un certain nombre de droits dont le droit absolu de la propriété privée et, surtout, régulerait le temps et l'espace sociaux.

De cette façon, il y a, d'une part, ceux pour qui l'État n'est pas un simple reflet des intérêts des classes ou des groupes dominants. Ils lui reconnaissent une autonomie considérable. Cette autonomie se manifeste dans sa structure bien différenciée par rapport à la société, ainsi que dans la formulation et la poursuite d'objectifs qui lui sont propres. Ces trois facteurs influencent profondément de nombreux processus à l'intérieur même de la société civile et face à d'autres États. D'autre part, il y en a d'autres qui considèrent que l'État ou la politique est la variable dépendante et l'économique la variable indépendante. Ainsi, pour Wallerstein, l'État répond aux besoins des forces de classes, constituées objectivement au niveau de l'économie-monde et subjectivement au niveau de l'État, ce dernier n'étant pas une instance primordiale mais un produit de l'économie-monde capitaliste.

Sans doute, dans le contexte du début du XXIe siècle, l'État apparaît à beaucoup comme celui qui libéralise, privatise et globalise dans pas mal de questions, alors qu'il re-régule vigoureusement s'il s'agit de la sécurité publique ou internationale, de travailleurs à discipliner ou flexibiliser, de bénéficiaires de la Sécurité sociale ou d'immigrés indésirés. Aussi l'État peut-il simplement être réduit à l'inaction par «manque de moyens» ou par conviction ultra-libérale ou encore en tolérant des illégalités sous la pression de groupes organisés[25]. Ces groupes le renforcent, par ailleurs, dans des domaines bien précis. Ils peuvent être des multinationales connues ou clandestines, des partis ou des gouvernements étrangers, groupes de pressions reconnus ou secrets, etc. Dans beaucoup de pays, le rapport à l'État ne se vit pas ou plus sur le mode des droits ou de l'égalité devant la loi mais suit une logique clientéliste et patrimoniale : il faut faire en sorte que son réseau, son clan ou sa famille ait accès privilégié aux ressources de l'État.

Il faut cependant être attentif au fait que la géo-économie de ces matières n'est pas nécessairement liée aux questions de territoires au sens d'États juridiquement établis.

---

[25]. L'exemple par excellence de cette tolérance est évidemment la traite des êtres humains qui s'opère désormais à l'échelle mondiale et grâce à des multinationales spécialisées.

Elle peut reposer sur le concept de *déterritorialisation* qui désigne le phénomène suivant. Les transactions commerciales et financières *transcendent d'une certaine façon les pays*. Depuis le milieu du XXᵉ siècle et à nouveau, elles les ignorent par le fait qu'elles peuvent contourner les obstacles qu'ils pourraient révéler ou profiter des avantages qu'ils pourraient incarner. Ces transactions font suite aux stratégies variées des entreprises et banques multinationales à l'égard notamment des États. Certes, ces stratégies se déploient, matériellement, toujours à l'échelle microspatiale, c'est-à-dire *localement*.

Il reste que les politiques intérieures des États sont marquées d'une grande continuité par rapport à leurs politiques internationales ou étrangères. À ce propos, nous supposons que *si la politique intérieure définit, dans une large mesure, la politique internationale d'un pays, il s'agit d'une grande puissance* alors que, dans le cas contraire, il ne peut s'agir que de puissances locales ou de petit pays sans importance géopolitique. Pour les grandes puissances, le caractère dominant de la politique interne dans la sphère internationale rencontre des limites : le face à face entre elles, autant en temps de paix que de guerre.

D'autres acteurs : les multinationales et les Églises

Outre l'État, d'autres acteurs ont déjà été évoqués dans ce qui précède. Il me paraît important de préciser, à présent, ce que l'on peut appeler *acteur institutionnel* et d'en donner deux exemples significatifs : les multinationales et les Églises en tant qu'ONG les plus anciennes du monde. On peut simplement définir la notion d'acteur institutionnel comme une formation sociale organisée selon les règles indépendantes de la volonté individuelle de ses membres. Le pouvoir est institutionnalisé dans la mesure où il ne peut être exercé sans que soient respectées les règles en question. S*ocialement construit, le pouvoir institutionnalisé correspond à une structuration à la fois des modalités juridiques et des imaginaires collectifs à travers des réseaux d'acteurs institutionnels organisés*. Ces réseaux sont, eux-mêmes, liés à d'autres appareils institutionnels dont l'État avant tout.

Dans ces réseaux, les valeurs, les règles et les organisations apparaissent comme but et enjeux, comme moyens et objectifs. Les acteurs se prêtent aux manœuvres et interprétations idéologiques, ces dernières seront tantôt «opium du peuple», tantôt sens et signification. Comme tout phénomène social ou politique, elles seront basées sur un processus de légitimation. De plus, comme on le sait, pour Bourdieu, la croyance que l'acteur institutionnel organisé tend à masquer, est à la fois la croyance dans l'acteur institutionnel et tous les intérêts liés à la reproduction de l'acteur institutionnel. Nous épinglons deux catégories d'acteurs, en négligeant d'autres tels que les organisations environnementales, humanitaires, pacifistes ou encore d'économie sociale ou solidaire.

Les firmes et banques multinationales

La théorie de l'internationalisation du capital se prononce sur les acteurs institutionnels tels que les firmes et banques multinationales. Elle correspond à une tentative d'explication de la logique du développement capitaliste et de la nature des acteurs majeurs de ce dernier, plus particulièrement pendant la deuxième partie à la fois du XIXe siècle et du XXe siècle[26]. L'ensemble de la théorie s'appuie, rappelons-le, sur l'hypothèse que l'évolution du capitalisme s'explique par un ensemble de stratégies d'acteurs, entre autres, les grandes firmes/banques et les États. La stratégie de base des firmes/banques capitalistes vise à obtenir le maximum de profits pour accumuler, de façon optimale, le capital. Elle fonde une série d'autres stratégies[27], toutes aussi importantes, qui permettent sa réalisation.

L'enjeu du point de vue capitaliste comme facteur géopolitique est évidemment le contrôle des filières industrielles ou commerciales, financières ou technologiques. La stratégie est la recherche constante d'oligopoles puissants, autrement dit de structures de domination peu nombreuses. Le problème spatial en est aussi la localisation des plus-values et la gestion des facteurs et des enjeux. Il s'agit toujours de tirer avantage ou de créer de l'inégalité des structures et des coûts de production, ainsi que de produire le développement inégal et d'en profiter.

Après celle du XIXe siècle, la nouvelle internationalisation du capital répond à un besoin historiquement bien marqué dans le processus capitaliste qui s'essouffla dans les années qui ont suivi la guerre 1939-1945. Elle est devenue une nécessité dans la perspective de l'extension géographique continue du capitalisme et de la pénétration de ce dernier dans les systèmes économiques qui ne l'étaient pas encore. Il s'agissait soit de l'accaparement des biens publics, soit de la marchandisation des biens et services non encore valorisés par le biais du marché. Par sa proximité et son contrôle sécuritaire aisé, le centre de l'Europe, comme l'Amérique latine précédemment, s'y prêtait admirablement, suivi par d'autres régions du monde.

Les firmes et banques multinationales désignent et manifestent, incarnent et portent tout à la fois ce bouleversement mondial. Dans ce bouleversement, le mode de production capitaliste modifie ses formes d'existence et d'articulation aussi bien que ses multiples modes de localisation. Ces modes de production gardent cependant leur essence qui est l'accumulation du capital par le développement inégal. Les institutions financières internationales telles que le FMI et la BM répondent et veillent à la nécessité de la sécurisation croissante du droit de la propriété au moment des privatisations massives à travers le monde. Au niveau des multinationales mêmes, il est frappant de constater le nombre assez restreint de firmes et banques impliquées. L'ONU en dénombre quelque soixantaine de milliers.

Quant au fondement idéologique du capitalisme des temps présents, un discours bien particulier s'exprime à travers la parole, l'écrit et l'image. C'est que l'on désigne un peu maladroitement et grossièrement par les trois composants de ce discours : le néo-

---

26. Voir la Partie 5 ci-dessous et une première version de cette tentative de renouvellement théorique in Bárdos-Féltoronyi, 1991.
27. Qui portent sur les rapports salariaux, les rapports privé-public, le modèle de consommation, les avancées technologiques, le monétisé et le non-monétisé, etc.

impérialisme, le néolibéralisme et le néoconservatisme. Comme tout discours, celui en question *propose* aussi une représentation collective de la manière de comprendre ou d'expliquer. C'est d'ailleurs par quoi un objet, un phénomène est présent à l'esprit. Une telle représentation *fonde* les aspirations et les comportements. Elle *légitime* l'action des groupes sociaux. Elle ne présuppose aucun fondement rationnel ou factuel. Tel est le discours néo-libéral ou néo-conservateur qui est *la langue de bois d'une pensée unique du capitalisme*. À la fois, il justifie la prévalence absolue du marché comme métaphore économique et le droit absolu de la propriété et de l'appropriation privées. Les propos néo-impérialistes restent réservés aux seules grandes puissances.

Les Églises

Quelle que soit la conception des Églises, celles-ci s'apparenteraient peut-être au mieux, à l'heure actuelle, à des organisations non gouvernementales, à des ONG. Compte tenu de cette assimilation, comment le phénomène d'Église peut-il être interprété dans le cadre qui vient d'être esquissé ? Selon moi, on peut comprendre ce phénomène aussi comme quelque chose qui est *socialement construit, même si, et c'est à souligner, il prend comme origine une révélation*. De plus, pour Bourdieu, «c'est à condition de savoir que l'on appartient au champ religieux, avec les intérêts afférents, que l'on peut maîtriser les effets de cette appartenance et y puiser les expériences et les informations nécessaires pour produire une objectivation non réductrice, capable de dépasser l'alternative du dedans et du dehors, de l'attachement aveugle et de la lucidité partielle». Si l'on interprète le terme d'«objectivation non réductrice» et les conditions de réalisation de celle-ci comme la tâche que se donne toute tentative de connaissance scientifique, la portée de l'intention de Bourdieu reste, pour l'auteur de ce livre, essentielle pour saisir la construction sociale toujours en cours dans l'Église dont il fait partie.

De son côté, Thual met en évidence combien, en Europe, le vécu religieux est de plus en plus individualisé tandis que, sous l'aspect communautaire, la religion cherche sa voie d'expression. Or, des affrontements locaux ou internationaux ont lieu où l'élément religieux garde une certaine importance, voire une importance certaine. En terme géopolitique, il importe, dès lors, de comprendre comment le religieux peut à la fois être un facteur «entraînant» ou «entraîné» dans l'espace d'une région, d'un continent ou à l'échelle mondiale. En tant que sociétés ou communautés globales, les Églises historiquement établies sont des organisations qui, notamment, traitent des intérêts géopolitiques propres, internes et externes, au sein de chaque pays et à échelle internationale.

Comme toute institution, l'Église n'existe pas sans légitimité, c'est-à-dire sans l'appui d'un système d'idées ou de convictions justificatrices qui peut conditionner le comportement individuel ou collectif. La production d'un tel système est, sans doute, l'intérêt évident des acteurs, des classes et des institutions, dominants ou non. Aussi devient-elle inéluctablement une facette de leurs stratégies politiques. Et, toujours Thual, de souligner que «les religions, même si nous ne les réduisons pas à des idéologies, ont pu donner naissance à des phénomènes idéologiques avec ou sans leur accord»; et d'insister «sur la nécessité de décrypter les imaginaires collectifs» pour faire progresser les analyses politiques et géopolitiques. Les religions «verrouillent et renforcent» fort souvent, en termes historiques, «les clivages ethnico-nationaux». En fait, les représentations de type géopolitique regroupent les images et les idées que les groupes se font de leur situation et de celle de leurs voisins.

L'interaction du religieux et de la géopolitique s'opère concernant toutes les grandes Églises. Selon l'expression de Thual, cette interférence contribue à la «fusion symbiotique» entre le fait ou l'ardent désir national ou encore l'anticommunisme séculaire d'une part et de l'autre l'idéologie ou la stratégie des religions établies. On l'évoque souvent dans le cas de l'orthodoxie ou du néoprotestantisme de type américain. Mais, elle n'est pas moins prégnante pour le catholicisme polonais ou croate, pour le protestantisme slovaque ou allemand ou pour l'hindouisme indien[28].

Quid alors d'une géopolitique ?

Basé sur des considérations d'Y. Lacoste et de Maesschalck, ainsi que sur les définitions des concepts qui précèdent, on peut tenter de définir le terme «géopolitique» en tant que tel. La géopolitique a, d'une façon un peu plus précise, pour objet *l'étude des rivalités spatiales et temporelles de pouvoirs* où, à travers des rapports de force, la notion d'espace ou de temps est interprétée au sens large, matériel ou non, du terme. Comme nous le disions plus haut, elle a nécessairement un versant intérieur et un versant extérieur. La politique intérieure sera fonction de la stratégie extérieure et vice versa. Remarquons que la dimension spécifiquement socio-économique de la géopolitique, la géo-économie sera définie à titre d'introduction à la Partie 5 sous le titre «Quelques fondements à l'expansion géographique et sectorielle du capital» au point 5.0.

Coopératives ou conflictuelles, les rivalités évoquées créent des images dans l'opinion et les stratégies des acteurs les manipulent. C'est par l'analyse d'un certain nombre de représentations que l'on peut comprendre l'intérêt ou la valeur symbolique de ces espaces. Ces espaces ou territoires sont, enfin, à la fois enjeux et moyens de rivalités et d'affrontements. Un présupposé de plus de ma part sera, rappelons-le, de définir comme *puissance géopolitiquement significative* celle dont la politique intérieure fixe[29] la politique extérieure et non pas l'inverse, c'est-à-dire la politique internationale déterminant la politique nationale. Il n'est donc pas question de les dissocier. La politique interne a certes sa propre logique et organisation mais il n'en résulte pas son indépendance, sauf à disposer d'une position de puissance suffisante.

Les données géopolitiques d'un problème, d'une situation ou d'une évolution sont d'une assez grande complexité, sans en être nécessairement compliquées. La complexité s'explique par le nombre élevé des données alors que le caractère compliqué

---

28. Voir pour plus de détails la Partie 6 ci-dessous.
29. Au moins jusqu'à une certaine mesure.

proviendrait de la difficulté de saisir la problématique, ce qui est loin d'être toujours le cas. Voici sommairement ces données classées en trois catégories :
- Il s'agit de bien saisir *les enjeux* des plus importants se référant aux buts, intérêts, objectifs, etc. d'acteurs. Ces enjeux s'inscrivent dans l'espace et des lieux, ainsi que, bien entendu, dans les rapports de force évolutifs qui y règnent et dans les idéologies «porteuses».
- Il s'agit donc de faire percevoir *les lieux* qu'occupent à la fois des acteurs, leurs enjeux et leurs opérations, ainsi que des évolutions de ces lieux et ces temps, les uns par rapport aux autres et sous la pression d'acteurs variés ; ces lieux peuvent correspondre à des représentations ressortant de l'imaginaire collectif ou de la Culture ambiante.
- Par conséquent, il s'agit enfin d'élucider *les jeux des acteurs et leurs stratégies* multiples de lutte et/ou de coopération. En fait, les enjeux se constituent par et pour des acteurs variés : États, entreprises et banques multinationales, des syndicats, des ONG, etc.

À partir d'un lieu et d'un moment déterminés qu'elle postule, la géopolitique correspond à l'étude des conflits et des coopérations qui s'inscrivent dans l'espace et forment de nouveaux espaces à durées variables :
- les espaces sont *pluriels* tels qu'espaces territoriaux, productifs, linguistiques, imaginaires, propagandistiques ou historiques, établis selon des rapports de force qui prévalent ;
- L'espace comme le temps sont des productions, des *constructions sociales* et concrètes. Leurs représentations, telles que les cartes géographiques, ne le sont pas moins. Dans ces constructions des représentations, la parole, comme l'écrit et l'image, joue un rôle constitutif .

La géopolitique des espaces/temps et de *la représentation* de ceux-ci convient, entre autres, aux analyses de cartes historicisées, expressions évidentes de puissance, et à celles d'écrits et d'images, pénétrés de volonté de domination.

Les données géopolitiques d'un problème, d'une situation ou d'une évolution ont aussi une autre caractéristique. Elles s'avèrent *durables*, au-delà des gesticulations diplomatiques et des conflits armés. La perte de puissance hégémonique de la Grande-Bretagne dure plus d'un demi-siècle. Malgré de nombreuses guerres perdues durant le dernier quart du XXe siècle, les EUA demeurent une grande puissance. Après un siècle de déclin catastrophique, il faut à la Chine des décennies pour que l'on reparle d'elle comme acteur géopolitique significatif. En dépit des guerres perdues, l'Allemagne conserve un statut de puissance moyenne depuis près d'un siècle et demi. La République démocratique du Congo ou ses prédécesseurs n'arrivent pas à une position de puissance régionale, malgré les données naturelles et démographiques favorables. Le caractère durable est attribuable autant à la quasi permanence de données physiques qu'à la persistance des représentations et des Cultures, les unes étant liées aux autres. C'est ce qui explique dans l'hypothèse de leur validité que les analyses géopolitiques gardent aussi une marque de pérennité relative.

Une grille

Il n'existe pas d'étude géopolitique sans date ni lieu. Les exercices géopolitiques qui suivent, postulent, comme parti pris conscient, *l'euro-centrisme, une posture européenne* dûment choisie. Cela veut dire qu'ils prennent le point de vue explicite de l'UE et plus particulièrement sa *politique commune de politique étrangère, de sécurité et de défense*. Autrement dit, il s'agit pour moi de «relativiser» les analyses en fonction de mon insertion spatio-temporelle belgo-hongroise au centre et à l'ouest de l'Europe, à l'occident extrême de l'Eurasie. Dans cette perspective, voici le s*chéma d'analyse* proposé :

1) *Faire l'inventaire et la critique des informations disponibles* sur l'objet de l'exercice :
   - position géographique, dimension territoriale et localisation centrale / périphérique ;
   - forces et faiblesses des acteurs : États, multinationales, associations, etc.
   - données/facteurs/enjeux : survie et «espace vital», ressources et accès, démographie, idéologie et valeurs/convictions, etc.
   - moyens géostratégiques : armée et diplomatie ; puissance d'action politique et socio-économique, rhétorique de propagande ; etc.

Procéder convenablement aux exercices ci-dessous implique, bien entendu, leurs mises à jour éventuellement nécessaires.

2) *Énoncer des questions, des hypothèses* qui se posent :
   - Quelle est la raison qui nous fait nous intéresser à l'objet de l'étude ? De quoi s'agit-il ?
   - Quelles en sont la question principale et les questions subordonnées ?
   - Comment comprendre ou interpréter tel ou tel phénomène, événement, fait, évolution dans le domaine géopolitique ? Etc.

3) *Expliciter, communiquer et confronter des présupposés*, des postulats et des manières de voir tout aussi bien que les *concepts* utilisés ; évidemment, le même effort de clarification s'impose par rapport à celles ou ceux qui nous fournissent les informations.

4) *Identifier* selon une méthodologie idoine
   - *les logiques de structures ou de systèmes,*
   - *les processus ou les mécanismes de fonctionnement*

   qui, entres autres, seraient à l'œuvre dans la situation exposée. Il s'agira de les expliquer, interpréter ou prouver.

5) *Investiguer le champ de l'actualité géopolitique* pour identifier le contexte et des analogies entre la situation qui nous préoccupe et d'autres situations actuelles ou récentes.

6) Après cette investigation, *dresser la liste des questions* qui n'ont pas obtenu de réponses satisfaisantes afin
   - soit de relancer la recherche et les explorations,
   - soit d'avertir des politiques, des diplomates ou des militaires de la fragilité des résultats obtenus pour qu'ils ne décident ou n'agissent en fonction de ceux-ci qu'avec extrême prudence. Il convient de se rappeler qu'aux questions les plus fondamentales, toutes les réponses sont provisoires et que ces réponses n'autorisent que des nouvelles questions !

Il est évident que ce schéma doit s'adapter aux contrées envisagées[30], aux problématiques posées et aux objectifs poursuivis tels que cela sera exposé dans chaque cas d'étude à propos duquel se fera l'exercice proposé. L'exercice consiste à prendre connaissance de l'étude proposée et d'établir les questions à partir du schéma ci-dessus. C'est au lecteur qu'appartient de vérifier si chaque élément ou critère mentionné est repris dans l'évaluation géopolitique avancée.

Les courants théoriques[31], la question de la méthode[32] et la structure de l'ouvrage

Il existe de nombreuses *théories géopolitiques*. Le premier courant inspiré de Hobbes part de l'hypothèse que le monde, où chacun aspire à la sécurité, est en perpétuel conflit en raison de la nature agressive de l'humain. Il ne surmonte néanmoins pas la difficulté de devoir passer de cette agressivité observée au niveau individuel à celle d'une société, à celle de la nature anarchique de la société internationale où seuls comptent les rapports de force. Il exclut l'hypothèse selon laquelle la coopération se manifeste autant dans le domaine international que le conflit. Le deuxième courant basé sur le libéralisme classique suppose que les processus de modernisation imposent de plus en plus une interdépendance spontanément régulée et paisible entre les différents acteurs, notamment dans le domaine socio-économique. Ce courant semble s'appliquer au monde des pays développés depuis 1945 mais ne tient pas compte des échecs manifestes et de la multiplication des guerres locales dans les pays pauvres depuis lors.

Le troisième courant qui se développe de Marx jusqu'à Wallerstein, fait l'hypothèse de l'impérialisme et de la dépendance inéluctables dans le capitalisme. Il en découlerait des contradictions, voire des guerres à partir des rapports des forces socio-économiques. Le quatrième courant correspond à celui des conservateurs (non réactionnaires ni extrémistes). Ce courant part de l'hypothèse que le monde est naturellement hiérarchisé. Les grands États ont des responsabilités face aux petits tandis que ces derniers leur doivent loyauté, voire obéissance. Il s'agit essentiellement d'une vision

---
30. Selon la connaissance préalable supposée, la longueur des exercices variera de région à région, de problématique à problématique ! Inéluctablement, supposer telle ou telle connaissance déjà acquise reste fort aléatoire.
31. Voir la bibliographie spécifique au bout de ce chapitre.
32. Voir BERTHELOT 1999.

organique du monde, d'un système impérialiste bienveillant. La hiérarchie des pays dépendrait de la détention et du bon usage du capital social, économique ou idéologique de chacun d'eux.

Chacun de ces courants avance des explications intéressantes mais partielles ou réductrices. Le premier met en évidence le rôle éminent des États mais sous-estime celui d'autres acteurs. Tous ceux-ci poursuivent des objectifs, des buts différents et diversifiés. Pour les uns, c'est la sécurité qui importe, pour les autres le profit, la nation ou la foi. Le second courant n'a pas tort d'attirer l'attention sur un certain développement interdépendant et régulé mais ignore son caractère local et inégal, et néglige des facteurs idéologiques en jeu. Quant au troisième courant, il tient bien compte des concepts précieux du «centre-périphérie» et du «capital-travail» mais apparaît comme réducteur à une explication uniquement socio-économique. D'autres courants tentent à surmonter ces difficultés en multipliant des hypothèses et surtout en tenant également compte des représentations, de la légitimité, des identités, etc. des acteurs.

Du point de vue épistémologique et dans la mesure du possible, *nous distinguons l'analytique du normatif*. Rappelons que, pour nous, l'analytique relève de la démarche
• systématique,
• explicite et
• communicable.
Cette démarche porte sur l'activité de
• comprendre,
• expliquer et
• interpréter.
De son côté, le normatif se reconnaît sous ses différentes formes grammaticales ou littéraires. D'une part, un certain usage des verbes *devoir*, *falloir*, etc., indique clairement le souhait, l'ambition ou la volonté de l'auteur et rien d'autre. D'autre part, des conclusions incitent l'analyste à aller plus loin et à manifester sa manière de voir l'avenir.

En principe, la distinction s'avère claire. Ce n'est pas le cas dans la pratique. À partir des choix spécifiques, les *scénarios* décrivent les chemins possibles ou probables des événements. Les *perspectives* et les *prospectives* sont respectivement des prévisions plus ou moins vraisemblables ou des interrogations sur l'avenir plausible. Les *recommandations* correspondent à des prescriptions en vue de l'agir. Les *appréciations* ou les *évaluations* s'avèrent, la plupart du temps, des suppositions assez personnelles sur base de critères plus ou moins explicites.

En termes méthodologiques, les exercices suivants préfèreront fréquemment *la méthode fonctionnelle* à la démarche causale, souvent réductrice en sciences humaines. La première recherche de l'«expliquant» *au sein* du système examiné, à l'intérieur d'une situation ou dans une évolution donnée. Elle admet donc une certaine interdépendance alors que la causalité présuppose l'indépendance radicale entre l'expliquant et l'expliqué. Une préférence sera accordée, dans certains cas, à *l'heuristique* qui met l'accent sur l'interprétation dans un contexte donné. C'est évidemment le cas lorsqu'il s'agit de commenter des informations écrites ou des discours à prendre en considération ou encore de découvrir le sens des événements, des situations. Enfin, *la méthode dialectique* s'impose, selon notre option prise, pour comprendre certaines évolutions, notamment historiques, ou des processus géopolitiques.

Rappelons que, quant à la *structure de l'ouvrage*, le première partie examine des questions globales telles que le système mondial des grandes puissances ou les limites d'un continent alors que les parties suivantes sont consacrées à des exercices classiques sur des entités géographiques eurasiatiques. La cinquième partie propose quelques exercices d'ordre géo-économique tandis que la sixième partie explore la géoculture incarnée dans les discours contemporains de la lutte contre le terrorisme, le nationalisme ou la religiosité.

Bibliographie spécifique :

AMIN, Samir, *Pour un monde multipolaire*, Syllepse, Paris, 2005.
ARON, Raymond, *Paix et Guerre entre les nations*, Calman-Lévy, Paris, 1962.
ARRIGHI Giovanni, Hegemony Unravelling - 1, in : *New Left Review*, mars-avril, 2005;
Idem, Hegemony Unravelling - 2, in : *New Left Review*, mai-juin, 2005.
BADIE, Bertrand & alii, *Qui a peur du XXIe siècle ? Le nouveau système international*, La Découverte, Paris, 2006.
BELLAMY, Alex J. (sous la dir.), *International Society and its Critics*, Oxford University Press, Oxford, 2005.
BENDIXEN, Peter, *Das verengte Weltbild der Ökonomie*, Wissenschaftliche Buchgesellschaft, Darmstadt, 2003.
BERTHELOT, Jean-Michel, *L'intelligence du social, le pluralisme explicatif en sociologie*, PUF, Paris, 1999.
BOBBIO, Norberto, *Destra e sinistra, ragioni e significati di une distinzione politica, nuova edizione riveduta e ampliata con une risposta ai critici*, Donzelli-Saggine, Roma, 1995.
Idem, *Stato, governo, società - Frammenti di un dizionario politico*, Einaudi, Torino, 1985.
BOURDIEU, Pierre, *Choses dites*, Minuit, Paris, 1987.
BOYER, Robert, *Une théorie du capitalisme est-elle possible ?*, Odile Jacob, Paris, 2004.
BRAILLARD, Ph. & M.-R. DJALILI, *Les relations internationales*, Que sais-je/PUF, Paris, 2006.
BRZEZINSKI, Zbigniew : *The Grand Chessboard*, Basic Books, New York, 1997.
Cahiers marxistes, Le défi impérial, numéro thématique, n°233, août-septembre, 2006.
CHAUPRADE, Aymeric, *Introduction à l'analyse géopolitique*, Ellipses, Paris, 1999.
Idem & F. THUAL, *Dictionnaire de géopolitique. États, concepts, auteurs*, Ellipses, Paris, 2003.
DIELLENS, Anne-Marie (sous la dir.), *Pouvoir et religion*, Publ. des Facultés universitaires Saint-Louis, Bruxelles, 2005.
DUCOBU, Yung-Do A., *Internationalisation des États et Banques multinationales - acteurs, stratégies, régulation*, Académia-Bruylant, Bruxelles-Louvain-la-Neuve, 2005.
DUMAZDIER, Joffre, *Temps*, in : Encyclopédie Universalis, 2006.
DUMÉNIL, Gérard - Dominique LÉVY, *Crise et sortie de crise. Ordre et désordres néo-libéraux*, PUF, Paris, 2000.
ELWIN, Mark, Historian as Haruspex, in : *New Left Review*, n°52, jul/aug 2008.
Geopolitik. Zur Ideologiekritik politische Raumkonzepte, Kritische Geographie, 14. sz., Forschung-PROMEDIA, Wien, 2001.

HARVEY, David, *Spaces of neoliberalization : toward a theory of uneven geographical development*, Franz Steiner, Stuttgart, 2005.
HASSNER, Pierre, Débat : Le siècle de la puissance relative, in : *Le Monde*, 2.10.2007.
HOFFMANN, Stanley, *Gulliver unbound. Americas imperial temptation and the war in Iraq*, Rowman - Littefield, Lamham, 2004;
Idem, America Goes Backward, in :*The New York Review*, 12.6.2003.
JEAN, Carlo, *Geopolitica*, Laterza, Roma–Bari, 1995.
JOHNSTON, R. J. (szerk.), *The Dictionnary of Human Geography*, Blackwell, London, 1996.
JORDIS von Lohausen, Heinrich, *Denken in Völkern*, Stocker, Berlin, 2001.
KENNAN, George F., *American Diplomacy*, Chicago Press, Chicago–London, 1984.
KENNEDY, Paul, *The rise and fall of the Great Powers*, Fontana Paperbacks, London, 1988.
KEOHANE, Robert O., *After Hegemony : Cooperation and Discord in the World Political Economy*, Princeton University Press, 2005.
Idem & NYE, Joseph S., *International Relations Theory. Power and Interdependence*, Longman, New York, 2000.
KISSINGER, Henry, *Diplomacy*, Simon & Schuster, London, 1994.
Idem, *A World Restored Metternich, Castlereagh and The problem of Peace - 1812-1822*, Phoenix Press, London, 1957.
KOLODZIEJ, Edward A., *Security and International Relations*, Cambridge University Press, Cambridge UK, 2005.
KRIEGER, Joel (sous la direc.), *The Oxford Companion to Politics of the World*, Oxford University Press (UK), Oxford, 2001.
LACOSTE, Yves, *Géopolitique - la longue histoire d'aujourd'hui*, Larousse, Paris, 2006 ;
Idem, Vingt ans de géopolitique 1976–1996, in : *Hérodote*, 1996 ;
Idem & B. GIBLIN, Hérodote a trente ans, in : *Hérodote,* n°120, 2006 ;
Idem, (sous la direc.), *Dictionnaire de géopolitique,* Flammarion, Paris, 1993.
LASSERRE, Frédéric & Emmanuel GONEN, *Espaces et enjeux : méthodes d'une géopolitique critique*, L'Harmattan, Paris, 2001.
LE MONDE DIPLOMATIQUE, *L'Atlas*, Paris, 2006.
LIPIETZ, Alain, *Le capital et son espace*, Maspero, Paris, 1983.
LIEVEN, Anatol, *America Right or Wrong : An Anatomy of American Nationalism*, Oxford University Press, Oxford USA, 2005;
Idem, *Ambivalent Neighbors : The EU, NATO and the Price of Membership*, University of British Columbia Press, Victoria, 2005.
LIMES, Il mondo dopo Wall Street, n°5, 2008.
LOROT, P. & F. THUAL, *La géopolitique*, Monchrestien, Paris, 1997.
MAESSCHALCK, Marc, *Raison et pouvoir, les impasses de la pensée politique postmoderne*, Publications des Facultés universitaires Saint-Louis, Bruxelles, 1992.
MATZNER, Egon, *Monopolare Weltordnung. Zur Sozioökonomie der US-Dominanz*, Metropolis, Marburg, 2000.
MEAD, W.R., *Power, terror, Peace and War : America's Grand Strategy in the World at Risk*, A. A. Knopf, New York, 2005.
MEIKSINS WOOD, Ellen, *Empire of Capital*, Verso, London - New York, 2003.
MICHALET, Charles-Albert, *Qu'est-ce que la mondialisation ?*, La Découverte, Paris, 2002.
MONOD, J.-C., *Penser l'ennemi, affronter l'exception - Réflexions critiques sur l'actualité de Carl Schmitt*, La Découverte, Paris, 2006.
MORELLI, Anne, *Principes élémentaires de propagande de guerre - Utilisables en cas de guerre froide, chaude ou tiède…*, Bruxelles, Labor, 2001.
MÜNKLER, Herfried, *Imperien. Die Logik der Weltherrschaft - vom Alten Rom bis den Vereinigten Staaten*, Rowohlt, Berlin, 2005.

NORRO, Michel, *Le rôle du temps dans l'intégration économique*, Nauwelaerts, Louvain-Paris, 1962.
Ó TUATHAIL, Gearóid, Geopolitik - zur Enstehungsgeschichte einer Disziplin ; Rahmenbedingungen der Geopolitik in der Postmoderne : Globalisierung, Informationalisierung und die globale Risikogeselscheft, in : *Geopolitik. Zur Ideologiekritik politische Raumkonzepte*, Kritische Geographie, PROMEDIA, 14. sz., Wien, 2001.
OXFORD COMPANION TO *Politics of the World*, Oxford University Press, Oxford, 2001.
ÖZER, Atalia, *L'État*, GF Flammarion, Paris, 1998.
PAX CHRISTI WALLONIE-BRUXELLES, *Comment se dessine le système des grandes puissances ?*, Bruxelles, 2005.
Idem, *Géopolitique de la migration*, Bruxelles, 2006.
PEEMANS, Jean-Philippe, Territoires et mondialisation : enjeux du développement, in : *Alternatives Sud*, n°1, 2008.
PERROUX, François, *Indépendance de la Nation*, Aubier-Montaigne, Paris, 1969.
Idem, *Dialogue des monopoles et des nations*, PUG, Grenoble, 1982.
RÖHRICH, Wilfried, *Die Macht der Religionen. Glaubenskonflikte in der Weltpolitik*, C.H. Beck, München, 2004.
ROSIERE, Stéphane, *Géographie politique & Géopolitique - Une grammaire de l'espace politique*, Ellipses, Paris, 2003.
Questions internationales, Les empires, La Documentation française, juillet-août, 2007.
SCHLÖGEL, Karl, *Im Raume lesen wir die Zeit - Über Zivilizationsgeschichte und Geopolitik*, Hanser, München-Wien, 2003.
SCHMITT, Karl, *Politik und Raum*, Nomos, Berlin, 2002.
SCHMITT, Carl, Der Begriff des Politischen - Text von 1932 mit einem Vorwort und Corollarien, Duncker & Humblot, Berlin, 1963/2002.
Idem, Frieden oder Pazifismus ? Arbeiten zum Völkerrecht und internationalen Politik 1924-1978, Duncker & Humblot, 2005.
SERFATI, Claude, *Impérialisme et militarisme, Actualité du xxie siècle*, Cahiers libres, Page deux, Lausanne, 2005.
SMOUTS, Marie-Claude, *Les nouvelles relations internationales. Pratiques et théories*, Presses de sciences po, Paris, 1998.
SOPPELSA, J., M. BATTESTI & J.-C. ROMER, Lexique de géopolitique, Dalloz, Paris, 1988.
SPRENGLER, Rainer, *Kritik der Geopolitik. Ein deutscher Diskurs 1914-1944*, Akademie Verlag, Berlin, 1996.
TELÓ, Mario, *L'État et l'Europe. Histoire des idées politiques et des institutions européennes*, Labor, Bruxelles, 2005.
VANDERMOTTEN, Christian, *Géographie politique*, Presses Universitaires de Bruxelles, Bruxelles, 2005.
Idem - Julien VANDEBURIE, *Territorialités et politique*, Presses Universitaires de Bruxelles, Bruxelles, 2005.
VASQUEZ, John A., *The Power of Power Politics. From Classical Realism to Neotraditionalism*, Cambridge U. Press, Cambridge (UK), 1998.
VICTOR, J.-C. et autres, *Le Dessous des cartes : atlas géopolitique*, coédition ARTE & Tallandier, Paris, 2005.
WALLERSTEIN, I., *Comprendre le monde, introduction à l'analyse des systèmes-monde*, La Découverte, Paris, 2006 ;
Idem, *The Capitalist World Economy*, Cambridge Univ. Press, Cambridge, 1980.
Idem, *The Modern World System*, Academic Press, New York, 1979.
WEBER, Max, *Wirtschaft und Gesellschaft*, Mohr, Tübingen, 1972.
ZEILINGER, Reinhard & autres, *Geopolitik. Zur Ideologiekritik politischer Raumkonzepte*, Promedia, Wien, 2001.

Partie 1
Comment situer l'UE dans le monde ?

Depuis le début des années 2000, deux questions essentielles hantent les esprits européens sur le plan international. Dans le débat autour de la PESC et de la PESD ainsi qu'à propos de l'invasion américaine de l'Irak[33], la première question porte sur la place géopolitique de l'UE dans le monde. La deuxième a trait à l'opportunité d'élargir cette dernière à la Turquie[34], à l'Ukraine ou à d'autres pays, l'adhésion tôt ou tard des pays des Balkans étant acquise. Dans ce cas, la discussion vise finalement les limites et la portée problématiques de l'union[35]. Dans ces exercices-ci, l'expression eurocentrisme évoquée dans le chapitre introductif trouvera des contours et du contenu plus précis. Ils restent néanmoins une première tentative à des analyses géopolitiques approfondies à effectuer pour lesquelles ils ne fournissent que les soubassements. Il reste que le très récent différend russo-américain dans la Caucasie méridionale a induit une réaffirmation de l'UE qui n'est pas sans implication intéressante.

Comment se dessine le système des grandes puissances aujourd'hui[36] ?

Tout le monde se pose des questions : les EUA ou la Russie ont-ils encore le moyen d'être une grande puissance après les échecs répétés du Vietnam jusqu'à l'Irak en passant par la Tchétchénie et l'Afghanistan, et ce, depuis plus d'un quart de siècle ? L'UE avec ses 27 pays membres (UE à 27) serait-elle déjà une puissance mondiale ? Et la Chine, n'émerge-t-elle pas devant nos yeux comme une grande puissance ? Quid de l'Inde, du Japon ou du Brésil ?

Disposer d'armes nucléaires est-il un critère suffisant pour être considéré comme grande puissance (comme Israël ou la Corée du Nord)? Les multinationales ou les grandes religions ne seraient-elles pas également des grandes puissances à leur façon ? Le système des grandes puissances du XXe siècle dominé par l'Union soviétique et les EUA subit, selon nous, des mutations remarquables aujourd'hui et indiquerait une toute nouvelle configuration pour demain. Il s'agit de l'explorer attentivement et, à partir de cette exploration, de conclure, du moins, du point de vue de l'UE.

---

33. À propos de l'enthousiasme des PECO nouvellement adhérés à l'UE pour l'initiative de Washington en 2004, enthousiasme considéré comme proaméricain et jugé intempestif, le président français d'alors, Jacques Chirac, proclama avec beaucoup de doigté (sic !): «ces pays ont raté une belle occasion de se taire».
34. Y faisant allusion, Valéry Giscard d'Estaing avertit péremptoirement : «la Turquie n'est pas européenne, ni par la géographie, ni par l'histoire».
35. Dans leur première version, les études qui suivent, ont été élaborées au cours de l'année 2005-7 et ne sont mises à jour que pour les points essentiels.
36. Sous le même titre, l'étude originale a été destinée à Pax Christi Wallonie-Bruxelles et à des tables rondes consacrées au thème, puis incorporée dans une brochure publiée en décembre 2005 par les bons soins de la même organisation.

En quoi consiste un système de grandes puissances ?

Clarifions d'abord quelques notions de base. Le pouvoir est la capacité et la possibilité d'accomplir une action, de produire un effet, alors que l'autorité est la puissance détenue sur quelqu'un ou quelque chose. Compte tenu de ces définitions, qu'est-ce que la puissance ? Il s'agit du pouvoir de commander, de dominer ou d'imposer son autorité. Donc, nous retenons pour la suite que :
- si le pouvoir est disposer de la force, alors, la puissance consiste à l'utiliser ! On parlera des pouvoirs publics ou de la puissance publique, voire précisément des grandes puissances dans l'arène internationale ;
- si l'on a l'autorité de fait ou de droit, alors, on a le pouvoir et la puissance !
- pour que la puissance puisse exister, il faut disposer de moyens ! On dira que la puissance des moyens correspond aux moyens de la puissance.

Le terme «puissance» est parfois utilisé pour qualifier un État ou tout au moins les États les plus importants en termes géopolitiques. Dans ce dernier cas, le groupe (plus ou moins arbitrairement défini) d'États influents, reconnus et forts à l'échelle internationale compose le système des puissances. Rappelons néanmoins que nous supposons que si la politique intérieure définit, dans une large mesure, la politique internationale d'un pays, il s'agit d'une grande puissance. Bien sûr, le principe ne s'applique pas dans les rapports de force entre grandes puissances, ni en temps de paix, ni en temps de guerre.

En ce qui concerne la reconnaissance de la puissance, l'exemple est, par excellence, le Conseil de Sécurité de l'ONU dont les cinq membres permanents disposent d'un droit de veto et sont aussi des puissances nucléaires :
- la Chine,
- les États-Unis d'Amérique,
- la France
- le Royaume-Uni,
- la Russie.

Cependant, comme plusieurs États forts, tous les États «nucléaires» n'en sont pas membres permanents. Cette situation à l'ONU reflète très vraisemblablement une situation figée au début des années 1940, moment où cette unique institution politique mondiale fut conçue puis établie ! Il est possible qu'il ouvre prochainement ses portes à la RFA, au Japon, à l'Inde ou au Brésil, voire à l'UE.

Carte 1. Les grandes puissances

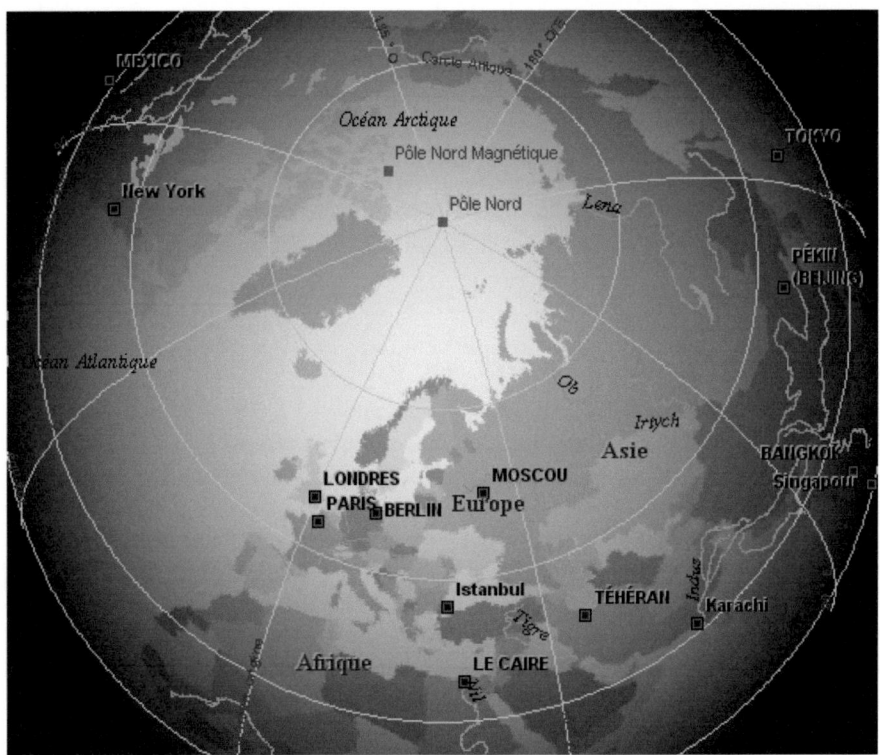

Ajoutons par, ailleurs, que le terme puissance ne se limite pas uniquement aux États. Il existe des firmes et banques multinationales bien plus fortes que la majorité des 190 États dans le monde. Il y a des organisations dites non gouvernementales dont le pouvoir d'influence s'étend parfois sur plusieurs continents, telles que les religions (à titre d'exemple, l'Église catholique), les courants idéologiques (néolibéralisme, bolchevisme ou néoconservatisme, par exemple) ou les mouvements alter-mondialistes. Dans cet exercice, nous faisons abstraction de ces puissances nonétatiques[37].

Les facteurs, les moyens et les critères des grandes puissances

La distinction entre cause et effet s'avère malaisée en cette matière. La puissance donne le pouvoir et le pouvoir engendre la puissance, voire l'autorité. Agrandir son pays le rend plus grand, ce qui crée ensuite la possibilité de l'étendre encore. En outre, quelque chose de positif peut s'avérer négatif. Une population nombreuse peut correspondre à une grande armée mais elle doit être nourrie et devient, dès lors, une charge. Ces deux considérations peuvent également être illustrées par ce qui suit : une grande étendue serait une source de richesse et un avoir dont les autres puissances ne

---

37. Nous y reviendrons dans les Parties 5 et 6 ci-dessous !

disposent pas, mais également une préoccupation grave du point de vue de sa défense. Compte tenu des ambivalences, voyons à présent ces facteurs ou moyens.

Les facteurs ou les critères permettent d'*évaluer* si un État constitue une grande puissance. Par contre, les moyens sont les éléments qui autoriseraient un État à s'affirmer comme grande puissance et cet État à jouir de cette position comme telle. Est-ce alors le cas de la poule et de l'œuf ? Pas tout à fait car les rapports de force qui s'inscrivent dialectiquement dans l'espace géographique, s'exercent toujours dans un système de pluralité étatique, historiquement parlant. Traités ici comme synonymes, les facteurs, les critères ou les moyens des États se comparent et se mesurent d'État à État. Rien n'est absolu !

Trois facteurs de base semblent théoriquement, selon Raymond Aron, fonder toute puissance quelle qu'elle soit :
• l'espace qu'elle occupe, géographique ou imaginaire ;
• la quantité et la qualité des ressources humaines et matérielles ;
• la capacité d'action collective suffisante, ne fût-ce que pour défendre son espace.

Parmi les innombrables facteurs ou moyens possibles qui traduisent ces facteurs théoriques dans la réalité concrète, on peut facilement distinguer six critères. L'interprétation comme la subjectivité du choix de ces critères introduisent inéluctablement *une certaine ambiguïté* dans l'analyse qui suit. Ces critères sont mentionnés en fonction croissante de leur possibilité de changer ou de se modifier rapidement dans le temps :
• le critère géographique prend en compte l'étendue du territoire et la situation géopolitique ; il est composé d'éléments structurels qui ne se modifient dans le temps que lentement et progressivement ;
• le facteur démographique considérant l'importance, l'évolution, l'âge et la qualification de la population ;
• l'influence, le rayonnement, la solidité et le consensus culturels et idéologiques où la langue, l'industrie culturelle et la recherche jouent un rôle important ;
• le degré et la nature de développement économique, l'accès aux ressources naturelles, notamment énergétiques, la dépendance extérieure en terme commercial et d'endettement, ainsi que du point de vue des investissements à l'étranger, la domination externe par les multinationales étrangères, etc.;
• l'aptitude diplomatique et la force militaire, y compris la qualité technique des équipements ;
• la capacité de mobiliser sa propre population par la voie du discours ou d'autres actions politiques.

On peut aussi classer ou différencier les puissances en fonction du rôle supposé ou réel qu'elles sont susceptibles de jouer dans le monde ou du moins sur un continent :
• les grandes puissances dont les capacités d'action sont susceptibles de s'étendre dans une partie notable du monde et dont l'une ou l'autre serait d'importance telle qu'elle domine les autres dans une aire géographique donnée. Ainsi, depuis le Moyen Âge européen, l'Espagne et le Portugal, puis les Pays-Bas et la Grande-Bretagne ; aux

xxe et xxie siècles, les EUA, puis l'Union soviétique devenue Russie, et peut-être, la Chine, l'UE à 27, le Japon ou l'Inde ;
- les puissances moyennes ou régionales dont les moyens d'action sont géographiquement plus limités mais dont certaines ont été des grandes puissances jadis (la France, l'Iran ou le RU) ou sont peut-être en train de le devenir ;
- les puissances locales dont le pouvoir est surtout diplomatique et, en cas d'alliances amples, dépendent fortement des autres États de même catégorie. L'exemple par excellence est la Belgique.

Sélection pragmatique des pays et des critères pratiques

La première sélection des pays est, avant tout, intuitive en partant de considérations pragmatiques de bon sens, au risque de se tromper. De leur côté, les critères s'inspirent des explications ci-dessus mais tentent d'être pratiques et plus ou moins aisés à quantifier ou à qualifier. Tentons de croiser la sélection intuitive des pays avec les facteurs ou critères envisagés.

Dans les tableaux qui suivent, nous dressons une description comparative sommaire pour quelques pays déjà mentionnés. Les indications qualitatives sont de types : «fort/moyen/faible», «oui-non» ou «+, - ou 0», ainsi que «ss» pour les données peu significatives dans le contexte. À titre de comparaison et dans le but d'une meilleure compréhension, Israël et la Belgique figurent dans le tableau I et montrent la «petitesse» de ces deux pays par rapport aux «grands».

Critères géographique, démographique et économique

Pays	Territoire en millions km2	Accès aux mers chaudes	Populations en millions	Migration nette pour 1000 habitants
UE à 25	4,4	oui	456,1	1,5
Russie	17,1	faible	143,2	1,5
EUA	9,6	oui	291,-	3,4
Chine	9,6	oui	1284,-	-0,4
Japon	0,4	oui	127,4	0
Inde	3,3	oui	1033,-	0
Pakistan	0,8	oui	159,-	-2,8
Brésil	8,5	oui	174,6	0
Indonésie	1,9	oui	217,1	0
Belgique	ss	oui	ss	0,7
UE à 27			490,4	
Israël	ss	oui	6,5	

La grandeur ou la petitesse d'un pays pourrait correspondre à la richesse ou à la pauvreté réelle ou symbolique. La dimension du territoire également. Mais un grand territoire est indiscutablement plus difficile à défendre contre les invasions extérieures et à maîtriser à l'intérieur. Il a cependant l'avantage de ne laisser que moins d'espace à d'autres pays. Pratiquement, tous ces pays ont un accès facile aux mers chaudes qui facilite le transport bon marché. Mais trop de frontières maritimes peuvent signifier également une certaine vulnérabilité.

Il en va de même pour l'importance du nombre d'habitants : beaucoup de personnes à nourrir mais de nombreux soldats disponibles. Les «migrations nettes» sont exprimées en nombre pour 1 000 habitants. Un chiffre élevé signifie l'afflux et une force d'attraction alors qu'un nombre faible, voire négatif, correspond à une déperdition démographique, à un rejet de population. L'attrait comme le rejet peuvent être motivés tant par des circonstances politiques ou socio-économiques que par des faits culturels ou idéologiques. Il est indiscutable que, *sur base de ces critères démographiques, les EUA, l'UE à 27 et la Russie peuvent être considérés comme grandes puissances.*

Pays	PIB à PPA en milliards d'€	Exportations en milliards d'€	Importations en milliards d'€
UE à 25	8 800	680	710
Russie	1 020	110	60
EUA	8 800	570	1 010
Chine	5 200	350	320
Japon	2 800	360	280
Inde	2 400	45	60
Pakistan	255	9	10
Brésil	1 100	60	40
Indonésie	600	50	32
Israël	96	28	30
Belgique	240	205	190
UE à 27	9 630	890	980

PIB = Produit Intérieur Brut ; PPA = Parité de Pouvoir d'Achat.

Le PIB à PPA est l'expression annuelle du produit total d'un pays calculé comme si les prix et le panier du consommateur étaient égaux de pays à pays. *L'UE à 27, les EUA et la Chine occupent les trois premières places, bien avant les autres pays.* C'est la Chine qui se substitue à la Russie dans cette comparaison. Le PIB est un critère assez important car il marque la capacité économique d'un pays de consommer et d'investir, voire de s'armer. Il est certes théorique car son importance géopolitique dépend précisément de la manière de l'utiliser. Les habitants d'un pays riche pourraient être réticents à diminuer leur consommation pour, par exemple, se garantir une meilleure sécurité alors que, dans un pays pauvre, les habitants colonisés seraient prêts à sacrifier leur bien-être relatif pour obtenir leur libération du joug étranger.

D'autres critères économiques

«L'endettement extérieur brut»[38] des EUA s'élève à plus de 10 000 milliards d'euros, soit plus que l'ensemble de l'endettement extérieur en devises de tous les autres pays du monde ! Les charges d'intérêts annuelles à payer vers l'étranger par les EUA pèsent évidemment sur les revenus du pays et handicapent ce dernier pour financer sa puissance. Si, par contre, on ne prête qu'aux riches, alors, les EUA le sont et d'ailleurs ils ne remboursent pas jusqu'ici. Pourtant, à un moment donné, l'ex-grande puissance Royaume-Uni a été amenée à devoir rembourser des dettes extérieures car les banquiers l'avaient requis au début des années '60. Même de la part des EUA, un remboursement en or et en devises a été effectué lorsque le Président français, Charles de Gaulle, l'a exigé !

À l'instar du Japon, l'UE à 27 s'avère faiblement endettée à l'égard de l'étranger tandis que la Chine l'est à 140-150 milliards d'euros, alors que la Russie devient de moins en moins endettée. De plus, la Chine, le Japon et l'UE à 27 détiennent d'importantes créances sur les EUA. Hélas, l'endettement des pays pauvres est substantiel par rapport à leur production. Des remboursements annuels majorés d'intérêts élevés sont exigés chaque année. Cela provoque la misère croissante et la crise économique incessante pour un plus grand nombre, comme en Inde, au Pakistan, au Brésil et en Indonésie. Ce facteur négatif interdit donc à ces pays de se ranger parmi les grandes puissances.

Dans le cas des EUA, la demande de remboursement de leurs dettes vers l'étranger peut, à n'importe quel moment, devenir d'actualité, notamment dans un rapport de force avec la Chine par exemple. Elle provoquera inéluctablement une crise majeure du système économique international. Si c'est le cas, l'euro deviendrait alors l'unique monnaie de base significative, le yen, la livre sterling et le franc suisse gardant leur statut secondaire. Quoi qu'il en soit, depuis le début de ce millénaire, le Dollar perd progressivement sa place première parmi les devises internationalement utilisées et ce, en faveur de l'euro.

À prix constants ou autrement dit, en termes réels, la croissance entre l'UE à 27 et les EUA ne diffère guère depuis 1998. Les chiffres antérieurs étant marqués par la terrible crise occasionnée dans les pays devenus membres d'Europe centrale et orientale par leur (r)entrée dans la voie du capitalisme multinational. Le cas du Japon s'avère intéressant. Il dispose d'une masse du PIB respectable avec une population relativement modeste jointe à un haut niveau de développement technologique.

---

38. En droit et en finance, c'est l'endettement brut qui compte : pas de compensation entre avoirs et dettes. Les créanciers hors EUA peuvent exiger le remboursement des dettes de ce pays. Ils n'ont rien à voir avec les détenteurs américains des avoirs américains à l'étranger. Ce sont seuls certains économistes qui ne veulent pas comprendre cette réalité juridique et ont l'habitude de raisonner en termes d'endettement net des avoirs extérieurs, c'est-à-dire compensent, dans leur tête, dettes et avoirs, comme si un pays constituait une entité unique et homogène, non réductible à ses composants : personnes physiques, entreprises, pouvoirs publics, etc.

Mesurée en consommation d'énergie par 1000 euros de PIB, l'intensité énergétique de l'économie des EUA est quasi la double de celle de l'UE à 27. Ce qui veut dire que la dépendance énergétique des EUA se trouve à un niveau sensiblement plus élevé que celle de l'UE. Il en va de même des émissions de gaz à effet de serre, avec un effet environnemental désastreux. Il reste que les deux entités dépendent fortement de l'étranger au niveau énergétique. La Russie comme le Brésil sont exportateurs énergétiques alors que la Chine, le Japon, l'Inde, le Pakistan et l'Indonésie sont des pays importateurs.

Les critères économiques mettent l'UE à 27 à la première place, suivie par la Chine, puis les EUA et le Japon. Outre le problème de l'endettement des EUA, la perte du rôle prééminent du dollar et leur forte dépendance énergétique contribuent à créer un doute quant à la place future des EUA parmi les toutes premières puissances économiques.

L'arme nucléaire assure-t-elle la toute-puissance ?

Voyons les faits ou ce qui apparaît comme tel en ce qui concerne la puissance nucléaire. Le tableau indique également les statistiques de forces armées. Ces statistiques sont, par définition, approximatives en raison du nombre fluctuant des personnes appelées ou engagées, de l'existence de classements variés et des milices populaires ou mercenaires privés, notamment auprès de l'armée américaine et, entre autres pour les périodes alternatives de paix et de guerre.

Classes de puissance	Forces armées en millions
Grandes puissances nucléaires	
Russie	± 2,5
Chine	2,5
EUA	1,5
Puissance nucléaire moyenne ou régionale	
Royaume-Uni	0,214
France	0,366
Inde	1,163
Pakistan	0,620
Israël	0,164
Puissance nucléaire potentielle ou en voie de constitution	
Japon	0,240
Iran	0,513
Corée du Sud	0,683
Corée du Nord	1,082
Egypte	0,443
Pour mémoire : **l'UE** (pays européens membres de l'OTAN)	2,8

La distinction entre «grandes» et «moyennes-régionales» est réalisée en fonction des vecteurs nucléaires en jeu. Les unes ont des moyens de transport d'armes nucléaires à portée mondiale alors que les autres n'en auraient qu'à portée locale, c'est-à-dire, ne dépassant guère quelques milliers de kilomètres. L'hystérie dûment entretenue à propos de la prolifération éventuelle d'armes nucléaires correspond à une propagande de guerre classique mais ne semble techniquement guère justifiée. En effet, le raffinement technologique de ces armes, l'effort budgétaire substantiel nécessaire et la capacité limitée de les utiliser par des vecteurs efficaces ne permettent point des improvisations d'amateurs ou de bandes de criminels.

La puissance nucléaire en tant que telle doit également être relativisée. D'une part, en cas d'utilisation, la riposte risque d'être nucléaire aussi et d'entraîner des dégâts inacceptables à l'initiateur. D'autre part, à une distance faible qu'imposeraient des vecteurs à portée limitée, son utilisation est peu recommandable en raison des retombées inéluctables telles que pluies ou vents radioactifs, raz de marée, réfugiés en grand nombre, etc. Enfin, le pays qui y aurait recours, pourrait voir s'allier contre lui une part notable du monde.

Du point de vue géographique, les EUA profitent de la situation insulaire par rapport à la Russie fortement étendue et la Chine très montagneuse mais ne peuvent guère recourir à la menace nucléaire véritable puisque les deux autres disposent de configurations géographiques qui leur sont aussi favorables. Ni la Russie, ni la Chine ne peuvent menacer l'autre pour les raisons qui viennent d'être évoquées. Elles peuvent cependant utiliser leurs armements nucléaires en cas de nécessité extrême contre d'autres puissances. Si ces deux pays s'allient «pour le bon», cette alliance constitue un risque quasi inacceptable pour les EUA, alors que le risque nucléaire paraît relativement réduit dans les rapports sino-pakistanais, sauf attaque autodestructrice de l'Inde ou du Pakistan, l'un contre l'autre. Finalement, c'est seulement l'hypothèse suicidaire de la lutte nucléaire de David contre Goliath qui semble avoir quelques fondements et qui justifie la posture de la France.

L'importance des forces armées peut être estimée à partir d'un grand nombre d'éléments tels que :
- La longueur et la nature des frontières terrestres et maritimes à sécuriser nécessitant l'entretien d'un grand nombre de militaires. C'est manifestement le cas de la Russie, de la Chine ou des EUA. L'UE à 27 opte plutôt en faveur d'une diplomatie active comme substitut à la force militaire. Néanmoins, les actions dites humanitaires exigent en même temps des militaires plus nombreux. Il reste aussi la défense indispensable du territoire.
- La qualification des militaires et les équipements disponibles permettent, par contre, de diminuer le chiffre des effectifs ; l'exemple par excellence en est évidemment le Royaume-Uni ou Israël. Une limite à cette tendance se manifeste cependant ces derniers temps : dans les cas d'occupations, après des guerres «technologiques» plus ou moins éclairs, l'occupant doit disposer d'une infanterie nombreuse (Vietnam, Afghanistan, Tchétchénie, Irak, etc.).

- Les projets stratégiques des dirigeants ainsi que l'opinion publique dont l'influence sur l'ampleur des investissements militaires peut aller dans un sens parfois complètement opposé. Le cas des EUA exprime une tendance impérialiste matérialisée par des centaines de bases militaires installées à travers le monde et par des invasions militaires répétées. L'hypothèse contraire se vérifie pour l'UE à 27. La remilitarisation du Japon ou, à l'opposé, la dénucléarisation brésilienne en sont aussi des illustrations remarquables. Un renforcement militaire s'observe dans les cas des deux Corées, en Iran encerclé par les EUA et dans les relations indo-pakistanaises ou dans le rapport américano-russe.

Les EUA entretiennent un réseau étendu de 725 bases militaires de nature multiforme sur tous les continents excepté dans les grands pays tels que la Russie, la Chine, l'Inde ou le Brésil. Ce réseau leur permet d'encercler, jusqu'à une certaine mesure, certaines entités ou pays tels que l'UE à 27, la Russie, l'Iran ou la Chine. Cela leur donne un avantage géostratégique indiscutable à condition de disposer d'une armée suffisante pour exploiter ces bases.

Or, précisément, les problèmes que posent les invasions récentes de l'Afghanistan et de l'Irak, soulèvent la question d'un excès de l'extension militaire du pays puisque les troupes y manquent manifestement. En outre, ce ne sont pas des guerres-éclairs «technologiques» d'une «superpuissance» autoproclamée contre ces «nains géopolitiques» qui me convaincraient d'une prééminence des EUA dans l'arène internationale. Ces questions ont déjà surgi après la guerre vietnamo-américaine dans les années '70 mais deviennent aujourd'hui plus aiguës. Du reste, toute tentation hégémonique, déclarée ou de fait, devient un piège et entraîne la contestation, voire l'alliance d'autres puissances contre cette envie puérile et dangereuse. Le danger est que le pays qui s'illusionne de cette façon, peut se prendre au sérieux et faire beaucoup de dégâts à travers le monde.

Mentionnons pour être complet que la Russie conserve des bases dans quelques pays ex-soviétiques, la France en Afrique surtout, le Royaume-Uni ou l'Allemagne n'en ont qu'un nombre modeste ne permettant qu'une emprise locale. L'UE en tant que telle dispose désormais de bases provisoires dans les Balkans et en Afrique dans un but apparemment unique «maintien de la paix». Tenant compte de ces réflexions, *les critères militaires pointent, en ordre d'importance, avec les EUA, la Russie, la Chine et l'UE à 27* qui apparaissent comme ces grandes puissances actuelles et ce, bien entendu, pour des raisons variées.

D'autres critères plus qualitatifs

Parmi les critères géographiques, il faut assurément tenir compte du positionnement géopolitique de chaque puissance, situation à laquelle on a déjà fait allusion ci-dessus. Il en est de même des facteurs démographiques, tels que l'âge et la qualification de la population. En termes économiques, il faut évidemment tenir compte de l'accès aux ressources naturelles, notamment énergétiques, de la dépendance extérieure en terme commercial et d'endettement, ainsi que de la domination externe par les multinationales étrangères dans le pays, ou de la domination exercée par les multinationales locales à l'étranger.

Objectiver ces critères est une tâche difficile et rend finalement leur évaluation assez subjective.

Autres critères géographiques, démographiques et économiques

	Position géographique	Population : qualification	Ressources naturelles	Domination multinationales étrangères
UE à 27	+/-	+	-	moyenne
Russie	+	+	+	faible
EUA	+	+	+/-	moyenne
Chine	+/-	+/-	+/-	faible
Japon	-	+	-	faible
Inde	+	+/-	+/-	faible
Pakistan	-	-	-	faible
Brésil	+	+/-	+	moyenne
Indonésie	-	-	+	moyenne

Du point de vue géopolitique, la faiblesse peut devenir une force ou l'inverse, selon les cas. L'UE à 27 est fragile car elle est, de fait, indéfendable en cas de guerre nucléaire mais, en même temps, le risque d'être attaquée reste limité puisqu'une telle guerre détruirait des installations productives autant que des marchés de toutes les puissances qui y sont économiquement présentes. Quant aux EUA, leur insularité constitue un grand avantage tandis que pour la Chine, la concentration côtière de la population rend le pays vulnérable mais, néanmoins, protégé par des territoires montagneux. En ce qui concerne la Russie, on découvre ici, selon les quatre critères, qu'elle a une position favorable.

Critères culturel, politique et idéologique

Il importe aussi d'évaluer, ne fût-ce que subjectivement, l'influence et le rayonnement, comme la solidité et le consensus culturels et idéologiques au sein d'un pays, d'un ensemble de pays ou entre différents pays. Certains éléments semblent y jouer un rôle non négligeable tel que la langue, l'industrie culturelle ou la recherche ainsi que l'aptitude diplomatique comme la capacité à mobiliser sa propre population par voie du discours ou d'autres actions politiques. Quid de l'élan agressif ou pacifique de la population ou du comportement impérialiste ou conciliant avéré des gouvernants ?

	Influence culturelle idéologique extérieure	Consensus intérieur	Aptitude diplomatique	Capacité de mobilisation intérieure
UE à 27	+	+/-	+	+/-
Russie	+	+	+/-	+
EUA	-	+/-	+/-	+
Chine	-	+/-	+	+
Japon	+/-	+	+	+
Inde	+/-	+/-	+/-	+/-
Pakistan	+/-	-	-	-
Brésil	+/-	+/-	+/-	+/-
Indonésie	-	-	-	+/-

Dans ce genre d'évaluations très approximatives, il faut apparemment tenir compte du type et de la nature des régimes politiques des pays pris en considération. Un peu rapidement, on attribue à la démocratie des vertus géopolitiques non avérées. Les démocraties comme les régimes autoritaires peuvent exercer une certaine influence culturelle ou idéologique, ou créer un consensus politique intérieur, notamment par le lancement d'une guerre contre un ennemi.

Une tendance au fondamentalisme affaiblit une puissance car elle la rend rigide comme aux EUA, au Pakistan ou en Iran.

Synthèse, conclusions et perspectives

Une classification un peu systématique confirme l'intuition quant au système des grandes puissances dans le monde. Sur base des critères démographiques, les EUA, l'UE à 27 et la Russie peuvent prétendre être considérées comme grandes puissances. Les critères économiques indiquent, pour l'UE à 27, la première place, suivie par la Chine, puis les EUA et le Japon. Les critères militaires font émerger, en ordre d'importance, les EUA, la Russie, la Chine et l'UE à 27 comme étant des grandes puissances actuelles et ce, bien entendu, pour des raisons variées. Selon les critères qualitatifs et fort subjectifs, la Russie comme l'UE à 27 ont une position favorable.

Il en résulte que les quatre puissances citées par ordre alphabétique : *la Chine, les EUA, la Russie et l'UE à 27 figurent en première place du système international.* Outre le problème de l'endettement des EUA, la perte du rôle prééminent du dollar, les insuffisances en matière militaire et leur forte dépendance énergétique contribuent, néanmoins, à créer le doute quant à la place future des EUA parmi les toutes premières puissances. En dehors de ces quatre, les autres puissances ne peuvent aspirer qu'à des positions de puissances moyennes ou régionales mais peuvent s'allier entre elles ou avec l'une ou l'autre des plus grandes et développer ainsi des rapports de force non négligeables. Tel serait le cas pour le Japon ou l'Inde.

À notre sens, le système actuel des grandes puissances dans le monde apparaît comme *éclaté et instable à quatre*, alors que le monde dominé par le «duopole» russo-américain entre 1945 et 1990 a souvent été considéré comme structuré et équilibré. De toute évidence et contrairement aux affirmations répétées, il n'y a aucune raison d'admettre l'existence d'une superpuissance qui dominerait toutes les autres. Malgré les tentations ou des actes impérialistes, les discours ne peuvent se substituer aux réalités. Les EUA seraient, en fait, en déclin relatif tandis que l'UE à 27 comme la Chine tendraient à se renforcer par rapport aux premiers. La position géopolitique future de la Russie demeure une question. L'apparence unipolaire du monde conduit à sa réelle contestation et à son dénigrement fondé.

Quoiqu'instable et éclaté, le système des grandes puissances dépasse le nombre fatidique de triumvirat particulièrement conflictuel et se trouve dans *une situation oligarchique plurale*. Dans cette configuration, tantôt l'une tantôt l'autre prévaut ou des alliances changeantes s'organisent pour une raison ou une autre. Il ne semble exister aucune raison pour que cela change. Ce qui n'exclut guère des évolutions et des ajustements, voire des modifications de sphères d'influence de l'une ou de l'autre puissance selon les conjonctures des relations internationales et le développement du capitalisme en voie de se globaliser. Cette globalisation augmenterait même la menace de conflits armés entre les grandes puissances, selon Arrighi.

Une stratégie eurasiatique

En Eurasie, trois hypothèses d'école se profilent du point de vue géopolitique. La première postule la mise en place d'une chaîne de grandes puissances plus ou moins équivalentes –la Russie, la Chine, les EUA et l'UE– et dont l'équilibre est instable et mouvant. La seconde envisage l'éclatement partiel ou total de la Russie. L'affaiblissement serait tel qu'il créerait un vide géopolitique que seule la Chine ou l'UE (ou encore les deux ensemble ?) serait en mesure de combler. Cette évolution signifierait, en Eurasie, des guerres multiples et inéluctablement nucléaires, dont les effets sont tout simplement imprévisibles. La troisième hypothèse suggère que le danger n'est pas la puissance russe mais plutôt sa faiblesse. Elle envisage que la future confédération, née de l'ex-URSS et constituée autour de la Russie, continuerait à garantir à cette dernière une position de grande puissance. Cette Russie constituerait un contrepoids européen à l'Amérique du Nord et à d'autres puissances telles que la Chine ou l'Inde.

Avec l'accord de tous, cette formule pourrait permettre deux évolutions également possibles : soit l'Europe occidentale et centrale est militairement banalisée et devient d'une certaine façon, la «Suisse neutre du monde» du troisième millénaire, par analogie avec le rôle joué par ce pays pendant la Seconde Guerre mondiale ; soit l'Europe est, à nouveau, partagée entre Washington et Moscou. À cause de l'opposition foncière des EUA à l'égard de l'OSCE, le risque persiste de voir l'OTAN se substituer à cette dernière, ce qui «réaméricaniserait» puissamment l'Europe et, en même temps, la partagerait en deux, quelque trois cents ou quatre cents kilomètres plus à l'Est que ne l'avait fait la Conférence de Yalta. S'achemine-t-on vers un autre Yalta, grâce au consentement ou à la complicité de la Russie ? Ce ne serait pas sans répercussion sur ce qui se passe en Asie du Sud-Est ou sur la légitimité que cela donne aux Grands pour intervenir et bombarder n'importe où en termes de principes et de valeurs, cette dernière évolution n'est pas non plus sans risque.

L'OTAN, comme les EUA et leurs alliés, se vante, depuis toujours, de défendre le système démocratique, la paix dans le monde et les droits de l'homme au sens large. Or, l'OTAN s'accommode fort bien de régimes dictatoriaux ou très autoritaires, qu'il s'agisse de la Grèce, de l'Espagne ou du Portugal dans le passé, de la Turquie ou de la Géorgie aujourd'hui. Les EUA réarment massivement le monde et, plus particulièrement, les pays islamiques jusqu'en Europe (le Pakistan et les Talibans en Afghanistan, la Bosnie-Herzégovine, l'Albanie et, par voie de conséquence, le Kosovo), tout en voulant renforcer l'OTAN en face du danger que représenterait l'Islam[39]. La Russie fricote avec l'Iran ou avec les EUA, mène des activités peu louables dans la Caucasie au Nord comme au Sud. Le respect des règles du Conseil de l'Europe ou de l'Organisation internationale du Travail n'est manifestement pas le premier souci des pays de l'OTAN ou de la Russie, ni à l'intérieur ni à l'extérieur.

Axe Moscou-Beijing-Washington

Depuis 1997, Washington annonce sa décision d'élargir l'OTAN. Cette décision n'est véritablement négociée qu'entre Washington et Moscou, et ces négociations se déroulent sans l'intervention réelle de la diplomatie européenne de l'UE. Depuis 2000, il conclut de nombreux accords militaires bilatéraux avec certains PECO et y implante des systèmes de défense à l'insu de l'OTAN. En 2008, c'est pour la première fois que l'OTAN ne suit pas les décisions des EUA quant à l'adhésion immédiate de l'Ukraine ou de la Géorgie. Par ailleurs, il faut bien prendre en considération qu'à l'échelle mondiale, l'Inde représente, outre la Russie, un contrepoids considérable aux ambitions de grande puissance de la Chine en Asie. L'amitié russo-indienne des années cinquante, soixante et septante s'était amoindrie mais vient d'être vigoureusement réaffirmée depuis les expériences nucléaires de l'Inde. D'un autre côté, comme on le sait, la Chine a développé un programme nucléaire complet. Depuis les années 1960, elle soutient le Pakistan et se pose en rivale face à l'Inde.

Il faut également savoir qu'un conflit armé entre la Chine et les EUA est parfaitement concevable et possible. Pour les EUA, il est difficile de tolérer le développement d'une puissance chinoise qui subordonnerait toute initiative d'un autre État aux intérêts de Beijing. Cette position très forte de la Chine pèse sur le Japon, satellite fidèle des EUA. Par sa diaspora dans toute l'Asie de Sud-Est, la Chine exerce, par ailleurs une influence croissante et déjà considérable. Par rapport aux EUA, elle travaille à en détacher progressivement l'Indonésie, les pays d'Indochine et bien d'autres pays, notamment en Afrique.

---

39. L'*islam* écrit en minuscules désigne la religion islamique tandis que l'*Islam* orthographié avec une majuscule a trait à l'aspect politique, social ou civilisationnel.

L'important traité signé en avril 1997 entre Moscou et Beijing entérine une modification des rapports de force : pour la première fois, la Russie ne domine plus son grand voisin du Sud-Est eurasiatique. Quoique l'accord ait été pompeusement baptisé de «Partenariat stratégique», il n'est pas à sous-estimer par rapport à la prétention hégémonique des EUA. Issue de ce partenariat, l'Organisation de la coopération de Shanghai (OCS), répond aux besoins russo-chinois de renforcer leur position eurasiatique à l'égard des EUA et du Japon mais également de l'Inde ou du Pakistan. Dans l'avenir, cet accord pourrait également réguler les relations russo-chinoises en ce qui concerne les questions coréenne, vietnamienne ou afghane. En tout cas, il met ipso facto en question la doctrine kissingérienne de la diplomatie américaine : les EUA doivent avoir de meilleures relations avec la Chine et avec la Russie que ces deux dernières entre elles.

La question soulevée par la volonté de l'Inde et du Pakistan de devenir puissances nucléaires n'est pas sans lien avec l'enjeu que représente l'Asie centrale entre la Russie et la Chine au Nord, l'Iran et le Pakistan au Sud, non loin du Nord de l'Inde. L'Asie centrale comporte six pays dont le nom se termine par «stan» (voir Partie 3 ci-dessus). Conséquence de l'affaiblissement de la Russie, l'Asie centrale devient un lieu convoité en raison de réserves massives de matières premières, surtout énergétiques. Or, pour les sortir d'Asie centrale, il faut développer des conduites (oléoducs et gazoducs) à travers de nombreux pays voisins, partager des sphères d'influence tant privées que publiques et, aussi vite que possible, stabiliser toute la région concernée. Les multinationales comme les grandes puissances sont toutes impliquées et, indirectement, participent à tous les conflits souvent armés et meurtriers en Afghanistan, au Kirghizstan ou au Cachemire, à l'instar de ce qui se passait en Tchétchénie.

Dans la géo-économie des armes nucléaires, la responsabilité des États comme celle de leurs multinationales qui vendent la technologie et l'équipement –au départ souvent civils– est entière. C'est la raison pour laquelle les sanctions américaines contre l'Inde, l'Iran ou le Pakistan font long feu devant la volonté d'exporter. Les États affaiblis sous le coup de la mondialisation et des impératifs du profit infini des multinationales s'unissent pour répandre l'horreur.

En raison de sa configuration et sa localisation, l'Europe, à quelque définition que ce soit, ne peut penser sa sécurité et sa défense que d'une façon exclusivement défensive et dans une perspective de «bon voisinage» : un recours systématique à la coopération socio-économique et à la diplomatie de paix. Plus spécifiquement, pour l'UE actuelle et pour les futurs pays membres des Balkans, la conclusion s'impose : Bruxelles aura désormais tout intérêt à tenir une *distance égale* par rapport à Moscou et à Washington. L'une comme l'autre représentent une grande puissance, se situent à proximité et seraient toujours tentées de vouloir dominer l'UE.

Il en résulte que, tout en sachant que le risque russe existe toujours et que l'aléa américain ne fait que croître[40], l'UE devra simultanément
1. développer une alliance stratégique avec la Chine,
2. se distancer un peu des EUA et
3. s'approcher de la Russie.

D'ailleurs, avec cette dernière, des liens culturels sont bien plus nombreux qu'avec les EUA et l'approvisionnement énergétique se trouve assuré, pour une part notable, par la Russie et indépendamment des EUA et leurs multinationales. Certes, pour l'UE à 27, puis d'ici quelques années à 30 ou plus, il faut garder raison afin de ne pas provoquer les autres grandes puissances. Peut-on souhaiter autre chose qu'une UE, «puissance tranquille», pacifique et contenu, mais aussi autonome, civile et solidaire (voir les deux chapitres suivants) ?

Bibliographie spécifique :

ADAM, Bernard (sous la direction), *Europe, puissance tranquille ?*, GRIP-Complexe, Bruxelles, 2006.
ADDA, Jacques, *La mondialisation de l'économie*, La Découverte, Paris, 2006.
BADIE, Bertrand & alii, *Qui a peur du XXIe siècle ? Le nouveau système international*, La Découverte, Paris, 2006.
BELLO, Walden, *La fin de l'empire - La désagrégation du système américain*, Fayard, Paris, 2006.
BEURDELEY, L., R. de la BROSSE & F. MARON (sous la dir.), *L'Union européenne et partenariats rénovés : quel avenir pour le nouveau voisinage de l'Union ?*, Bruylant, Bruxelles, 2007.
BOLLMANN, Ralph, *Lob des Imperiums. Der Untergang Roms und die Zukunft des Westens*, Wolf Jobst Siedler jr., Berlin, 2006.
BRZEZINSKI, Z., *The Choice : Global Domination or Global Leadership*, Basic Books, New York, 2005.
BULARD, Martine, La Chine bouscule l'ordre mondial, in : *Le Monde Diplomatique*, août 2005.
Cahiers marxistes, Le défi impérial, numéro thématique, n°233, août-septembre, 2006.
DELCOURT, Barbara, L'impérialisme libéral : un projet d'avenir ?, in : *Cahiers marxistes*, Le défi impérial, numéro thématique, n°233, août-septembre, 2006.
DEMPSEY, Judy, EU and NATO bound in perilous rivalry, in : *International Herald Tribune*, 5.10.2006.
État du monde 2007, l', sous la direction de B. Badie & B. Didiot, La Découverte, Paris 2006.
DOMBEY, Daniel, America finds its hands tied by new rivals, in : *Ft*, 12.2.2007.

---

40. «Nicholas Burns, the US undersecretary of state and a former ambassador to NATO, bluntly told a NATO conference in Sweden on May 25 /2005/, "Let's get it straight. NATO does the big military operations" (or to be more accurate, US-led coalitions drawn from NATO and elsewhere are expected to do them). The UE, he continued, handles peacekeeping operations. "If not," he said, "there will be friction, and you (meaning the Europeans) are not going to be happy"... What Washington does not want is a Europe that aims to be counter-weight to US power or a power center in a multipolar geopolitical structure. Such could be "the road to war," Condoleezza Rice once warned... What is unacceptable to the US administration is a Europe with political and strategic ambitions of its own. Nonetheless, that seems likely to be the Europe that will survive the doomed adventure of the constitution», in : William PFAFF, What's Left of the Union ?, in : *New York Review*, 14.7.2005 (c'est moi qui souligne).

FERENCZI, Thomas, *Pourquoi l'Europe ?*, André Versaille, Bruxelles, 2008.
FERGUSON, Niall, *The War of the World : Twentieth-Century Conflict and the Descent of the West*, Penguin, London, 2006.
FT Special Report : Russia, 18.4.2008.
GODARD, Michel, *Colonialisme, impérialisme. Good-bye Lenine ?*, Cahiers marxistes, Le défi impérial, numéro thématique, n°233, août-septembre, 2006.
GORDON, Philip H., *Winning the Right War. The Path to Security for America and the World*, Times Books, New York, 2007.
GRAZIONO, Manlio, Perché, di preciso, gli americani sono andati in Iraq ?, in : *LIMES*, 2/2006.
International Herald Tribune, India welcomed as new sort of superpower, 21.7.2005.
GRAY, John, The Mirage of Empire, in : *The New York Review*, 12.1.2006.
HASSNER, Pierre, Débat : Le siècle de la puissance relative, in : *Le Monde*, 2.10.2007.
HOBSBAWM, Eric, Où va l'Empire américain, in : *Le Monde Diplomatique*, juin, 2003.
HOFFMANN, Stanley, The Foreign Policy the US Needs, in : *The New York Review*, 10.8.2006.
HORN, Gerald, Made in China ? Az amerikai imperializmus válsága, in : *Eszmélet*, Kina egysége és sokfélesége, n°71, automne, 2006.
IMHASLY, Bernard, Abschied von Ganghi ? Eine Reise durch das neue Indien, Herder, Freiburg i.Br., 2006.
JOHNSON, Chalmers, *Nemesis : The Last Days of the American Republic*, Metropolitan, New York, 2007.
JUDT, Tony, Dreams of Empire, in : *The New York Review*, 4.11.2004.
KENNEDY, Paul, *The rise and fall of the Great Powers*, Fontana Paperbacks, London, 1988;
Idem, The Modern Machiavelli, in : *The New York Review*, 7.11.2002.
KISSINGER, H., *Does America Need a Foreign Policy ? Towards a diplomacy for the 21st Century*, Simon & Schuster, 2001, New York.
KJELLÉN, R., Die Grossmächte und die Weltkrise, Teubner, Berlin-Leipzig, 1921.
KUPCHAN, Ch.A., *The End of the American Era : U.S. Foreign Policy and Geopolitics of Twenty-First Century*, Knopf, 2002, New York.
LAYNE, Christopher, *The peace of illusions. American grand strategy from 1940 to the present*, Cornell Univ. Press, Ithaca-London, 2006.
LEONARD, Mark, *Why Europe Will Run the 21st Century*, HarperCollins, Londres, 2005.
LILA, Mark, Die Schlafwandler - Amerika vor und nach den Terroranschlägen des 11. September - eine Sicht von innen, in : *NZZ*, 9/10.9.2006.
LIMES, n°3, 2002, Tema speciala : «Il triangolo di Osama : USA/RUSSIA/CINA» ;
Idem, Parte I le Potenze oceaniche, 4/2006.
LONGWORTH, Philip, *Russia's Empires, Their Prehistory to Putin*, John Murray, London, 2005.
LOROT, P., & T. THUAL, *La géopolitique*, Paris : Monchrestien, 1997.
MARTHOZ, Jean-Paul, L'Europe et les droits de l'Homme, in : *Politique*, n°52, février 2008.
Idem, *La liberté, sinon rien - Mes Amériques de Bastogne à Bagdad*, GRIP, Bruxelles, 2008.
MASKENS, Alain, Bruxelles face aux idéologies mono-identitaires, in : *Agenda interculturel*, n°254, juin 2007.
MORAVCSIK, Andrew, Europe is the new rôle model for the world, in *Financial Times*, 6.10.2004.
MUELLER, John, Is There Still a Terrorist Threat ?, in : *Foreign Affairs*, septembre-octobre, 2006.
MUSCHG, Adolf, *Was ist europïsche ? Reden für einen gastlichen Erdteil*, C.H. Beck, München, 2005.
NZZ, Europa - mächtig, aber ohne Macht, 14/15.7.2007.

PANITCH, Leo & Sam GINDIN, Capitalisme mondial et empire américain, *Cahiers marxistes*, Le défi impérial, numéro thématique, n°233, août-septembre, 2006.
PAOLINI, Margherita, Primum vivere : così Putin vuole agganciare l'Europa, in : *LIMES*, 1/2006.
PAX CHRISTI WALLONIE-BRUXELLES, *Comment se dessine le système des grandes puissances ?*, Bruxelles, 2005.
Idem, *Géopolitique de la migration*, Bruxelles, 2006.
PISTELLI, Lapo, Mappa della (dis)unione europea, in : *LIMES*, n°1, 2006.
RADÓ, Sándor, Atlas für Politik, Wirtschaft, Arbeiterbewegung. 1. Der Imperializmus, Haack, Leipzig, 1930/1980.
RAMSES 2007, sous la direction de T. de Montbrial & P. Moreau, Dunod, Paris, 2006.
RUBIO GARCíA, Dolores, Les enjeux de l'identité européenne, in : *La Revue Nouvelle*, mai 2007.
SCHMITT, Carl, Der Begriff des Politischen - Text von 1932 mit einem Vorwort und Corollarien, Duncker & Humblot, Berlin, 1963/2002.
Idem, Frieden oder Pazifismus ? Arbeiten zum Völkerrecht und internationalen Politik 1924–1978, Duncker & Humblot, 2005.
SCHÜRER, Wolfgang, Wenn Asiens Bäume in den Himmel wachsen - Der Aufbruch Chinas und Indiens - Ein vielgestaltiges Phänomen mit einer Vielzahl von Paradoxien, in : NZZ, 14/15.1.2006.
SIPRI, http://first.sipri.org/index
STEPHENS, Philip, Last chance for the US to shape the new global order, in : *FT*, 3.4.2008.
URQUHART, Brian, The New American Century ?, in : *The New York Review*, 11.8.2005.
WADE, Robert, A New Global Financial Architecture, in : *New Left Review*, n°46, juillet-août, 2007.
WALLERSTEIN, I., The Eagle Has Crash Landed, in : *Foreign Policy Magazine*, juillet-août, 2002.
ZEILINGER, Reinhard & autres, *Geopolitik - Zur Ideologiekritik politischer Raumkonzepte*, Promedia, Wien, 2001.

Limites, frontières et portée de l'Union européenne[41]

L'interrogation sur les limites, les frontières ou la portée de l'UE rencontre un ensemble «de défis et de réponses à ces défis» caractérisé par une dialectique redoutable. Ces défis et ces réponses frisent constamment le risque d'échecs, mais s'inscrivent en même temps dans une dynamique que rien n'a jusqu'ici démentie.

Voir la suite sur le site suivant : www.bardosfeltoronyi.eu

---

41. Cette note en français a jusqu'ici circulé par Internet, mais a déjà été publiée en langue hongroise en Roumanie.

Le différend russo-américain récent dans la Caucasie méridionale et l'UE[42]

Le conflit armé en Caucasie méridionale semble marquer un tournant majeur dans le système international ! Certes, le local s'intègre dans le global alors que le global conditionne, dans une large mesure, le local. Il n'empêche que, pour la première fois depuis le début des années 1980, la Russie comme grande puissance s'affirme d'une manière résolue et fait fléchir ses adversaires proches et lointains. Le différend qui est apparent entre la Russie et la Géorgie, concerne des territoires que l'on appelle l'Ossétie du Sud et l'Abkhazie. En tant que telle, l'Ossétie historique s'étend des deux côtés du Caucase. La partie Sud est située à la frontière méridionale de la Russie qui, jusqu'il y a peu, n'a pas reconnu la souveraineté du territoire mais qui a continué à maintenir des relations et, récemment, à renforcer ses liens. De son côté, l'Abkhazie se situe entre la Russie et la mer Noire, à l'Ouest des chaînes du Caucase.

Voir la suite sur le site suivant : www.bardosfeltoronyi.eu

---

42. Les événements sont récents mais significatifs par rapport aux exercices proposés ci-devant. Les références ne correspondent évidemment qu'à celles de la presse internationale. Ce chapitre complète et actualise ce qui figure au chapitre 3.2. Il garde cependant son autonomie entière par rapport à celui-là.

Partie 2
Des situations «entre-deux» :
pays plats et transitaires

Voici donc trois situations à la lisière orientale de l'UE qui, sans doute, méritent un examen attentif. Ces situations ont en commun une position géographique semblable : être «coincée» entre deux ou trois grandes puissances, en l'occurrence entre l'UE, la Russie et les EUA. Elles reflètent le rapport de force que ces puissances développent en vue de pouvoir incorporer les pays concernés dans leurs zones d'influence respectives. L'enjeu principal y est l'Ukraine à cause de ses voies de communication, sa localisation, sa dimension et ses richesses humaines et économiques, mais, cités en ordre d'importance, le Bélarus et la République moldave ne sont pas non plus sans signification.

Les trois pays de la CEI[43] au flanc oriental de l'UE dont l'Ukraine principalement restent plus ou moins proches encore de la Russie, alors que certains pays de la Caucasie méridionale[44] virent provisoirement vers les EUA (voir la Partie 3). Dans les deux cas, l'UE joue plutôt l'alliance douce de nature géo-économique. Notons, dès à présent, que la Turquie entretient des relations qui, jusqu'il y a peu, se sont avérées privilégiées avec les EUA, mais semble, à présent, se tourner davantage vers l'UE et l'Ukraine qui lui sont complices dans la gestion de la mer Noire (voir la Partie 3). Toutes ces situations se caractérisent par leur instabilité considérable que renforce le caractère transitaire des trois pays envisagés dans cette partie. Tous les coups bas (militaires ou diplomatiques) et tous les changements brusques (régimes, alliances, orientations des privatisations, etc.) y sont possibles.

---

43. La Russie s'efforce de regrouper sous une forme ou autre les pays qui ont fait partie de l'URSS. Outre la CIE, il existe
- «l'espace économique» formé par le Bélarus, la Russie, le Kasakhastan et l'Ukraine ;
- «la communauté économique eurasiatique» dont le Bélarus, la Russie et l'Ukraine, ainsi que les cinq pays centre-asiatiques de l'ex-URSS ;
- ces cinq centre-asiatiques ont établi entre eux une «zone de libre-échange» ;
- certains de ces pays sont intégrés dans le Groupe de Shanghai, etc.

44. Les pays concernés correspondent à : l'Arménie, la Géorgie et l'Azerbaïdjan. Voir pour cette appellation le chapitre deux de la Partie 3 ;

Carte 4. Le Bélarus, l'Ukraine et la République moldave

Le plan d'action de l'UE pour les «pays voisins» concerne, entre autres, l'Ukraine et la République moldave. Il est renvoyé à plus tard avec le Bélarus et les pays de la Caucasie méridionale dont «l'UE attend des engagements crédibles en faveur de la démocratie». L'accord qui, en 2004, est négocié entre la Commission de l'UE et la Russie implique, parmi d'autres, uniquement un doublement du prix du gaz russe pour les utilisateurs industriels d'ici 2010, en contrepartie du respect par l'UE du monopole d'exportation de Gazprom (compagnie russe mi-publique mi-privée) et de l'accès des groupes capitalistes européens aux champs de gaz russes par le réseau de gazoducs de Gazprom. Cette hausse du prix aura, sans doute, de multiples conséquences sur l'UE elle-même et des pays transitaires entre celle-ci et la Russie.

Dans l'avenir, la question se reposera de savoir quelle sera l'attitude de l'UE à l'égard de l'Ukraine, du Bélarus et de la République moldave dans la politique de bon «voisinage». Avant de pouvoir même simplement esquisser une réponse à cette question (si une réponse existe), voyons-en tout d'abord quelques données significatives.

Données	Ukraine	Bélarus	Rép. moldave
Capitale	Kiev	Minsk	Chisinau
Superficie, milliers km^2	603	208	33,8
Frontières terrestres, en km	4 663	2 900	1 389
Frontières maritimes, en km	2 782	Néant	Néant
Population, en millions de personnes	46,7	10,3	4,46
Migrations nettes	-0,43	2,3	-0,23
Densité démographique, personnes par km^2	77	50	132
PIB à parité de pouvoir d'achat, en € milliards	272	57	6,2
PIB à parité de pouvoir d'achat, en € milliers et par habitant	5 760	5 215	1 440
Répartition du PIB, en coef. de Gini *	29	31	36
Pays d'importations (% du total)	Russie (42), RFA (10), Turkménistan (7),	Russie (68), RFA (7), Ukraine (3)	
Pays d'exportations (% du total)	Russie (18), RFA (6), Turquie (6), EUA (4)	Russie (47), RU (8), Pays-Bas (7), Pologne (5)	Russie (36), Italie (14), Roumanie (10), RFA (7), Ukraine (7), Bélarus (6), EUA (5)

* Le coefficient de Gini est un nombre variant de 0 à 100, où 0 signifie l'égalité parfaite (tout le monde a le même revenu) et 100 signifie l'inégalité parfaite (une personne a tout le revenu, les autres n'ont rien). Pour la Belgique comme pour l'ensemble de l'UE, il se chiffre à 30 alors que, pour la Russie, il s'élève à 40 et, pour les EUA, à 45.

Quid de la Communauté des États indépendants ?

Les trois pays qui nous préoccupent dans cette partie, ont une *origine commune* par la décomposition de l'Union soviétique en 1991. En février 1991, les pays membres décident la dissolution des structures militaires du Pacte de Varsovie et le Pacte sera dissous le 1er juillet suivant. En mars, le référendum sur le maintien de l'Union indique 76,4 % de oui pour 80 % de participants. Les pays Baltes et de la Caucasie méridionale ont refusé d'y participer. En août ont lieu les proclamations d'indépendance des Parlements tant ukrainien, bélarusse et moldave, qu'azerbaïdjanais, kirghiz et ouzbèk. En décembre 1991, un référendum d'indépendance est organisé en Transnistrie qui, jusqu'alors, faisait en principe partie de la République moldave. La votation vise, bien entendu, à légitimer la sécession de ce territoire peuplé majoritairement de russophones. Egalement en décembre, il y a le succès du référendum en faveur de l'indépendance d'Ukraine (90,3 % pour le «oui»). Toujours au même mois, la Russie, l'Ukraine et le Bélarus déclarent la fin de l'URSS et la création d'une «Communauté des États indépendants» à Bieloveje près de Minsk dont toutes les républiques soviétiques font partie, sauf les trois baltes.

La question de base est évidemment, de savoir que représente aujourd'hui cette CEI ? Serait-elle le reste de l'ex-URSS, plutôt symbolique, ou représente-t-elle davantage la zone que la Russie actuelle souhaiterait dominer dans l'avenir ? L'Ukraine comme la Géorgie sont réticentes mais ne la quittent pas. Hérités de l'URSS disparue, les liens économiques s'avèrent sans doute trop importants. Parmi les pays de la CEI et parfois avec d'autres États, des associations de type divers se multiplient par ailleurs : la Communauté économique eurasienne, l'Organisation du traité de sécurité collective ou l'organisation de la coopération de Shanghai, par exemple. Leurs portées restent incertaines mais elles constituent des noyaux de coopération possible, voire réelle. Il en est de même du GUAM. Lancé avec le soutien peu discret des EUA en 1996 par la Géorgie, l'Ukraine, l'Azerbaïdjan et la Moldova pour renforcer la coopération politique, économique et stratégique entre ces pays, le GUAM (sigle reprenant l'initiale du nom de chaque État membre) est devenu GUAM avec l'adhésion de l'Ouzbékistan de 1999 à 2005.

Ce qui paraît plus décisif, c'est un double phénomène. D'une part, la plupart des dirigeants des divers pays de la CEI sont les mêmes qu'avant 1991 ou les descendants de ces derniers. Ils se connaissent et leurs stratégies capitalistes se ressemblent fondamentalement : s'approprier totalement des biens qu'ils contrôlaient déjà à l'époque soviétique, mais dont ils n'étaient pas les propriétaires légaux et surtout légitimes. Ils le sont devenus et y tiennent beaucoup, s'agissant d'immenses richesses. D'autre part, la décomposition de l'URSS a créé un vide géopolitique dans les années 1990. Les autres grandes puissances s'y engouffrent et en profitent jusqu'au début des années 2000 lorsque la Russie apparaît plus sûre d'elle-même grâce à une reprise politique et économique du pays. En dehors d'elle, les autres pays de la CEI peuvent se sentir, à juste titre, plus comme des enjeux géopolitiques que des sujets autonomes sur le plan régional. D'où leurs tendances à s'associer réellement sans trop insister[45] ! D'où aussi leurs réticences à coopérer trop fort !

La CEI ressemble évidemment plus à l'ASEAN qu'à l'UE. La Russie y joue cependant un rôle majeur, mais la CEI n'est pas devenue un instrument hégémonique à son service. Quelques bases militaires russes sont présentes dans différents pays de la CEI. Elles assureraient un avantage stratégique pour la Russie et, en même temps, constitueraient une certaine garantie de sécurité aux dirigeants des pays hôtes. Les groupes capitalistes russes y développent des relations multiples avec leurs contre-parties locales. En matière énergétique, elles sont à l'avant-garde dans l'établissement des réseaux d'infrastructures telles que routes, chemins de fer ou conduites d'hydrocarbures. En collaboration avec leurs pouvoirs publics, elles s'assurent le contrôle et l'exploitation des matières premières et énergétiques des pays concernés. La nature de la stratégie de la Russie ne se distingue guère de celle des EUA. La CEI, dès lors, semble encore tenir ensemble. Aucune des parties ne souhaite la supprimer. C'est ce qui s'explique sans doute par la maîtrise militaire et énergétique exercée par la Russie dans les régions concernées. Les pays membres auraient plus à perdre qu'à gagner en quittant cet organisme, malgré les efforts américains pour les encourager de s'en séparer.

Leurs caractéristiques communes et les «narrations» sur des révolutions en couleurs

Devant nos yeux et sous forme de propos propagandistes, une grande narration surgit à propos des événements dans les pays d'ex-URSS depuis le début des années 2000 : c'est ce que l'on appelle la deuxième «guerre froide» ou «la paix froide». Les composants essentiels en comportent notamment, pour les États en question, les éléments suivants :
- le pays a échappé à son statut de satellite de la Russie asiatique et se retrouve enfin en Europe ;
- la société civile surgit de la passivité presque séculaire de la population, c'est-à-dire depuis la chute du régime tsariste ;
- en termes eschatologiques, la victoire sur le mal l'a emporté dans le pays grâce à la lutte pour la liberté déclarée par l'administration de Bush II ;
- l'Est et l'Ouest du pays se réconcilient dans un grand élan démocratique engendré par les ONG qui soutenaient ces «révolutions» mais qui n'y sont jamais et aucunement intervenues ;
- beaucoup de réformes, dont les privatisations, se sont déjà effectuées mais quelqu'injustes que ces dernières aient été, il n'est pas question d'y revenir car la propriété privée s'avère sacrée ;
- s'il y en a, de nouveaux régimes sont appelés à instituer un système de transparence pour le capitalisme d'Occident et à éliminer la corruption trop coûteuse pour ce dernier ;

---
45. La coopération semble réelle par la voie de rencontres des ministres de l'Intérieur et de la Justice, ainsi qu'au niveau de l'Assemblée parlementaire de la CEI.

- après l'élimination de l'hégémonie ignoble exercée par la Russie, la question décisive de l'heure actuelle est évidemment l'adhésion urgente à l'OTAN et, subsidiairement, à l'UE.

Il importe, pour la suite de notre propos, de ne pas tomber dans le piège réel de cette rhétorique dont, cependant, les effets peuvent devenir décisifs dans certaines circonstances. C'est bien sûr le cas quand une partie de la population fait siens certains slogans ou déclarations (voir, une fois de plus, la Partie 6).

Fondamentalement, quelques remarques s'imposent d'emblée qui mettent en évidence des marques distinctives communes aux pays étudiés du point de vue géopolitique :

a. non seulement coincés entre l'UE et la Russie, ces trois pays ont aussi des *caractéristiques géographiques communes*. Ils constituent *un bloc continu entre l'UE à 27 et la Russie*. Leur territoire se situe sur *une plaine* entre les pays baltes et la mer Noire, entre Berlin et Moscou, où les quelques collines qui existent, ne dépassent même pas les 400 mètres. À l'époque des «chevauchées», mais également aujourd'hui avec des véhicules motorisés, les invasions s'y font donc avec une très grande aisance et rapidité. La résistance s'y organise péniblement et la guérilla se limita toujours à quelques sorties à partir des forêts peu épaisses. Par contre, ce relief convient parfaitement au dégagement des ressources hydrocarbures de la Russie vers l'Europe centrale et occidentale. Les deux pays septentrionaux sont ainsi devenus des territoires de *transit* classiques ;
b. comme déjà souligné, les trois pays ont une *origine commune* par la décomposition de l'Union soviétique en 1991. Dans le cadre de la CEI, leurs liens avec la Russie sont cependant variés, complexes et évolutifs, mais sans rupture ;
c. les trois pays qui nous préoccupent ici, comportent dans leur constitution une stipulation similaire qui interdit le séjour de forces militaires sur leur territoire, stipulation qui assimile leur position en termes de droit international à la *neutralité* ou du moins au non-alignement. Dans certains cas, l'autorisation expresse des Parlements concernés peut suspendre cette interdiction[46] ;
d. non sans lien avec la remarque précédente, la population de chaque pays est majoritairement favorable à l'adhésion à l'UE et opposée à l'entrée dans l'OTAN. Sauf au Bélarus, une partie des élites souhaite exactement à l'inverse, c'est-à-dire considère urgente l'adhésion à l'OTAN afin de garantir leurs positions en tant que dirigeants politiques ou capitalistes ;
e. les trois pays sont l'objet d'intérêts stratégiques de l'UE, de la Russie et des EUA. Quant à ces derniers, s'installer dans cette partie centrale de l'Europe signifie de surcroît s'interposer entre la Russie et l'Europe, et encercler cette dernière du côté de l'Est.

---

46. Par exemple, la Constitution du Bélarus stipule dans son Article 18. «…La République de Bélarus s'engage à faire de son territoire un état neutre, libre d'armes nucléaires…» ou, celle de l'Ukraine, dans son Article 17 «… La création et l'opération de formations armées non prévues par la loi sont interdites sur le territoire de l'Ukraine. La localisation de bases militaires étrangères n'est pas autorisée sur le territoire de l'Ukraine. »

L'Ukraine et le transit d'hydrocarbures

Comme ce qui suit le montrera, le cas ukrainien s'avère, du point de vue d'études géopolitiques, d'un intérêt évident. Notre hypothèse est triple :
1. chaque grande puissance concernée marque au pays un intérêt certain pour pouvoir l'inclure dans sa zone d'influence ;
2. quelque divisées qu'elles soient, les classes dominantes (les factions politiques ou les groupes économico-financiers) veillent, jusqu'ici, à ce que leur pays reste indépendant pour qu'elles puissent sauvegarder leurs pouvoirs et réseaux sur place ;
3. au fur et à mesure que la pression de l'une ou l'autre puissance augmente sur le pays, l'entente ou la mésentente parmi les élites ne fait qu'augmenter pour se relâcher dès que la pression diminue. Jusqu'ici, ce comportement politique est couronné de succès.

Pour vérifier cette hypothèse, l'analyse doit porter sur la dimension géopolitique interne et externe du pays et sur l'évaluation des événements récents eu égard à la question de l'adhésion du pays à l'OTAN ou à l'UE. Préalablement, les données géographiques et historiques méritent l'examen.

Données géographico-historiques

En russe comme en ukrainien «terre des confins», l'Ukraine formait, depuis le bas Moyen Âge et avant d'accéder elle-même au rang d'État en 1918 et à l'indépendance en 1991, les marches d'États voisins : la Pologne et la Lituanie historiques, puis la Russie tsariste et la Monarchie austro-hongroise. Enfin, elle devint une des quinze républiques de l'URSS, puis une république indépendante dans le cadre de la CEI.

Géographiquement, l'Ukraine correspond à un des grands pays d'Europe, équivalant à la France, mais avec une population plus réduite d'un cinquième et en diminution. Elle a un relief peu accidenté, s'étendant sur la zone des riches terres noires. Elle englobe la majeure partie du bassin houiller du Donbass, avec de grands gisements de fer et d'importants aménagements hydroélectriques. À l'extrême Ouest se situe la chaîne des Carpates appartenant à l'Ukraine avec l'ouverture sur le bassin de la Ruthénie subcarpatique qui donne un accès terrestre aisé à la Hongrie. De l'Est à l'Ouest, une ligne de partage répartit le sens des fleuves vers la Baltique et la mer Noire à laquelle l'Ukraine dispose d'un large accès. L'Ukraine n'est pas seulement un pays fondamentalement de transit, mais dispose aussi de nombreuses matières premières (minerais de fer, charbon, manganèse, hydrocarbures, métaux non ferreux, etc.) et de terres arables de haute qualité.

Au début du XXe siècle, trois catégories d'Ukraine peuvent être identifiées :
- une Ukraine industrielle, regroupant, de Kharkov (Kharkiv) jusqu'au Donets, une forte minorité russe au sein de l'Empire russe ;
- une Ukraine agricole, avec pour capitale Kiev, qui rassemble à la fois la bourgeoisie locale et les élites intellectuelles ukrainiennes, auxquelles le pouvoir tsariste interdit toute expression nationale également au sein de l'Empire russe ;
- une Ukraine occidentale «périphérique» (Podolie, Volhynie, Ruthénie subcarpatique), intégrée à l'Empire austro-hongrois et majoritairement gréco-catholique[47], où s'exprime avec le plus de force –et avec la bénédiction des autorités locales– le sentiment national ukrainien, mais dont une partie, la Bucovine septentrionale, a une forte minorité roumaine[48].

En grande partie, les deux premiers territoires seront attachés à l'Union soviétique dès le lendemain de la Révolution d'octobre de 1917 et le reste après 1945. La presqu'île de Crimée fera partie de l'Ukraine à partir de 1954. Aux yeux des Ukrainiens et Bélarusses, la catastrophe nucléaire de Tchernobyl en 1986 marque une étape historique de leurs pays. À partir de la proclamation d'indépendance en 1991, et quelle que soit sa «couleur», le Gouvernement ukrainien n'a eu de cesse d'affirmer haut et fort l'identité nationale ukrainienne, ravivant le grand débat historiographique sur les relations «coloniales» entretenues par la Russie vis-à-vis de ce territoire.

Mais les différentes parties de l'Ukraine restent fort distinctes. Dans l'Est industriel, ouvrier, intégré à la Russie depuis des siècles et majoritairement russophone est

---

47. Dans cette partie de l'Europe, le gréco-catholicisme correspond à un double phénomène. D'une part, dès le XVIIe et le XVIIIe siècles et avec le soutien pesant des Habsbourg et des rois de Pologne, une partie des orthodoxes choisissent de s'unir à Rome (au Vatican) en affaiblissant ainsi l'Orthodoxie comme telle (voir Partie 6). D'autre part, les gréco-catholiques d'aujourd'hui remplissent deux rôles : une spécificité catholique et une sorte de cinquième colonne face aux orthodoxes.

48. La Bucovina dont la capitale est Tchernovtsy, est le nom donné par l'Autriche à la partie septentrionale de la Moldova qu'elle occupe en 1774. Considérée comme roumaine à l'origine, la Bucovina (10 441 km²) est le théâtre d'une intense colonisation par des Ruthènes et des Allemands. Réunie à la Roumanie en 1918, la Bucovina méridionale comporte une forte minorité ukrainienne et une majorité roumaine relative.

orienté vers une vision de gauche de la société[49]. Dans l'Ouest, plus rural, plus religieux, précédemment intégré à l'Empire austro-hongrois, puis à la Pologne (comme la Galicie) ou à la Tchécoslovaquie (comme la Transcarpatie) se trouvent les bastions traditionnels du nationalisme ukrainien. La présence d'une forte Église gréco-catholique accentue le phénomène. De Kiev jusqu'à Odessa, les régions centrales sont traversées par des orientations variées.

Jusqu'il y a peu, les gouvernements successifs ont tenté de maintenir une sorte d'équidistance entre Moscou et Washington et ce, conformément à la majorité de l'opinion publique. La forte sympathie à l'égard de l'UE ne soulève aucun problème international. Ni l'une, ni l'autre de ces capitales ne s'y oppose. La majorité de la population est favorable à l'UE, alors que, malgré une propagande soutenue d'origine américaine, la même majorité demeure opposée à l'idée d'adhérer à l'OTAN. En 2006, 64 % contre, alors que les chiffres des opposants n'atteignent que 33,5 % en 2000 et 50,4 en 2005. On cite souvent des chiffres exactement inverses quant à la volonté d'adhérer à l'UE à l'instar de ce que l'on a pu constater dans le passé dans les autres PECO.

L'Ukraine est, par ailleurs, confrontée à des mouvements migratoires asymétriques. D'une part, elle voit émigrer plusieurs millions de ses plus ou moins jeunes qualifiés et souffre de la traite humaine, surtout blanche, vers les pays occidentaux. Le reste de l'émigration s'oriente principalement vers la Russie. D'autre part, il existe une immigration asiatique, à destination de l'UE, mais qui reste et pourrait rester sur place si elle était repoussée aux frontières de l'Union. Elle se nourrit essentiellement de la Chine (37 %), de l'Inde (21 %), de l'Afghanistan et du Vietnam.

Dimension politico-économique

L'Ukraine voit sa production chuter de moitié entre 1991 et 1996. Si, au début de cette période, près de 80 % des entreprises ukrainiennes destinaient leur production à l'ensemble de l'espace soviétique, trois ans plus tard, 81 % du parc industriel ne produisaient plus que pour l'économie interne. À l'instar du sort des économies d'autres PECO, les effets des privatisations massives et intempestives s'y ajoutent. Les deux phénomènes conjugués provoquent la chute de 43 % du PIB entre 1990 et 1993 et la situation de l'Ukraine continue à se dégrader tout au long des années 1990. Ces privatisations se faisaient en faveur des groupes locaux et russes. Une économie noire persiste, peut-être massivement. Deux tiers des entreprises et la moitié des terres sont formellement privatisées, mais l'Ukraine ne s'est pas débarrassée de sa bureaucratie ni de la corruption, en partie conséquence de la précarité des conditions de vie des fonctionnaires. Il faut attendre le début des années 2000 pour qu'une consolidation économique survienne, après une dégradation profonde pour l'immense majorité de la population. La hausse des recettes sur le transit des hydrocarbures russes y contribue sans doute.

---

49. En suivant la proposition de Norberto BOBBIO, j'appelle la gauche ce qui correspond à un projet ou un système politique qui vise à plus d'égalité entre citoyen-nes et, ce, contrairement au but de la droite.

Durant la deuxième moitié des années 1990, le pays apparaît comme peu gouverné et les régions, les villes, parfois les quartiers, mènent leur propre politique. Ce mouvement est renforcé par la persistance d'un certain clivage entre l'Est et l'Ouest du pays. Dans les deux cas, les Ukrainiens manifestent leur méfiance devant un néolibéralisme, source de fracture sociale. Le besoin de projets économiquement utiles est réel mais les classes nouvellement dominantes, qui ne sont pas toutes mafieuses, ne semblent pas encore capables d'en élaborer. Dans le pays, il y a beaucoup de conflits qui tournent en apparence autour de la révision des privatisations antérieures, mais qui déstabilisent, sans conteste, les groupes européens dont russes et les multinationales américaines, tous avides de pouvoir profiter du processus de privatisation. Le débat véritable porte, jusqu'ici, sur le contrôle du pays par des oligarchies locales, multiples et influentes, parfois en alliance avec d'autres groupes, notamment étrangers.

Depuis 2005, le Président Youtchenko réussit cependant à faire payer les pensions, augmenter les rémunérations dans le secteur public et accroître certains budgets, dits sociaux, dans le pays. Il n'a pas manqué de rembourser sa dette politique à certains milieux occidentaux en procédant à quelques privatisations en leur faveur telle que la grande entité sidérurgique Kriworochstal dont l'acheteur est le groupe indo-britannique de la famille Mittal ou la banque AWAL acquise par Raffeisen Austria. Le prix obtenu pour Kriworochstal correspond à € 1,7 milliard, ce qui est considéré par beaucoup comme surfait, d'autant plus que d'autres groupes ukrainiens ont renoncé à participer à la surenchère.

Des premiers signes des compromis négociés apparaissent, dès à présent, lorsque les milieux d'affaires occidentaux évoquent le principe sacro-saint de la propriété privée et hésitent à accepter l'idée d'un réexamen des privatisations déjà acquises. Pour beaucoup, la corruption ukrainienne atteint actuellement des niveaux jusqu'ici jamais vus, ce qui indiquerait la «latino-américanisation» accélérée du pays devenu «pro-occidental». Le Conseil de l'Europe garde néanmoins pour l'Ukraine un statut d'observateur, en attendant que les conditions de démocratie s'améliorent dans le pays. Pour apprécier les diverses évolutions, il s'avère intéressant de suivre le contexte et les résultats des dernières élections législatives du pays.

Les élections de fin 2004

Dès le début des années 2000, les partisans de V. Youtchenko prônent des réformes libérales et un rapprochement plus net avec l'Occident, compris comme «euro-atlantique»[50]. Ils bénéficient de l'appui de certaines compagnies russes comme le pétrolier Lukoil, ce qui pouvait les amener à rechercher une certaine entente avec le Président L. Koutchma. Il semblerait également que L. Koutchma, protégé jusque-là par Washington puis par le Kremlin, ait finalement accepté de se retirer en deuxième ligne après avoir reçu, de la part des EUA, l'assurance que lui et sa famille ne seraient pas poursuivis pour malversations financières et violations des droits de l'homme

---

50. «Comme c'est curieux, comme c'est bizarre» (Ionesco) que l'on ne parle jamais de «l'américano-atlantisme».

après le changement de pouvoir. Cette évolution peut expliquer l'engagement de l'armée ukrainienne en Irak aux côtés des forces de Washington et de Varsovie, malgré la poursuite de la politique de rapprochement avec le Kremlin. Face au camp des partisans de L. Koutchma, l'ancien Premier ministre Victor Youtchenko a vu sa cote de popularité monter. Celui-ci faisait valoir le soutien dont il bénéficie de la part des EUA et des institutions financières internationales.

En fait, Koutchma, malgré la contestation par une minorité, pouvait briguer un troisième mandat en 2004. Il y renonce suite à l'opposition libérale et nationaliste proaméricaine, influente dans l'Ouest de l'Ukraine et à Kiev. On sait que cette opposition bénéficie de l'appui financier et logistique de fondations américaines qui ont montré leur efficacité dans le renversement du Président Chevardnadze en Géorgie. Le nouveau président géorgien Saakachvili a, d'ailleurs, annoncé que l'Ukraine allait bientôt suivre son exemple et rejoindre l'OTAN «en tant que grande puissance». Au terme d'un troisième tour électoral, Youtchenko est élu à la présidence de l'Ukraine en décembre 2004. La «révolution orange» atteste de l'existence d'une société civile, même si elle se trouve parfois manipulée.

Si la personne de Koutchma rassemble contre elle et ses pratiques les oppositions tant à gauche qu'à droite, celles-ci n'ont pas de programme commun pour l'avenir. Les figures de proue sont, avant tout, des opposants à Victor Youtchenko et à Ioulia Timochenko. Celle-ci s'est, en fait, enrichie grâce à sa liaison avec Pavlo Lazarenko, ex-premier et proche de Koutchma, pendant les années 1990 et, à cause de cela, s'est trouvée en prison[51]. Lazarenko, lui, avait, en effet, permis de «gérer» l'importation du gaz russe à travers un réseau de revendeurs régionaux. Le candidat dit prorusse, Yanoukovitch, n'a, de son côté, guère facilité les prises de participation des groupes russes dans le pays, ni en tant qu'ancien gouverneur du Donetsk, ni comme Premier ministre durant les années où il s'est trouvé au pouvoir.

Les classifications en pro-russe ou pro-occidentale de la presse internationale obscurcissent plus que ne clarifient la complexité de la situation politique ukrainienne, favorisant ainsi les pêcheurs en eau trouble. De fait, vers la mi-décembre 2004, Yanoukovitch est abandonné par une série de dirigeants de groupes financiers : Rinat Ahmetov, Victor Pintchuk, Victor Medwetchek, etc. Pour moi, cela signifie que les négociations ont abouti entre les différentes forces en présence en Ukraine et un compromis s'est élaboré, y compris avec Moscou. Pour le nouveau président, les choses ne sont guère faciles. Non seulement, il doit tenir compte de la masse des électeurs qui attendent des miracles de lui, mais aussi des oligarchies qui lui sont défavorables ou favorables. Parmi ces dernières, il faut citer celle qui est liée à Petro Porochenko, un homme d'affaires puissant du pays et président de la commission influente du budget au Parlement. Yanoukovitch a été étiqueté comme candidat pro-russe. Suivant la même logique simpliste, Youtchenko a été rangé dans la catégorie des «occidentalistes».

---

51. Elle serait proche du groupe russe Renaissance Capital.

Il faut aussi remarquer que la polémique autour de ces élections s'est développée dans un contexte économique particulièrement favorable. L'économie du pays croît à un rythme remarquable. Cette croissance est surtout sensible dans la partie *orientale* du pays, qui bénéficie des impulsions venant de l'économie russe, notamment en matière d'équipements militaires. L'Est de l'Ukraine dispose, en fait, d'une industrie exportatrice. La valeur ajoutée par habitant y est supérieure de 30 % par rapport au Centre et de 15 % par rapport à l'Ouest de l'Ukraine. Il est remarquable que la Russie effectue presque la moitié de son commerce extérieur avec l'UE tandis que l'Ukraine n'en réalise qu'un tiers.

Parallèlement, la présidence depuis 2004 n'apparaît pas tout à fait assurée dans sa position puisque, parmi ses premières mesures, elle décide d'augmenter sensiblement ses dépenses sociales et les salaires publics. Certes, elle s'efforce également d'introduire une meilleure discipline fiscale et d'empêcher la contrebande, semble-t-il, énorme aux frontières du pays. Le «nouveau régime» cumule néanmoins échec sur échec. Qu'il s'agisse de la stabilité gouvernementale, des négociations avec la Russie, de l'adhésion à OMC, de la privatisation, etc.

Les élections de mars 2006

Les élections législatives en mars 2006 ont donné des résultats conformes à ceux que l'on avait connus antérieurement. C'est comme si «la révolution orange» n'avait pas eu lieu. On observe la fragmentation de partis, la nécessité de coalition, de manipulations diverses, etc. [52]. Suite à ces élections, la répartition des sièges est la suivante (entre parenthèses, les résultats électoraux en proportion du nombre) :

Parti des Régions (opposition et dirigé par Yanoukovitch) : 186, soit 41 % (32,1 %)
Bloc (dirigé par Timochenko) : 129, soit 29 % (22 ,3 %)
Notre Ukraine (dirigé par Youtchenko, président du pays) : 81, soit 18 % (13,9 %)
Socialistes : 33, soit 7 % (5,7 %)
Communistes : 21, soit 5 % (3,7 %)
Total : 450[53]

En Ukraine, les négociations en vue de constituer une coalition donnent l'impression d'être terminées pendant l'été 2006. Les arbitrages entre les différents groupes financiers ukrainiens et entre les intérêts stratégiques russes et américains avec leurs multinationales respectives, les unes articulées aux autres, s'avèrent malaisés dans les circonstances et ne permettent guère de dégager des solutions viables et durables. En outre, les négociations entre Gazprom et l'Ukraine se poursuivent et ne sont pas

---

52. Ce diagnostic doit rendre prudent l'analyste qui ne doit pas croire trop vite lorsqu'on déclare à propos d'un événement politique qu'il est «historique ou révolutionnaire».

53. Le Parti Pora-PRP soutenu directement par les ONG américaines, finalement fort gouvernementales, n'a pas pu atteindre le seuil de 3 % et de loin, malgré qu'un grand champion de boxe le dirige, mais qui, hélas ! ne parle pas ukrainien. Il en est de même de la formation du président du Parlement Litvine qui, pourtant, a dû jouer un rôle important dans la «révolution orange». Il a assuré des liens avec les autorités de Washington et a trahi Koutchma (précédent président du pays) dont il avait été pourtant chef de cabinet.

sans influencer la constitution d'un gouvernement. Il est aussi significatif que Moscou exprime sa volonté de renégocier sa collaboration dans le domaine militaire et se retire de la coopération industrielle en ce qui concerne la construction des gros avions de transport de type Antonov-70.

Par ailleurs, les exercices militaires OTAN-Ukraine ou seulement américano-ukrainiens qui auraient dû commencer au début de juillet 2006, n'ont pas pu se dérouler devant la protestation contre les nombreux militaires américains (plus de 200 selon certaines sources !) déjà sur place en Crimée (au port de Feodossija), sans l'autorisation nécessaire du Parlement ukrainien. Aujourd'hui encore, l'autorisation n'en a pas encore été donnée. Les militaires ont rebroussé chemin et quitté le pays, malgré la mise en place d'un réseau de 27 bureaux d'information de l'OTAN sur tout le territoire ukrainien.

Au début de décembre 2006, deux ministres sont limogés par une majorité au Parlement : Boris Tarassiouk, ministre des Affaires étrangères, et Iouri Loutchenko, ministre de l'Intérieur, les deux étant les partisans les plus déclarés de l'adhésion du pays à l'OTAN. Le président Youchtchenko perd ainsi des atouts dans son jeu pro-américain, mais obtient que les deux ministres exercent leur fonction à titre intérimaire, en contrepartie de sa signature du budget social. Au même moment, le premier ministre Yanoukovitch se rend aux EUA et, avant de se rendre à Washington, effectue une visite brève à Moscou. Le prix du gaz naturel au mètre cube, livré par Gazprom au pays, passe en 2007 de $ 95 à 130, alors qu'au même moment le prix en est fixé à $ 235 à la Géorgie.

Une réunion de la Commission intergouvernementale russo-ukrainienne examine, plus tard en décembre 2006, plusieurs problèmes bilatéraux, notamment celui du stationnement dans le Sud de l'Ukraine de la flotte russe de la mer Noire et de la délimitation de la frontière maritime. Dans un entretien publié avant cette réunion, le président ukrainien assure qu'une adhésion de son pays à l'OTAN n'affecterait pas les relations entre l'Ukraine et la Russie. L'Ukraine serait ainsi prête à donner à la Russie des garanties de sécurité et de stabilité pour l'élaboration et la production communes d'armements modernes. Enfin, les groupes autour de celle qui incarnerait l'espoir des EUA, Ioulia Timochenko, fait orienter la question de l'adhésion à l'OTAN vers des positions pro-russes. Ainsi, Timochenko revendique, à l'époque, que la question de cette adhésion éventuelle soit soumise au référendum. Or, elle sait d'avance qu'elle peut le perdre, puisque la majorité de la population souhaite de plus en plus sauvegarder la neutralité du pays. Dès ce moment, elle aspire à la présidence du pays en 2010.

Avant et après des élections en 2007, deux blocs politiques en présence en Ukraine[54]

La conjoncture économique reste fort favorable en Ukraine, selon la Commission de l'UE. Grâce aux recettes énergétiques et aux remises des Ukrainiens qui travaillent à l'étranger, à l'Est autant qu'à l'Ouest, les réserves de devises sont considérables.

En avril 2007, le président, dit pro-occidental, Youchtchenko annonce la dissolution du Parlement dominé par les députés qui lui sont opposés et la tenue d'élections législatives anticipées en mai suivant. Après l'entrée en vigueur du décret relatif à la dissolution du Parlement, le Président et le Premier ministre Yanoukovitch se rencontrent plusieurs fois afin d'organiser les élections législatives anticipées. Pour sa part, le Parlement, dominé par la coalition formée par Yanoukovitch, adopte en urgence une résolution proclamant que ce décret présidentiel apparaît comme un coup d'État. Rappelons qu'en tant que président de la République, Youchtchenko contrôle l'armée et une partie des services de sécurité, alors qu'en tant que chef du gouvernement, Yanoukovitch garde la haute main sur la police et une autre partie des services de sécurité.

En Russie, les réactions ne se sont pas fait attendre : Moscou exprime son inquiétude et demande un «compromis» entre les factions. L'UE a appelé les forces politiques ukrainiennes à la «modération» afin de «trouver une solution pacifique» à la crise politique. Dans un communiqué, la présidence allemande de l'UE se dit «inquiète» de la crise, mais appelle les forces politiques à régler «leurs différends de politique intérieure d'une façon qui respecte la Constitution et les règles démocratiques». Un peu plus tôt, la Commission européenne qui a récemment annoncé une augmentation de son aide financière à l'Ukraine à hauteur de 123 millions d'euros pour la période 2007-2010, invite «toutes les forces politiques concernées à coopérer et trouver une solution pacifique». Les premiers semestres de 2007, les négociations aboutissent à fixer la date des élections pour septembre 2007. D'autres ont, sans doute, eu aussi lieu entre Bruxelles, Washington et Moscou afin d'éviter que l'un ou l'autre tire un avantage du conflit local ou que le conflit «généré» par l'un ou l'autre ne profite à quiconque. Rappelons que ces protagonistes sont nombreux au niveau des États et dans la sphère des multinationales locales ou étrangères. Leurs objectifs peuvent être contradictoires et leurs manœuvres antinomiques ou du moins enchevêtrées.

Il est possible que l'une ou l'autre composante des forces armées (militaires, troupes du ministre de l'Intérieur, police, etc.) ait envisagé de vouloir profiter du conflit pour s'affirmer. C'est ce que la part notable des politiques craint évidemment. Il semblerait que l'opportunité pour l'Ukraine d'adhérer à l'OMC ait été, dès ce moment-là, évoquée, sous la pression vraisemblable des multinationales locales et russes. Les échéances de préparation du championnat de football de 2012 à organiser conjointement par l'Ukraine et la Pologne auraient aussi joué un certain rôle afin de surmonter provisoirement les antagonismes. Le jour même de la conclusion du compromis, le Président et le Premier ministre côte-à-côte assistèrent à un match de football, entou-

---

54. Voir CHAUVIER 2007.

rés des propriétaires des deux groupes financiers et industriels les plus importants du pays : Ahmetov et Surkis ! qui manifestement ne sont pas étrangers à l'accalmie politique dans le pays. Selon moi, aucune des parties n'a d'intérêt à voir son pays se décomposer. Cependant et en même temps, il leur faudrait au minimum des politiques auxquels ils pourraient accorder leur confiance au niveau global. Or, ils n'en disposent guère. D'où la continuation des conflits entre eux.

Les aléas politiques ne seraient qu'un nouveau moment dans le jeu complexe qui se déroule en Ukraine. Les protagonistes en sont, bien entendu, Bruxelles, Moscou, Washington et les classes politiques locales partagées entre les trois capitales, ainsi que les multinationales locales et subsidiairement les multinationales étrangères principalement russes. L'enjeu reste évidemment le contrôle du pays et de son économie. Les chances d'ébranler les équilibres locaux me paraissent limitées. Les dirigeants politiques et économiques font preuve, depuis une vingtaine d'années, d'un intérêt commun et d'un sens inné afin d'arriver à des compromis sans mettre en question leurs propres positions. Le compromis est acquis concernant les élections avancées. Ces élections donnent des résultats conformes à ceux que l'on avait connus antérieurement. C'est comme si «la révolution orange» n'avait pas eu lieu. Cette fois aussi, on observe la fragmentation de partis, la nécessité de coalition, de manipulations diverses, etc. La répartition des sièges correspondra à ce qui suit (entre parenthèses, les résultats électoraux en proportion du nombre) :

Parti des Régions (opposition et dirigé par Yanoukovitch) : 175, soit 39 % (35,2 %)
Bloc (dirigé par Timochenko) :   156, soit 35 % (31,5 %)
Notre Ukraine (dirigé par Youtchenko, président du pays) :   72, soit 16 % (13,4 %)
Communistes :   27, soit 6 % (5,4 %)
Autres partis :   20, soit 4 % (14,5 %)
Total :   450

Une coalition orange est donc possible. Mais Youlia Timochenko y occuperait une place prépondérante (Premier ministre) et le Président Youchtchenko ne semble pas enthousiaste à l'idée de l'accepter. De son côté, le Parti des Régions n'est pas disposé à se laisser mettre «hors jeu». L'hypothèse d'une grande coalition est évoquée mais elle est rejetée aussi bien par Timochenko que par les radicaux et les ultranationalistes de la formation présidentielle. Mais le problème de fond posé n'est pas d'arithmétique électorale. Plus précisément, les deux principaux «blocs» qui se font face, les «bleus-blancs» et les «oranges», ne traduisent pas de choix de société fondamentalement opposés, mais sont surtout représentatifs d'intérêts régionaux divergents, de sensibilités résultant d'histoires, de Cultures, de brassages de populations qui font la diversité de l'Ukraine. Ces élections et le nouveau Parlement n'ont en rien changé la donne : l'Ukraine est diverse et partagée, elle ne forme pas (encore ?) une nation unie et ne pourra pas trouver l'union en jouant «une bonne Ukraine» contre l'autre. À défaut d'une restructuration du «vivre ensemble» dans ce pays, l'Ukraine demeure condamnée à la crise politique et aux compromis instables, que les forces extérieures chercheront à influencer.

Il va de soi, pour les partis et les dirigeants de la «révolution orange», que les forces orangistes sont fondées à former la coalition gouvernementale. Précédemment, la coalition majoritaire était constituée du PR (les bleus-blancs), du KPU (les communistes) et du Parti Socialiste d'Ukraine (les roses) désormais hors course, n'ayant pas obtenu les 3 % nécessaires pour entrer au Parlement. La lutte pour le leadership régional entre les deux formations oranges était l'un des enjeux de ces élections– et c'est Timochenko qui en sort gagnante, au détriment du Président Viktor Youchtchenko. Le Parti des Régions et ses alliés, partisans de l'indépendance de l'Ukraine mais dans le respect de sa diversité, sont pour une plus large autonomie des régions et exigent un référendum sur deux questions majeures : l'adhésion à l'OTAN (qu'ils refusent) et l'adoption du russe comme deuxième langue d'État. Le Parti des Régions milite cependant pour un rapprochement avec l'UE, sans cesser de privilégier les liens avec la Russie et les autres anciennes républiques soviétiques.

Le camp de la «révolution orange» se présente en ordre dispersé. Le Parti «Notre Ukraine» du Président Viktor Youchtchenko, est allié à diverses formations nationalistes et d'extrême-droite. Une fois de plus, il donne la main aux néo-fascistes du Congrès National Ukrainien[55]. De son côté, le camp Ioulia Timochenko accepte en bonne place sur ses listes un leader célèbre de l'extrême-droite, Andryi Shkyl, l'une des vedettes de la formation politico-militaire «UNA-UNSO» (Assemblée Nationale Ukrainienne- Autodéfense populaire ukrainienne) dont les milices avaient combattu en Géorgie et en Tchétchénie. Les deux partis oranges représentent, comme le Parti des Régions, des groupes d'intérêts différents des milieux d'affaires. Implantés à l'Ouest et au Centre surtout, ils mettent en œuvre une politique «d'ukraïnisation» linguistique, refusant que le russe soit la deuxième langue d'État. Ils soutiennent l'adhésion à l'OTAN et des liens étroits avec les EUA et l'UE. Ils forment, en principe, le gouvernement jusqu'en 2009.

Dimension extérieure

L'Ukraine est un pays charnière entre la Russie et l'Europe centrale et occidentale. Depuis l'indépendance, ses dirigeants ont fait de l'intégration à l'UE, ainsi que de leurs relations avec les EUA, leurs priorités, tout en préservant des liens nécessairement étroits avec leur partenaire principal, la Russie.

Les pays «camarades»

L'espace militaire unique existerait en principe au sein de la CEI. Dès 1991, l'Ukraine revendique une partie de la flotte de la mer Noire, s'opposant ainsi à la prétention de

---

55. Il convient de savoir que, feu sa présidente, Slava Stetsko, veuve du Premier ministre du gouvernement formé dans la foulée de l'invasion nazie du juin 1941 et leader de la diaspora anticommuniste était, au début des années 2000, députée de «Notre Ukraine», le parti du président. Présente dans le scrutin, l'extrême-droite nationaliste, conservatrice ou radicale, apparaîtra minoritaire dans les résultats. Mais de nombreux candidats nationalistes sont présents sur les listes oranges du président. Il en est de même de plusieurs autres organisations très marquées à droite.

la Russie de se poser en unique héritière des biens de l'ex-Union. La signature d'un accord en 1992 sur le partage de la flotte ne met cependant pas fin au différend russo-ukrainien. L'Ukraine affirme son opposition à des forces armées «communautaires». Elle proclame également sa neutralité et sa volonté d'être une puissance «dénucléarisée». Le contentieux russo-ukrainien est-il cependant aussi grave que les nouvelles autorités veulent bien le dire ? On pourrait en douter en constatant que les Russes (20 % de la population ukrainienne) et les russophones ont voté majoritairement en faveur de l'indépendance de l'Ukraine. Le conflit autour du passage maritime entre les mers Noire et d'Azov serait également réglé jusqu'à un certain point à l'amiable[56].

Vis-à-vis de la Russie, l'Ukraine est parvenue, au cours des années 1990, à conforter son indépendance et à régler pacifiquement plusieurs contentieux. On peut citer la signature d'un traité d'amitié et de coopération. L'Ukraine a également renoncé, peu après son indépendance, à son armement nucléaire. Kiev et Moscou ont finalement accepté de conclure, en mai 1997, une série d'accords clarifiant ces questions et prévoyant le partage de la flotte militaire de la mer Noire ainsi que la location à la Russie, pour vingt ans, d'une partie de la base navale de Sébastopol. À la même année, un accord de «partenariat pour la paix» est conclu avec l'OTAN, ce qui permet, désormais, la circulation des officiers américains en plus grand nombre dans le pays.

L'Ukraine ne semble cependant pas en état d'ignorer Moscou mais, néanmoins, construit un terminal énergétique à Odessa et une conduite de cette ville vers Brody en Ukraine occidentale permettant de contourner les voies d'approvisionnement russes. Nonobstant, l'oléoduc fonctionne, dans le sens contraire, depuis 2005. Le pays reste cependant fortement dépendant de Moscou pour son approvisionnement énergétique et son commerce extérieur (28 %), même si progressivement celui-ci se développe avec l'UE (33 %). Par ailleurs, la Russie et ses multinationales cherchent à renforcer l'influence russe en Ukraine par des prises de participation dans les grandes entreprises, à préserver son contrôle sur les voies d'évacuation des hydrocarbures à travers l'Ukraine...

La conclusion d'un accord fondant un espace économique commun entre la Russie, le Bélarus, l'Ukraine et le Kazakhstan tendait à renforcer le poids de l'espace post-soviétique dans l'économie ukrainienne, au moment même où ses voisins occidentaux

---

56. Il est intéressant de voir comment l'incident qui suit trouve une solution : des gardes-frontières ukrainiens dépêchent des troupes, en octobre 2003, sur l'île de Touzla, dans le détroit de Kertch, en raison de la construction par Moscou, depuis la péninsule russe de Taman (Krasnodar), d'une digue en direction de cette île, officiellement pour empêcher l'érosion de la côte russe. Devant les vives protestations des Ukrainiens, les Russes suspendent les travaux à une centaine de mètres seulement de l'île ukrainienne. Les Présidents russe Vladimir Poutine et ukrainien Léonid Koutchma concluent, en décembre 2003, à Kertch (Crimée, Sud de l'Ukraine) un accord prévoyant «la gestion conjointe» par leurs pays du détroit de Kertch qui relie les mers Noire et d'Azov et «doit servir autant l'Ukraine que la Russie». Aucune explication concrète sur la façon pratique dont serait géré en commun le détroit de Kertch, n'a été donnée. L'accord ne semble pas non plus régler le problème de la délimitation de la frontière maritime entre les deux pays et prévoit la conclusion d'accords supplémentaires en ce sens. Aux termes de cet accord cependant, les bateaux militaires et civils ukrainiens et russes «jouissent de la liberté de navigation dans la mer d'Azov et le détroit de Kertch». En revanche, les bateaux militaires des pays tiers ne peuvent y entrer qu'avec l'autorisation des deux pays, ce qui permet à la Russie d'empêcher la venue dans ces eaux des navires de l'OTAN.

(pays baltes, Pologne, Slovaquie, Hongrie), en adhérant à l'UE, semblaient s'éloigner. La zone de libre-échange dans cet «espace» fonctionnera dès 2004, affirme-t-on. Est-ce un marché de dupes pour Kiev ? Cette mesure serait, selon certains, «peu compatible» avec l'intention de l'Ukraine d'adhérer à l'OTAN. Pour d'autres, il s'agit d'un nouveau point marqué par la Russie. D'aucuns accusent tout simplement le Président Koutchma de «brader son pays». Le président ukrainien d'alors cherchait à s'attirer les bonnes grâces de la Russie et à ménager son avis personnel, au cas où son successeur, en 2004, serait un de ses opposants, comme si la seule option possible de l'Ukraine était de s'incliner devant Washington.

Difficiles avec la Russie, malgré les déclarations sur «l'intangibilité des frontières», et avec la Roumanie qui n'a toujours pas accepté la perte de la Bucovina à l'occasion de la Seconde Guerre mondiale, les relations avec la Pologne et la Hongrie n'ont, en revanche, souffert d'aucune tension. Avec la Roumanie, un conflit frontalier spécifique semble en voie de se régler et qui concerne l'accès à la mer Noire[57].

Les EUA et l'UE

L'Ukraine reste une priorité américaine. Les EUA disposent d'un budget annuel de coopération de €120 millions dont l'usage est essentiellement destiné à la «subversion», à la corruption et au soutien aux opposants proaméricains. L'Ukraine a, de ce fait, décidé d'envoyer un contingent de 1 600 hommes en Irak. Avec l'UE, les relations sont régies par l'accord de partenariat et de coopération, entré en vigueur dès 1998. Cet accord a instauré un dialogue politique régulier, permet l'octroi de la clause de la nation la plus favorisée et organise la coopération entre les deux entités. L'UE reste

---

57. En mai 2007 est inauguré le canal de Bystroe qui relie le delta du Danube à la mer Noire. Le canal est construit par l'Ukraine malgré les vives protestations de la Roumanie. Bucarest craint une destruction rapide du delta et en appelle à l'UE pour que Kiev respecte les conventions environnementales que l'Ukraine a ratifiées. La Turquie a manifesté un intérêt particulier pour le projet Bystroe et pourrait même devenir le principal client de l'Ukraine. Celle-ci proposerait des taxes de passage bien inférieures à celles exigées par la Roumanie (40 % moins chères). Les autres avantages que le ministre des Transports a voulu mentionner sont la possibilité de naviguer dans les deux sens et de laisser le canal disponible 24 heures sur 24, contrairement au canal roumain de Sulina, navigable uniquement pendant la journée et qui permet la navigation dans un seul sens.
La Roumanie a demandé, à plusieurs reprises, aux autorités ukrainiennes de ne pas réaliser de nouveaux travaux pour approfondir le canal Danube-mer Noire sur les bras de Chilia et de Bystroe. La décision d'ouvrir le canal de Bystroe intervient deux ans après que le Président Victor Youchtchenko ait assuré le Président roumain, Traian Basescu, que toutes les divergences avec la Roumanie seraient résolues avant la fin 2005. En 2004, quand l'Ukraine a annoncé le démarrage des travaux, Bucarest avait réagi avec véhémence, le sujet avait même été débattu lors de la campagne électorale. Bucarest essaie d'impliquer l'UE pour résoudre ce problème. Jusqu'à présent, l'Ukraine n'a pas réagi aux pressions externes.
En même temps, la partie roumaine a sollicité l'appui de plusieurs états européens pour soutenir les démarches entreprises pour trouver une solution à ce problème, souligne un communiqué de presse du ministère des Affaires étrangères. Suite aux démarches effectuées par la présidence de la Commission internationale pour la protection du Danube, les officiels internationaux ont envoyé une lettre qui demande à l'Ukraine de s'aligner sur les normes internationales. La Commission a prévu de se réunir en juin 2007 pour essayer de trouver d'autres solutions au problème. La Commission européenne a averti l'Ukraine qu'elle devait respecter les clauses des conventions environnementales internationales.

le premier bailleur international de l'Ukraine avec plus d'un milliard d'euros depuis 1991. L'Ukraine souhaite progresser vers la position d'État associé puis de candidat.

En matière de sécurité et de justice, l'UE développe avec Kiev un programme visant à réduire le trafic et la consommation de drogue en provenance d'Afghanistan. Ce programme sur deux ans est doté d'une enveloppe totale de € 5 millions financés à hauteur de 90 % par l'UE et de 10 % par le PNUD qui en assure la mise en œuvre. Par ailleurs, un plan d'action en matière de justice et d'affaires intérieures a été adopté en décembre 2001. En 2003, des projets d'assistance à la gestion des frontières (gestion des flux migratoires et lutte contre les trafics d'êtres humains) et d'aide judiciaire et législative. € 60 millions ont été programmés sur la période 2004-2006 pour poursuivre ces projets. L'Ukraine participe enfin aux programmes de la nouvelle politique européenne de «bon voisinage».

Vers le milieu des années 1990, la politique de rapprochement avec les pays de l'Ouest se poursuit, mais l'évolution de l'Ukraine reste surtout dépendante de ses rapports avec la Russie d'où elle importe la quasi-totalité de son énergie. Les dirigeants ukrainiens tentent de jouer sur l'importance stratégique de leur pays par lequel passent les gazoducs qui permettent à la Russie d'exporter son énergie vers l'Ouest, Moscou cherchant, pour sa part, à négocier une annulation de la dette ukrainienne (d'un montant global estimé à € 3,7 milliards) en échange d'une prise de participation dans les entreprises devant être privatisées. Plusieurs accords portant sur la dette ukrainienne ou le partage de la flotte de la mer Noire sont signés mais restent largement lettre morte.

En janvier 2007, les ministres des Affaires étrangères de l'UE ont donné mandat à la Commission européenne d'engager des pourparlers avec l'Ukraine sur un «accord renforcé» de coopération. Les discussions commencent, en février 2007, à Kiev, au niveau des ministres des Affaires étrangères. Cependant, dans un autre texte, adopté le même jour, les ministres européens affichaient une attitude ambiguë sur les chances de ce pays d'adhérer un jour à l'UE. En effet, tout en se félicitant de son «choix européen» et en souhaitant «établir une relation de plus en plus étroite» avec lui, ils soulignent que l'accord «ne préjuge pas de l'évolution future des relations entre l'UE et l'Ukraine» et se disent déterminés à «renforcer la Politique européenne de voisinage» qui, on le sait, ne considère pas les pays concernés par cette dernière comme des candidats potentiels. Cette formulation reflète un certain clivage existant, au sein de l'UE, entre des membres favorables à une adhésion à terme de l'Ukraine, comme la Pologne, la Hongrie, la Grande-Bretagne et la Suède, et ceux qui refusent cette option, comme la France, l'Espagne et l'Allemagne.

L'Ukraine entre dans l'OMC en février 2007, avec effet un an plus tard en 2008.

Le transit et le débat énergétique eurasiatique

La question d'hydrocarbures est devenue un enjeu géo-économique majeur en Eurasie où sont impliquées les grandes puissances, quelques États et leurs multinationales ! L'Ukraine y est impliquée d'une façon non négligeable.

Rappelons que l'oléoduc Druzhba est l'oléoduc le plus long au monde, avec ses 4 000 km de long. Il débute dans le Sud-Est de la Russie et débouche en Ukraine, Pologne, Hongrie et Allemagne. Il a été construit en 1964 et son nom, Druzhba, signifie amitié. En plus, comme on le sait, l'Ukraine est l'un des principaux pays transporteurs de gaz dans le monde vers les pays d'Europe Occidentale, Centrale et Orientale et au Sud de la Russie. À travers le territoire de l'Ukraine, on transporte environ 90 % des exportations de gaz russe vers l'étranger.

Le maintien comme le développement du potentiel en transit de l'Ukraine dépend
- des besoins évolutifs de gaz naturel des membres de l'UE et d'autres pays d'Europe Occidentale ;
- de la stratégie énergétique de l'UE et de la Fédération de Russie,
- du développement des réseaux de transport du gaz sur le territoire de l'Europe.

Le débat autour de la dépendance énergétique de l'UE de la Russie bat son plein dans la majorité des pays européens. L'UE fait des efforts pour limiter cette dépendance. Elle ne débat aucunement cette dépendance par rapport aux multinationales, en majorité américaines en l'occurrence. Dans ces discussions, c'est la problématique classique «du conflit ou de la coopération» dans les rapports de force qui s'annonce entre la compagnie russe Gazprom et les compagnies européennes non russes, d'une part, et entre ces dernières, d'autre part.

Le projet de l'UE, c'est-à-dire celui de certaines de ses multinationales, baptisé «Nabucco», fut annoncé la première fois en 2002. Il fait partie, désormais, des priorités du programme qui concerne les réseaux énergétiques transeuropéens. Rappelons-le, le projet vise à la construction d'un gazoduc de 3 300 km qui relierait les ressources de gaz naturel de l'Asie centrale à l'économie européenne. Le gazoduc débutera en Turquie et arrivera jusqu'en Autriche en traversant la Bulgarie, la Roumanie et la Hongrie. Selon les prévisions, le coût de la construction s'élèvera à 4,6 milliards d'euros et devrait s'achever en 2011. Jusqu'en 2020, les capacités de Nabucco devraient atteindre les 31 milliards de mètres cubes de gaz naturel par an. La «crise» entre l'Ukraine et la Russie, en 2005, sonna à nouveau l'alarme sur l'importance de la diversification des ressources énergétiques de l'UE. Dans ces circonstances, le projet de construction du gazoduc Nabucco fut relancé, d'autant plus que la Russie est soucieuse de conserver sa place dans l'approvisionnement de l'UE face à d'autres pays.

C'est dans cette perspective que l'Ukraine sera amenée à planifier sa politique de diversification à long terme, compte tenu de l'ensemble des intérêts des exportateurs de gaz naturel de l'Asie centrale (le Turkménistan, le Kazakhstan, l'Ouzbékistan), l'Iran et les importateurs du gaz à l'Europe. On peut déterminer quelques variantes de l'approvisionnement de gaz naturel de l'Asie centrale et l'Iran vers l'Ukraine, conformément aux réserves prouvées du gaz et les possibilités de son transport à l'Ukraine. Il existe de nombreux projets en cette matière qui, d'une façon ou d'une autre, concernent directement la Russie, l'Ukraine et un ensemble de pays du reste de l'Europe. Sérions-les :

a. le gazoduc Balte (*Ostsee-Leitung*) reliant la Russie et la RFA sous la mer Baltique, contournant les «pays à problèmes» dont notamment l'Ukraine, le Bélarus, les pays baltes et la Pologne, terminé normalement en 2011 et l'accord par lequel Gazprom acquiert une part du réseau allemand de distribution ;
b. le projet *Nabucco* qui servirait à dégager du gaz naturel de l'Asie centrale et de l'Iran à travers l'Azerbaïdjan, la Turquie, la Bulgarie, la Roumanie, la Hongrie et l'Autriche (la compagnie énergétique autrichienne OMV s'y intéresse beaucoup) ; ce projet est considéré comme fort cher ; de Baku azer jusqu'à Tbilissi géorgien, le gazoduc existe déjà mais devrait être prolongé jusqu'à Erzerum turc ; à partir de cette ville serait alors construit le prolongement Nabucco ; il y a peu de temps, l'OMV a signé un accord gazier avec l'Iran en dépit du projet Nabucco et surtout des pressions américaines ;
c. le *Flux bleu*, le gazoduc qui fonctionne déjà, sous la mer Noire, entre la Russie et la Turquie ; il fonctionne depuis novembre 2005 grâce aux participations de la compagnie russe Gazprom, de la compagnie turque Botas et de la compagnie italienne ENI. Il s'agit d'un gazoduc de 1 213 km de long ; dès 2005, le Président russe Poutine et le Premier ministre turc Erdogan envisagent la possibilité de l'extension du gazoduc *Flux bleu* à partir de la Turquie à travers la Bulgarie, la Roumanie ou la Serbie, jusqu'à la Hongrie et l'Autriche, en suivant ainsi presque entièrement l'itinéraire prévu du projet Nabucco (voir le point 4 ci-après). De plus, les travaux devraient s'achever en 2011, comme dans le cas du gazoduc Nabucco ;
d. en juin 2007, l'ENI et Gazprom se mettent d'accord sur la construction d'un gazoduc intitulé «*Flux sud*» qui aurait pour but de transporter le gaz naturel russe en Italie. Le gazoduc arrivera en Bulgarie en traversant la mer Noire et, depuis la Bulgarie, il se divisera en deux parties. La partie Sud-Ouest continuera son chemin à travers la Grèce et la mer Ionienne jusqu'à l'Italie du Sud, alors que la partie Nord-Ouest traversera la Roumanie, la Hongrie ou la Slovénie pour atteindre l'Italie du Nord en ayant une branche également en Autriche. Ainsi le *Flux sud* correspondrait à l'extension prévue du gazoduc *Flux bleu*. L'inauguration du gazoduc *Flux sud* est aussi envisagée en 2011 et sa capacité annuelle devrait atteindre les 30 milliards de mètres cubes ;
e. l'accord définitif pour construire un oléoduc de 280 km pour 2009 qui traversera la Bulgarie et la Grèce ; cet oléoduc transportera du pétrole russe et contournera le goulot d'étranglement physique et géopolitique du Bosphore ; grâce à une multinationale américaine, il aurait une bifurcation de 850 km jusqu'à Vlore en Albanie ;
f. l'Iran envisagerait, avec du capital suisse, de construire un gazoduc à partir de ce pays, à travers la Turquie et la Grèce, jusqu'en Albanie (avec une collaboration russe ?) où le gaz serait liquéfié pour être vendu dans les ports de l'Europe occidentale ;
g. un accord pour construire un nouveau gazoduc long de quelque 340 km, afin de lier des gazoducs croate et hongrois. En plus, le projet porte sur la construction dans le Nord de la côte croate (près de l'île Krk) d'un terminal de gaz liquéfié qui devrait commencer à desservir l'Europe centrale à partir de 2012 avec du gaz en provenance notamment d'Afrique du Nord et du Proche-Orient ;
h. fin mai 2007, la multinationale pétrolière hongroise MOL annonce encore un projet qui consiste à renforcer substantiellement des gazoducs entre l'Ukraine et la Hongrie, projet qui, selon les observateurs, peut être interprété comme étant soit complémentaire, soit contradictoire par rapport à d'autres projets ;

i. le Président kazakh propose la construction d'un canal de la mer Caspienne à la mer Noire qui pourrait devenir un axe majeur pour les exportations énergétiques de l'Asie centrale ;
j. enfin, la question se pose de savoir où pourrait se situer le centre de distribution et de stockage du gaz au Centre de l'Europe : en Hongrie, géré par la compagnie énergétique hongroise (MOL) et/ou en Autriche, par l'intermédiaire de la compagnie énergétique autrichienne (OMV) ; le choix de Gazprom n'est pas très clair, encore que Gazprom et MOL évoquent, au début de juin 2007, la possibilité d'accélérer les travaux visant à créer, en Hongrie, un entrepôt souterrain stratégique de gaz.

Cette profusion de projets m'apparaît comme l'expression d'une activité énergique des multinationales, malgré les aléas géopolitiques et financiers attachés à chacun des projets. À l'abri de l'opinion publique et du monde politique démocratiques, les «responsables» négocient à leur guise au niveau des États et des multinationales concernés. Ainsi, par exemple, la Turquie laisserait entendre que les deux projets (*Nabucco* et *Flux sud*) pourraient être reliés, s'il y a accord entre les multinationales non russes et Gazprom.

Le projet Nabucco semble cependant ébranlé par une sorte de reprise en main de l'industrie d'hydrocarbures en Azerbaïdjan par le dictateur local et l'accord fort incertain du côté iranien. Cette reprise en main signifierait l'élimination des financiers et marchands multinationaux. De plus, la Russie, le Kazakhstan et le Turkménistan signent un accord en mai 2007. L'accord porte sur des gazoducs à construire pour écouler, de ces derniers, le gaz naturel vers la Russie, puis vers le Centre et l'Ouest de l'Europe. Le projet Nabucco aurait ainsi peu de chance de se réaliser. Mais les choses s'avèrent plus compliquées et où l'étude analytique et normative se rejoignent.

Il y a une nécessité d'approfondir le «dialogue» avec la Russie afin de parvenir à développer un partenariat avec l'UE et dans lequel la Russie verrait ses intérêts sauvegardés. L'affaire sera donnant-donnant. Éventuellement, donner à la Russie un accès au marché d'approvisionnement et de distribution dans l'UE. Cela fera de la Russie non seulement un partenaire en amont mais également en aval, dans la mesure où elle percevrait de l'argent en vendant le gaz mais aussi en le distribuant directement aux consommateurs. La Russie deviendrait, de ce fait, un partenaire beaucoup plus intégré en Europe.

En contrepartie, et là il s'agit déjà d'une demande européenne, la Russie ouvrirait l'accès de ses champs pétroliers et gaziers aux multinationales européennes en amont, c'est-à-dire aux sources mêmes. L'UE pourrait ainsi en savoir un peu plus sur ce qui se passe en Russie (les réserves d'hydrocarbures) et aurait l'occasion d'exporter vers cette dernière ses technologies avancées afin d'accroître et d'optimiser le rendement des champs pétrolifères vieillissants russes. La Russie pourrait ainsi en profiter pleinement. Il faut examiner de manière exhaustive tous les domaines dans lesquels les Russes et les Européens pourraient travailler ensemble de manière à ce que la Russie perçoive son intérêt. Selon moi, son intérêt est de collaborer avec l'Europe. D'où le fait que les négociations entre la Russie et l'Ukraine ne peuvent pas laisser l'UE indifférente.

Négociations entre Kiev et Moscou

Au début de juin 2005, les négociations se poursuivent entre Kiev et Moscou concernant le différend en matière d'approvisionnement en gaz de l'Ukraine et de transit du pétrole vers l'Occident. Le nouveau président tente apparemment de se dégager du contrat négocié par son prédécesseur quant à l'acheminement du gaz naturel du Turkménistan jusqu'à l'Ukraine. Le contrat a été signé avec une entreprise suisse dont le contrôle est assuré par la compagnie russe Gazprom et un groupe d'actionnaires (dont certains groupes ukrainiens et autrichiens). Les nouveaux dirigeants ou les groupes qui les dominent, tentent vraisemblablement de modifier le contrat en leur faveur ! Rejoints par la Roumanie, les pays du GUAM ne cachent pas leur volonté de s'impliquer dans la construction de nouvelles voies de dégagement énergétiques qui contourneraient la Russie et certains de ses alliés. Cette volonté signifierait de transformer la mer Noire en espace non russe avec le soutien actif du Gouvernement américain et des compagnies pétrolières d'outre-Atlantique. Le but en est naturellement de mieux contrôler l'UE, militairement et économiquement.

Comme déjà mentionné, Kiev essayait de faire aboutir un projet d'oléoduc reliant la mer Noire aux côtes polonaises sur la mer Baltique et qui permettrait de contourner les voies d'approvisionnement russes. Or, la décision de juin 2004 consiste à vouloir utiliser «provisoirement» l'oléoduc Odessa-Brody dans le sens de la seconde ville pour évacuer le pétrole russe par la mer Noire. Cette décision aurait, entre autres, favorisé le groupe russo-britannique TNK-BP. Si le pétrole passait dans l'autre sens, une telle décision aurait la faveur des compagnies américaines. À la fin décembre 2004, le ministre des Transports est cependant démis de ses fonctions avec effet immédiat. La question de l'oléoduc Odessa-Brody reflète moins la pression de la Russie que celle des multinationales. Dans ce cas, c'est provisoirement TNK-BP et le Kremlin qui l'emportent. L'alliance des grands groupes ukrainiens et russes est certes la seule manière pour les deux pays de résister à la prise de contrôle des multinationales. Celles-ci insistent, par contre, sur des privatisations «ouvertes», c'est-à-dire lorsque cela leur sert.

La Russie réussit, en décembre 2005, à s'assurer de toutes les exportations nouvelles de gaz naturel du Turkménistan, ce qui exclut, pour l'Ukraine, toute alternative en cette matière, à moins que les compagnies américaines ou européennes fassent un effort. Est-ce probable ? Apparemment, l'Ukraine reste néanmoins assurée de pouvoir importer ce qu'elle a été négocier antérieurement avec le Turkménistan. À mentionner toutefois le fait que, avec la complicité de Chevron américain, l'Ukraine a obtenu, fin novembre 2005, l'accord du Kazakhstan en vertu duquel l'oléoduc «Nabucco» serait construit de ce pays jusqu'à la Pologne[58] en traversant la mer Caspienne, l'Azerbaïdjan

---

58. Timothy SNYDER traite la politique étrangère de la Pologne post-1989 et développe la thèse suivante : primo, la Pologne a réalisé qu'elle a tout intérêt à abandonner simultanément toute revendication irrédentiste de type nationaliste à l'égard des pays voisins tant à l'Est qu'à l'Ouest, à revendiquer des «critères européens» de protection de minorités et, de cette façon, à stabiliser ses frontières ; secundo, elle doit tout faire pour pouvoir se joindre à l'OTAN, puis à l'UE, aussi vite que possible, grâce notamment à la stabilisation de ses frontières ; tertio, elle a tout intérêt à favoriser l'indépendance de la Lituanie, du Bélarus et de l'Ukraine afin de créer une zone entre elle et la Russie ; l'ouvrage n'évoque aucunement le calcul stratégique des EUA pour pénétrer progressivement la Lituanie, le Bélarus et l'Ukraine dans le but d'affaiblir et de mieux contrôler la Russie et l'UE.

et l'Ukraine ou la Roumanie. Il est néanmoins possible qu'avec les pays baltes et la Pologne, ainsi que l'Ukraine, la République moldave et la Roumanie, un «axe mer Baltique - mer Noire» se mette en place sous l'influence des autres pays de l'UE.

Le rôle pivot de la Hongrie et de l'Autriche

À cause de sa situation géographique, la Hongrie s'est retrouvée en plein milieu du débat énergétique entre la Russie et l'UE. La position du Gouvernement hongrois reflète un pragmatisme nécessaire, vu que la réalisation du projet Nabucco a été retardée maintes fois alors qu'entre-temps le prolongement du projet *Flux bleu* prend réellement forme. Le gaz naturel intervient à 70 % de la consommation d'énergie de la Hongrie. Quatre cinquièmes de ce gaz viennent de l'importation. De cette importation, 70 % viennent de Russie à travers le gazoduc «Fraternité» qui passe par l'Ukraine et le gazoduc qui passe par la Slovaquie et l'Autriche.

Carte 5. «Couloirs» énergétiques en Eurasie occidentale

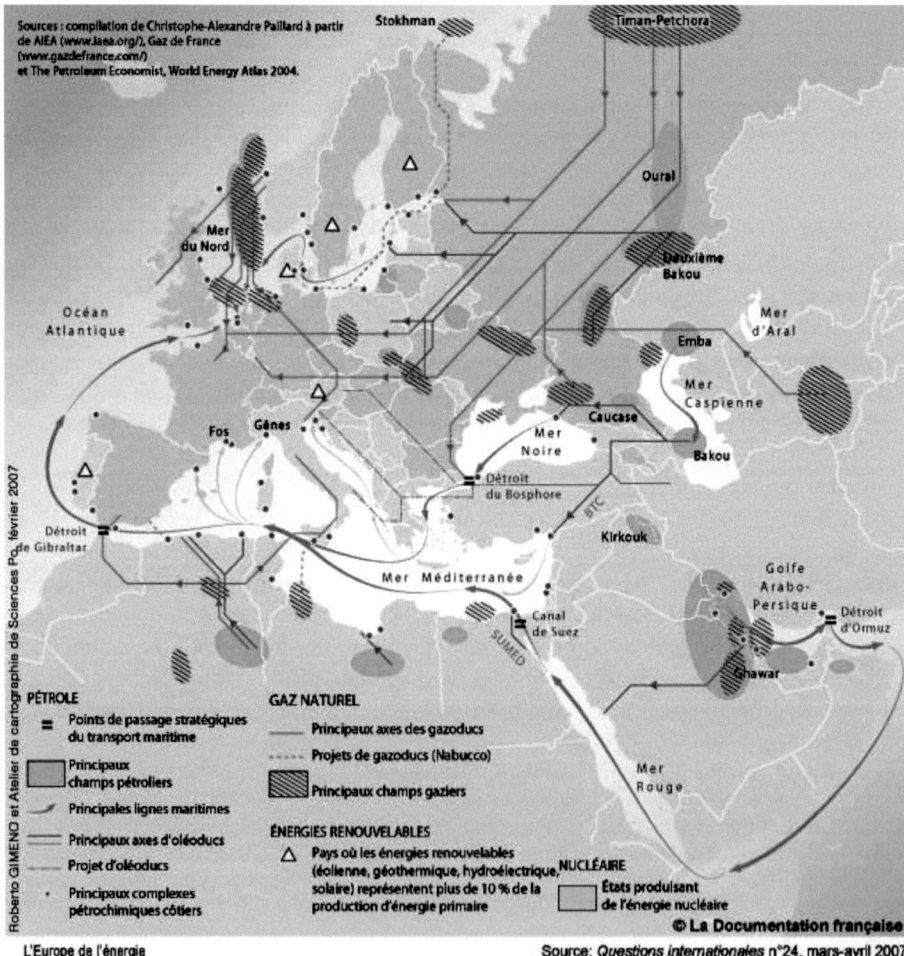

Pour l'instant, il y a trop d'intérêts divergents dans l'UE à propos de la question énergétique. La réalité est que la Russie dispose de réserves importantes en gaz naturel dont on ne connaît pas d'alternative garantie pour le moment étant donné la multitude des problèmes qui se posent au sujet de l'Asie centrale et de l'Iran comme fournisseurs potentiels. Cependant, cette dépendance devrait pousser le pays à chercher à diversifier ses ressources et malgré les présomptions, les responsables hongrois sont bien conscients de ce fait. Il ne faut pas oublier que la première compagnie de gaz et de pétrole hongrois, le MOL –avec le turc Botas, le Bulgargaz, le roumain Transgaz et l'autrichien OMV– figure parmi les principaux intéressés du projet Nabucco.

La compagnie énergétique hongroise MOL proposerait, en outre, de réunir au moins huit compagnies de transport de gaz d'Europe centrale et méridionale au sein du système New Europe Transmission System (NETS) en vue d'obtenir un crédit avantageux pour la construction du projet Nabucco contournant la Russie. En cas de création de ce système, Gazprom devra discuter de la construction du gazoduc *Flux sud* non plus avec de petits pays mais avec un influent consortium balkanique contrôlant les gazoducs d'une longueur totale de 27 000 km. Il n'est pas exclu que ce projet jouisse du soutien de l'UE.

Dans ce cas, les pays qui ont soutenu le projet, pourront bénéficier de certains avantages de la part de membres influents de l'UE. D'ailleurs, il convient de souligner que l'opération n'aura de sens que si elle s'accomplit dans de brefs délais. Au début de décembre 2007, on annonce cependant que la Hongrie prendra part au projet de gazoduc *Flux sud*. Le groupe Gazprom et le holding italien Eni créeraient une entreprise mixte chargée de piloter le projet. Le gazoduc doit entrer en service en 2013[59]. À la fin décembre 2007, Gazprom a conclu un accord sur le prix du gaz vendu par l'Ouzbékistan à la Russie en 2008.

Le contrôle du transit

Afin de contrôler avant tout le transit, Gazprom a acquis une participation significative du réseau de conduites d'hydrocarbures au Bélarus, tandis que l'Ukraine résiste à une telle idée. Or, l'annonce de construire un gazoduc sous la mer Baltique de la Russie à l'Allemagne relativise, en tout état de cause, l'importance du maintien du contrôle ukrainien. Dans ce domaine, Gazprom bénéficie, d'ailleurs, de l'appui des groupes allemands qui seraient prêts à s'associer à un consortium de ces réseaux. Dès décembre 2005, l'UE reconnaît le «statut d'économie de marché» à l'Ukraine[60]. Sur

---

59. Au même moment, la compagnie aérienne hongroise MALEV Air Tours signe un contrat d'achat de 15 SuperJet-100 moyen-courriers de la compagnie russe Soukhoï. Parmi les cinq autres accords bilatéraux signés, il y a celui du projet de construction de la base de maintenance régionale en Europe pour les chasseurs bombardiers russes en Hongrie.

60. On ne sait pas très bien en vertu de quel(s) principe(s) est octroyée cette reconnaissance, sauf que la plus importante entreprise sidérurgique du pays est récemment «reprivatisée» et cela se fait, cette fois, en faveur d'un groupe d'Europe occidentale et non pas d'un groupe local. L'UE ne semble guère perdre du temps avec des vains arguments économiques mais se réfère bien clairement à des critères politiques et capitalistiques !

cette base cependant, la Russie annonce qu'elle vendra désormais son gaz naturel à l'Ukraine au prix mondial[61], ce qui serait normal en «économie de marché», alors qu'elle conclut en même temps avec le Bélarus un accord plus favorable à ce dernier. Moscou met ainsi fin à sa politique de «bon voisinage» par le biais de prix de faveur à «l'étranger proche» et abandonne l'idée de vouloir reconstituer une URSS sous une autre forme. Quoi qu'il en soit, en cas d'une hausse sensible des charges ukrainiennes, les entreprises ukrainiennes risquent de perdre leur avantage en termes de coûts par rapport aux entreprises russes ou bélarusses des mêmes secteurs.

Simultanément, l'Ukraine, pour exercer une pression sur la Russie, juge utile d'exprimer la volonté de renégocier le statut de la base maritime militaire russe en Crimée. En réponse, Moscou menace Kiev de demander la renégociation des frontières orientales ukrainiennes qui ont été sensiblement modifiées en faveur de l'Ukraine en 1954. Certaines voix rappellent le «mémorandum de sécurité» en faveur du pays. En fait, ce mémorandum a été signé par la Russie et les EUA, dans le cadre de l'accord sur le démantèlement de l'arsenal nucléaire stationné en Ukraine, en janvier 1994, mais peut être mis en cause. De même, les stations de radar qui se trouvent près de la frontière ukraino-hongroise et au bord de la mer Noire sous le contrôle de l'armée russe, constituent également une question non négligeable dans le débat. Elles permettent à la Russie de «voir» ce qui se passe dans les pays de l'OTAN et en Asie centrale, ainsi que d'être avertie à temps en cas d'attaque par fusées.

Enfin, l'Ukraine ayant une dette croissante, notamment à l'égard de la Russie, ces négociations comme les précédentes pourraient aboutir à des payements sous forme de prises de participation dans des entreprises ukrainiennes, ce qui accroîtrait l'influence déjà importante du capital russe en Ukraine. Cette pratique a déjà été expérimentée par les EUA en Amérique latine avec succès pour les multinationales.

Évaluations des événements récents

En Ukraine, les manœuvres politiques entre les différents groupes financiers et politiques continuent comme avant ladite «révolution orange» et comme cela était prévisible. Les preuves ne manquent pas. En 2006, l'alliance conclue entre le Président «pro-occidental» Youtchenko et son adversaire «prorusse» (resic). Les membres du gouvernement constitué sont également, en partie, des anciens ministres ou hauts responsables du Président Koutchma tels qu'Anatoli Kinah, Boris Tarasjuk, Jurij Lucenko ou Oleh Rabachuk. Le «altneu»[62], président du Parlement, n'est autre que Vladymir Lytvyn, ancien chef de cabinet de Koutchma, qui a fait un voyage discret mais remarquable, au début décembre 2004, à Washington. C'est lui qui a aussi présidé le Parlement au moment des modifications constitutionnelles mentionnées ci-après.

Les anciens comme les nouveaux dirigeants du pays proviennent essentiellement des *différentes oligarchies* ou des multinationales ukrainiennes de différentes parties du

---

61. Qui serait encore toujours inférieur à ceux payés par des pays de l'UE.
62. C'est un jeu de mots qui s'inspire du nom d'une des synagogues pragoises!

pays. Il semble bien que toutes les *élections* aient été «truquées» d'une manière ou d'une autre, mais les «trucs» américains ont mieux marché grâce à certaines complicités européennes, notamment polonaise et lituanienne : des centaines de conseillers étrangers et des milliers «d'étudiants», ainsi que des équipements de télécommunication et de photocopies les plus modernes et une «marque de fabrication» sous la forme de la couleur orange. D'ailleurs, cet ensemble des moyens mis en œuvre faisait appeler la mobilisation la «révolution affairiste» mais légale[63].

Néanmoins, il faut souligner que, comme l'ensemble de ces événements récents et l'histoire de l'Ukraine depuis son indépendance l'ont montré, ce pays réussit à surmonter des difficultés non négligeables sans agression, ni effusion de sang et ce, malgré des interventions extérieures parfois douteuses et répétées ! Par ailleurs, les compromis ne concernent pas seulement le système électoral, mais surtout modifient l'équilibre entre les différentes branches de pouvoir, par le renforcement ou l'effritement subtils du rôle du Premier ministre et du Parlement, ainsi qu'entre le Centre et les régions.

Plus fondamentalement, les partis et les dirigeants politiques ukrainiens ont, selon moi, toujours fait preuve (i) du respect des diverses oppositions du moment, (ii) d'une loyauté envers leur pays et (iii) de la capacité de se concerter, de négocier des compromis. Cela était le cas avant mais surtout après l'indépendance de 1991. Peut-être est-ce bien cela qui expliquerait finalement la douceur de la transition d'un président à un autre au début de 2005 et l'établissement des coalitions variées en 2006 et 2007. À mon sens, les jeux «oranges» ne sont, aujourd'hui, pas encore entièrement faits, loin de là.

D'une part, les oligarchies politico-économiques perdantes pourraient ne pas se laisser avoir. D'autre part, l'influence également politico-économique de la Russie est de telle importance qu'elle devrait pouvoir *négocier une solution satisfaisante* de son point de vue avec les EUA et l'UE. Enfin, la tension entre les différents courants politiques et entre les groupes financiers, tout autant qu'entre le nouveau président et le Premier ministre à propos de l'adhésion éventuelle du pays à l'OTAN reflète les compromis nécessaires non encore dégagés dans les circonstances actuelles.

L'Ukraine, faut-il l'intégrer à l'UE ou à l'OTAN ?

Répétons-le, l'enjeu géopolitique du pays est exceptionnel. Pour la Russie, l'Ukraine représente
- un territoire étendu comme la France, face aux EUA et à une partie de l'UE,
- un pays significatif dans l'imaginaire russe,
- le contrôle du transit de ses exportations,
- une entité substantielle de la «communauté Bélarus-Russie-Ukraine-Kazakhstan» dont la préoccupation constante est l'hydrocarbure et son exportation ;
- un «coussin géostratégique», bien sûr.

---

63. Voir *TBT*, 13/19.1.2005, *The Washington Post*, 2.1.2005 & *NZZ*, 2.2.2005.

La Russie y dispose, en outre, d'une base militaire portuaire à la mer Noire. Pour les EUA, l'inclusion de l'Ukraine dans leur zone d'influence correspondrait à une percée stratégique dans l'espace d'influence de la Russie et au contrôle accru de l'UE du point de vue des ressources énergétiques, voire de leur propre approvisionnement.

En tout cas, le basculement de l'Ukraine dans la zone d'influence de Washington aurait des conséquences géopolitiques encore plus importantes que celui de la Géorgie. Il interpelle aussi l'UE au moment où son élargissement à l'Est se ralentit pour le moment. Or, en vertu de la Constitution, on considère que l'Ukraine est *un pays neutre* ou du moins non aligné ; il n'est pas du tout certain que les clauses constitutionnelles lui permettent d'adhérer à l'OTAN, à moins qu'un statut particulier ne lui soit attribué à l'instar du Danemark. Le rapprochement entre l'UE et la Russie est enclenché dès le début des années 2000. Ce rapprochement visait d'abord à créer un espace économique unique entre les deux entités mais, maintenant, cet espace serait complété par une entente en matière de «liberté, de sécurité et de droit».

En avril 2005, de son côté, l'OTAN accorde une assistance supplémentaire à l'Ukraine dans le cadre d'un «dialogue intensifié», mais se refuse à amorcer un processus d'adhésion. À Washington, Youtchenko et Bush II ont convenu d'une «ère nouvelle de partenariat stratégique», malgré le retrait des troupes ukrainiennes d'Irak. Vis-à-vis de Moscou, une redéfinition des relations a été engagée, l'Ukraine demeurant attachée au projet signé en 2003 d'un Espace économique commun avec la Russie, le Bélarus, le Kazakhstan, tout en relançant le GUAM pour s'affranchir de la tutelle russe.

Plus que les pays de la Caucasie méridionale, l'Ukraine représente l'enjeu géopolitique prioritaire dans la partie occidentale de l'Eurasie. La raison essentielle en est évidemment les aléas des alliances russo-américaine et euro-russe. De plus, l'enjeu de l'Ukraine devient indirectement l'enjeu de l'OTAN. Sans vouloir s'appesantir ici sur la première, on peut mentionner le fait que, depuis les années 1930, les EUA mènent un jeu subtil de «lutte et coopération» avec l'URSS ou la Russie. La preuve en est la collaboration pendant la deuxième guerre mondiale et l'antagonisme constructif durant la «guerre froide» puis, maintenant, la collaboration ambiguë au niveau de leurs multinationales respectives et le grignotage dans les régions de «l'étranger proche russe» dont l'Ukraine. De son côté, la Russie en est complice face au danger venant de l'Europe occidentale et de la Chine ou du Japon pour faire bref. Toutefois, elle tente en même temps de s'allier à l'UE et à la Chine ou, parfois, à l'Inde afin de constituer un noyau hégémonique en Eurasie.

Pour des raisons fort variées, tant la France et la Turquie, dans une perspective sécuritaire, que le Royaume-Uni et l'Allemagne, du point de vue plus économique, tiennent beaucoup à des bonnes relations avec la Russie. Il reste la question : ces pays ont-ils, d'ailleurs, intérêt à voir l'Ukraine faire partie de l'UE, voire de l'OTAN, alors qu'une telle adhésion serait financièrement fort coûteuse et mécontenterait la Russie sans contrepartie significative ? Le 1er mars 2006, l'opposition ukrainienne, qualifiée «prorusse», annonce avoir recueilli 4,5 millions de signatures afin de lancer un référendum sur l'opportunité du pays à adhérer à l'OTAN contre laquelle cette opposition se bat. Rappelons ici que la Constitution ukrainienne exclut la présence de militaires étrangers sur le territoire du pays. Cette prescription est évidemment contournée car les militaires russes sont installés en Crimée et les militaires américains, sous des prétextes divers, sont nombreux dans le pays.

Après l'échec de l'adoption du traité constitutionnel de l'UE, les pays membres de l'UE sont devenus assez prudents et souhaitent ne pas trop bouleverser l'équilibre stratégique fragile, quels que soient les «souhaits» des EUA. Il n'empêche qu'au sommet de Bucarest, en avril 2008, il est déclaré ce qui suit : «L'OTAN se félicite des aspirations euro-atlantiques de l'Ukraine et de la Géorgie, qui souhaitent adhérer à l'Alliance. Aujourd'hui, nous avons décidé que ces pays deviendraient membres de l'OTAN[64-65]… Nous avons demandé aux ministres des Affaires étrangères de faire, à leur réunion de décembre 2008, une première évaluation des progrès accomplis. Les ministres des Affaires étrangères sont habilités à prendre une décision sur la candidature au MAP de l'Ukraine et de la Géorgie.» (c'est moi qui souligne).

On peut néanmoins se demander si la Russie n'aurait pas le droit de vouloir maintenir des territoires quasi-neutralisés entre elle et l'OTAN ou si l'Ukraine, elle-même, n'en aurait pas quelques intérêts ? La présence de 5 ou 6 pays neutres au sein de l'UE à 27 ouvre, même institutionnellement, la porte à l'élargissement de l'UE à l'Ukraine telle qu'elle se présente géopolitiquement aujourd'hui. Ne serait-ce pas dans l'intérêt de l'UE de rassurer la Russie et de disposer ainsi d'un «coussin» stratégique ? Or, cette logique pourrait se conforter depuis que les EUA ont établi de nouvelles bases militaires en Roumanie et en Bulgarie et encerclent à leur guise tant la Russie que l'UE. Enfin, le préalable «politique» de l'adhésion à l'OTAN par rapport à celle à l'UE ne devrait-il pas s'effacer afin de garantir mieux la sécurité et le bien-être de l'Ukraine et, surtout, des Ukrainien-nes ?

---

64. Curieusement, la version en américain se présente comme suit : «NATO welcomes Ukraine's and Georgia's Euro Atlantic aspirations for membership in NATO. We agreed today that these countries will become members of NATO»

65. La déclaration se poursuit dans les termes suivants : «Ils ont l'un et l'autre apporté de précieuses contributions aux opérations de l'Alliance. Nous nous félicitons des réformes démocratiques menées en Ukraine et en Géorgie, et nous attendons avec intérêt la tenue, en mai, d'élections législatives libres et régulières en Géorgie. Le MAP représente, pour ces deux pays, la prochaine étape sur la voie qui les mènera directement à l'adhésion. Nous déclarons, aujourd'hui, que nous soutenons la candidature de ces pays au MAP. Nous allons maintenant entrer dans une période de collaboration intensive avec l'un et l'autre à un niveau politique élevé afin de résoudre les questions en suspens pour ce qui est de leur candidature au MAP. Nous avons demandé aux ministres des Affaires étrangères de faire, à leur réunion de décembre 2008, une première évaluation des progrès accomplis. Les ministres des Affaires étrangères sont habilités à prendre une décision sur la candidature au MAP de l'Ukraine et de la Géorgie.» Le MAP correspond à un de ces programmes de l'OTAN qui préparent les pays candidats à l'adhésion.

Bibliographie spécifique :

ASH, T.G. & T. SNYDER, The Orange Revolution, in *The New York Review*, 28.4.2005.
ANTONENKO, Oksana, Assessing the CIS - Beginning of the End or End of the Beginning ?, in : Special to Russia Profile, 14.2.2006.
Bulletin de la BCE, Le développement financier dans les pays d'Europe centrale, orientale et sud-orientale, novembre, 2006.
BEAUMONT, Gilles, Pleins feux orange sur l'Ukraine - Dérives du conformisme ; le compte-rendu de cinq ouvrages parus récemment dénonce précisément le manque total de recul de plusieurs des auteurs, in : *Le Monde Diplomatique*, novembre 2005.
BERDYCHOWSKA, Bogumil, Polen - Ukraine. Der Schatten der Geschichte, in : *Ost-West-Europäische Perspektiven*, n°3, 2005.
BERGLUND, Sten & Joakim EKMAN (ed.), *The Handbook of Political Change in Eastern Europe*, seconde édition, Elgar, London, 2004.
BESTERS-DILGER, Juliane (Hrsg), *Die Ukraine in Europa –Aktuelle Lage– Hintergründe und Perspektiven*, Böhlau, Wien, 2003.
BRUMME, Christoph D., Einmal Wolga und zurück - Für sechs Wochen das Zeitkorsett ablegen - mit dem Fahrrad durch die Ukraine, in : *NZZ*, 3.3.2008.
CHAILLOT Paper, Ukraine : Quo Vadis ?, n°108, février 2008.
CHAUVIER, Jean-Marie, *Les élections du 30 septembre 2007 confirment : on ne peut jouer une Ukraine contre l'autre*, (analyses et informations fournies par internet), 8.10.2008.
Idem, Les multiples pièces de l'échiquier ukrainien - Un bouleversement géopolitique, in : *Le Monde Diplomatique*, janvier 2004.
CHETERIAN, Vicken, Le pendule ukrainien, in *Le Monde Diplomatique*, octobre 2004.
Idem, Révolutions en trompe-l'œil à l'Est, in *Le Monde Diplomatique*, octobre 2005.
Courrier des pays de l'Est, Le,: La Russie et les autres pays de la CEI en 2006, n°1059, janvier-février, 2007.
Idem, Europe centrale et orientale 2006-2007, juillet-août, 2007 ;
Idem, Nouveaux États membres de l'UE - une intégration réussie ?, septembre-octobre, 2007.
EISENBAUM, Boris, Le nouveau Grand Jeu en Asie centrale, in *Le Nouvel Observateur*, 14.4.2005.
Financial Times, The «gas princess» makes claims for power, By Stefan Wagstyl and Tom Warner, 24.1.2005.
Financial Times Reports, Ukraine 2006, 31.10.2006.
Financial Times Special Report *: Central & East Europe Banking and Finance, April 2 2008*.
FISCHER, Peter A., «Wir haben nichts zu verbergen» - Der CEO des umstrittenen ukrainischen Erdgashändlers RosUkrEnergo äussert sich zu seinem Geschäft, in : *NNZ*, 8.11.2006.
GENTÉ, Régis, Du Caucase à l'Asie centrale, «grand jeu» autour du pétrole et du gaz - Les ex-républiques soviétiques dans la géopolitique mondiale, in : *Le Monde Diplomatique*, juin 2007.
GNAUCK, Gerhard, Schauplatz Ukraine, in : *NZZ*, 31.10.2006.
GRESEA Echo, L'emploi et le chômage en Russie et en Ukraine, in : *L'emploi dans le monde 1996-2006*, n°49, Janvier-Mars, 2007.
GOANEC, Mathilde, L'Ukraine frappe à la porte de l'Europe, après son échec au sommet de l'OTAN, in : *Le Monde Diplomatique*, juin 2008.
GUICHER, Catherine, Ukraine, Biélorussie et Moldova : entre l'Union européenne et la Russie, in : *Politique étrangère*, n°3, 2002.
HARDY, Margaux, Orange ukrainienne à la sauce belge, in : Politique, revue des débats, n°52, février, 2008.
Hérodote, L'Europe et ses limites, n°118, 3ᵉ trim. 2005.
Imagine– Demain le monde, Tchernobyl, mai & juin 2006.

JOUKOVSKY, Arkady, *Histoire de l'Ukraine*, Dauphin, Paris, 1994.
KAPPELER, Andreas, *Kleine Geschichte der Ukraine*, C.H. Beck, München, 1994.
KERNOOUH, Claude & Bruno DRWESKI (sous la direction de), *La grande braderie à l'Est ou le pouvoir de la kleptocratie*, Le Temps des Cerises, Pantin, 2005.
LEPESANT, Gilles (dir.), *L'Ukraine dans la nouvelle Europe*, CNRS, Collection espaces et milieux, Paris, 06/01/2005.
LIMES, La Russie in gioco, n°6, 2004.
Idem, Dossier Ucraina, n°1, 2005.
Idem, C'era une Volta l'Est, n°1, 2006.
MISZCZAK, Krzysztof , *Polens Aussenpolitik als Kunst der Balance - Europäische und amarikanische Interesse im Visier*, in NZZ, 4 September 2003.
NAHAYLO, Bohdan, *The Ukrainan Resurgence*, Hurst, 1999, London.
NAZEMROAYA, Mahdi Darius, *Mondialisation du pouvoir militaire grâce à l'expansion de l'OTAN - L'OTAN et le réseau plus vaste d'alliances militaires sous l'égide des EUA*, in : Mondialisation.ca, Le 13 juillet 2007, www.mondialisation.ca/index.php?context=va&aid=6315.
NZZ Online, Dossier «Machtkampf in der Ukraine» - Ein Land zwischen Russland und Europe, 2006, www.nzz.ch/ukraine.
NZZ, Streit in Kiew trotz dem WTO-Erfolg - Präsident Juschtschenko torpediert die Privatisierungspläne der Premierministerin Timoschenko, 17.4.2008.
Idem, Timoschenko kündigt Nato-Referendum an, 17.4.2008.
Idem, Eine Kultur des Ignorierens in der Ukraine, 6.7.2007.
Russische Grossmachtnostalgie am Schwarzen Meer - Das ukrainische Sewastopol auf der Krim orientiert sich ganz nach Moskau, 23.11.2006.
Idem, «Wer versteckt sich hinter RosUkrEnergo ? Neue Erkenntnisse und neue Fragen zum russisch-ukrainischen Erdgas-Joint-Venture», 13/14.5.2006.
Idem, Kiewer Pirouetten im Gas-Disput mit Moskau Präsident Juschtschenko verlangt Klarheit über das Geschäft, 18.2.2006.
Idem, «Trainer» für den Aufstand aus Belgrad - Das serbische Modell des Machtwechsels macht Schule, 27.4.2005.
Idem, Tagebuch eines Demonstranten in Kiew - Notizen des ukrainischen Schriftstelle Juri Andruchowyrsch, 9.12.2004.
OBERSTEINER, Erich & Paul G. PUTZ, *Megatrends Osteuropa*, Linde-Verlag, Wien, 2004.
Osteuropa, Tschernobyl - Vermächtnis und Verpflichtung, n°4, 2006.
OLEARCHYK, Roman & Stefan WAGSTYL, Reforms take a back seat as Ukraine's leaders struggle for power, in : *FT*, 24.6.2006.
OREL Anatolij, Senza Mosca si può morire, in : *LIMES*, n°1, 2006.
OVERHAUS, Marco, Editorial, in : *Foreign Policy in Dialogue*, The New Neighbourhood Policy of Europan Union, vol. 6, n°19, juillet 2006.
PANKIN, A., The Difficulties of Codependency, No Matter Which Faction Rules in Ukraine, the Countgry Stilkl Needs Russia, in : *RUSSIA* PROFILE, juin 2007.
PEEL, Quentin, Factions invest hope in a marriage of opposites, in : *FT*, 4.8.2006.
PIEHL, Ernst, P.W. SCHULZE & Heinz TIMMERMANN, *Die offene Flanke der Europäischen Union. Russische Föderation, Belarus, Ukraine und Moldau*, BWV-Verlag, Berlin, 2005.
PFAFF , William, Why make an enemy of Russia ?, in : *International Herald Tribune*, 13.4.2005.
RADVANYI, Jean, *Les États postsoviétiques - Identités en construction, transformations politiques, trajectoires économiques*, Armand Colin, Paris, 2003.
Religion, State & Society, vol. 32, n°3, septembre, 2004.
La Revue Nouvelle, numéro à thème : Où va l'Ukraine ?, n°10, octobre, 2006.
RÜHL, Lothar, Neuer atlantischer Horizont in Osteuropa - Eine Aufnahme der Ukraine als Programmpunkt der NATO, in : *NZZ*, 8.12.2005.

Idem, Ein neues Spiel - Die Ukraine im Fokus euro-atlantischer Bündnispolitik, in *Frankfurter Allgemeine*, 23.1.2006.
RYKOVTSEVA, Y., Not a Revolution, Ukraine's Current Problems are Unlikely to Drive People Back to the Streets, in : *RUSSIA* PROFILE, juin 2007.
Questions internationales, *L'UE et ses nouveaux voisins de l'Est : Ukraine, Biélorussie, Moldova, Dossier réalisé en juillet 2006.*
SAMARY, Catherine, Espérance frustrée à l'Est, in *Le Monde diplomatique*, avril 2005.
SAYODNIK, Peter, Ukraine : The Washington Connection, in : *The New York Review*, 5.2.2005.
SCHMID, Ulrich, Wer versteckt sich hinter RosUkrEnergo ? Neue Erkenntnisse und neue Fragen zum russisch-ukrainischen Erdgas-Joint-Venture,in : *NZZ*, 10.5. 2006.
Idem, Odessa - aufgemotzte Stadt am Schwarzen Meer, in : *NZZ* Online, 31.3.2008.
Idem, «Sehen Sie sich vor» Erkundigungen am Dnjestr - Ein Reisetagebuch, in : *NZZ* Online, 1.4.2008.
SUSSMAN, Gerald, U.S. Intervention in Eastern European Elections, in : *Monthly Review*, décembre, 2006.
SNYDER, Timothy, *The Reconstruction of Nations - Poland, Ukraine, Lituania, Belarus - 1569-1999*, Yale University Press, New Haven & London, 2003.
The Guardian, The price of People Power, by Mark Almond, 7.1.2004.
TINGUY, Anne de, *L'Ukraine, nouvel acteur du jeu international*, Brylant, 2000. Bruxelles.
The Economist, On the border and on the brink - A thrilling election in Ukraine, a sad referendum in Belarus, and what they mean for Russia and the West, 30.10.2004;
Tr@nsitExtra, *Ukraine in Focus - die Ukraine im Blickpunkt*, December 2005.
WAGSTYL, S. & R. OLEARCHYK, Ukraine's three-sided fight, in : *FT*, 14.6.2007.
WAGNER, Richard, War Joseph Roth vielleicht Ruthene ? Die Ukraine, die EU und das Markenzeichen Galizien, in : *NZZ*, 3.6.2008.
WILSON, Andrew, *The Ukrainians, Unexpected Nation*, Yale University Press, New Haven, Connecticut, 2008.
WISSELS, Rutger, The development of the European Neighbourhood Policy, in : *Foreign Policy in Dialogue*, The New Neighbourhood Policy of Europan Union, vol. 6, n°19, juillet 2006.
WIPPERFÜRTH, Christian, *Russland und seine GUS-Nachbarn. Hintergründe, aktuelle Entwicklungen und Konflikte in einer ressourcesreichen Region*, Ibidem Verlag, Stuttgart, 2007.

Le Bélarus, stable mais «désobéissant»[66]

Le cas du Bélarus attire l'attention dans le cadre d'une analyse géopolitique des pays de la CEI en raison des conséquences géopolitiques assez spécifiques que ce pays est amené à assumer au Centre de l'Europe. Ce pays représente une pomme de discorde séculaire, que sa position géographique ne fait que favoriser, au beau milieu d'une large plaine entre Berlin et Moscou. La Lituanie, la Pologne et les Tatars aussi bien que, plus tard, le monde germanique et la Russie puis, à présent, la Russie, l'UE et les

---

66. Il s'agit d'un texte mis à jour qui figure déjà dans Bárdos-Féltoronyi, N., *Un diagnostic géopolitique de l'Europe du centre*, Éditions de l'Université de Bruxelles, Bruxelles, 2001. À remarquer que l'appellation Bélarus correspond à celle que le pays, devenu indépendant, a choisie en fonction de sa langue propre alors que l'appellation Biélorussie ou Russie blanche est propre à la langue russe et marque souvent une certaine sympathie à l'idée que le pays ferait partie de la Russie séculaire.

EUA, y jouent un rôle stratégique non négligeable. Cette circonstance tend à déterminer, d'une façon fondamentale, les évolutions géopolitiques du pays. Rappelons enfin que le rapprochement institutionnel entre la Russie et le Bélarus fait de lui un «cousin géopolitique» face à la Pologne, pays devenu membre de l'OTAN en 1999 et de l'UE en 2004.

Il s'agit de savoir, en l'occurrence, comment un tel rapprochement s'applique par un consensus géopolitique interne et externe, par une adéquation des rapports de force à l'intérieur et à l'extérieur d'un pays ou d'une région du monde. Certes, ce consensus ou cette adéquation ne signifie nullement que la solution géopolitique soit stable ou agréable pour tout le monde ou qu'elle respecte scrupuleusement les droits de l'homme. Cette hypothèse pourrait cependant être appliquée à beaucoup de pays dans le monde mais, également, au Centre de l'Europe, à la Bulgarie, à certains pays baltes, à la Bosnie-Herzégovine, au Kosovo ou à la République moldave, par exemple. Cet examen se présentera comme suit : après avoir présenté les données géohistoriques, les questions géopolitiques et géo-économiques seront abordées.

Voir la suite sur le site suivant : www.bardosfeltoronyi.eu

La République Moldava, russe ou roumaine,… ou encore américaine ?

Enclavée entre la Roumanie et l'Ukraine, la République Moldava subit actuellement les «sollicitations» de l'UE, des EUA et même de la Pologne et de l'Ukraine. La Russie entretient une base militaire et soutient la sécession d'une partie du territoire moldave. Tous ces «bienfaiteurs» des Moldaves visent évidemment la manière la plus directe de contrôler le pays. En raison de l'enclavement, il constitue un enjeu indirect quant à l'élargissement et à la garantie de *l'accès à la mer Noire*.

Voir la suite sur le site suivant : www.bardosfeltoronyi.eu

Partie 3
Objets des «grands jeux» différenciés

L'expression traditionnelle du «grand jeu» géostratégique a trait à ces rapports de force très particuliers qui se développèrent entre le RU et la Russie dans le contexte d'Asie centrale du XIXe siècle. On peut, selon moi, l'appliquer aux trois cas qui composent cette troisième partie. La raison en est que les «jeux» en question mobilisent les grandes puissances directement sur le terrain et dans un contexte guerrier. Méthodologiquement parlant, ces «jeux» touchent, en termes géodémographiques, la Turquie et deux ensembles de pays, ce qui donne un aspect particulier à cet exercice-ci et qui le distingue des pays spécifiques analysés à la Partie 2. Leur intérêt est géopolitiquement triple.

Carte 6. De la Turquie jusqu'à l'Asie centrale

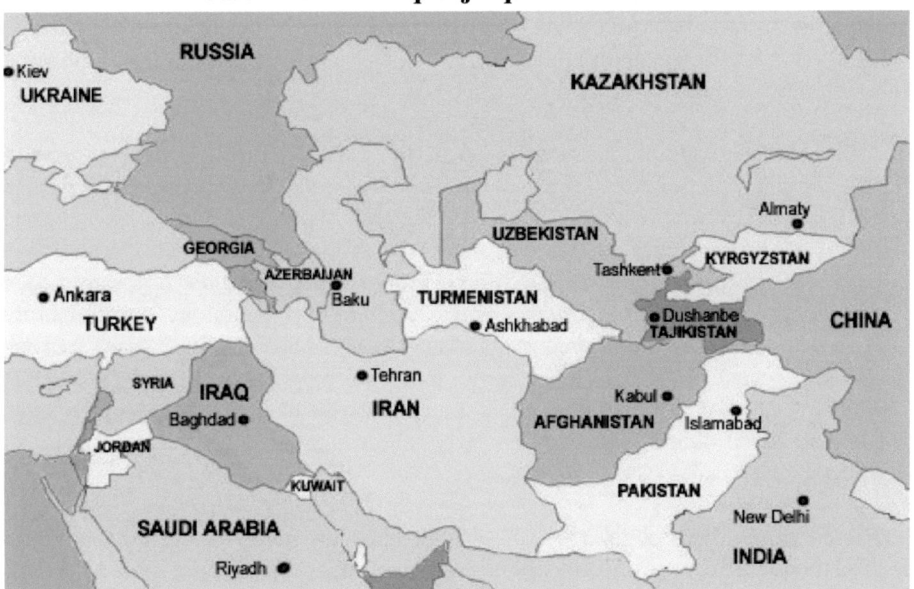

Source : *Le Monde Diplomatique*

Primo, entre une situation de pays satellite américain ou celle de futur pays membre de l'UE, la Turquie est concernée par tous les conflits militaires au Proche et au Moyen-Orient. Secundo, les trois pays de la Caucasie méridionale se trouvent dans une situation analogue, mais à titre de pays de transit des hydrocarbures et de localisation stratégique. Enfin, tertio, un «grand jeu» se déroule à nouveau dans les pays de l'Asie centrale entre la Chine, la Russie et les EUA en termes à la fois géopolitiques et géo-économiques. Les trois entités géographiques s'appuient sur les «trois mers» : les mers Caspienne, Noire et Méditerranée. Ces dernières relient ces entités dont, plus particulièrement, la Turquie.

Aucun de ces cas ne peut laisser indifférent l'UE. Il s'agit, dans le premier cas, pour elle d'un éventuel et important futur pays membre si les négociations d'adhésion réussissent. Il s'agit aussi d'un ensemble de trois petits pays caucasiens où la Russie et les EUA sont impliqués de façon variée, mais qui se trouvent non loin de ses frontières. Il s'agit enfin de la domination d'une immense région eurasiatique dont le destin importe l'ensemble du continent eurasiatique dont, bien entendu, l'UE !

La Turquie dans le contexte géopolitique du XXIe siècle : fragilité interne, force et soumission extérieures[67]

Synthèse, conclusions et propositions

Pour l'UE, la Turquie serait trop grande, trop pauvre, trop islamique, avec des frontières trop dangereuses, trop américaine, trop contrôlée par les militaires, etc. ! Contre ces affirmations, il n'existe pas de répliques définitives. Il y a des défis précis et il y a des réponses à ces défis. La politique reste un appel à faire des choix qui ne sont jamais sans risque, mais préparent et construisent l'avenir. Or, le «pouvoir dur» de Washington détruit l'Irak et le Proche-Orient, «l'exercice du pouvoir doux» européen transforme la Turquie et l'ouvre à terme à l'UE.

Historiquement, géographiquement et, en partie, culturellement, le pays se trouve, depuis des siècles, en contact direct et en interpénétration réciproque avec l'Europe au sens large du terme tout autant qu'avec les pays du Moyen-Orient, la Caucasie méridionale et l'Iran, ainsi qu'indirectement avec l'Asie centrale. C'est ce qui donne au pays *une spécificité réelle et durable en termes de localisation*, non sans risque d'ordre géopolitique. Les *inégalités sociales, ethniques et régionales* constituent un frein au développement économique et créent des tensions entre les classes sociales et certains blocages dans le système politique. *La grande diversité que caractérise l'Islam turc,* ne se prête cependant guère à un islamisme militant de masse, alors que la question kurde donne l'occasion aux pays avoisinants d'intervenir en Turquie et vice versa.

La société turque reste divisée et donc éclatée. Elle est fragilisée sur les problèmes de fond conflictuels, sans un quelconque contrat social acceptable par tous. Les coups d'état militaires successifs en 1960, 1971 et 1980 ainsi que les interventions musclées, notamment en 1997, témoignent, à mon sens, de cette instabilité politique constante et reproduite, due aux phénomènes fondamentaux mentionnés. Sous la dictature militaire répétée, *l'insertion du pays au capitalisme international* s'est opérée et, depuis lors, entraîne des déséquilibres socio-régionaux accrus. Néanmoins, les résultats électoraux de novembre 2002, de mars 2004 et de juillet 2007, comme la politique poursuivie en conséquence, tendraient à changer assez profondément les tendances

---

67. Cet exercice s'inscrit dans un processus d'études successives à partir de 2000. Il prépara les négociations en vue de la décision européenne quant à l'adhésion éventuelle de la Turquie à l'UE. Certaines parties d'études furent publiées in : *Démocratie* le 1er janvier 2003 et le 15 mars 2005.

observées dans le passé. Faire partie de l'UE stabiliserait sans doute le pays. Il n'empêche que les partis dominants du pays pourraient subir des pressions, dans un sens ou un autre, de certains milieux militaires ou musulmans qui combattent le processus de démocratisation en cours ou celles d'événements de politiques internationales.

Le principe de bon voisinage avec les pays arabes a été difficilement établi ces dernières années. Par contre, des manifestations antiguerre se sont avérées fortes. De plus, la crainte de la constitution d'un État kurde et de l'occupation par ce dernier des champs pétroliers irakiens hante, depuis toujours, Ankara. L'ensemble de ces éléments l'emporterait sur toute autre considération face aux EUA et a provoqué *une tension certaine avec Washington depuis 2003*. Il en résulte que la Turquie, dans sa vision de puissance régionale, se trouve sans appui extérieur. C'est ce qui l'incite d'ailleurs à être fort prudente avec ses voisins et à s'approcher davantage de l'UE.

Dans ce contexte, la Turquie joue un rôle capital comme *base, sphère d'influence et élément de liaison,* qu'il s'agisse de l'Irak, de la Palestine, de la Caucasie méridionale ou de l'Asie centrale, ou encore de voies de dégagement de produits énergétiques vers la Méditerranée, la Bulgarie ou la Roumanie. En même temps, *ses multiples fragilités internes comme ses ambitions géopolitiques se prêtent parfaitement à des manœuvres d'intimidation et de corruption.* À l'heure actuelle, le risque est le renforcement, à l'initiative de Washington, du Kurdistan irakien autonome et dont le but serait évidemment de fragiliser tous les pays de la région, voire même l'UE.

Selon moi, il devient également plausible que la solution à la question chypriote, les réformes déjà effectuées et appliquées et la mise en place d'une armée européenne ouvrent à la Turquie la possibilité d'accélérer les négociations avec l'UE. La volonté «d'approfondir l'UE avant de l'élargir» a échoué ; alors, il ne reste, comme J. Fischer l'explique, «qu'à obliger l'Union à renforcer ses institutions, ses compétences et ses capacités de décisions par la nécessité stratégique». Néanmoins, en ce qui concerne la Turquie, il importe, dans cette perspective, que toutes les conditions d'adhésion soient remplies. De prime abord, il convient, avant tout, que la *Charte européenne des droits de l'homme* soit pleinement appliquée dans le pays.

Outre la démocratisation judiciaire, la liberté assurée de médias pluralistes et la séparation des pouvoirs (judiciaire, législatif et exécutif), ainsi que la séparation indiscutable de l'État et des mouvements religieux, et l'élimination complète des tortures, un test significatif en cette matière serait *le respect total et effectif du principe de l'égalité des sexes* dans tous les domaines de la vie quotidienne. Il ne s'agit évidemment pas d'interdire ou de contrôler le port de foulards en Turquie mais, beaucoup plus, de surveiller, strictement et à l'aide notamment des organisations féminines locales, la question de l'égalité homme-femme effective dans l'ensemble de la vie en société, y compris dans le couple, au-delà du processus d'adhésion.

Il existe beaucoup d'autres objections qu'il ne faut certes pas minimiser et qui se nomment, entre autres : le chaos au Moyen-Orient, la question des Kurdes et d'autres minorités, l'influence et la présence américaines, le niveau de développement insuffisant, le problème budgétaire etc. Les analyses qui suivent, abordent systématiquement chacune d'elles et plus particulièrement les sections b.3 et b.4. Par ailleurs, certains milieux turcs seraient particulièrement favorables à faire coïncider l'UE avec l'OTAN et, de cette façon, d'américaniser davantage l'Europe. Toutefois, d'autres milieux, notamment militaires et dont les conviction sont partagées par beaucoup d'Américains, craignent de renforcer, par l'adhésion de la Turquie à l'UE, l'autonomie de cette dernière en termes géostratégiques face à Washington.

Certains soulèvent l'objection que le monde ottoman est l'ennemi héréditaire de l'Europe chrétienne. À quoi on peut répondre que ce sont précisément deux ennemis historiquement héréditaires, la France et l'Allemagne, qui sont à l'origine du processus d'intégration européenne : la réconciliation est condition de paix durable mais cette réconciliation n'est aussi possible que sur la base d'initiatives modestes au départ, mais capables de rejoindre les intérêts communs.

Favorable à l'adhésion, la majorité du peuple turc a plus à gagner qu'à perdre, ne fût-ce qu'en diminuant la «sauvagerie» du capitalisme grâce à l'introduction de l'acquis communautaire et à l'élimination de l'arbitraire de «l'occupation» américaine par la PESD. L'adhésion turque pourrait puissamment contribuer à la réalisation de la PESD mais, bien sûr, dans le cadre de la géostratégie propre du pays. D'aucuns soulignent même que l'adhésion de la Turquie serait une occasion de faire entrer, de facto, un pays où l'Islam s'avérerait modéré et démocratique et, de cette manière, de *favoriser le pluralisme et la tolérance en Europe*. Ce serait une manière d'augmenter l'influence de l'UE dans le Proche- et Moyen-Orient et, notamment, en Israël avec qui la Turquie s'entend bien. Depuis l'été 2006, on évoque la faible probabilité d'un coup d'État militaire sous la direction éventuelle du nouveau chef d'état major Yasar Büyükanit qui a une réputation anti-islamique et antieuropéenne.

Il n'est pas non plus négligeable que l'adhésion pourrait constituer une *sorte de stabilisateur* de la Turquie et même pour l'ensemble de la région si troublée par l'interventionnisme répété des EUA. *Pour l'UE, une Turquie à l'intérieur constitue, à mon sens, un moindre risque géopolitique qu'à l'extérieur.* De plus, *le pays constitue une pièce maîtresse dans le cadre du «processus de Barcelone» de l'UE et de la PESD* qui se mettent actuellement en place avec quelques difficultés dans l'UE, face à la problématique des Balkans et de la Caucasie méridionale, voire tout le Moyen-Orient et par rapport au projet américain du «Grand Moyen-Orient».

L'opinion selon laquelle, en cas d'adhésion, les pays actuels de l'UE risquent d'être *envahis par les travailleurs turcs* me paraît douteuse car ceux qui voulaient venir, sont déjà là, à l'instar des travailleurs des pays d'Europe centrale et orientale. En outre, en raison de l'amélioration économique du pays et de la conjoncture moins favorable en Europe occidentale, les retours vers la Turquie se remarqueraient depuis 2002. L'argument de la *délocalisation* serait plus sérieux car la perspective d'adhésion renforce la sécurité géopolitique et juridique dans le pays. Elle pourrait bien inciter progressivement les multinationales à s'intéresser davantage à l'économie turque mais, en même temps et heureusement la différence salariale se réduira par l'introduction de l'acquis communautaire et, peut-être, par le renforcement de l'action syndicale. Néanmoins, un examen un peu attentif des négociations et des conditions dans lesquelles celles-ci se déroulent, montrera que la situation est bien plus complexe. D'une part, le cadre de négociation établit que *«de longues périodes transitoires, des dérogations, des arrangements spécifiques ou des clauses de sauvegarde permanentes»*, c'est-à-dire des clauses pouvant être invoquées en permanence comme bases pour des mesures de sauvegarde, pourront être envisagées. La Commission inclura de telles dispositions, le cas échéant, dans les propositions qu'elle élaborera pour chaque cadre, dans des domaines tels que la libre circulation des personnes, les politiques structurelles ou l'agriculture. En outre, les différents États membres devraient pouvoir intervenir un maximum dans le processus de décision concernant l'instauration, à terme, de la libre circulation des personnes. Les dispositions transitoires ou les clauses de sauvegarde devraient faire l'objet d'un réexamen sous l'angle de leur incidence sur la concurrence ou sur le fonctionnement du marché intérieur.

D'autre part, la Turquie s'est également engagée à accepter les résultats de toute autre négociation d'adhésion entre l'UE et un autre pays candidat tels qu'ils seront lors de sa propre adhésion. Par ailleurs, la conformité de la législation turque avec l'acquis communautaire sera vérifiée pour 35 chapitres et l'état d'avancement des négociations sera évalué selon les deux séries de critères suivants :

- les critères de Copenhague, qui établissent les conditions suivantes pour l'adhésion à l'UE :
    - la stabilité d'institutions garantissant la démocratie, la primauté du droit, les droits de l'homme ainsi que le respect et la protection des minorités ;

    - l'existence d'une économie de marché viable et la capacité de faire face à la pression concurrentielle et aux forces du marché à l'intérieur de l'Union ;

    - la capacité d'assumer les obligations résultant de l'adhésion, notamment de souscrire aux objectifs de l'union politique, économique et monétaire, et

    - la capacité administrative d'appliquer et de mettre effectivement en œuvre l'acquis communautaire ;

- l'engagement sans équivoque de la Turquie à entretenir des relations de bon voisinage et son respect du principe de résolution pacifique des conflits selon la Charte des Nations Unies pour résoudre tout conflit frontalier, y compris, si nécessaire, la juridiction de la Cour internationale de Justice ; la volonté de la Turquie de trouver une solution globale au problème chypriote dans le cadre des Nations Unies et conformément aux principes sur lesquels est fondée l'Union européenne, y compris les étapes pour contribuer à un climat favorable à une solution globale, et les progrès effectués dans la normalisation des relations bilatérales entre la Turquie et tous les États membres de l'UE, y compris la République de Chypre ; le respect des obligations de la Turquie dans le cadre de l'accord d'association et de son protocole qui étend le champ d'application de l'accord d'association à tous les nouveaux États membres, notamment ceux qui font partie de l'union douanière entre l'UE et la Turquie, ainsi que la mise en œuvre du partenariat pour l'adhésion.

Selon les dispositions du cadre de négociation, les négociations d'adhésion de la Turquie «ne sauraient être conclues qu'après l'établissement du cadre financier pour la période débutant en 2014 et les réformes financières qui pourraient en découler». Enfin, si la Turquie enfreignait de façon «grave et persistante» les «principes de liberté, de démocratie, d'État de Droit et de respect des droits de l'homme et des libertés fondamentales sur lesquels est fondée l'Union européenne», la Commission (de sa propre initiative ou sur demande d'un tiers des États membres) pourra recommander la *suspension des négociations* et fixer les conditions de leur reprise éventuelle.

Compte tenu de l'ensemble des considérations ci-dessus et quel que soit le gouvernement en place, je me prononce en faveur de *la poursuite* des négociations d'adhésion, même si celles-ci devaient être, de temps à autre, suspendues. En sachant qu'à Ankara la continuité des négociations paraît plus importante que la durée. Le calendrier pourrait, dès lors se présenter comme suit :,
- mener *les négociations* en fonction de l'application en cours des engagements pris quant au respect des critères de Copenhague ; sensibiliser l'opinion publique tant au sein de l'UE actuelle qu'en Turquie aux enjeux de l'adhésion afin de réduire les craintes ou réticences réelles, notamment au Parlement européen et d'éviter des bouleversements politiques éventuels en Turquie ;

- toujours au rythme de la réalisation des engagements pris, examiner des chapitres de l'acquis communautaire, ainsi qu'arrêter des clauses de sauvegarde et des *périodes de transition en vigueur jusqu'à 2022*, à l'instar de ce qui s'était pratiqué pour l'Espagne ou ce qui s'est imposé dans le cas des huit pays d'Europe centrale et orientale ;

- se donner comme objectif de terminer les négociations en 2012/14 et, après processus de ratification dans les 27 pays, choisir la date d'*adhésion formelle de 2018/20* sur base de l'application à la fois de l'acquis communautaire et les engagements pris ;

- viser *l'adhésion de plein droit vers 2022/25*.

Certes, ces propositions doivent s'inscrire, dans les années à venir, dans un débat à mener à propos des critères précis qui permettraient de délimiter, provisoirement ou définitivement, l'extension de l'UE parmi lesquels il convient de citer : *la cohérence structurelle* nécessaire, *la défense de souveraineté* suffisante, le *maintien de l'ordre vital* et *le fonctionnement* optimal (voir Partie 1), sans retarder cependant l'adhésion à terme de la Turquie. Cet avis est formulé compte dûment tenu des réticences évidentes de beaucoup de pays membres dont la RFA et la France plus particulièrement. Avant

2020/22 et à titre transitoire, est imaginable un statut de «partenariat privilégié» pour la Turquie. Vers 2020-22, le nom même de Sarkozy sera simplement oublié ! Les intérêts réciproques en jeu favorisent et favoriseront cette adhésion. Certes, pour le faire convenablement, il faut augmenter les exigences de l'UE et ne pas les diminuer comme celle-ci l'a fait pour la Bulgarie et la Roumanie par un simple alignement sur la position de Washington.

Carte 7. La Turquie

Voir la suite sur le site suivant : www.bardosfeltoronyi.eu

La Caucasie méridionale : entre les grandes puissances mondiales et régionales et les enjeux des «trois mers»

Au versant Sud du Caucase, la région examinée ici correspond à celle qu'occupent actuellement trois pays : **la Géorgie, l'Azerbaïdjan et l'Arménie**. Les trois ont une caractéristique historico-politique commune à savoir d'avoir fait partie de l'ex-URSS[68]. Le versant Nord fait partie de la Fédération de Russie et constitue donc une problématique géopolitique en soi telle qu'il en ressort de l'affaire tchétchène. Avec la Turquie, ces trois pays se présentent comme des bandes terrestres qui relient «trois mers» : **la Caspienne, la mer Noire et la Méditerranée** et s'ouvrent vers l'Asie centrale.

Carte 8. La Caucasie Méridionale

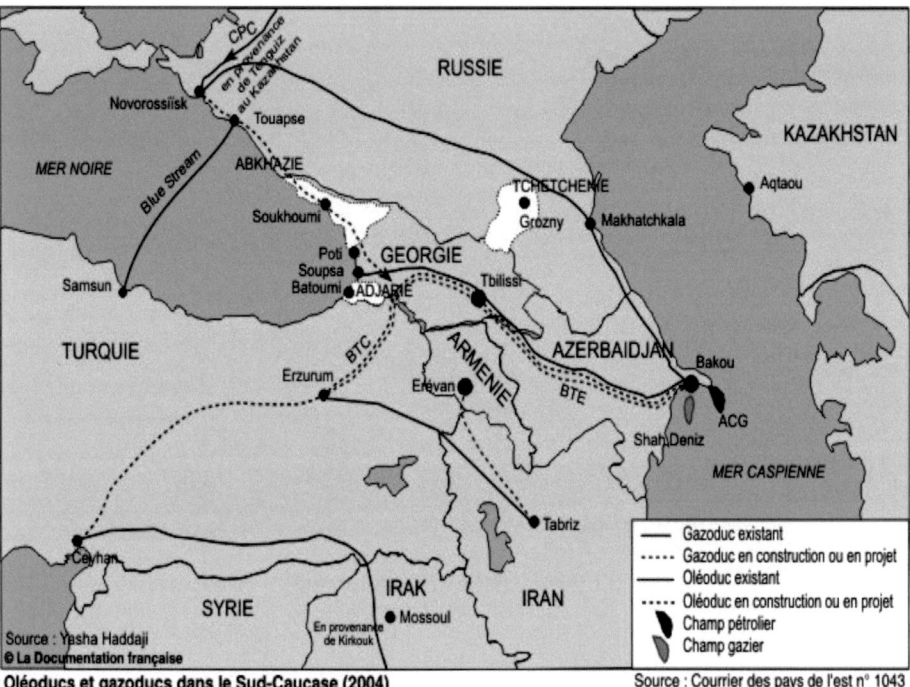

Oléoducs et gazoducs dans le Sud-Caucase (2004)   Source : Courrier des pays de l'est n° 1043

En soi déjà, le nom de la région n'est guère dépourvu de signification. Le dictionnaire la fait figurer sous les vocables Transcaucasie ou pays du Caucase, alors qu'il s'agit spécifiquement et géographiquement du versant méridional du Caucase. La première appellation fait évidemment référence au point de vue de Moscou, ville par rapport à laquelle la région se trouve au-delà de la chaîne de montagne du Caucase. La seconde dénomination fait, d'une façon ambiguë, allusion à «des pays», alors qu'il y en a bien plus que les trois déjà nommés et ce, au Nord et au Sud de la chaîne. La troisième manière d'appeler cette région est la nôtre : la **Caucasie méridionale** qui, à mes yeux, paraît la plus neutre.

---

68. Pour plus de détails, voir les propos introductifs de la Partie 2.

	ARMÉNIE	**AZERBAÏDJAN**	**GÉORGIE**
Capitale	Erevan	Bakou	Tbilissi
Populations, en millions.	2,5 à 3	± 8	± 5
Superficie, en milliers km^2	29,8	86,6	69,7
Régions contestées	Néant	Haut-Karabagh Nakhitchevan	Abkhazi Ossétie du Sud
Taux d'urbanisation	69 %	57 %	60 %
Forces armées	42 000	76 000	12 000
PIB par hab. à PPA en €	3 600	3 840	2 640
Couverture énergétique	35 %	151 %	29 %
Dette extérieure en € milliards	1,5	1,5	1,6
Religions	94 % de l'Église apostolique arménienne	93 % Musulmans	84 % Orthodoxes

La région dispose donc d'un territoire de dimension semblable à celui des trois pays baltes mais a une population totale qui est le double de celle de ces derniers. Des frontières infiniment trop longues par rapport à des populations faibles. Comme les pays baltes dans le Golfe de Finlande, les pays de la Caucasie méridionale se présentent comme une région géopolitiquement *fragmentée*, *localisée* près de la Russie et, plus ou moins, *contrôlée* par des grandes puissances proches ou éloignées.

Par rapport aux données géographiques et géopolitiques, les forces armées sont peu significatives, sauf pour l'Arménie et encore. Fort modeste, le PIB par habitant de la région à parité de pouvoir d'achat est de quelque € 2 500 à 4 000. Il peut être, à titre indicatif, comparé à celui de la Turquie (6 600), de la Hongrie (12 400) ou de la Belgique (25 000)[69]. L'Arménie et la Géorgie souffrent d'une dépendance énergétique sérieuse. L'affiliation religieuse dans les trois pays s'avère nettement diversifiée.

---

69. Il faut considérer ces chiffres comme des ordres de grandeur mais, néanmoins, significatifs dans une interprétation politique.

Carte 9. La Géorgie, l'Azerbaïdjan et l'Arménie

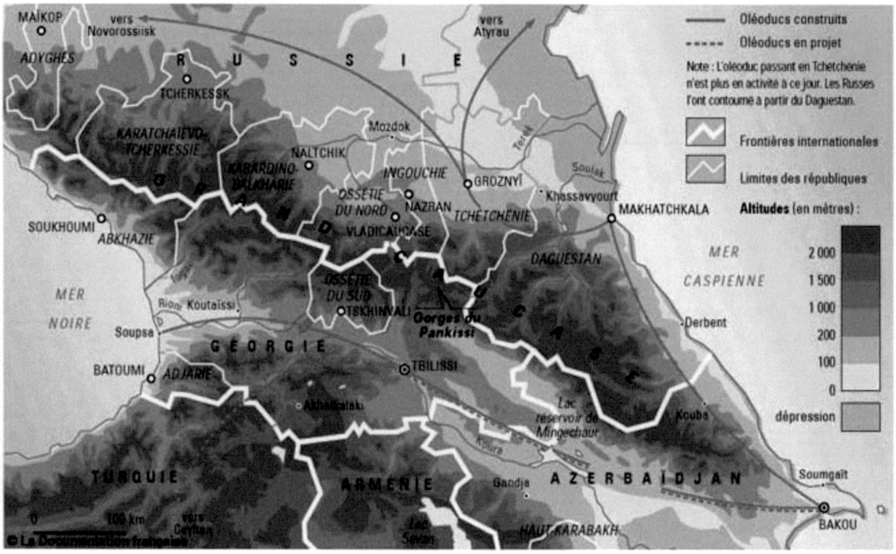

Leur étude géopolitique s'inscrit à la suite de celle de la Turquie. Comme d'habitude, elle fait l'hypothèse de la multiplicité géographico-historique mais de l'unicité géopolitique. Elle s'organise en une analyse d'abord de la dimension intérieure, puis de la dimension extérieure de nature fort variée. La forte détermination de l'extérieur accentue le fait que ces deux dimensions se conjuguent comme deux facettes de la même réalité. Mon point de vue reste l'interrogation sur l'opportunité de voir élargir l'UE vers ces pays et comment un éventuel élargissement pourrait être conçu ? Dans l'hypothèse d'une réponse négative à la première partie de la question, il faudra se demander comment l'UE à 27 situera ces pays par rapport à sa propre géostratégie ?

Voir la suite sur le site suivant : www.bardosfeltoronyi.eu

L'Asie centrale : sans accès à la mer mais ayant de puissants voisins ou «protecteurs» lointains

L'expérience historique tend à montrer que plus un pays issu d'un empire éclaté renonce à son passé, plus vite il se développe de manière autonome. Dans ce contexte, les anciennes républiques soviétiques ne sauraient faire exception. De plus, rien ne dit que la désintégration de l'URSS soit chose faite. Si, en 1991, l'Union soviétique a été déchirée en quinze morceaux, cela ne signifie aucunement que le découpage ne peut plus se poursuivre ou qu'une réintégration ne soit entreprise. En effet, jusqu'ici aucun processus géopolitique définitif n'a été observé sur le territoire de l'ex-Union soviétique. Nous nous trouvons à l'étape d'un nouveau repartage du monde, à l'étape d'un nouveau redécoupage de la carte géopolitique du monde, y compris en Eurasie. Où cependant, il faut tenir compte du renforcement géopolitique significatif de la Russie depuis l'avènement de Poutine et des hauts prix des produits d'hydrocarbures.

Or, au moment de l'effondrement de l'Empire, c'étaient des élites fortuites qui s'étaient trouvées à la tête des nouveaux États indépendants. Ces nouveaux dirigeants avaient été à la tête d'organisations communistes, ils avaient dirigé des comités de régions et de villes, notamment dans les pays Centre-asiatiques. La politique de refoulement réciproque à laquelle les EUA et la Russie se livrent, n'est pas sans danger car, en cas de tension importante, peut éclater un conflit armé. Les choses se passent dans des régions situées à proximité immédiate, une zone historiquement, géographiquement et, chose essentielle, humainement proche de la Russie. Ce qui signifie que la Russie applique une géostratégie pour chaque pays. En cas du décès d'un de ces dirigeants ex-soviétiques, l'équilibre du pouvoir peut être mis en question.

Outre l'Ukraine, les sept pays de l'Asie centrale constituent géopolitiquement la région dont *l'enjeu est substantiel* pour le continent eurasiatique[70]. D'une certaine manière, ils constituent une sorte de prolongement vers l'Est de l'axe Turquie - Caucasie méridionale ou de celui des «trois mers» mais, du point de vue chinois, il faut voir le prolongement vers l'Ouest, dans l'axe d'Asie centrale jusqu'à la mer Méditerranée. Comme le sous-titre le suggère ci-dessus, aucun de ces pays n'a accès à la mer[71] mais plusieurs d'entre eux recèlent des *richesses naturelles* considérables. Toute la région est couverte de toutes sortes de *réseaux de conduites et de chemins de fer* dont l'usage et le contrôle s'avèrent primordiaux.

Carte 10. L'Asie centrale

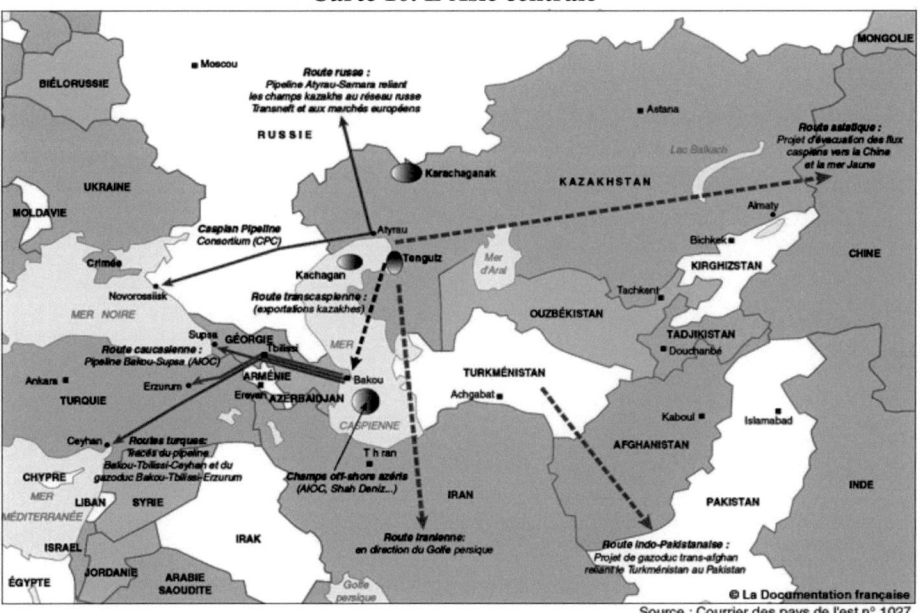

Source : Courrier des pays de l'est n° 1027

---

70. Je fais abstraction du Turkestan oriental qui, sous le nom de Xinjiang, a été incorporé à la Chine populaire en 1949 et dont la population ouïgour mène, depuis lors, la guérilla contre les autorités de Beijing à intensité variable.

71. Sauf l'Ouzbékistan qui dispose d'une longue côte au bord de la mer Caspienne.

Outre cet aspect, l'immense région qu'ils constituent se trouve *coincée entre* la Russie, la Chine et, d'une façon plus lointaine, l'Inde, sous contrôle britannique avant 1945. De plus, depuis les années 1980, les EUA ont marqué leur intérêt pour cette région faisant suite à l'invasion de l'Afghanistan par l'URSS. Ni la Turquie ni l'Iran ou le Pakistan ne s'en sont finalement pas non plus désintéressés depuis cette période. Dès lors, la région se prête à des rapports de force séculaires entre ces puissances. Ils ne font que s'accentuer depuis la disparition de l'URSS en 1991 et la «montée en puissance» de la Chine (voir Partie 4).

Les convoitises des grandes puissances et celles des multinationales pourraient à terme
- soit contribuer, par une sorte de neutralisation de la région[72], à son désenclavement, à sa stabilisation politique et à son développement socio-économique,
- soit susciter des guerres civiles ou intrarégionales et/ou des interventions militaires à haute ou à basse intensité de ces puissances par un «processus d'instabilités constructives».

Il n'est pas question ici de fournir une analyse complète de cette situation enchevêtrée à la fois au sein des pays concernés et en fonction du développement des rapports de force évolutifs et instables déterminés de l'extérieur à la région. La grande étendue du territoire, la diversité ethnique et religieuse, et des évolutions politiques propres de chaque État exigeraient des études longues et approfondies. Néanmoins, la position unique de ces pays sur le continent eurasiatique justifie de les aborder brièvement ici.

Dans le contexte de cette partie, il convient ainsi d'esquisser le cadre dans lequel la région peut être géopolitiquement saisie dans un but analytique. Avant d'y procéder, rappelons que, sauf l'Afghanistan et la Mongolie, les pays concernés ont tous une caractéristique historico-politique commune à savoir *d'avoir fait partie de l'ex-URSS*[73] ou d'avoir été un des pays «satellites» de cette dernière avant 1989. La Mongolie se distingue cependant de la région mongole de la République populaire de Chine[74] et l'Afghanistan n'a été concerné par l'ex-URSS que dans les années 1980.

---

72. Avec l'achèvement du «grand jeu» Centre-asiatique au XIXe siècle, une telle neutralisation a garanti la tranquillité de l'Afghanistan entre 1888 et 1973.

73. Pour plus de détails, voir les propos introductifs de la Partie 2.

74. En 1985, un accord d'échange commercial a été signé entre la Mongolie Intérieure chinoise et la «République populaire de Mongolie» encore soviétique. Depuis lors, ses applications n'ont cessé de se diversifier. En mai 1990, s'ouvrait une ligne de chemin de fer entre Hohhot et Oulan-Bator, qui reliait la Mongolie Intérieure au trafic chinois et international. La Mongolie Intérieure se présente parfois comme une vitrine tentante pour sa voisine du Nord pour que les Mongols de Chine se détournent du démon de l'indépendantisme. L'espoir de Beijing est que ses propres Mongols l'aideront à conquérir l'économie mongole indépendante de Moscou depuis 1990.

Frontières sans fin et dépendance extérieure

Pays	Superficie en km²	Population en unité	Nombre de personnes au km²	Frontières en km
Kazakhstan	2 717 300	15 233 244	5,6	12 012
Ouzbékistan	447 400	27 307 134	61,-	6 221
Turkménistan	488 100	5 042 920	10,3	3 736
Kirghizstan	198 500	5 213 898	26,3	3 878
Tadjikistan	143 100	7 320 815	51,2	3 651
Afghanistan	647 500	31 056 997	48,-	5 529
Mongolie	1 564 116	2 832 224	1,8	8 220
Région	*6 206 016*	*100 213 248*	*16,2*	*n.d.*
France	547 030	60 876 136	111,3	2 889
Belgique	30 528	10 379 067	340,-	1 385

La partie occidentale du «Turkestan» dit russe, longtemps dénommé Asie centrale soviétique, comprend, depuis 1991, cinq États indépendants qui ont succédé aux Républiques socialistes soviétiques. Elles portent le nom : au Nord, le vaste Kazakhstan ; au Sud, imbriqués d'Ouest en Est, le Turkménistan, l'Ouzbékistan, le Tadjikistan, le Kirghizstan. S'y ajoute la Mongolie qui n'a jamais été une république soviétique, mais un «satellite soviétique» comme les pays du Centre de l'Europe. Enfin, il existe, historiquement, un Turkestan afghan situé au Nord de l'Hindou-Kouch avec ses prolongements montagneux au beau milieu de Afghanistan. Au Sud de ces chaînes se trouve le territoire afghan de la région frontière du Pakistan. Nous retenons l'Afghanistan comme un pays Centre-asiatique qui, depuis deux siècles, est l'objet du «grand jeu» de la région.

Les frontières de la région sont longues et parfaitement arbitraires, quels que soient les critères généralement utilisés. Le caractère arbitraire s'explique par les politiques de colonisation et par diverses invasions depuis des siècles. Il s'agit, en plus, d'un immense territoire avec une population clairsemée mais avec des frontières quasi uniquement terrestres, d'un dessin parfois absurde. La Mongolie y est la seule qui n'a pas de contact terrestre avec les autres pays Centre-asiatiques et n'a de frontières qu'avec la Chine et la Russie. Militairement, la région comme telle et chaque pays en particulier se défendent fort mal.

Au Sud-Est, la vallée de Fergana en fournit un exemple parfait. Elle est la plus grande oasis d'Asie centrale (22 000 km²) qui traverse le Kirghizstan, le Tadjikistan et l'Ouzbékistan. Elle est riche de coton, de vergers et de pétrole. Elle fut partagée entre ces trois pays à l'époque de l'URSS. Ce partage sème, encore aujourd'hui, la zizanie entre les peuples de la région qui sont séparés par des frontières désormais internationales ; il a fracturé son développement économique et empêche toute exploitation rationnelle de ce territoire politiquement déchiqueté. Ces circonstances facilitent évidemment l'intervention des puissances extérieures et la transformation de la région en terrain de rapports de force pacifiques ou armés[75].

De l'Est à l'Ouest, la région s'étend sur quelque 4 000 kilomètres et, du Nord au Sud, à peu près sur la moitié de cette distance. La partie Nord - Nord-Ouest est presque entièrement une gigantesque plaine[76] difficilement défendable tandis que, plus au Sud-Est, les différents pays sont montagneux, se prêtant à des guérillas ou des guerres civiles, voire à des guerres de libération ou de défense intenses. Les occupations variées durant les millénaires s'expliquent par la première position géographique. Les invasions de l'Afghanistan en 1979 et en 2002 illustrent parfaitement la seconde. Les forces militaires des pays concernés témoignent d'une insuffisance face à ce relief de la région et ne suffisent qu'à des occupations locales et au maintien de l'ordre établi.

Le climat est continental et fort sec avec des étés très chauds. Deux déserts s'étendent dans la zone : en Ouzbékistan, au désert noir (KaraKoum) se joint le désert rouge (Kyzyl-Koum) et le Gobi à cheval sur la frontière sino-mongole. La région est partiellement alimentée par deux fleuves importants : l'Amou-Daria de 1 400 kilomètres de long, partant du Pamir et aboutissant dans la mer d'Aral, et le Syr-Daria de 3 020 kilomètres de long, traversant l'Ouzbékistan, le Tadjikistan et, surtout, les steppes du Kazakhstan. La région du grand lac Balkhach est riche en eau, mais de façon géographiquement limitée. Dans le Sud-Est, par rapport aux besoins considérables, les possibilités d'arrosage restent tout à fait déficientes. D'où, en général, la question de l'eau est primordiale dans la région Centre-asiatique.

---

75. La vallée de la Fergana est confrontée à des menaces bien réelles. Elle a toujours été le berceau d'une foi musulmane active. Dès la fin du XIXe siècle, on parlait du wahhabisme de la vallée de Fergana. C'est une région surpeuplée. On y trouve 10 % de la population de l'Ouzbékistan qui compte 25 millions d'habitants. Dans certains endroits, on compte 500 habitants au kilomètre carré. Tous les facteurs sociaux qui peuvent déboucher sur une déstabilisation sont dans cette vallée : promiscuité, épidémies, chômage, inculture, ... Cette partie de l'Asie centrale est montagneuse, les vallées y sont coupées les unes des autres. Maintenant, une route et un tunnel relient la vallée du Fergana à Tachkent, capitale de l'Ouzbékistan. Mais c'est récent. Ce qui fait que, pendant les premières années de l'indépendance de l'Ouzbékistan, cette vallée a complètement échappé aux autorités. En août 1999, puis de nouveau en août 2000, des troupes du Mouvement islamique d'Ouzbékistan ont effectué des incursions armées en territoire kirghize et ouzbek, à partir du Tadjikistan. Le Mouvement islamique d'Ouzbékistan est un parti d'opposition islamique interdit, qui prône le renversement par la force du régime du Président Islam Karimov et la mise en place d'un califat ou d'un État islamique. Ce mouvement opérerait à partir de bases situées en Afghanistan. Il a effectué des incursions dans la vallée de la Fergana et aux environs, région qu'il considère comme la plus propice à l'établissement d'un califat, en raison de la perméabilité de ses frontières, du caractère précaire de la cohabitation des diverses ethnies qui la peuplent, de l'extrême pauvreté qui y règne et de la ferveur religieuse qui anime une bonne partie de la population. D'autres groupes islamiques clandestins, comme le Hizb-ut-Tahrir (Parti de la Libération), mouvement islamique international fondé au Moyen-Orient, sont également présents dans la vallée de la Fergana depuis quelques années. Hizb-ut-Tahrir qui aspire également à fonder un califat, ne prône cependant pas la violence.
76. Y compris le désert de Gobi en Mongolie.

Pays	PIB à PPA en milliards d'€	PIB à PPA par habitant en €	Exportation vers en % du total	Importations de en % du total
Kazakhstan	99,4	6 560	Russie 13 Bermudes 13 RFA 10 Chine 10 Italie 8, France 8	Russie 35 Chine 22 RFA 7
Ouzbékistan	38,6	1 440	Russie 24 Chine 13 Turquie 7	Russie 28 Corée de Sud 13 RFA 9 Chine 7 Kazakhstan 7
Turkménistan	31,6	6 400	Ukraine 45 Iran 17 Hongrie 6	EAU 11 Ukraine 11 Turquie 9 EUA 9 Russie 9
Kirghizstan	8,5	1 680	EUA 30 Russie 19 Chine 12 Kazakhstan 12 Suisse 6	Chine 44 Russie 18 Kazakhstan 13
Tadjikistan	7	960	EUA 23 Pays-Bas 16 Turquie 11 Ouzbékistan 8 Suisse 7	Russie 17 Ouzbékistan 14 Kazakhstan 13 Chine 11 Azerbaïdjan 7
Afghanistan	17,2	640	EUA 25 Pakistan 22 Inde 20	Pakistan 23 EUA 11 Inde 8
Mongolie	4,2	1 520	Chine 54 EUA 14 Canada 14	Russie 33 Chine 27

L'importance du seul Kazakhstan l'emporte sur l'ensemble des autres pays Centre-asiatiques, son PIB dépassant la somme des PIB des autres. Le PIB par habitant correspond à un niveau bien plus élevé pour les deux pays fournisseurs d'hydrocarbures : le Kazakhstan et le Turkménistan. L'Ouzbékistan est autosuffisant en hydrocarbures et exporte de l'or et du coton. Dans ces trois pays, les réserves actuelles prouvées de pétrole atteignent un niveau trois fois supérieur à celui de la mer du Nord. Les réserves de gaz naturel y sont aussi considérables, notamment au Turkménistan.

Ces pays producteurs d'hydrocarbures sans accès à la mer doivent également faire face au développement nécessaire des réseaux d'oléoducs et de gazoducs. Toutefois, ce développement coûte fort cher et exige une technicité élevée. L'évacuation et la vente des produits demandent une coopération internationale et une entente avec des multinationales pétrolières. Leur réalisation implique un financement et un endettement, ce qui signifie également *dépendance*. Cette dépendance s'accentue par celle de pays clients dont, à terme, les multinationales peuvent toujours diversifier leurs sources d'approvisionnement. L'exploitation des champs d'hydrocarbures au bord de la mer Caspienne rencontre enfin des difficultés juridiques et de transport.

Les économies non pétrolières (Kirghizstan, Afghanistan et Tadjikistan) s'enrichissent des exportations de certaines matières premières dont les prix sont en hausse. De son côté, la Mongolie surtout exporte, à présent, beaucoup de cuivre. Le commerce à l'intérieur des pays de l'ex-URSS garde toutefois toute sa portée, excepté pour les cas de la Mongolie et l'Afghanistan. En ce qui concerne la première, sa proximité et son niveau de développement par rapport à la Chine expliquent les données alors que, pour le dernier, l'exportation, massive mais clandestine, de l'opium doit affecter les données statistiques et est orientée vers l'Europe et les EUA.

Globalement, le niveau de vie des citoyens n'a pas encore atteint aujourd'hui celui des années 1980. L'enrichissement des cercles dirigeants serait partout spectaculaire. Les inégalités de revenus et des fortunes ainsi que les disparités régionales se creusent ainsi depuis l'indépendance des pays d'Asie centrale. S'y ajoute enfin la dégradation des infrastructures publiques qui est attribuable aux dotations budgétaires insuffisantes. Une nette baisse de l'espérance de vie en résulte. Cette situation socio-économique n'est certes pas un facteur de stabilité pour les pays concernés.

Quelques autres données et leurs commentaires

Pays	Capitale	Ressources naturelles	Minorités en % de la population totale	Religions en % de la population totale
Kazakhstan	Astana	Hydrocarbures et dérivés, métaux non ferreux	Russes 30 Ukrainiens 3,7	Musulmans 47 Orthodoxes russes 44
Ouzbékistan	Tachkent	coton, or	Russes 5,5 Tadjik 5	Musulmans sunnites 88 Orthodoxes russes 9
Turkménistan	Achkabad	Hydrocarbures et dérivés	Ouzbeks 5 Russes 4	Musulmans sunnites 89 Orthodoxes russes 9
Kirghizstan	Bichkek	Métaux précieux, produits énergétiques, coton, antimoine	Ouzbeks 13,8 Russes 12,5	Musulmans Sunnites 75 Orthodoxes russes 20
Tadjikistan	Douchambe	aluminium, coton	Ouzbeks 15,3	Musulmans sunnites 85 Musulmans chiites 5
Afghanistan	Kaboul	opium, fruits	Pashtouns 42 Tadjiks 27 Hazaras 9 Ouzbeks 9	Musulmans sunnites 80 Musulmans chiites 19
Mongolie	Oulan-Bator	or, cuivre, autres non ferreux, uranium	Kazakhs ± 5	Bouddhistes 50 athées 40 Musulmans sunnites 4

Au Sud-Est, les trois capitales Tachkent, Bichkek et Douchambe se trouvent à une distance l'une à l'autre ne dépassant guère le millier de kilomètres, ce qui est peu dans la région Centre-asiatique, alors que les autres capitales se situent à fort grandes distances. Cette proximité relative les incite à des stratégies où varient rapidement des moments de conflits et de coopération, notamment face à des opposants, entre autres, musulmans.

La significative présence russe au Kazakhstan et les minorités ouzbèkes au Kirghizstan et au Tadjikistan alimentent des tensions dans les pays concernés et surtout dans la vallée Fergana. Le multiethnisme et la diversité religieuse en Afghanistan expliquent sans doute les difficultés au niveau de la dimension politique proprement interne. La présence chiite en Afghanistan occidental commande ainsi un impact réel de l'Iran dans le pays. On sait, par ailleurs, que les Pashtouns se trouvent massivement de part et d'autre de la frontière pakistano-afghanes. D'où, dès les années 1980, la possibilité d'intervention du Pakistan dans les affaires afghane avec le soutien –ou en dépit de celui-ci– de Washington. Il en était de même, mais dans une moindre mesure, pour les Soviétiques grâce aux Tadjiks et Ouzbeks avant la décomposition de l'URSS.

Le tableau qui suit, se base sur mes informations et estimations et ne constitue qu'une première évaluation de la situation géopolitique de la région dans les termes suivants

Pays	Stabilité politique	Droits humains	Attitude envers les EUA et bases militaire américaines ou OTAN/PPP (*).	Attitude envers la Russie et bases militaires russes (*)
Kazakhstan	+	+	+	+
Ouzbékistan	±	-	-	+ (*)
Turkménistan	±	-	-	±
Kirghizstan	±	+	± (*)	± (*)
Tadjikistan	±	-	±	+ (*)
Afghanistan	-	-	-	?
Mongolie	+	+	± (*)	±

Aucune corrélation ne se tient devant ces indications. L'adhésion à l'Islam, souvent évoquée comme source de terrorisme, n'est souvent qu'une des modalités d'exprimer une opposition aux régimes autoritaires. Les grandes puissances font preuve d'une attitude «prudentielle» devant le non-respect des droits humains de leurs alliés. La situation en Asie centrale en matière de droits humains se détériore en réalité, ce qui pourrait, à terme, devenir aussi une source d'instabilité. Les gouvernements profitent de la *«guerre contre le terrorisme»* pour s'attaquer aux libertés et aux droits humains. C'est le cas des mesures prises par certains gouvernements d'Asie centrale en réaction à des menaces pesant sur la sécurité régionale ou nationale, notamment en Ouzbékistan. À l'instar d'autres pays dits démocratiques, ces mesures s'avèrent souvent disproportionnées et discriminatoires.

Un nouveau centre de force eurasiatique en cours de création ?

Jadis, les pères de la géopolitique disaient : quiconque possédera la Méditerranée possédera le monde entier. Sentence qu'on pourrait périphraser : quiconque contrôle le robinet d'un oléoduc ou d'un gazoduc a toutes les chances de devenir un nouveau pôle du monde. C'est la raison pour laquelle la décennie à venir sera marquée par une lutte pour le contrôle des ressources énergétiques de l'Asie centrale. Et les problèmes de sécurité dépendront du rapport de force entre les principaux acteurs géopolitiques.

Il ne fait pas de doute que la lutte pour l'accès aux réserves d'hydrocarbures de l'Asie centrale et de la Transcaucasie est l'un des éléments importants de la sécurité ou de l'insécurité dans la région. C'est aussi ce qui explique les rivalités économiques et les guerres du transit, mais également les «révolutions colorées». Au fur et à mesure qu'augmenteront les besoins en hydrocarbures centrasiatiques changeront le ton et la rhétorique des déclarations de l'UE, d'autres organisations internationales ou d'États isolés à l'égard des pays d'Asie centrale. L'UE n'aurait aucun intérêt à rechigner à défendre ses intérêts économiques même au détriment de ses «valeurs morales». Sinon, comment expliquer le fait qu'elle importe du pétrole en provenance des pays du Golfe sans pour autant subordonner cette coopération aux droits de l'homme ou à d'autres choses.

Comme on le sait, l'UE fonde ainsi beaucoup d'espoirs sur la construction du gazoduc Nabucco traversant la Turquie. Naturellement, l'UE ne s'attend pas à un revirement radical de la situation, ni à l'apparition d'un nouveau pôle d'influence, pour la bonne et simple raison que les leviers avec lesquels elle pourrait faire pression sur les autorités locales lui font défaut. Dans cette optique, la prudence des dirigeants ouzbeks et azerbaïdjanais semble tout à fait logique. Par ailleurs, l'Iran voisin souhaiterait éviter d'être entièrement cerné de pays proaméricains.

Deux ans avant les attentats «terroristes» de 2001 aux EUA, le Congrès américain approuve, de son côté, une stratégie que l'on appelle celle «de la route de la soie». Cette stratégie prévoit un déploiement américain de la Caspienne à la chaîne Tien Shan (entre le Kazakhstan et la Chine) pour défendre les trois intérêts américains dans la région : la sécurité et la présence militaire ; les ressources naturelles dont notamment les hydrocarbures ; la démocratie à la manière américaine[77]. En préparation de l'invasion américaine de l'Afghanistan en 2002, trois pays accueillent les Américains (forces armées et multinationales) : le Kirghizstan, le Tadjikistan et l'Ouzbékistan et les multinationales deviennent actives dans la région. Cette intrusion de Washington provoque fort logiquement le rapprochement accru entre Moscou et

---

77. Les principes et leurs applications particulières en sont bien connus en Amérique latine depuis la doctrine Monroe proclamée en 1823 qui organisait la colonisation américaine dans cette région du monde.

Beijing. Aujourd'hui, il ne reste de bases américaines qu'au Kirghizstan et encore : le gouvernement kirghiz n'autorise désormais plus l'utilisation de la base de Manas pour des avions AWACS qui, jusqu'à 2005, effectuèrent des vols de reconnaissance dirigés contre la Chine et d'autres pays de la région.

Le triangle Russie-Chine-Inde deviendrait une structure solide depuis le début des années 2000, faisant suite à la pénétration américaine en Asie centrale. La Chine a abandonné l'ancienne confrontation avec ses grands voisins du Nord, de l'Ouest et du Sud qui prenait parfois la forme d'incidents frontaliers sanglants et a opté pour la politique de partenariat. Son économie, en croissance rapide, réclame la stabilité. Un autre point de convergence des intérêts des trois pays est la lutte contre ce qu'ils appellent le «terrorisme international». La Russie dans le Caucase, l'Inde au Cachemire et la Chine dans le Xinjiang. Ils souffriraient, dans la même mesure, des fondamentalistes et des extrémistes islamiques dont le Pakistan et l'Afghanistan sont les bases principales. C'est l'une des raisons évoquées pour laquelle la Chine cesse de soutenir le Pakistan et choisit la coopération avec l'Inde.

En août 2005, au terme des exercices militaires russo-chinois, Moscou annonce la tenue prochaine d'exercices des armées russe, chinoise et indienne. On se rappellera que, dès 1998, l'ancien Premier ministre russe Evgueni Primakov émet l'idée du triangle stratégique Russie-Chine-Inde. À l'époque, elle semblait utopique car les contradictions mutuelles paraissaient insurmontables. Maintenant, les relations interétatiques changent et on voit apparaître les éléments de base d'un tel partenariat militaire. D'autant que les trois pays sont unanimes dans leur volonté de mettre un terme à la stratégie américaine du monde unipolaire et de créer leur propre centre de force, encore que l'Inde conclut un accord avec les EUA en matière de coopération nucléaire en 2006. L'accord n'est cependant pas encore ratifié.

L'échec militaire patent des EUA en Afghanistan, puis en Irak est à présent suivi par l'échec diplomatique partiel dans les pays Centre-asiatiques. Au moment de leur indépendance, ces pays sont favorables à Washington, au début des années 1990, mais les brusqueries et l'ignorance de ce dernier, ainsi que le retour de la Russie sur la scène eurasiatique modifient les donnes. À Bichkek, Washington réussit cependant à maintenir sa base militaire alors qu'en 2005, l'OCS, dont la Russie et la Chine font partie, demande aux EUA de fixer la date limite de la présence de leurs bases en Kirghizie et en Ouzbékistan. À la mi-octobre 2005, le chef de la diplomatie américaine a fait état de ses idées à propos de l'Asie centrale à Moscou. Selon Washington, les EUA n'ont pas l'intention de créer des nouvelles bases militaires dans la région, après que l'Ouzbékistan les aient expulsés de la base Chanabad.

Les EUA viseraient, par contre, à créer une alliance militaire contre l'Iran et subsidiairement contre la Russie en associant le Kazakhstan, l'Azerbaïdjan et l'Arménie. Cette alliance organiserait également la protection des sources énergétiques de Washington. De son côté, la Russie précise, avec insistance, qu'elle ne souhaite pas un deuxième cas afghan en Asie centrale, ce qui pourrait signifier qu'elle n'est guère d'accord avec les avancées américaines dans la région, quelles qu'elles soient. En Afghanistan, l'OTAN intervient, pour la première fois «hors-zone», avec des troupes terrestres en situation de combat, à l'été 2006[78], et par la reprise entière des activités d'occupation. Du point de vue militaire, la situation apparaît sans espoir face aux résistances locales, à la guerre civile, à la «retalibanisation» et à l'épanouissement des activités liées à l'opium qui lui est sous-jacente.

Le Kazakhstan continue, jusqu'en 2050, à garantir à la Russie l'usage de Baïkonour comme lieu de tirs et d'expériences balistiques. Les plus grands investisseurs du pays sont les EUA, c'est-à-dire leurs multinationales. Les autorités compétentes autorisent, par ailleurs, l'acquisition du groupe pétrolier kazakh PetroKazakhstan (PKZ) par le groupe chinois étatique CNPC en 2005. Le prix convenu s'élève à € 3,1 milliards. La société kazakhe contrôle 15 % de la production pétrolière et une des trois raffineries du pays. Astana multiplie ses initiatives avec la Chine : construction de gazoducs et d'oléoducs dont l'un est déjà achevé, liens par chemins de fer, etc. En juin 2006, les dirigeants kazakhs et azers signent aussi un accord qui vise à construire un oléoduc reliant les champs pétroliers du Kazakhstan à la Turquie, en traversant en bateau la Caspienne. De leur côté, les EUA militent auprès du Kazakhstan pour qu'il fasse dégager son gaz naturel à travers la Caucasie méridionale et la Turquie.

La Russie ferait, par contre, tout pour empêcher que l'Ouzbékistan laisse traverser son territoire par un gazoduc du Turkménistan vers la Chine. Or, en avril 2006, l'accord entre ces deux pays est signé. Le Turkménistan s'engage à fournir du gaz naturel à la Chine par un gazoduc de 4 000 kilomètres de long qui traverse le Kazakhstan et l'Ouzbékistan. Cet accord pourrait freiner les fournitures du Turkménistan vers la Russie et l'Ukraine, voire vers l'Europe occidentale par le biais de Gazprom. C'est d'autant plus probable que, toujours en 2006, le Turkménistan signe un autre accord de vente de gaz à l'Iran. Le Japon et le Kazakhstan signent également un accord de coopération en avril 2006. Cet accord porte sur l'exploitation de l'énergie atomique et sur l'accès de l'uranium kazakh aux multinationales japonaises. Un même type d'accord est acquis entre le Kazakhstan et la Russie depuis janvier 2006. Le Kazakhstan commence à nouer des relations accrues avec l'UE depuis cette même année.

En promettant la neutralité et la continuité, le Président du Turkménistan, Gourbangouly Berdymoukhammedov, qui a été élu avec près de 90 % des voix en 2008[79], a quelque peu refroidi l'ardeur de ceux qui rêvaient de contrôler les livraisons de gaz turkmène. De plus en plus, il devient clair qu'aucun changement radical par rapport à la politique d'antan n'est à attendre. Riche en hydrocarbures, le Turkménistan attire de nombreux acteurs. Mais s'il intéresse certains en tant que fournisseur, il séduit d'autres en tant que levier potentiel de pression sur les consommateurs. D'où la différence des approches du dossier gazier : certains préfèrent maintenir le statu quo, d'autres prônent la diversification des exportations de gaz en proposant de construire des gazoducs de

---

78. Depuis la deuxième guerre mondiale, c'est pour la première fois que des troupes américaines seront commandées par des officiers non américains. Est-ce la contrepartie européenne à l'intervention «hors-zone» de l'OTAN ?
79. Les 83 % de Loukachenko au Bélarus inquiètent l'OSCE mais pas ces 90 % !

remplacement : via la mer Caspienne vers l'Europe, via l'Ouzbékistan et l'Afghanistan vers le Pakistan, ou encore à destination de la Chine...

L'Organisation de Coopération de Shanghai

La Chine se joint à la Russie pour nouer des relations avec le Kazakhstan, la République kirghize, le Tadjikistan et l'Ouzbékistan dans le cadre de l'Organisation de Coopération de Shanghai (OCS). Depuis 2005, l'Iran a le statut de membre observateur à la SCO. À son tour, l'OCS a des liens avec l'Organisation du Traité de Sécurité Collective (OTSC), un accord de coopération militaire associant la Russie, l'Arménie, la Biélorussie, le Kazakhstan, l'Ouzbékistan, la République kirghize et le Tadjikistan. En octobre 2007, l'OTSC et l'OCS ont signé un Mémorandum d'Entente posant des fondements de coopération militaire entre les deux organisations. Cet accord OCS-OTSC implique la création d'une véritable alliance militaire entre la Chine, la Russie et les États membres de l'OCS/OTSC. Il est bon de noter qu'en 2006, l'OTSC et l'OCS ont tenu des manœuvres militaires communes qui coïncidaient avec celles menées par l'Iran.

Ces exercices militaires ne sont pas des événements isolés. Ils feraient partie d'un projet conçu en réponse à l'escalade militaire des EUA. Ils visent à démontrer les capacités militaires des pays en question et à décourager une action militaire américaine. Les exercices de l'OCS et de l'OTSC doivent aussi être examinés en relation avec la structure des alliances militaires. Tant la Russie que la Chine sont des alliées de l'Iran, au sein des accords de coopération militaire. La Chine et la Russie sont des acteurs majeurs dans le pétrole de l'Asie centrale et du bassin de la mer Caspienne. Ils ont aussi des accords de coopération économique avec l'entreprise pétrolière d'État iranienne.

Les dirigeants de la Chine, de la Russie et des pays d'Asie centrale se rencontrent au sommet de l'OCS, à la mi-août 2007, à Bichkek au Kirghizstan. La réunion vise, entre autres, à contrer l'influence américaine, avant d'assister à de spectaculaires exercices militaires conjoints en Russie. Les Présidents chinois Hu Jintao et russe Vladimir Poutine ont rejoint les dirigeants du Kazakhstan, du Kirghizstan, du Tadjikistan et de l'Ouzbékistan à ce sommet. Les observateurs ou invités y étaient le Turkménistan, l'Afghanistan, l'Iran, la Mongolie, l'Inde et le Pakistan. Les six pays membres nient avoir formé une alliance anti-occidentale mais beaucoup d'analystes estiment que l'OCS s'affirme progressivement comme un contrepoids à l'expansion américaine dans la région.

Il n'est pas sans intérêt de mentionner que le communiqué publié met en évidence, trois domaines prioritaires :
1. la création d'une zone dénucléarisée à délimitation un peu floue au Centre de l'Asie,
2. la volonté de se préoccuper de l'Afghanistan,
3. la coopération énergétique.

Ainsi, entre autres, les États membres de l'OCS veulent coopérer étroitement dans la réforme de l'ONU, qui doit être basée sur de larges consultations entre ses États membres. Ils sont pour un renforcement de la stabilité stratégique et s'opposent à la prolifération des armes de destruction massive. Ils soulignent l'importance du traité signé au Kazakhstan qui vise la création d'une zone dénucléarisée en Asie centrale. Ils saluent les progrès réalisés par la structure régionale antiterroriste de l'OCS et reconnaissent son grand potentiel pour la «structure de coopération dans la lutte contre le terrorisme, le séparatisme et l'extrémisme».

Ils sont préoccupés par la menace des drogues provenant d'Afghanistan et l'atteinte qu'elles portent à l'Asie centrale. Ils appellent à élargir la coopération antidrogue au sein de l'OCS et à créer une zone de sécurité autour de l'Afghanistan grâce aux efforts internationaux. Ils sont prêts à participer aux efforts visant à normaliser la situation politique en Afghanistan, à promouvoir la coopération économique avec l'Afghanistan. En matière énergétique, ils sont d'accord pour établir un partenariat fiable et mutuellement bénéfique en faveur de la sécurité et de la stabilité dans la zone OCS et dans le monde entier. Ils soulignent la nécessité urgente de faire une comparaison sur les stratégies énergétiques entre États de l'OCS

L'organisation demeure modestement financée mais des exercices militaires spectaculaires se sont déroulés, en 2007, en Chine et dans l'Oural russe. Pour la première fois tous les pays de l'OCS participent à ces exercices intitulés cette année «Mission de Paix 2007» et qui impliquent quelque 6 500 soldats, essentiellement russes et chinois, et 36 avions militaires. Selon certaines informations, le scénario de ces exercices antiterroristes est, en fait, «basé» sur la répression sanglante du soulèvement antigouvernemental de mai 2005 à Andijan en Ouzbékistan. Rappelons que l'armée américaine a dû retirer, en 2005, sa base militaire d'Ouzbékistan. Bichkek fait, à son tour, pression sur Washington, souhaitant une augmentation du loyer de la base américaine sur son territoire qui sert de soutien logistique aux forces de la coalition en Afghanistan, alors que Moscou espère multiplier les effectifs de sa base au Kirghizstan. En août 2005, la Chine et la Russie ont déjà organisé leur premier exercice militaire commun, la «Mission pour la Paix 2005».

Relations avec la Chine et avec la Russie

En août 2007, la Chine et le Kazakhstan conviennent de prolonger un oléoduc afin qu'il relie le territoire chinois à la mer Caspienne, ce qui donnera à Pékin un accès direct à une région sous contrôle kazakh riche en ressources énergétiques. La convention prévoit de prolonger de 700 km vers l'Ouest l'oléoduc Atasou-Alashankou, afin de le relier à la Caspienne qui abrite de nombreux gisements de pétrole et de gaz kazakhs. L'oléoduc qui relie actuellement Atasou (Kazakhstan) à Alashankou (Chine) a une longueur de 966 km. En outre, des accords sont signés dans les secteurs de l'énergie et des métaux notamment. Les deux pays décident enfin de faire passer par le territoire kazakh un nouveau gazoduc en projet entre le Turkménistan et la Chine, consacrant ainsi le Kazakhstan comme «pays de transit» après des mois de négociations. Le gazoduc a été achevé en 2009 et achemine 30 milliards de mètres cubes de gaz en Chine. Des nouvelles routes relieront la Région autonome ouïgoure du Xinjiang chinois à la

Russie, au Kazakhstan, à l'Ouzbékistan, au Tadjikistan, au Pakistan, à l'Iran et même à la Turquie. Le projet entre dans la logique de Beijing de développer l'Ouest du pays, économiquement moins prospère que la partie Est. La plus importante de ces routes partira d'Urumqi, capitale du Xinjiang, et passera par Tachkent (capitale de l'Ouzbékistan), Mashad (Iran) ou encore Istanbul (Turquie) pour ensuite atteindre l'Europe. Elle sera longue de 1 680 km et devrait être ouverte en 2010 selon l'Administration chinoise du transport de la Région autonome du Xinjiang.

La Russie perdrait ses positions discrétionnaires dans les économies des ressources naturelles de l'Asie centrale. La Chine renforce, en revanche, les siennes, déjà solides, dans le secteur pétrogazier. Le ministère de l'Énergie et des Ressources minérales du Kazakhstan a fait savoir, en novembre 2007, qu'il étudiait la demande de la Compagnie publique China International Trust & Investment Corp. portant sur l'achat des actifs pétroliers de la Société canadienne Nations Energy. Rappelons qu'en 2005, la Compagnie pétrolière chinoise CNPC achète pour € 3,1 milliards la compagnie PetroKazakhstan à laquelle prétendait également Lukoil. Les Compagnies chinoises exploitent déjà une série de grands gisements dans l'Ouest et le Sud de la République. Le premier tronçon de l'oléoduc d'Atassou-Alachankou, mis en service en 2005, achemine environ 10 millions de tonnes de pétrole par an du Kazakhstan en Chine. Le deuxième tronçon qui sera construit d'ici peu, accroîtra de deux fois le rendement de la conduite.

Le Turkménistan qui signe un accord pour la construction d'un gazoduc dirigé vers la Chine (environ 30 milliards de m3 de gaz par an), joue également la carte chinoise. Qui plus est, Achkhabad devra faire tout son possible en vue d'assurer les livraisons de gaz à la Russie et à l'Ukraine car les volumes d'extraction actuels ne permettent pas de respecter tous les contrats. Un certain dégagement des Républiques d'Asie centrale en général, et du Kazakhstan en particulier, de la sphère d'influence de la Russie est un processus qui vise à établir un équilibre d'influences de la Chine et de la Russie sur la région.

Stratégie de l'UE

En juin 2007, l'UE adopte sa stratégie pour l'Asie centrale, visant à mieux promouvoir ses relations avec la région et à s'attaquer aux grands défis posés à celle-ci, notamment en renforçant le dialogue politique et en dynamisant la coopération en matière d'Éducation, d'État de Droit, de droits de l'homme et d'Énergie. Sa mise en œuvre est bien avancée et l'Union participe, avec ses partenaires de la région, à l'élaboration de documents de priorités communes énumérant par le menu les futures actions à mener. Entre 2007 et 2013, l'aide de l'UE à l'Asie centrale s'élèvera à 750 millions d'euros, en augmentation de 90 % par rapport à la période précédente.

En avril 2008, à Bakou, les représentants des structures du transport de l'Asie centrale, la Chine, la Corée, les Pays baltes et les membres de l'UE réunissent, en vue du développement des corridors du transport au GUAM, les projets fondamentaux dans le secteur du transport, le développement du secteur et d'autres questions figurent au menu de la Conférence.

L'accord de partenariat et de coopération, nouveau cadre des relations bilatérales entre l'UE et le Tadjikistan, devrait être ratifié prochainement par l'ensemble des États membres de l'Union. Il fixe les conditions d'une coopération élargie, notamment dans les domaines politique, économique, commercial et culturel. L'UE prévoit d'affecter 66 millions d'euros au Tadjikistan sous forme de programmes d'aide entre 2007 et 2010. La priorité ira au soutien des réformes structurelles, à la santé, à l'éducation, à la réduction de la pauvreté et à la promotion des réformes économiques, y compris le développement du secteur privé, dans le but d'accélérer le développement économique.

La RFA est le seul membre de l'UE à entretenir des ambassades dans les cinq républiques. Le Gouvernement américain a fait du Kazakhstan la tête de pont de sa politique en Asie Centrale, laquelle vise à créer un «corridor de réformes», plus clairement un «corridor énergétique», allant jusqu'à l'Afghanistan, le Pakistan et l'Inde. L'UE se voit maintenant modérer les politiques des EUA et de la Russie, les deux étant, avant tout, motivées par des intérêts géopolitiques et géo-économiques.

Iran et ses aspirations Centre-asiatiques

Entouré par l'armée américaine à l'Est (Pakistan), au Sud (Golfe persique), à l'Ouest (Irak) et au Nord (Caucasie méridionale et Asie centrale), l'Iran veut se constituer une «brèche amicale» en Irak, pays majoritairement chiite. Cette posture explique aussi que l'Iran ne se contente plus de son statut d'observateur à l'Organisation de coopération de Shanghai (OCS). En mars 2008, l'Iran dépose sa demande officielle d'adhésion en tant que membre à part entière. Téhéran frappe à la porte de l'OCS, où il dispose, depuis plusieurs années, du statut d'observateur de même que l'Inde, la Mongolie et le Pakistan. En fait, si l'on se fonde sur l'activité économique et sur des éléments rationnels, l'Iran a toutes les raisons de devenir membre à part entière de cette organisation, tout comme la Russie, la Chine, le Kazakhstan, le Kirghizstan, le Tadjikistan et l'Ouzbékistan.

En ce moment, l'Iran est précisément un des principaux agents économiques dans la zone des intérêts naturels de l'OCS : la région de la Grande Asie centrale, où s'implantent activement les EUA au grand dam de Moscou. Les mérites de l'Iran dans cette région sont évidents. Il suffit de citer la construction de deux tunnels au Tadjikistan et des deux centrales hydroélectriques de Sangtouda et Chourabskaïa, les plus grandes de la région. Douchanbé (capitale du Tadjikistan) a également choisi le partenaire iranien pour un projet stratégique sur le plan régional : la construction d'un chemin de fer qui reliera le Tadjikistan, l'Afghanistan et l'Iran. Ce dernier est également chargé de créer des zones de libre-échange au Tadjikistan.

L'Iran déploie des efforts non moins énergiques en vue de pénétrer dans les économies d'autres Républiques d'Asie centrale, notamment le Kirghizstan et le Turkménistan. Il convient de mettre l'accent sur l'Afghanistan car les EUA tentent d'attirer toutes les Républiques d'Asie centrale vers ce pays, et de les arracher à l'influence de Moscou. C'est pourquoi la Russie cherche à entraîner l'Afghanistan dans l'OCS mais, pour l'instant, ses efforts s'avèrent peu fructueux. En Afghanistan, l'Iran est traditionnellement présent sur les plans économique, culturel et politique plus que tous les autres membres de l'Organisation de Coopération de Shanghai. Une question logique se pose : pour quelle raison l'Iran n'est-il pas admis au club de Shanghai ? Outre la procédure qui est complexe, la réponse est évidente : le problème réside dans le dossier nucléaire iranien dont plusieurs pays membres de l'OCS se méfient.

Pour Moscou et Beijing, cette initiative iranienne est certainement un problème difficile car une demande officielle implique une réponse officielle. En effet, c'est que l'OCS veut éviter la confrontation avec les EUA et l'UE et que, par conséquent, avant l'adhésion, l'Iran devra régler définitivement ses problèmes avec l'AIEA. L'Iran ne pourra probablement pas lever toutes les questions de l'AIEA sur son programme nucléaire. Pour que les espoirs de l'Iran se réalisent, Moscou et Beijing doivent s'entendre pour lever le moratoire sur l'extension du club à de nouveaux membres. Même si cette variante est possible, il faudra faire de nombreuses concessions réciproques. Ainsi, Beijing pourrait demander l'admission à l'OCS de son protégé, le Pakistan, et Moscou proposer à Téhéran des variantes de contrôle en commun de l'enrichissement de l'uranium.

À la fin mars 2008, les préparatifs des négociations entre les Présidents du Tadjikistan, de l'Iran et de l'Afghanistan sont entamés. Les négociations devraient aboutir à la signature d'un accord portant création d'un Conseil économique de l'alliance persanophone. L'apparition de cette alliance s'expliquerait par la diminution de l'influence de la Russie sur le Tadjikistan. Traditionnellement aligné sur Moscou, Douchanbé (capitale tadjik) a commencé à déplacer graduellement l'orientation de sa politique étrangère vers l'Iran. Depuis que le Groupe russe RusAl et le Gouvernement tadjike n'ont pu s'entendre sur les paramètres techniques de la centrale hydroélectrique de Rogoun, les rapports entre Moscou et Douchanbé se sont considérablement détériorés.

En outre, le Tadjikistan n'apprécie guère le fait que Moscou se range aux côtés de Tachkent dans le contentieux sur l'utilisation des ressources régionales en eau. L'Ouzbékistan se prononce catégoriquement contre la construction d'ouvrages hydroénergétiques sur les fleuves transfrontaliers. L'Iran qui considère le Tadjikistan comme une partie du «grand Iran», a profité de l'affaiblissement des positions de la Russie. Il a notamment confirmé son intention de construire, aux frais de l'Iran, un chemin de fer reliant le Tadjikistan à l'Iran, via l'Afghanistan. Il a promis d'accélérer la construction de la deuxième centrale hydroélectrique de Sangtouda et d'en construire une autre sur le Vakhch, ainsi qu'un centre de cardio-chirurgie moderne à Douchanbé.

Cette orientation du Tadjikistan est étonnante. On peut notamment se demander comment l'Afghanistan, quasi-protectorat américain,
1. peut s'entendre avec l'Iran, le diable pour Washington,
2. lui garantir la sécurité du chemin de fer à construire,
3. comment le Tadjikistan qui entretient des bases militaires à la fois russes et américaines sur son territoire, parviendrait à s'accorder avec la Russie.

Par contre, il paraît vraisemblable que le Tadjikistan cherche à se prémunir contre le renforcement de l'importance régionale du Kazakhstan et de l'Ouzbékistan. Quant à l'Iran, je le vois, de tous les points de vue, favorisé par l'existence même de ces négociations.

Comment exploiter la centralité de la région ?

Le cycle des votations Centre-asiatique se termine : en août 2006 au Kazakhstan ; en décembre 2007, au Kirghizstan et en Ouzbékistan. Les résultats en sont conformes à la volonté des autorités régnantes et les «grandes puissances» les acceptent !

Au Kirghizstan, le Parti Ak-Jol du Président Kourmanbek Bakiev a gagné tous les sièges du Parlement à l'issue des législatives de décembre 2007. La formation présidentielle n'a remporté que 49 % des voix mais aucun des onze autres partis en lice ne dépasse le seuil électoral ni la présence minimale dans chaque province pour entrer au Parlement. Le Parti d'opposition Ata-Meken, arrivé en deuxième position avec moins de 9 % des suffrages, est la seule autre formation à dépasser le minimum requis de 5 % des inscrits mais, dans trois des neuf régions du pays, il n'obtient pas les 13 500 voix nécessaires pour entrer au Parlement. Ces régions du Sud du Kirghizstan, sont les fiefs du Président Bakiev. Il reste une chance à ce parti d'entrer au Parlement, la Cour suprême devant encore statuer sur la légalité de la barrière des 13 500 voix.

Le Kirghizstan a enchaîné les crises politiques depuis l'arrivée au pouvoir de Kourmanbek Bakiev en mars 2005 à l'issue d'une révolution provoquée par des falsifications lors des précédentes législatives. L'opposition a mobilisé, à plusieurs reprises, au cours des deux dernières années, des dizaines de milliers de manifestants contre la corruption du régime et les velléités autoritaires, selon elle, du président. Mais la capacité à mobiliser des opposants reste une inconnue dans cette ex-République soviétique d'Asie centrale où la population, fatiguée des manifestations, réclame stabilité politique et réformes économiques. Les élections législatives anticipées avaient été convoquées par M. Bakiev, après une réforme constitutionnelle destinée à stabiliser le pays en réorganisant le partage du pouvoir entre l'exécutif et le législatif.

Les bases militaires et les froids d'hiver

Fin décembre 2007, le Président kirghiz Bakiev déclare que la base militaire américaine installée dans son pays devrait y rester tant que la conjoncture en Afghanistan n'est pas redevenue stable. Il annonce, au cours d'une émission télévisée, que la situation en Afghanistan a vu des améliorations remarquables mais pourrait encore se dégrader. Pour cette raison, il est nécessaire que la base américaine reste au Kirghizstan pour éviter une telle dégradation. À la suite de la guerre d'Afghanistan en 2001, les EUA ont établi une base aérienne militaire à l'aéroport international de Manas, situé près de Bichkek, en déployant quelque 1 500 soldats américains et originaires des pays de l'Otan.

De son côté, l'Ouzbékistan a expulsé, en 2005, des soldats américains d'une autre base aérienne, faisant ainsi de Manas la seule base de ravitaillement pour son armée de l'air déployée en Asie centrale et une escale cruciale pour les troupes américaines ou de l'Otan provenant d'Europe à destination de l'Afghanistan. En mars 2008, il est annoncé que les alliés, dont les EUA, pouvaient utiliser les installations militaires en Ouzbékistan. Ainsi, l'Armée américaine se servira de nouveau de la base aérienne militaire de Termez, tête de pont vers l'Afghanistan, et où la RFA avait réussi à se maintenir, en dépit des critiques de l'UE contre Tachkent après la répression sanglante du soulèvement d'Andijan en mai 2005. L'Ouzbékistan s'était alors rapproché de Moscou avec qui il avait signé, en novembre 2005, un pacte d'assistance militaire mutuelle, accusant Washington de chercher à renverser le régime en place.

Mais, au cours de ces derniers mois, les relations diplomatiques entre Washington et Tachkent se sont détendues : pour preuve, la visite en Ouzbékistan, en janvier 2008, du chef du Commandement central américain, l'amiral William Fallon, pour y rencontrer le Président Islam Karimov. Si la présence de troupes étrangères sur la base de Termez a fait l'objet d'une annonce officielle, aucune information n'a, en revanche, filtré sur celle de Khanabad d'où les troupes américaines avaient été «invitées» à se retirer à l'automne 2005. Moscou et Beijing sont particulièrement attentives à l'évolution des relations entre l'Ouzbékistan et les EUA et voient d'un très mauvais œil la réapparition de leurs forces armées sur ce territoire.

Le Président du Tadjikistan lance, fin janvier 2008, une centrale hydroélectrique de construction russe de 340 millions d'euros qui devrait, selon lui, pallier, en partie, la crise énergétique alors que le pays connaît un des hivers les plus froids depuis plusieurs décennies. Le Président Emomalii Rahmon a mis en marche, avec des responsables officiels russes, le premier générateur de la centrale dans le Sud du Tadjikistan, pays pauvre d'Asie centrale. Suite au manque d'eau en 2007, la plus grande centrale hydroélectrique tadjike, Nourek, qui assure près de 80 % de l'électricité au Tadjikistan, ne peut tourner à plein régime. La centrale dont la construction a été interrompue par une guerre civile au début des années 1990, est conçue pour produire 2,5 milliards de kilowatt-heure par an lorsque ses quatre générateurs fonctionneront à partir de 2009. Le Groupe russe de l'électricité SEU possède 75 % du capital de la centrale dont le reste appartient à l'État tadjik.

L'Ouzbékistan a repris ses exportations de gaz vers le Tadjikistan voisin, après que Douchanbé eut remboursé une dette de sept millions de dollars. Tachkent avait annoncé, en janvier 2008, avoir réduit ses livraisons de trois à deux millions de m^3, aggravant la crise énergétique qui mine le Tadjikistan, la plus pauvre des ex-Républiques soviétiques d'Asie centrale, alors que la région affronte son hiver le plus froid depuis 40 ans. Le Tadjikistan obtient l'essentiel de son gaz de son voisin ouzbek avec qui il entretient des relations tendues. Il paye 145 dollars les 1 000 m3 en 2008, contre 100 dollars précédemment.

Le Président turkmène Gourbangouly Berdymoukhamedov a assisté, fin décembre 2007, au début des travaux de construction d'une voie ferroviaire reliant l'Iran à la Russie, via l'Asie centrale, dont le but est de renforcer les échanges commerciaux dans la région. «Cette voie permettra le transport des marchandises à moindre coût entre la Russie et l'Asie centrale et vers l'Europe», a déclaré le président turkmène à Bereket (Est), près de la frontière iranienne, où les premiers rails ont été posés. Ce nouveau chemin de fer qui doit être achevé en décembre 2011, mesurera quelque 900 kilomètres de long, soit 600 kilomètres de moins que la voie existante, et permettra le transport annuel de 10 à 12 millions de tonnes de marchandises, selon le ministère turkmène du Transport ferroviaire. Le Turkménistan s'engage, sous l'impulsion de M. Berdymoukhamedov, dans une politique de rapprochement avec ses voisins.

Dépenses militaires

En 2007, les Républiques asiatiques de l'ex-URSS ont brusquement augmenté leurs dépenses militaires. Si la croissance du PIB dans ces États est projetée à hauteur de 9 à 10 %, leurs dépenses militaires doivent augmenter de 48 % en 2007. Par rapport à 2006, le Kazakhstan a doublé ses dépenses de défense. Ces taux d'accroissement des dépenses militaires sont les plus élevés dans l'espace postsoviétique mais ne représentent que 1,2 % du PIB. Le Kazakhstan a lancé un rééquipement intense de son armée, a créé une flotte de guerre sur la Caspienne et a professionnalisé son armée à 70 %. Cependant, en termes de rapport dépenses militaires/PIB, l'Ouzbékistan est le leader incontestable dans l'ensemble de la CEI. Tachkent consacrera à la défense 902,4 millions de dollars, soit près de 4,8 % de son PIB (il est suivi de l'Azerbaïdjan qui consacre 4,5 % de son PIB à la défense). Bien que le PIB ouzbek ne représente qu'un cinquième du PIB kazakh, le rapport entre les deux pays en termes de dépenses militaires est de 8 à 10.

Pour moi, des dépenses aussi élevées s'expliquent par les tensions sociales en Ouzbékistan et l'éventualité de tentatives de déstabilisation, à l'instar des événements de mai 2005 (selon les autorités ouzbeks, dans la nuit du 12 au 13 mai 2006 et dans la journée du 13, plusieurs attentats ont été commis sur le territoire de la région d'Andijan, à l'Est du pays, qui ont fait 176 tués et 295 blessés). Tachkent accuse les organisations terroristes internationales : le «Mouvement islamique du Turkestan» et le «Parti de la Libération islamique». Le budget militaire et policier du Turkménistan est le troisième parmi les pays de l'ex-Asie centrale soviétique. Par rapport à 2006, il a progressé de 37 % pour s'élever à près de € 100 millions.

Les dépenses d'Achkhabad pour la sécurité et la police sont secrètes mais, avec les crédits pour l'armée, elles se situeraient, à en croire les experts, entre € 400 et 500 millions par an. Les sommes consacrées à la défense par le Tadjikistan et le Kirghizstan sont nettement moins importantes. En moyenne, celles-ci ne représentent que 1,5 % du PIB de chacun de ces pays. Le maintien de la défense et de la sécurité dans ces pays à un niveau de suffisance s'effectue grâce essentiellement à l'assistance militaire russe et à la présence de la 201e division russe au Tadjikistan et de la base aérienne russe de Kant en Kirghizie. À l'exception du Turkménistan, les quatre pays font partie, avec la Russie, le Bélarus et l'Arménie, de l'Organisation du Traité de sécurité collective.

Du gaz naturel à la torture

À la fin décembre 2007, Gazprom a conclu un accord sur le prix du gaz vendu par l'Ouzbékistan à la Russie en 2008. Le prix n'a pas été dévoilé mais est, selon Gazprom, celui «du marché régional», ce qui ne veut strictement rien dire. Les deux parties ont également défini le prix du transit du gaz. Fin novembre 2007, l'Ouzbékistan avait annoncé qu'il envisageait d'augmenter le prix de son gaz exporté vers la Russie pour tenir compte de la faiblesse du cours du dollar et de la hausse des tarifs des hydrocarbures. En 2007, l'Ouzbékistan a vendu à Gazprom 9 milliards de m^3 de gaz à 100 dollars les 1 000 m^3.

La demande ouzbèke était intervenue alors que la Russie venait d'accepter une hausse des prix du gaz qu'elle achète au Turkménistan, une autre république ex-soviétique d'Asie centrale. L'Ouzbékistan produit annuellement quelque 60 milliards de m3 de gaz, dont 12 milliards sont exportés principalement vers la Russie mais aussi vers le Kazakhstan, le Kirghizstan et le Tadjikistan.

La Russie, le Turkménistan et le Kazakhstan signent, en décembre 2007, un contrat sur la construction d'un gazoduc qui permettra à Moscou de conserver sous son contrôle l'acheminement de gaz asiatique vers l'Ouest. Le russe Gazprom, qui a poussé à la conclusion de cet accord, achète la majeure partie de la production de gaz turkmène, soit 50 milliards de mètres cubes par an, ainsi que du gaz kazakh, afin de le réexporter vers l'Ukraine et l'Occident. Le nouveau gazoduc, appelé gazoduc de la Caspienne, vise à accroître le volume de gaz d'Asie centrale qui passe par la Russie - en frôlant la mer Caspienne. Il devrait avoir une capacité annuelle de 10 à 20 milliards de mètres cubes. Il aidera la Russie à diversifier ses sources d'approvisionnement en gaz et à renforcer sa position de fournisseur essentiel de l'Europe. La concurrence entre l'Occident, la Chine et la Russie pour l'accès au gaz turkmène s'est accrue depuis la mort, l'an dernier, de Niazov, qui manifestait peu d'intérêt pour la «diplomatie énergétique».

Amnesty International.be annonce, en mars 2007, ce qui suit (extraits) : «En mars 2007, les ministres des Affaires étrangères de cinq Républiques d'Asie centrale –le Kazakhstan, le Kirghizstan, le Tadjikistan, le Turkménistan et l'Ouzbékistan– rencontrent à Astana, au Kazakhstan, le ministre allemand des Affaires étrangères, président pour six mois de l'UE (UE) et d'autres hauts responsables de l'UE, en vue de débattre des efforts faits par l'UE pour renforcer ses relations avec les pays de la région. Au moment où l'UE développe une nouvelle stratégie à long terme pour ses relations avec l'Asie centrale, accordant davantage d'attention à la région, Amnesty encourage l'UE à faire des Droits humains et de la primauté du droit les éléments clés de sa stratégie et de son engagement politique avec les gouvernements d'Asie centrale».

L'organisation demande instamment à l'UE de s'efforcer de faire comprendre aux gouvernements d'Asie centrale la nécessité de prendre des mesures concrètes visant à faire appliquer des dispositions législatives garantissant, de manière efficace et durable à tous les peuples d'Asie centrale, la protection de leurs droits fondamentaux et le respect de leur dignité. Amnesty s'inquiète de ce qu'en dépit des efforts professés par les gouvernements pour remplir leurs obligations en matière de respect des droits humains et des efforts réels de certains États pour remédier aux pires abus, de graves atteintes aux droits humains continuent d'être perpétrées en toute impunité.

La torture est pratiquée de manière courante en Ouzbékistan, a affirmé le Comité de l'ONU contre la torture, en novembre 2007. La torture est pratiquée dans les centres de détention pour obtenir des aveux ou des informations. Le Comité dénonce le refus des autorités d'enquêter sur ces allégations et de poursuivre les responsables en justice. Dans son rapport, il s'inquiète aussi des allégations sur l'usage excessif de la force par les autorités lors des émeutes d'Andijan en mai 2005. La répression sanglante de cette manifestation aurait fait, selon les témoins, des centaines de morts.

Le cas de «l'invincible Afghanistan»

Appréhendé sur la très longue durée, le territoire afghan est un carrefour stratégique et géoculturel traversé par les mouvements de peuples et de civilisations. Dès la plus lointaine antiquité, des tribus indo-européennes descendent des hauts plateaux Centre-asiatiques vers le Pendjab, en empruntant la passe de Khyber, et l'histoire de l'Afghanistan s'écoule, par ruptures successives, entre les influences croisées de deux grands foyers de civilisation, la Perse et l'Inde, de la haute Antiquité jusqu'au VIe siècle de notre ère. L'Afghanistan devient aussi le centre de diffusion du bouddhisme mahayaniste (le Grand Véhicule) sur les routes de la soie qui traversent l'Asie centrale, à destination de la Chine. C'est au VIIIe siècle que l'Afghanistan est islamisé et conquis par les Turcs Ghaznévides qui, à leur tour, franchissent les cols de l'Hindou Kouch pour conquérir le Pendjab (XIe siècle). En 1173, les Ghaznévides sont renversés par un chef afghan, Mohammed de Ghor, qui conquiert le Pendjab et le bassin du Gange et fonde le sultanat de Delhi. L'Afghanistan est ensuite englobé dans l'Empire moghol (1526) puis passe, en tout et en partie, sous diverses dominations (le Perse Nadir Chah ; Ahmed Chah et la dynastie Dourrani), au cours du XVIIIe siècle, avant de sombrer dans l'anarchie.

Dans la seconde moitié du XIXe siècle, le territoire afghan se trouve au centre du «grand jeu» qui met aux prises la Russie tsariste, dont l'aire d'expansion englobe désormais le Turkestan occidental (l'Asie centrale), et le Royaume-Uni, soucieux de consolider les frontières Nord-Ouest de l'Empire des Indes. Les rivalités d'influence et l'engagement britannique dans deux «guerres afghanes» (1839-1842 et 1878) débouchent sur un accord entre Londres et Saint-Pétersbourg pour fonder un royaume d'Afghanistan, avec une fonction d'État-tampon entre les deux grands empires (1885). Les Britanniques obtiennent des Russes la reconnaissance d'un semi-protectorat sur l'Afghanistan et tracent l'essentiel des frontières du nouvel État. Au Nord-Est, le pédoncule du Wakhan, entre les chaînes du Pamir et de l'Hindou Kouch, face au Turkestan oriental (sous souveraineté chinoise), sépare la zone d'influence russe de l'Empire des Indes. Au Sud de la passe de Khyber, la «ligne Durand» –du nom du vice-roi des Indes, lord Mortimer Durand– passe par le milieu des zones montagneuses pachtounes.

Suite au retrait britannique et à la partition de l'Empire des Indes (1947), l'Afghanistan devient le voisin du Pakistan et Kaboul émet un temps des revendications sur les territoires à l'Est de la «ligne Durand» (les «territoires tribaux», peuplés de Pachtounes/Pathans, qui bénéficient d'une très large autonomie au sein du Pakistan). L'Afghanistan est l'objet de rivalités pacifiques entre Américains et Soviétiques qui financent diverses infrastructures (l'Aéroport de Kandahar pour les Américains et le tunnel du Salang pour les Soviétiques).

À la fin des années 1960, cet équilibre est rompu au profit de l'URSS, les EUA concentrant leurs efforts sur l'Iran et le Golfe Arabo-Persique, puis au Vietnam. Toutefois, l'abolition de la monarchie en 1973, le coup d'État du Parti démocratique du Peuple afghan (communiste) en 1978, les rivalités entre les factions du PDPA et l'insurrection islamiste qui s'ensuit, précipitent l'intervention soviétique (1979-1989). L'Afghanistan fait retour dans le «grand jeu» de la Guerre froide. Les troupes soviétiques se retirent en 1989 après avoir subi l'interventionnisme indirect de Washington qui soutient les Talibans et les troupes surtout d'Al Qaïda de Ben Laden. Trois ans plus tard, le gouvernement prosoviétique de Kaboul s'effondre mais les différents partis, tous plus ou moins islamistes, qui composent le gouvernement de coalition, s'affrontent les armes à la main. C'est au cours de cette guerre civile que les Talibans, épaulés par les services secrets pakistanais et américains, prennent Kandahar, Kaboul, puis la quasi-totalité de l'Afghanistan (1996).

C'est ce qui explique que la situation géopolitique actuelle est pour le moins incertaine et l'Afghanistan se trouve, à nouveau, au centre d'une partie stratégique autrement plus complexe que le «grand jeu» du XIXe siècle. Sur place, les EUA et leurs alliés cherchent à s'imposer par tous les moyens mais avec des succès mitigés. En réalité, les rivalités d'affaires, ethniques et confessionnelles, ainsi que le jeu des tribus et des chefs de guerre, sur fond de narcotrafics (opium et héroïne), limitent fortement l'autorité du pouvoir central. C'est ce qu'instrumentalise l'islamisme. À ce propos, Al Qaïda serait, selon moi, bien content d'avoir eu autant de membres que Washington annonce avoir «éliminés» et ce, d'autant plus qu'un certain nombre d'entre eux seraient vraisemblablement des anciens alliés des EUA au moment de la guérilla antisoviétique des années 1980. La manière de tuer ressemble à celle pratiquée par Israël contre les Palestiniens[80].

---

80. Tuer aveuglement des non-combattants mérite des citations devant le Conseil de l'Europe et le TPI.

L'enjeu du pavot

En Afghanistan, la culture du pavot est devenue quasi industrielle[81] et il est le premier producteur mondial d'opium. Après avoir été presque éradiquée sous le régime des Talibans, la culture du pavot a repris ces dernières années où la guerre et l'anarchie contribuent à la prospérité des trafiquants. Selon certaines estimations, plus de 90 % de l'opium mondial proviendrait aujourd'hui d'Afghanistan. L'argent de la drogue représenterait plus de la moitié du PIB du pays. À Kaboul, les luxueuses maisons des barons de la drogue, surnommées les «villas du pavot», ont poussé dans les quartiers du Centre-Ville et l'argent de l'opium se répand dans tous les secteurs de l'économie. La culture du pavot, traditionnelle dans les campagnes afghanes, a fait place à une production quasi industrielle. Les paysans afghans cultivent l'opium pour des raisons financières, le pavot rapportant environ vingt fois plus que le blé. La drogue est ensuite exportée via l'Iran, le Pakistan ou l'Asie centrale. Il est difficile de convaincre les cultivateurs d'abandonner une culture aussi lucrative. La faiblesse et la corruption du Gouvernement d'Hamid Karzaï et l'insurrection des Talibans, qui ont repris le quasi-contrôle de provinces entières dans le Sud du pays, rendent difficile la lutte contre la drogue dans le pays.

Les Talibans qui avaient interdit la culture de l'opium lorsqu'ils étaient au pouvoir, considèrent, à présent, la drogue comme un moyen de financer leur guerre contre le gouvernement. Dans les provinces pachtounes d'Helmand, de Kandahar et d'Uruzgan, grosses productrices d'opium, les talibans ont passé des accords avec les seigneurs de la drogue locaux. En échange d'une taxe, ils protègent les champs en gênant les campagnes d'éradication menées par les agences internationales. Face à cette collusion entre les Talibans et les narcotrafiquants, aucune stratégie n'a jamais pu être adoptée entre les institutions internationales et les forces étrangères en Afghanistan. Dans un pays ravagé par plus d'un demi-siècle de guerre et à l'économie ruinée, les énormes profits de la drogue représentent une tentation à laquelle il est difficile de résister.

L'Office des Nations Unies contre la drogue et le crime annonce que l'Afghanistan a connu une récolte record de 8 200 tonnes d'opium en 2007, soit 34 % de plus qu'en 2006. Les exportations d'opium sont évaluées à 4 milliards de dollars, soit 29 % de plus qu'en 2006. L'économie de l'opium s'élève désormais à 53 % du PNB légal du pays. La valeur de ces «exportations mortelles» s'accroît après chaque passage aux frontières, et quand l'héroïne arrive dans les rues de Moscou, de Londres ou de Paris, elle peut valoir 100 fois plus, indique l'ONUDC. Depuis 2005, de nouvelles routes de l'héroïne ont émergé, à travers le Pakistan, l'Inde et la Chine.

Stratégie et géo-économie

Il semble bien que deux stratégies «occidentales» prévalent en Afghanistan. Les troupes purement américaines bombardent, assassinent et éliminent des adversaires locaux, sans offrir une issue politique à la situation qui empire. Composées essentiel-

---
81. Voir JAULMES, Adrien, in : *Le Figaro*, le 24 septembre 2007.

lement des Britanniques, des Canadiens, des Hollandais et des Américains, les troupes de l'OTAN, de leur côté, poursuivent une double stratégie : en même temps combattre les radicaux et gagner la confiance des populations par la séduction, la menace, la corruption, etc. Le but en est de sécuriser de plus en plus de villes, puis des villages en créant des taches d'encre qui s'étendent et finalement se touchent. Washington n'est pas d'accord avec cette dernière stratégie, voulant uniquement réussir –spectaculairement mais sans réel effet– sa «guerre contre le terrorisme». C'est ce qui expliquerait les expulsions récentes du pays des représentants de l'ONU ou des ONG, notamment britanniques et irlandais.

Sur le plan de la géopolitique externe, l'Afghanistan est à la croisée de stratégies antagoniques des grandes puissances et à celle de leurs intérêts géo-économiques précis. Bien que le Pakistan soit officiellement engagé dans la «guerre contre le terrorisme», aux côtés des EUA, les milieux islamistes pakistanais et des éléments de l'appareil de pouvoir (militaires et services secrets) s'ingénient à faire de l'Afghanistan leur «grand arrière», pour s'assurer une certaine profondeur stratégique face à l'Inde, cherchent à constituer un bloc face à l'Iran chiite, et entendent s'ouvrir une voie d'accès à l'Asie centrale. À l'Ouest, l'Iran soutient traditionnellement les Hazaras (chiites), les Tadjiks (sunnites mais de langue persane) et Téhéran pourrait appuyer divers chefs de guerre. Au Nord, les États d'Asie centrale (Turkménistan, Ouzbékistan et plus encore Tadjikistan) redoutent l'extension du «chaos afghan» et sont impliqués dans le conflit (points d'appui militaire et facilités logistiques sont accordés aux Alliés).

Moins que les EUA, présente néanmoins en Asie centrale et redoutant, elle aussi, les débordements, la Russie a accepté l'intervention militaire américano-européenne dans ce qu'elle considère être son «étranger proche». Elle cherche à maintenir une certaine influence dans les évolutions intérieures au moyen des factions tadjikes et pourrait soutenir, elle aussi, certains chefs de guerre. Cela dit, les dirigeants russes s'inquiètent aussi de la percée américaine dans les ex-républiques soviétiques. Moscou signe un accord sur l'acheminement des matériel et approvisionnements à travers son territoire et cherche ainsi à se positionner vis-à-vis des EUA et de l'OTAN. Du côté géo-économique, l'enjeu principal correspond à la problématique du dégagement des ressources d'hydrocarbures vers la Russie et le reste de l'Europe, vers la Chine, et les EUA auxquels se joint le Japon par le biais des multinationales concernées.

Le cas de la Mongolie à la recherche d'une autonomie

Depuis l'invasion américaine de l'Afghanistan, l'instabilité accrue et la réaffirmation du pouvoir des dirigeants locaux, le renforcement du fondamentalisme islamique et de la résistance armée, la relance massive de la production et de l'exportation de l'opium, l'impossibilité de construire des conduites d'hydrocarbures à travers le pays pour dégager les richesses énergétiques d'autres pays d'Asie centrale, etc., sont des faits bien connus et documentés. Ils ne font que témoigner de l'échec de Washington quels que soient les buts poursuivis. Il me paraît donc plus intéressant d'éclairer, à titre d'exemple, une autre situationCentre-asiatique qu'est le cas mongol.

Carte 11. La Mongolie

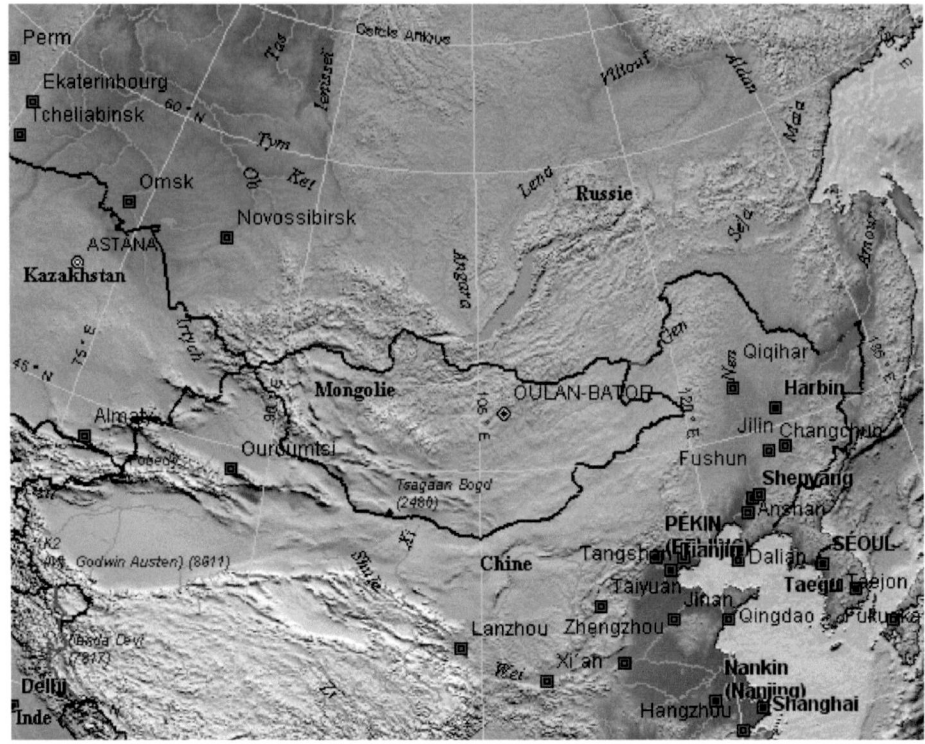

Où est le pays de Gengis Khan ?

La Mongolie est située en Asie centrale, avec pour capitale Oulan-Bator et a comme voisins au Nord la Russie et à l'Est, au Sud et à l'Ouest la Chine. Dépendante historiquement de la Russie qui est de loin son principal partenaire économique, la Mongolie a été longtemps sous l'emprise soviétique. Le pays est immense, avec une superficie totale de 1 566 500 km². Son territoire comprend des hautes plaines et des chaînes montagneuses qui font écran entre la Sibérie et la Chine, de l'Altaï au massif du Grand Hinggan, sur près de 2 000 km d'Ouest en Est. L'altitude varie de 1 000 à 3 000 m en moyenne, entre le point le plus bas à 552 m et les monts de l'Altaï qui culminent à 4 620 m. Le désert de Gobi recouvre les vastes régions du Centre et du Sud-Est. La population de la Mongolie s'élève à 2 874 127 habitants, soit 1,8 habitant au km², qui vivent principalement dans les villes en raison de l'urbanisation forcée menée par les soviétiques et des hivers de plus en plus rudes que connaît le pays. Oulan-Bator est la capitale historique de la Mongolie, fondée en 1369, et, jusqu'en 1924, la résidence du Bogdo-Gegen, le Bouddha vivant, chef de l'Église bouddhiste mongole. À elle seule, elle abrite 869 900 habitants ; les autres villes d'importance sont Darhan et Erdenet.

Par les caractères et les formes de ses traits géographiques, la Mongolie se place au centre d'un arrière-pays asiatique que limitent les chaînes Centre-sibériennes au Nord.

Sur cet immense territoire de steppes bordé de hautes montagnes et s'ouvrant respectivement à l'Est comme à l'Ouest sur les plaines chinoises, les populations anciennes de l'Asie centrale ont joué un rôle fondamental. Une analyse plus serrée permet de distinguer plusieurs régions géographiques de Gobi. Le Gobi entre l'Altaï mongol et le Khangai chinois comprend au Nord-Ouest le fossé des grands lacs, morcelé en plusieurs bassins distincts. Le Gobi transaltaïque, entre l'Altaï au Nord et le Tianshan au Sud, s'étend sur les territoires mongol et chinois. Le Gobi Est-mongol, entre les steppes du Nord et les chaînes du Khingan, est le plus vaste mais non le plus désertique. L'ensemble se situe sur des hauts plateaux, rarement inférieurs à 500 mètres au-dessus du niveau de la mer et atteignant parfois plusieurs milliers de mètres. La vie socio-économique essentiellement nomade y reste fondée sur les activités pastorales, concentrées sur le cachemire. Les parcours atteignent parfois 200 kilomètres de distances.

Les techniques modernes avaient apparemment réussi dans deux secteurs inconnus de la Mongolie précommuniste : l'agriculture surtout développée dans les fermes d'État et une agro-industrie. Or, les ressources naturelles de la Mongolie sont également constituées par les minéraux tels que cuivre, molybdène, fluorine et tungstène, et les pierres précieuses et semi-précieuses, l'or. Au Nord-Ouest d'Oulan-Bator, la Compagnie minière Erdenet a, en outre, été créée en 1973 avec l'URSS pour y exploiter un combinat de traitement du cuivre et du molybdène. Le concentré de cuivre est traité en Chine. Cette entreprise est actuellement une des plus importantes compagnies minières au monde. Elle est détenue à 51 % par l'État mongol et à 49 % par la Russie. Son importance est primordiale pour l'économie et dans le budget d'État mongol car elle génère 25 % du budget national ainsi que plus de 40 % du PIB et 51 % des exportations.

L'entrée du capitalisme

L'entrée du capitalisme international dérègle l'infrastructure industrielle, d'autant plus que celle-ci était dépendante de l'URSS pour l'approvisionnement pétrolier. Un tiers de la population, estimée à près de 3 millions, habite déjà la capitale, Oulan-Bator, dans des conditions socio-économiques déplorables tandis qu'un autre tiers pratique uniquement le nomadisme. Le grand groupe minier canadien Ivanhoe Mines acquiert en 2004, le droit d'exploiter des droits miniers (voir ci-dessous le problème politique qui en découle). Ses mines se situent au Sud du pays, à Oyu Tolgoi, et constituent l'essentiel des ressources naturelles de la Mongolie. La mine de cuivre serait l'une des plus importantes au monde. Également dans le Sud, des groupes sino-mongols exploitent des mines de zinc.

Le régime dit communiste organisa des conditions sanitaires et sociales assez solides. Ces conditions subirent une régression considérable depuis le début des années 1990. Le problème essentiel de la politique intérieure était –et reste encore– à l'échelle du pays de 1,6 million de km^2 (plus de trois fois la France) : comment intégrer le pays et sa population dans le monde moderne, dans le capitalisme globalisé ? Toute la population est, aujourd'hui, paupérisée et de très nombreux habitants sont contraints de migrer vers l'un ou l'autre des trois grands centres urbains où les attendent des conditions d'existence précaires. Quelle est la résistance de la majorité du peuple et comment résiste-t-elle lorsqu'une petite minorité s'enrichit, notamment par l'ouverture qu'elle organise au capital international, et qu'elle domine le pays politiquement ?

Littéralement vissée entre la Chine et la Russie, la Mongolie est, depuis le XIVe siècle, soumise soit à l'une, soit à l'autre. La domination de l'URSS était la dernière, ce qui induit dans la population une certaine antipathie à l'égard des Russes mais, à présent la méfiance à l'égard de la Chine semble se renforcer. L'accès à la mer lui est imposé par la géographie. C'est le port de Tianjin, à une distance d'un bon millier de kilomètres au Nord de la Chine, qui s'offre seul à elle. En 1990, elle devint indépendante. La dépendance, notamment énergétique, vis-à-vis de l'extérieur demeure préoccupante. En 2004, le pays profite de sa proximité avec le marché chinois en pleine expansion. Il passe également avec les EUA un accord-cadre sur le commerce et les investissements, qui constitue une première étape vers un accord de libre-échange. Enfin, la Mongolie solde, ces dernières années, sa dette envers la Russie.

L'année politique 2005 est marquée par des tensions habituelles entre les deux grands partis nationaux aux élections législatives de juin 2004 : la Coalition démocratique de la patrie (CDP) et le Parti révolutionnaire du peuple mongol (PRPM, au pouvoir de 2000 à 2004). Pourtant, l'impossibilité de former un gouvernement sans le soutien de son adversaire a conduit à une grande coalition nationale. En août, Tsakhia Elbegdorj (CDP) a été élu Premier ministre tandis que le PRPM contrôlait les portefeuilles clés de l'Intérieur et des Affaires étrangères. Le PRPM a, par ailleurs, renforcé son pouvoir politique en mai 2005 avec l'élection de l'ancien Premier ministre Nambariin Enkhbayar à la présidence de la République. En cette même année, la Mongolie signe un accord économique avec Bruxelles lui permettant l'exportation sans taxe douanière de ses produits vers l'UE pour la période 2005-2015.

Les classes dirigeantes mongoles sont à la recherche intense d'alliances avec les EUA et subsidiairement avec le Japon, la Corée du Sud et l'UE. Le principe est qu'il vaut mieux avoir des amis lointains que des protecteurs proches ! La visite «instantanée» en Mongolie de Bush II, en novembre 2005, en est la réponse bienveillante et forcément intéressée. La diplomatie du pays parle, à présent, du «troisième voisin». L'armée mongole s'entraîne avec le soutien d'officiers américains et s'exerce dans le cadre de la coopération militaire américano-mongole sous la forme du PPP de l'OTAN. C'est bien entendu ce qui garantit une présence militaire des EUA et explique l'envoi d'un petit contingent mongol en Irak. L'expulsion partielle de l'armée américaine d'autres pays Centre-asiatiques trouve ainsi une sorte de compensation. Nonobstant, la constitution de 1992 interdit explicitement le stationnement de troupes étrangères en Mongolie. Il n'empêche qu'un centre d'écoute américain s'installerait dans le désert de Gobi au grand mécontentement de Beijing.

C'est cependant ce qui explique que la Chine a toujours refusé l'hypothèse selon laquelle le «transsibérien de gaz naturel» traverse la Mongolie. Il en est de même quant au «transsibérien de chemins de fer». D'où Oulan-Bator déploie désormais des efforts pour se rapprocher de Beijing et de Moscou, notamment lors de la rencontre de l'OCS en juin 2006. Les dirigeants mongols souhaiteraient, certes, limiter la coopération au domaine économique mais cela ne paraît guère praticable. La Chine offre des crédits favorables à Oulan-Bator et investit activement dans le pays. Elle absorbe 85 % de la production de cuivre. Au début d'avril 2006, les manifestants à Oulan-Bator (capitale de la Mongolie) ont exigé la démission du président et certains ministres qui négocient la vente des mines de cuivre du pays à la Société canadienne Ivanhoe.

À la fin 2006, la Russie entre en jeu et promet d'investir € 4 milliards dans les années à venir, notamment dans la modernisation de la Compagnie minière Erdenet et du chemin de fer national. Ce chemin de fer relie la Russie avec la Chine et, par conséquent, représente une importance certaine. L'exploitation des mines d'or ainsi que la production de fluorites assurent, dès à présent, des recettes d'exportations substantielles au pays. Outre les russes, les multinationales suivantes y sont actives : Ivanhoe, BH-Billiton, Val do Rio Doce, Rio-Tinto, Anglo-Gold, Mitsui et Samsung. Le jeu d'équilibre d'Oulan-Bator semble, de cette façon, réussir entre les trois intervenants en ordre d'importance : La Russie, la Chine et les EUA.

En guise de premières conclusions et quelques propositions

En résumé, la région s'efforce de nouer des relations intenses avec l'UE et les EUA afin de pouvoir résister à la pression conjointe ou non de la Russie et de la Chine voisines. L'immensité du territoire exclut toute solution autre que diplomatique et économique. Le problème de fond que connaissent les politiques intérieures des pays de l'Asie centrale telle qu'elle est précisée ici, se définit également face à une série de circonstances telles que
- l'insuffisance de l'eau et des terres utiles, ainsi que les effets multiples de la détérioration environnementale étendue, d'où conséquences négatives à long terme ;
- la quasi-inexistence de la démocratie et de la justice socio-économique, d'où risque permanent d'explosion sociale ;
- la détérioration marquée du niveau de vie socio-économique de la majorité de la population ;
- l'absence presque totale d'État de Droit, d'où instabilité incessante des régimes politiques.

Hélas, ces caractéristiques négatives n'ont guère de chance de disparaître et constituent des facteurs d'instabilité. La raison principale de cette situation est le fait que des classes dominantes qui gouvernent d'une façon autoritaire et corrompue, bénéficient du soutien opportun des grandes puissances et des multinationales quelles qu'elles soient. Or, ces grandes puissances mènent des stratégies qui, jusqu'ici, n'aboutissaient pas à une stabilisation de la région, voire menaient plutôt à un des «harcèlements d'intensité variable» mutuels. Rien ne permet d'en prévoir une issue, ne fût-ce que provisoire. De plus, il existe une certaine asymétrie entre elles. Les pays européens ou américains et leurs multinationales peuvent toujours diversifier leurs sources d'approvisionnement. En revanche, les puissances voisines telles que la Chine ou la Russie auront plus de difficultés à empêcher que l'une ou l'autre des «autres» puisse atteindre une hégémonie régionale. Les trois grandes puissances voisines tenteront d'écarter l'Iran de la région alors que l'UE et les EUA favoriseront la Turquie.

La Chine travaille à travers ses compagnies pétrolières nationales qui acquièrent des participations dans des sociétés pétrolières Centre-asiatiques et développent des voies de dégagement des hydrocarbures. La construction de l'oléoduc entre le Kazakhstan et la Chine est achevée en 2007. Ainsi, outre ces voies d'Ouest en Est, il n'existe, actuellement, pour l'UE et les EUA que deux possibilités d'évacuer les produits énergétiques de la région : vers le Nord, par la Russie ou vers l'Ouest, par le «corridor» de la Caucasie méridionale. L'impasse afghane rend impraticable la solution Nord-Sud et, la moins coûteuse, la voie iranienne reste encore à négocier. L'intervention de l'OTAN sous l'égide des EUA n'est point la solution mais le problème majeur de la situation afghane.

Le renforcement à la fois de la Russie et de la Chine par rapport aux autres grandes puissances rend persistante, voire croissante, la conflictualité qui les concerne. L'Asie centrale entre sans doute dans une nouvelle phase d'instabilités multiples. *Une sorte de neutralisation de la région serait peu probable, mais l'UE devrait la viser.* Des guerres civiles ou intra-régionales comme la poursuite d'un «processus d'instabilités constructives» me paraissent plus vraisemblables. L'UE devrait élaborer une stratégie propre à cet égard, mais la participation en Afghanistan de certains pays membres de l'UE à l'intervention militaire d'abord des EUA, puis de l'OTAN, la rend malaisée.

Bibliographie spécifique :

ACHCAR, Gilbert, *La nouvelle Guerre froide - Le monde après le Kosovo*, PUF, Paris, 1999;
Idem, Jeu triangulaire entre Washington, Moscou et Pékin, in : *Le Monde Diplomatique*, décembre, 2001.
ADAM, Bernard, Afghanistan : sortir de l'impasse militaire par le dialogue politique et l'aide au développement, in : *Note d'Analyse du GRIP*, 6 octobre 2008.
Afghanistan vu du Canada, L', Un entretien avec Normand Beaudet, in : *Planète Québec*, 8.3.2008.
AMALRIC, Jacques, La deuxième guerre d'Afghanistan, in : *Libération*, 1.6.2006.
BENSMANN, Marcus, Der Chinese dreht am Ölhahn - Vom Kaspischen Meer und von den Erdölfeldern Kasachstans, in : *NZZ*, 18.1.2008.
CHENOY, Amuradha M., *Géopolitique pétrolière en Asie centrale et dans le bassin de la mer Caspienne*, in : Alternatives Sud, Centre Tricontinental - L'Harmattan, Louvain-Paris, vol. X, 2003.
CHOSSUDOVSKY, Michel, Pendant que la France, l'Allemagne et la Turquie se mobilisent, la Chine, la Russie et l'Iran font des manœuvres militaires, in : *L'aut'journal*, novembre 2006.
CONESE, Pierre & Olivier LEPICK, Washington démantèle l'architecture de sécurité, in : *Le Monde Diplomatique*, juillet, 2002.

Courrier des pays de l'Est, Le, Russie et les autres pays de la CEI en 2007, n°1065, janvier-février, 2008.
Idem, Russie et les autres pays de la CEI en 2006, n°1059, janvier-février, 2007 ;
Idem, Asie centrale - Un enjeu géostratégique, n°1057, septembre-octobre, 2006.
CUMMINGS, Sally N., *Kazakhstan - Power and Elite*, I.B. Tauris, London-New York, 2005.
DELORCA, Frédéric, L'Ouzbékistan sur l'échiquier eurasiatique : un pays stable mais convoité, in : *Atlas Alternatif*, 6 octobre 2007.
DE RENZI, Federico, Il sogno del Turkestan orientale, in : *LIMES*, n°4, 2005.
DICKIE, Mure, Central Asia agrees on plan ti improve links, in : *FT*, 23.10.2006.
Die Zeit, Lernen von Sowjets & Plenum der Todfeinde, 31.8.2006.
DJALILI, M.-R. & T. Kellner, *Iran - Regard vers l'Est : la politique asiatique de la République islamique*, Rapport du GRIP, Bruxelles, n°2, 2005.
Economist Intelligence Unit, The, Uzbekistan, octobre 2006.
EISENBAUM, Boris, *Guerres en Asie centrale. Luttes d'influence, pétrole, islamisme et mafia (1850-2004)*, Grasset, Paris, 2005.
ESANU, Tatiana, Asie centrale : entre espoir et désillusion, in : *Bulletin de conjoncture de BNP-Parisbas*, n°4, avril, 2006.
Figaro, En Asie centrale, la Russie avance ses pions contre les États-Unis, 15.6.2006.
FISCH, Jörg , Imperialismus am Hindukusch, in : *Neue Zürcher Zeitung,* 13/14.4. 2002.
FT, Afghanistan al-Qaeda leader killed & Deputy Afghan governor killed in suicide blast & Canadain withdrawer, January 30 & February 1 2008.
Idem, Kazakh oil arrives in China, 26.5.2006 ;
Idem, Kazakhstan signe pipeline accord, 17.6.2006.
FT Editorial : Nato's Afghan test, February 3 2008
FT Special Report : Russia, April 18 2008.
FT Reports : Kazakhstan June 27 2007
FURMAN, Dimitri, Imitation Democracies, in : *New Left Review*, n°54, nov/dec 2008.
GENTÉ, Régis, Quel avenir pour le culte de la personnalité au Turkménistan ? in : *Le Courrier des pays de l'Est*, n°1063, septembre-octobre 2007.
Idem, Du Caucase à l'Asie centrale, «grand jeu» autour du pétrole et du gaz - Les ex-républiques soviétiques dans la géopolitique mondiale, in : *Le Monde Diplomatique*, juin 2007.
GERBER, Gerlinde, *Die neue Verfassung Afghanistans - Verfassungstradition und politischer Prozess*, H. Schiler, Berlin, 2007.
GORST, Isabel, Kazakhstan oil tax crackdown, *in : FT*, December 2 2007.
Idem, Kazakhstan in nuclear deal with Beijing, By Isabel Gorst in Almaty, *FT*, November 18 2007 ;
Idem, Russia adds muscle to central Asian summit, in : *FT,* August 15 and 17 2007;
Idem, Turkmen leader's trip signals openness, in : *FT*, August 26 2007;
Idem, Kazakh leader goes on charm offensive in Belgium in : *FT*, 2.12.2006;
Idem, Japan and Kazakhstan sign atomic pact, in : *FT*, 29.8.2006.
GRAFF, Rudy, *Pétrole, gaz, Union européenne, Afrique, Asie, Gazprom : un cocktail explosif*, in : http://www.alterinfo.net, 16.4.2008.
GUMPPENBERG, M.-C. von & Udo Steinbach, *Zentralasien, Geschichte, Politik, Wirtschaft, Ein Lexikon*, C.H. Beck, 2004.
GUTMAN, Roy, *How We Missed the Story. Osama Bin Ladin, the Taliban, and the Kijacking of Afghanistan*, United States of Peace, Washington DC, 2008.
IMHASLY, Bernard, Kein Ende des dreissigjährigen Kriegs - Die «afghanische Misere» und die Schwäche der Allianz, in : *NZZ* ; 1.12.2008.
JAULMES, Adrien, Les Talibans redeviennent l'instrument du Pakistan pour contrôler l'Afghanistan, in : *Figaro*, 30.5.2006.

KATONA, Magda, *Közép-Ázsiai Etnikai konfliktusok története,* Szovjet-füzetek, Magyar Ruszisztikai Intézet, Budapest, 1997/1998.
Idem, *A soknemzetiségű Afganisztán,* Biró, Budapest, 2002.
KADYROV, Shokhrat, *The «Nation» of Tribes,* Académie de Science russe, Moscou, 2005.
KERMANI, N. & D. SCHWARTZ, Trostlose Normalität - mit der Nato in Afghanistan, in : *NZZ,* 20/21.1.2007.
KHALATBARI, Babak, Das Projekt Afghanisatn steht auf der Kippe, in : *NZZ,* 31.8.2006.
KHOSRPKHAVAR, Farhad, Afghanistan abandonné aux seigneurs de la guerre, in : *Le Monde diplomatique,* octobre, 2004.
LABROUSSE, Alain, *Afghanistan. Opium de guerre, opium de paix,* Mille et une Nuits, Paris, 2005.
LARUELLE, Marlène & Sébastien PEYROUSE, *Asie centrale : la dérive autoritaire,* CERI-Autrement, Paris.
LAUMOULINE, Mourat, L'Organisation de cooperation de Shanghai vue d'Astena : un «coup de bluff» géopolitique, *Russie. Nei. Visions,* n°12, juillet 2006.
LACOSTE, Yves (sous la direction), *Dictionnaire de géopolitique,* Flammarion, Paris, 1993.
Idem, Le cercle de Samarcande, in : *Hérédote,* n°84, 2ᵉ trim., 1997.
Idem, Asie du Nord-Est, in : *Hérédote,* n°97, 2ᵉ trim., 2000.
LAFRAIE, Najibullah, Afghanistan - The way out is to get out, in : *International Herald Tribune,* 6.9.2006.
LARUELLE, Marlène & Sébastien PEYROUSE, *Asie centrale ; la dérive autoritaire,* CERI-Autrement, Paris, 2006.
Le Courrier des pays de l'Est, Asie centrale, un enjeu géostratégique, n°1057, septembre-octobre, 2006.
LIMES, Tema speciale : Parte III : Dimenticare Afghanistan ?, n°6, 2005.
LIMES, 4/2008 :
• PAOLINI, Margherita, Il drago ha sete,
• MAFODDA, Giovannie, Il soldi di Pechino et le paure de Washington,
• DESIDERIO, Alfonso, Il drago nella Rete,
• ZHANG, Xiaodong, La marcia All'Ovest, come la Cina penetra nel Grande Medio Oriente,
• JEAN, Carlo, Il nouvo grande gioca in Asia centrale,
• ROCCUCCI, Adriano, Il mondo visto dalla Russie.
LUDWIG, Michael, Kampf gegen Demokratie-Imitation, in : *Frankfurter Allgemeine,* 5.1.2005.
MAGNUS, R.H. & Eden Naby, *Afghanistan,* Westview, Boulder, 2000.
MALAŠENKO, Aleksej, Quanto è russa l'Asia centrale ?, in : *LIMES,* 3/2008.
MALEKI, Abbas, Che cosa cerchiamo nel Caucaso e in Asia centrale ?, in : *LIMES,* n°5, 2005.
MALTI, Hocine, Les guerres de Bush pour le pétrole : l'Asie Centrale, Algeria-Watch , in : Info-Palestine, avril 2008.
MARCHAND, Pascal, *Atlas géopolitique de la Russie,* Autrement, Paris, 2007.
MARONTA, Fabrizio, Afghanistan : per non perdere una guerra invincibile, in : *LIMES,* n°6, 2008.
MARSDEN, Peter, *The Taliban - War and Religion in Afghanistan,* New Internationalist, London - New York, 2002.
MATETERA, Olga, Isreale, India e Turchia : une triplice intesa eurasiatica ?, in : *LIMES,* n°4, 2002.
MATVEEV, Alexandre, La statut de la mer Caspienne : le point de vue russe, in : *Le courrier des pays de l'Est,* n°411, août 1996.
MINDER, Raphael, Asia power project to link four countries, in : *FT* 6 2007.
Idem, Plan agreed on $19 bn new Silk Road, in : *FT,* November 5 2007

MINDER, Raphael & Isabel GORST, IMF says Tajikistan broke borrowing rules, in : *FT*, March 5 & 6 2008.

MINELLI, Michèle, *Unter Mongolen*, Isele, Eggingen, 2005.

MISHRA, Pankaj, The Real Afghanistan, in : *The New York Review*, 10.3.2005.

MONGRENIER, Jean-Sylvestre, Voici quelques considérations sur la situation géopolitique de l'Afghanistan in : *Primo-Europe*, l'Institut Thomas More, 13/14.4.2008.

MORARJEE, Rachel, Poppy wars and unpopularity : why Afghanistan looks on course to fail, in : *FT*, 5.9.2006.

MOUSAVI, Seyed Rasoul, Di chi è il Caspio ?, in : *LIMES*, n°5, 2005.

NZZ, Neue Wege für das Erdöl aus Kasachstan - Russlands Monopolsstellung soll geschwächt werden, 17.11.2008 ;

Idem, Die Menschen bereiten sich auf diesen Winter vor wie auf einen Krieg - Kirgistan kämpft mit einer Energiekrise ungekannten Ausmasses, 2.10.2008.

Idem, Zentralasiatische Staaten erhöhen Erdgaspreis Auswirkungen auf Pipeline-projekte, 11. März 2008.

Idem, Turkmenistan langer Abschied vom «Turkmenbaschi» - Gratwanderung Präsident Berdymuchammedows zwischen Bewahrung und Reformen, 8.4.2008.

Idem, Aussöhnung mit Afghanistans Taliban ?, 19/20.1.2008.

Idem, Aussenpolitischer Balanceakt der Mongolei - Objekt der Begierde im Spannungsfeld der Grossmächte, 30.10.2007.

Idem, Mit der Jurte nach Ulaanbaatar - In der Mongolei ist die Haupstadt zum Anziehungspunkt für die Verarmten geworden, 14/15.4.2007.

Idem, Die Europäische Union bemüht sich um Zentralasien, in : *NZZ*, 2.4.2007.

Idem, Der Mythos von der Einheit Zentralasiens, 4.4.2007.

Idem, Die Mongolei wird zum Bergbau-Eldorado, 6.9.2006.

Idem, Die Mongolen fliehen die Weite ihres Landes, 7.8.2006.

Idem, Ein Härtetest für die NATO & Keine Entwicklung ohne Sicherheit in Afghanistan, 2.8.2006.

Idem, Die Mongolei sucht Nähe zu Amerika, 24.7.2006.

Idem, Die Mongolei im Bann von Dschingis Khan, 1.7.2006.

Idem, Dominanz der Alleinherrscher in Zentralasien, 10.5.2006.

Idem, Der Tadschikische Präsident Rachmanow festigt seine Macht, 21.3.2006.

Idem, Schwierige Gratwanderung in Kirgistan, 10.3.2006.

Idem, Ausweitung der Afghanistan-Operation - Prüfstein für die NATO, 8.3.2006.

Idem, Das Kosmodrom Baikonur ist 50 Jahre alt, 3.6.2005.

Idem, Wo Jahrhunderte aufeinander prallen - Subsistenzwirtschaft und Rogstoffboom in der Mongolei, 27.8.2004.

NZZ FOKUS EIN SCHWERPUNKT- DOSSIER, Asiatische Tigerstaaten Im Windschatten der Giganten China und Indien, Mai 2007.

Outre-Terre - Revue française de géopolitique, Puissance Chine ?, n°15, Daedalos-Erès-OGENI, Ramonville Saint-Agne, 2006.

PANKIN, A., The Difficulties of Codependency, No Matter Which Faction Rules in Ukraine, the Country Still Needs Russia, & RYKOVTSEVA, Y., Not a Revolution, Ukraine's Current Problems are Unlikely to Drive People Back to the Streets, in : *RUSSIA* PROFILE, juin.

PFAFF, Willam, Manifest Destiny : A New Direction for America, in : *New York Review*, 15.2.2007.

POUJOUL, Catherine, *Dictionnaire de l'Asie centrale*, Ellipses, Paris, 2001.

Idem, L'Asie centrale entre espoir et déstabilisation : bilan d'une décennie, in : *Recherche Internationale*, n°64, 2ᵉ sem., 2001.

RABALLAND, Gaël, *Géo-économie du bassin caspien*, document de travail, ifri, Paris, juin 2003.

RACHIDE, Ahmed, *Asie centrale, champ de guerres- cinq républiques face à l'Islam*, Autrement, Paris, 2002.
Idem, Afghanistan : On the Brink, in : *The New York Review*, 22.6.2006.
RASANAYAGAM, Angelo, *Afghanistan - a Modern History*, I.B. Tauris, London-New York, 2005.
RUCKER, Laurent, Moscou en panne de stratégie internationale, in : *Le Monde Diplomatique*, novembre 2005.
RUFIN, Jean-Christophe, Vulnérable Mongolie, in : *Le Monde Diplomatique*, avril 2004.
RÜHL, Lothar, Deutschland - im siebenten Jahr am Hindukusch, Ein Geduldsspiel ohne Aussicht auf en nahes Ende, in : *NZZ*, 28.3.2008.
Idem, Die Zielkonflikte der NATO in Afghanistan, in : *NZZ*, 17.1.2007.
Idem, Die Zielkonflikte der Nato in Afghanistan - Der Einsatz des Bündnisses und deutsche Ambivalenzen, in : *NZZ*, 17.1.2007.
RUSSIA PROFILE, «thème central» : Reassessing the CIS, mai 2007 dont FROLOV, Vladimir, Integration Projects in the Former Soviet Space, cité ci-dessus ; un ensemble d'analyses d'une haute tenue ; un autre «thème central» : In Question of National Security, Russia Faces as Many Internal Problems as External Enemies, juin 2007.
SHAHZAD, Syed Saleem, Ce que l'OTAN n'a pas compris - Afghanistan, Pakistan, l'irruption des «néotalibans», in : *Le Monde Diplomatique*, octobre, 2008.
SIECA-KOZLOWSKI, Elisabeth & Alexandre Toumarkine, *Géopolitique de la mer Noire - Turquie et pays de l'ex-URSS*, Karthala, Paris, 2000.
SCHNEIDER-DETER, Winfried & autres, *Die Europäische Union, Russland und Eurasien. Die Rückkehr der Geopolitik*, Berliner Wissenschafts-Verlag, 2008.
STARR, S. F., A Partenership for Centrale Asia, in : *Foreign Affairs*, n°4, Juillet-Août 2005.
STEINMANN, Bernd, Niemand hier respektieren meine Grenze - Konflikte zwischen Hirten und Goldsuchern auf kirgistans Weiden, in : *NZZ*, 16/7.2.2008.
STROEHLEIN, Andrew, We must prepare for the coming crisis in Uzbekistan, in : *FT*, 11.5.2006.
SULTANOVA, Mukhabbat, L'Afghanistan, in : *LIMES*, n°4, 2006.
Transitions, Les enjeux de la sécurité en Asie centrale, vol. 46, n°1, octobre, 2006.
URBANSKY, Sören, Der Traum der Zelter vom Beton –Nomaden der Grosstadt– jede Stunde fast kommt eine neue Familie auf der Flucht vom Land im mongolischen Ulaanbator an, in : *NZZ*, 21/22.7.2007.
VAN GENT, Amalia, Turkey's Claim to Leadership in Central Asia, in : *Swiss Review of World Affairs*, Mai 1992.
VIELMINI, Fabrizio, Mosca rischia l'espulsione dall'Eurasia, in : *LIMES*, n°3, 2002.
WARNER, Tom, Caspian oil & gas : On course to open to the world & Nevertheless, BP is confident the long, snaking pipeline it is building, in : *FT* : September 21 2004.
WIPPERFÜRTH, Christian, Russland und seine GUS-Nachbarn. Hintergründe, aktuelle Entwicklungen und Konflikte in einer ressourcesreichen Region, Ibidem, Stuttgart, 2007.

Partie 4
Autres grandes puissances eurasiatiques : avérées, virtuelles ou potentielles

Dans la Partie 1, le système des grandes puissances d'aujourd'hui est esquissé. Il en résulte que les EUA, la Russie et l'UE sont généralement considérés comme des grandes puissances. Pour beaucoup, la Chine peut sans doute figurer aussi parmi elles. Le nom de l'Inde ou du Pakistan ainsi que celui de l'Iran sont parfois évoqués en tant que puissance régionale du moins. La disposition de l'arme atomique n'en est pas nécessairement un critère définitif. La Partie 1 suggère bien d'autres facteurs. Le géopolitologue hésite et est tenté d'explorer quelques cas où le doute existe.

L'articulation de cette partie se présente, dès lors, comme suit. La première étude doit évidemment concerner la Chine qui, potentiellement, serait à terme une grande puissance aux yeux de nombreux observateurs. Puis, l'investigation concernant le conflit de longue date entre l'Inde et le Pakistan sera proposée afin de situer ces pays dans le «concert des nations». Enfin le cas de l'Iran permettra d'examiner un pays, vieil empire, qui vise sans doute une position clef face à d'autres pays musulmans dans sa région et face aux EUA, voire à l'UE. Voici, pour ces quatre pays, quelques données de base.

Pays	Chine	Inde	Pakistan	Iran
Capitale	Beijing	New Delhi	Islamabad	Téhéran
Frontières en km = terrestres : = maritimes :	22 117 14 500	14 103 7 000	6 774 1 046	5 440 2 440
Populations en millions (P)	1 313	1 095	166	69
Superficie en km² (S)	9 596 960	3 287 590	803 940	1 648 000
densité démographique (P/S)	136,8	333,1	210,-	41,9
PIB à PPA en milliards d'€	7 090	2 890	314	450
PIB à PPA par habitant en €	5 440	2 640	1 920	6 640
exportations en milliards d'€	602	61	12	44
Importations en milliards d'€	505	90	17	34
Forces armées en milliers (F)	2 310	1 263	620	513
PIB à PPA/(F) en millions d'€	3 069	2 288	506	211
Dispose d'armes nucléaires	oui	oui	oui	?

La longueur des frontières ne devrait pas poser beaucoup de problèmes pour la Chine et l'Inde alors que, pour les deux autres, la situation est toute différente. La densité élevée de la population en Inde semble la fragiliser, encore que la «chair à canon» soit bien appréciée par les militaires. Les indicateurs économiques sont significatifs pour les deux premiers tandis que, pour l'Iran, ils reflètent la portée réelle mais faible des exportations d'hydrocarbures. Le PIB par unité de forces armées exprime clairement cette distinction. L'importance des forces armées du Pakistan doit constituer une charge excessive.

La Chine, comme puissance émergente ?

Après une histoire longue et mouvementée, la nouvelle Chine entame le troisième millénaire. Sa montée en puissance est diagnostiquée comme rapide. Elle suscite même, dès à présent, des craintes auprès de ses voisins : la Russie, la Corée, le Vietnam ou le Japon. Le «péril jaune» est-il à notre porte ou s'agit-il de tout autre chose ? La supposée superpuissance américaine devra-t-elle affronter la contestation de cette Chine, après avoir vaincu la Russie et au vu de l'avènement de la puissance ambiguë de l'UE ? En prévision des mutations géopolitiques, les EUA visent ainsi à empêcher des alliances entre d'autres grandes puissances depuis le début de leur «guerre contre le terrorisme». Ils ont cependant perdu beaucoup de terrain en termes de confiance en UE et en Turquie ainsi que dans les pays à majorité musulmane. Dans les régions eurasiatiques, les succès de leurs opérations militaires apparaissent, par ailleurs, fort mitigés jusqu'ici.

La question se pose dès lors, de savoir si la Chine aurait intérêt à développer ses liens avec l'UE, du moins en des termes stratégiques, face à la Russie et aux EUA ? La question réciproque s'impose évidemment au regard de l'UE. La nouvelle *Ostpolitik* de l'UE par rapport à la Russie se joint à la nécessité de redéfinir des relations transatlantiques doit ainsi inciter chacun-e à porter son regard sur la Chine qu'elle/il ne connaît pas nécessairement bien. La Chine semble rechercher des alliances au-delà des voisins qu'elle craint elle-même. Du point de vue européen, la question doit être abordée par l'étude interne et externe de la Chine afin d'évaluer la probabilité, le souhait et la volonté d'un rapprochement entre elle et l'UE.

A. L'empire du Milieu est-il au Centre du monde ? Peut-être !

Avec le Canada et la Russie, la République populaire de Chine est un des plus grands États du monde disposant de plus de 9,6 millions de km^2, correspondant au territoire des EUA. Elle se décompose géographiquement en quatre «terrasses», en descendant de l'Ouest, fort désertique ou de hautes montagnes, à l'Est. Les grands fleuves «jaune» et «bleu» traversent le territoire dans le même sens. La République est divisée en 22 provinces (sans tenir compte de Taiwan), 4 zones municipales telles que Beijing ou Shanghai et des régions spéciales ou autonomes telles qu'à l'Ouest, la région ouïgoure du Xinjiang ou la région autonome du Tibet.

Carte 11. La Chine

Ses frontières terrestres s'élèvent à 22 800 km alors que ses limites maritimes ont une longueur de 18 000 km, sans compter celles de ses 5 400 îles. Depuis la deuxième moitié du premier millénaire, la Chine n'a pas connu d'extension en termes géographiques mais plutôt, de temps à autre, des rétrécissements suivis de rétablissements. La majorité des observateurs tient pour établie la suzeraineté ou la souveraineté de la Chine sur le Tibet. Actuellement, les frontières occidentales chinoises s'incrustent en Asie centrale, un enjeu capital entre toutes les grandes puissances. Les confins nordiques font face à la Russie et à la Mongolie (jusqu'en 1912, territoire chinois) et les limites territoriales du Sud-Ouest bornent le pays d'une série d'États et surtout de l'Inde. Du point de vue maritime, il en est de même du côté du Japon et de Taiwan où se manifeste également la présence massive de l'armée américaine.

La réputation de la Chine de *ne pas avoir été historiquement agressive* s'avère grosso modo exacte, excepté le fait de coloniser, puis de décoloniser, le Vietnam et la Corée durant le premier millénaire. Les conflits militaires récents ont, avant tout, visé les «rectifications» relativement légères des frontières. Le pays a plutôt eu l'habitude de se laisser envahir, puis de siniser les envahisseurs aussi vite que possible. Par contre, *les guerres civiles ont toujours été nombreuses*. L'immensité territoriale par rapport aux capacités militaires et administratives disponibles se prête aisément à des *rebellions et aux conflits militaires internes* qui mettent en question le «Centre» du pouvoir.

À la fois la longueur des frontières, le poids géopolitique des pays voisins et la fréquence des guerres civiles constituent encore aujourd'hui le talon d'Achille de la Chine. C'est pour cela que le pays se considère comme étant *un pays strictement encerclé* et recherche donc des alliés. L'idée d'encerclement n'est pas seulement une obsession. Les forces militaires des EUA sont présentes dans le Sud de la mer de Chine et dans le Détroit de Taïwan, dans la Péninsule coréenne et en mer du Japon, ainsi qu'au cœur de l'Asie Centrale et sur la frontière Ouest de la Chine. En outre, le Japon s'est peu à peu amalgamé en harmonisant sa politique militaire avec celle de Washington. Présentant peut-être à l'heure actuelle, un moindre risque, l'armée de Moscou se trouve enfin au Nord-Est des frontières russo-chinoises. Au Tibet ou au Xinjiang par exemple, les différents mouvements de type sécessionniste enchantent sans doute chacun de ces États «encercleurs».

La Chine sait qu'en cas d'attaque de son territoire, celui-ci n'est *défendable* qu'au prix de lourdes pertes, sauf recours à des armes nucléaires et encore. Tout logiquement, la Chine en a tiré d'autres conclusions, également. La force militaire a été ramenée à 2,5 millions de soldats alors que la police a été sensiblement renforcée en hommes et en équipement. Depuis 1964, les armes nucléaires ont été développées d'abord lentement, puis d'une façon accélérée depuis les années 1990. De même, quasi tous les ménages ont été dotés de télévisions et de radios, ce qui facilite des manœuvres de propagande officielles à l'échelle du pays.

Un géant au pied d'argile ?

Apparemment fort homogène, la Chine dispose d'une population de l'ordre de 1,3 milliard d'habitants, soit un cinquième de celle du monde. La proportion entre la population masculine et féminine a évolué comme suit : 1953 : 107,6 %; 1964 : 105,5 %; 2000 : 106,7 %. À côté d'une immense majorité Han ou chinoise proprement dite, la population des *minorités* représente moins de 8 % du total. Ces minorités ont cependant la «mauvaise idée» d'habiter surtout aux frontières occidentales, d'occuper 60 % du territoire national, riches en matières premières et énergétiques, et d'être prêtes à entendre la propagande des pays voisins tels que le Kazakhstan ou le Turkménistan, voire à l'occasion la Russie. Cette situation fragilise naturellement l'unité du pays ou, du moins, risque de la fragiliser.

La structure de la population serait approximativement la suivante : sur la population totale de 1,3 milliard environ, les ruraux représenteraient 750 millions dont 400 d'actifs et de ces derniers 350 d'agriculteurs, tandis que les citadins, 550 millions dont la moitié d'actifs. Le taux de ruralité a évolué comme suit : 1952 : 88 % ; 1979 : 81 % ; 2000 : 69 %. À cette baisse correspond évidemment une urbanisation rapide. Le caractère approximatif du chiffrage des actifs s'explique par les fameux «flottants ou migrants» dont le nombre serait de 80 à 150 millions, avant tout d'origine rurale. Les tensions sociales s'inscrivent dans un réseau complexe de relations : ville-campagne, Est-Ouest, femmes-hommes, vieux-jeunes, ancienne économie-nouvelle économie, parents à l'étranger (Taiwan et Hongkong avant tout) ou non, migrants-chômeurs, etc. Une importante distinction est à mettre en évidence. Les «rouges», les *migrants* vers les villes sont plutôt les plus jeunes, mieux scolarisés et dynamiques comme des émigrés de partout, alors que les «noirs», les *travailleurs ou chômeurs citadins* sont plus âgés, socialement fort contrôlés, «militarisés par le maoïsme» ou, pour beaucoup d'entre eux, licenciés de la grande industrie.

Pour les migrants, le déplacement correspond à une certaine liberté accrue, à un gagne-pain mieux assuré, même s'ils restent à la marge de la société urbaine. Cependant, ils subissent des exactions de la police. Celle-ci renvoie 2 à 3 millions de personnes par an vers les lieux d'origine pour «maintenir l'ordre social». Dans les centres ou des zones spéciales, les travailleurs migrants sont rudement exploités (14 h de travail par jour et sans aucun jour de congé hebdomadaire ou annuel). Il n'empêche que les enquêtes tendent à montrer qu'ils sont fiers d'être des travailleurs urbains, même illégaux, des «constructeurs de villes nouvelles». Ils se vantent de leur autonomie et de leur émancipation de la société agraire. Même ces derniers temps, tant les organisations de la société civile (syndicats, comités de quartier, associations de femmes, etc.), que les pouvoirs publics tendraient à mieux prendre en considération le fait de la migration. Mais les pouvoirs publics apparaissent divisés sur ce point ; d'où, des politiques parfois complètement contradictoires d'une ville à l'autre, d'une province à l'autre.

Jusqu'à présent, les citadins restent des privilégiés du point de vue alimentaire, habitat, ressources diverses, avantages, etc. La logique de la fragmentation règne par ce système. Cependant cette situation se trouve désormais ébranlée car cela provoque évidemment la résistance des citadins et notamment des ouvriers des villes. Les chômeurs des villes sont fort critiques à l'égard du pouvoir. Celui-ci en est fort conscient puisqu'il y a de nombreuses grèves et des mouvements de protestations diverses, parfois de nature insurrectionnelle.

«Si les paysans sont contents, l'empire s'avère stable»

La question de *la stabilité du régime, voire du pays* se pose de cette façon. On cite trois raisons pour souligner sa solidité et en même temps sa fragilité éventuelle. Primo, la cohésion sociale et donc la solidarité restent encore non négligeables et même se renforcent par la «corruption redistributive». Toutefois, devenant rapidement destructrice, la corruption ne se laisse guère encore maîtriser. Elle s'avère du *type feodo-capitaliste* qui passe du haut en bas, mais aussi, caractérisée par un *népotisme à grande échelle,* elle serait omniprésente, malgré les efforts récents et louables du régime pour la combattre. Néanmoins, n'oublions pas que son élimination constituait la raison principale du succès des communistes en 1948 en évinçant l'*Ancien régime* qui était pourri de corruption et de népotisme.

Secundo, il existe et persiste une «culture commune de négociation» en ville tandis que la campagne est plus violente, mais les gens sont éparpillés et donc contrôlables par la police et l'armée.

Tertio, le clivage par «certification de résidence» entre ville et campagne protège les gens des villes, est également maîtrisable par la police et l'armée, bien que leur rigueur tende à se relâcher devant la pression capitaliste à pouvoir disposer des travailleurs à sa guise. C'est ce qui explique que la réforme de l'armée des années 1990 consistait, avant tout, à transférer des gendarmes militaires à la force policière qui a ainsi vu presque doubler ses effectifs.

À ces trois facteurs s'ajoute, dans certains cas, le rôle stabilisateur des gouverneurs de provinces. La promotion de ces derniers dépendrait, entre autres, de trois critères : croissance économique locale, maintien de la stabilité socio-politique et maîtrise de la natalité. Il reste que le fameux dicton chinois reste probablement d'actualité : «si les paysans sont contents, l'empire s'avère stable», tout en sachant que le contentement s'obtient aussi par la force et la répression. Il appert cependant qu'un cinquième de la population commence à se structurer en une espèce de classe moyenne. Cette classe constitue un soutien puissant au régime politique actuel mais, en même temps, produit les bases d'une contestation sociopolitique d'une nature nouvelle, plus directement politique.

Une croissance économique à la Manchester de 1850

Les parties orientale et méridionale connaissent des croissances économiques phénoménales depuis plusieurs lustres. Les Jeux olympiques, organisés à Beijing en 2008, intensifient le phénomène. Ces croissances sont accompagnées de l'appauvrissement de la campagne dans le cadre d'une privatisation massive du sol et dans une perspective de reconstruction d'une société féodale agraire à partir des dirigeants locaux du Parti. Ce processus pousse évidemment à l'exode de la population rurale. Une partie croissante de celle-ci devient inutile et se trouve éjectée de ses villages, dépossédée de ses terres. Selon les saisons et la conjoncture économique, une partie de cette population «erre» entre la campagne et les villes. Une certaine proportion de ces personnes travaille à titre temporaire et en noir, pratiquement comme des esclaves, dans les villes. On dit que le nouveau Shanghai éblouissant a été entièrement construit par cette «armée» camouflée à travers une cascade de sociétés plus ou moins légales. Ce sont eux aussi qui peuplent des «zones économiques spéciales» et sont mis à la disposition des multinationales de toutes les sortes mais, avant tout, chinoises de la diaspora. La moitié des importations du pays sert à exporter, ce qui indique l'existence d'une «économie de sous-traitance».

Les entreprises multinationales sont surtout issues de la diaspora chinoise de l'Asie du Sud-Est. Elles auraient créé plusieurs millions d'emplois mais en auraient détruit à peu près autant. La privatisation sauvage et la modernisation de l'agriculture entraîneront, de plus, la suppression d'emplois agricoles de 150-200 millions dans la décennie à venir. À l'instar de la Corée et du Japon, la Chine connaît actuellement la constitution d'empires familiaux de force économique majeure dont la contrepartie est, pour la même productivité, un niveau salarial particulièrement médiocre. On estime actuellement que les trois quarts de l'économie chinoise relèvent du secteur privé capitaliste et que l'UE est devenue la destination principale des exportations de la Chine. Ces tendances se renforceront par l'entrée de la Chine dans l'Organisation mondiale du commerce, entrée qui provoque ipso facto l'abandon de toute politique économique véritable et signifie une confiance dans les «forces du marché», c'est-à-dire dans les réussites des capitalistes nationaux ou des multinationales. La classe moyenne dont il est question ci-dessus, devient un consommateur de masse, surtout dans les grandes villes et dans les villes côtières. Les compagnies pétrolières chinoises deviennent actives afin de diminuer la dépendance énergétique du Moyen-Orient en s'intéressant au pétrole kazakh, soudanais ou russe.

Enregistrant *une urbanisation rapide*, la population des villes est entraînée dans une exploitation industrielle à la fois vigoureuse et ignoble, avec des conditions de travail atroces. Cette exploitation est «entreprise» par une dizaine de millions de possédants, avant tout dans les villes côtières de l'Est et du Sud, mais aussi dans quelques centres urbains plus occidentaux. Ces phénomènes cumulés provoquent l'apparition des *inégalités* semblables à l'*ancien régime* «pourri» d'avant 1948, de la traite d'êtres humains à grande échelle et des *dégâts écologiques* inouïs. Les inégalités en question ne concernent pas seulement des revenus et des fortunes mais accentuent aussi les contradictions traditionnelles classiques de la Chine entre ville et campagne, entre femmes et hommes, entre zones côtières et intérieures, notamment.

Depuis 2000, le gouvernement a décidé de mener une politique économique au sens libéral du terme en faveur de l'intérieur des territoires et, plus particulièrement, des régions occidentales en collaboration avec l'économie privée ou mixte du pays. Le but étant d'éviter *le risque de troubles et de constituer désormais au Centre de l'Asie une barrière humaine* face à la Russie et aux EUA. D'importants barrages se construisent, notamment sur le fleuve Bleu, dont le gigantesque barrage des Trois Gorges. Au delta de Fuchun, un pont de 36 km à six voies est en train d'être édifié. Jusqu'aux frontières avec l'Asie centrale, des oléoducs et gazoducs sont mis en place. Le pharaonique projet de deux fois 1 200 km vise à relier le fleuve Bleu au fleuve Jaune, puis à poursuivre jusqu'à la région de Beijing par un système de canaux dans le but de transférer l'eau du sud au nord qui en manque. Les investissements seraient significativement augmentés en faveur de toutes les régions de l'Occident chinois telles que le Tibet ou le Xinjiang, notamment dans des liaisons ferroviaires de milliers de kilomètres.

Dictature de tous, sauf du prolétariat

Simultanément à ces données et évolutions, la Chine a connu une transformation politique extraordinaire depuis la mort de Mao en 1976. Pendant la période maoïste, le pays s'industrialise d'une manière autocentrée et progresse économiquement d'une façon assez égalitaire. Après cette période et à l'instar d'autres pays communistes, il évolue progressivement vers une espèce de capitalisme sauvage «censitaire» qu'a connu l'Europe au XIXe siècle. Depuis la fin des années 1970, il s'établit progressivement *une sorte de dictature capitaliste et oligarchique* dont les caractéristiques s'avèrent assez spécifiques. Ce système admet certaines pratiques démocratiques, ne fût-ce que localement, mais toujours sous le contrôle strict du «Centre».

Des structures politiques réelles sont pénétrées des contradictions du provincialisme des élites en général, de l'armée où une nouvelle génération se pointe, des tensions entre dirigeants des régions riches et pauvres, et des véritables «seigneurs de guerre» de nouvelle mouture. Pour ces derniers, être secrétaire du Parti et du syndicat et, en même temps, avoir le poste du directeur général d'une entreprise, ce n'est pas du tout rare et cela donne aux heureux «élus» la possibilité de disposer des forces de l'ordre, ordre tel qu'ils l'ont «établi». Qui sont les possédants et les classes dirigeantes de ce régime politique, avec quels rapports de force ? Ceux qui détiennent *un capital économique* grâce aux privatisations et *un capital social, voire culturel* par des relations multiples qui constituent des réseaux dans le Parti et au gouvernement. Aujourd'hui, c'est déjà le règne des enfants et des petits-enfants des «fondateurs» de la Chine populaire, représentant quelques dizaines de millions de personnes. Il y a aussi des centaines de milliers de Chinois à l'étranger qui, depuis le début des années 1980, pénètrent le système grâce à leurs capitaux et à leur capacité de corrompre.

Les mesures imposées par le gouvernement chinois au cours des années 1980 sont essentiellement axées sur quatre grands axes : la dislocation du système de commune agricole et le retour à l'exploitation familiale, ce qui, rapidement, permet une concentration capitaliste de la terre ; l'abandon de toute politique économique active signifiant l'abandon progressif de la planification ; le développement des exportations par des entreprises industrielles à bas salaires qui sont maintenus grâce à la répression ; et l'extension de la politique d'accueil des multinationales étrangères sur le territoire chinois, c'est-à-dire l'intégration progressive de l'économie chinoise dans le capitalisme international. Les dirigeants chinois réussissent à poursuivre cette politique pendant des décennies en triomphant de mouvements de contestation comme celui de juin 1989. L'économie chinoise connaît alors une croissance sans précédent et s'intègre de plus en plus au capitalisme international. En vingt ans, le PIB par habitant fait plus que quadrupler[82]. Il n'empêche que l'espérance de vie baisse depuis des décennies, c'est-à-dire depuis la suppression de la sécurité sociale publique, si modeste qu'elle fût.

Grâce à cette «réussite» économique, les dirigeants chinois semblent aujourd'hui jouir d'une relative stabilité politique. La transformation d'une partie de la bureaucratie

---

82. Dans la relation Chine-EUA, un mécanisme curieux s'observe. Les EUA importent massivement des biens et services, pèsent ainsi sur les revenus des travailleurs américains et augmentent le profit des actionnaires. Grâce au régime dictatorial, les travailleurs chinois à bas salaires subsidient indirectement et involontairement les importations américaines tandis que le gouvernement chinois accumule des emprunts américains, contreparties du financement lié au déficit de la balance des payements des EUA. Ainsi, en Chine, les travailleurs renforcent le pouvoir fort de leurs dirigeants qui, de leur côté, disposent d'un puissant levier financier face aux EUA, en ayant la possibilité de demander à n'importe quel moment le remboursement des emprunts ou de refuser leur renouvellement.

d'État en une véritable bourgeoisie visant à l'accumulation de son capital privé constitue un des phénomènes sociaux déterminant de la transition chinoise. Ce processus s'effectue principalement par le biais du pillage des biens publics. Désormais, le Parti s'adapte aux rapports de force au sein de la société et intègre ces possédants en son sein. C'est probablement le point le plus important sur le plan politique et qui explique les modifications survenues récemment à la tête du Parti. Son corollaire correspond à *une répression systématique* avant tout dans les milieux populaires, ouvriers et syndicalistes ou dans certaines minorités ou groupes religieux. Néanmoins, le régime autorise désormais des élections apparemment libres à des niveaux relativement bas et à certains endroits. Pourtant, il n'est pas question d'admettre des syndicats libres, ni le droit de grève ou d'admettre un semblant d'organisation de la société civile, par exemple, en matière d'urbanisme ou de droit des minorités. Tout au contraire. Il suffit d'observer les condamnations fort sévères d'animateurs de résistances populaires ou ouvrières de ces dernières années. Par contre, au début de 2007, le régime légalise et protège, à «l'occidentale», la propriété privée des moyens de production.

Ces politiques qui visent à maintenir la stabilité par le maintien d'une oligarchie sont-elles tenables avec le soutien d'une classe moyenne de plus en plus nombreuse ? La démocratisation jointe à une certaine décentralisation pourrait-elle contribuer à réguler, jusqu'à un certain point, les rapports de force qui existent ? Comme toute oligarchie ou classe dominante, celle de la Chine reste convaincue d'être indispensable. Le monopole du Parti communiste resterait, proclame-t-elle, nécessaire pour réussir la modernisation du pays et y combattre des forces centrifuges. La classe moyenne en question ne représente au maximum que 3 à 4 % de la population mais présente déjà ses revendications socio-économiques et surtout politiques.

Si les tensions sociales devenaient intenables, le choix se limiterait, dès lors, *soit à réprimer*[83], *soit à laisser éclater le pays, suite à des guerres civiles* ou du moins voir certaines provinces prendre des libertés aux conséquences incalculables. L'hypothèse de ces alternatives semble sous-estimer la capacité réelle de réagir des dirigeants en maîtrisant la crise politique de 1989, la crise financière asiatique de 1997/1998 ou la crise épidermique de 2003, par exemple. Il est également possible que la culture politique de la Chine soit plus habituée à accepter les contradictions. Pour les Chinois, ces contradictions seraient inhérentes à notre monde et s'avèrent plus complémentaires que dichotomiques. Il s'agirait simplement de les surmonter ou de les valoriser d'une manière pragmatique.

Les Jeux olympiques en 2008

En 2001, le pays fut choisi pour héberger les olympiades de 2008 et fit son entrée dans l'Organisation mondiale du commerce. Les Jeux olympiques représentent un enjeu déterminant pour Beijing qui entend jouer un rôle majeur sur la scène internationale, tant du point de vue diplomatique que commercial. Fragile à l'intérieur : tout

---

83. Il reste qu'à la fin 2006, la Commission militaire du Comité central du Parti annonce une hausse de traitements entre 20 et 40 % pour les membres de la force armée forte de 2,3 millions de personnes.

au long de son inexorable montée en puissance vers l'Olympe de la réussite économique, la Chine ne s'est guère souciée des effets induits par un tel succès : dégradation de l'environnement, creusement des inégalités, croissance des injustices. Le pouvoir ne remettra vraisemblablement pas en question la poursuite de l'intégration au capitalisme international mais aurait compris que la croissance doit s'accompagner de plus de justice sociale. Selon la banque asiatique de développement, la Chine est, juste après le Népal, le pays d'Asie où les inégalités se sont le plus accrues ces dix dernières années. En 2005, près de 87 000 incidents plus ou moins violents, selon les statistiques officielles, ont éclaté dans tout le pays.

Le pouvoir annonce toute une série de mesures pour juguler les mécontentements qui représentent des menaces potentielles et sont des facteurs d'instabilité, la hantise des dirigeants : baisse des impôts et suppression des frais de scolarité pour les paysans, vaste projet de modernisation des campagnes dans l'espoir d'élever le niveau de vie des agriculteurs et de constituer une économie capitaliste, pour l'instant, limitée aux quelque 300 millions de Chinois appartenant à la classe moyenne urbanisée dans les villes côtières ou dans quelques chefs-lieux développés des provinces de l'intérieur. La direction du Parti a compris qu'il était temps d'agir et de freiner la dégradation de l'environnement, elle aussi, cause d'autres colères paysannes.

Aucun mouvement ne vient fédérer les frustrations mais on assiste, dans nombre de villes et de régions, à des explosions de colère ou à des manifestations d'agriculteurs spoliés, de résidents expropriés par des promoteurs mafieux en cheville avec les responsables locaux, de campagnards dégoûtés de se voir imposer, avec violence, la politique du contrôle des naissances. Certes, le pouvoir tient bon, le parti est solidement campé sur ses bases.

B. La Chine encerclée et à la recherche de partenaires

En Asie, la Chine ambitionne, sans doute est-ce possible, de devenir une grande puissance avec l'Inde et le principal contrepoids des EUA. En Asie et partout ailleurs dans le monde, du Moyen-Orient à l'Amérique du Sud en passant par l'Afrique, l'Asie centrale et l'Asie du Sud, la Chine affirme sa présence économique et stratégique. Sa taille dans l'économie mondiale commence à faire peser sa puissance financière, influence les prix de l'énergie, sécurise ses approvisionnements et conteste les approches américaines ou européennes dans le Tiers-monde, dessinant progressivement l'image d'un État puissant et influent sur la scène internationale. Plus encore, Beijing se construit, aujourd'hui, une réputation de négociateur capable d'apaiser les tensions en Corée du Nord dans le cadre du dialogue qu'elle contrôle, tandis qu'avec celle de la Russie, la position de la Chine sur la question iranienne constitue un contrepoids à Washington.

Au fond, la Chine monte en puissance à sa manière. Peut-être est-ce là une des difficultés de sa relation avec l'Occident, le Japon, l'Inde et quelques autres, notamment en Asie du Sud-Est : devenue un acteur de plus en plus pertinent de la scène du monde, elle prend sa place en évitant de présenter l'image omniprésente et prosélyte d'un pays qui endosse le fardeau de la sécurité du monde, en la confondant avec la sienne. Mais, en même temps, elle donne l'impression de défendre ses positions et ses intérêts de manière inflexible, jouant à l'occasion de pressions et de menaces, parfois militaires.

Les positions internes sont caractérisées à la fois par la force et des faiblesses évidentes. En liaison avec cette situation intérieure, la prétention de cette candidature est-elle justifiée par rapport au reste du monde ? Comment peut-on la qualifier en termes de positions externes du pays ? À première vue, la géostratégie de la Chine privilégie les composants géo-économiques et diplomatiques, selon ses traditions séculaires. Peut-elle se limiter à cela ? Ne doit-elle pas choisir des partenaires privilégiés ? La réponse à ces interrogations ne peut être que complexe car la Chine est un grand pays qui a beaucoup de voisins, développe des stratégies multiples à grande échelle et se trouve en contact avec quasiment tous les pays du monde.

Du Nord à l'Est, puis à l'Ouest, en passant par le Sud

Parmi les objectifs fondamentaux et les tâches pour sauvegarder la sécurité de l'État de la Chine, la politique de la défense nationale de Beijing définit en tout premier : «mettre fin à la séparation et promouvoir la réunification, /ainsi que/ ... sauvegarder les droits et intérêts maritimes». C'est sans aucun doute que sont visés *Taiwan* et les *îles* ou *les archipels* qui se trouvent autant dans les mers du Japon, mer Jaune et de Chine méridionale, que dans le détroit entre le Japon et la Corée. Mettre fin, réunir ou sauvegarder peut signifier le travail diplomatique courant tout aussi bien que l'occupation militaire d'endroits déserts ou considérés comme tels. Au-delà de ces «lieux de proximité» immédiats, on peut faire le tour des pays en partant du Nord pour examiner les rapports de force en présence.

Dans la partie septentrionale de l'Eurasie, la *Russie* domine mais n'est plus hégémonique. L'important traité signé en avril 1997 entre Moscou et Beijing entérine une modification des rapports de force : pour la première fois, la Russie ne domine plus son grand voisin de Sud-Est eurasiatique. Cet accord porte sur les points suivants : réduction et retrait des forces militaires des deux côtés des frontières communes ; vente d'armes même très développées de la part de la Russie ; et coopération des deux pays auxquels se joignent le Tadjikistan, le Kirghizstan et le Kazakhstan pour garantir à Beijing que ces régions ne serviront pas de sanctuaires aux séparatistes du Xinjiang, territoire occidental de la Chine. Cet accord, s'il semble bien appliqué, ne règle cependant pas les questions soulevées par la nucléarisation du sous-continent indien.

À l'Est, il y a *le Japon*. Désormais, le pays le plus influent à l'Ouest du Pacifique n'est plus le Japon mais la Chine. N'empêche, Beijing se méfie de Tokyo en raison du nationalisme japonais persistant qui a laissé un mauvais souvenir dans toute l'Asie, ainsi que du renforcement des forces de la soi-disant autodéfense japonaise et de la persistance de l'alliance militaire nippo-américaine. Il reste que les deux pays sont en train de devenir des partenaires économiques de premier rang l'un pour l'autre. Sans doute, le genre feodo-capitaliste de leur économie respective les rapproche. L'alliance se renforce cependant par un nouveau traité conclu en 2006 qui, entre autres, soutient le développement militaire vigoureux du Japon et dont la contrepartie serait le rapprochement récent entre Tokyo et Beijing.

Carte 12.
CHINE - Le contexte régional (2004)

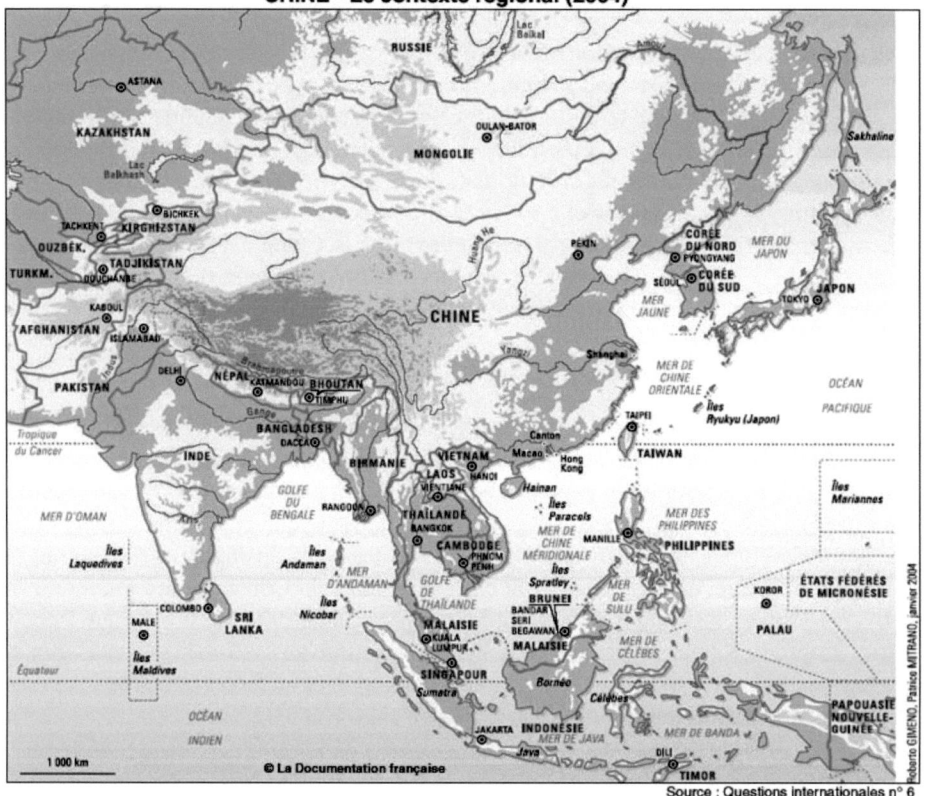

Source : Questions internationales n° 6

En matière d'approvisionnements énergétiques, le Japon se trouve en concurrence avec la Chine devant la Russie : les projets d'envergure d'oléoducs et de gazoducs à partir de la Sibérie orientale pourront aboutir soit en Chine, soit à la côte pacifique de la Russie (port de Nakhodka, non loin des côtes nipponnes), une solution conjointe n'est pas encore envisagée. Par l'usage de la force, le conflit sino-japonais autour des îles Sinkaku-Shoto/Diaoyu-Tai tourne à l'avantage de la Chine. Les îles en question recèleraient d'importants gisements d'hydrocarbures que la Compagnie pétrolière chinoise CNOOC commencerait à explorer. En ce qui concerne la question coréenne ou l'ANSE, le Japon se trouve, par contre, au même diapason que la Chine, souhaitant réduire l'influence américaine dans la région. D'où les efforts de Washington de constituer une vague alliance de sécurité entre les EUA, l'Australie, le Japon et la Corée du Sud, et qui pourrait incorporer souplement les Philippines et l'Indonésie.

Parmi *les pays asiatiques* de la zone de libre-échange qui émanent de l'*ANSE*, la Chine jouit désormais du rôle de puissance dominante. Elle occupe économiquement la place qu'y tenait le Japon et serait en train de dépasser la position commerciale des EUA. Elle peut y intervenir en jouant les uns contre les autres et elle ne manque pas de le faire. Elle semble viser la constitution d'une région bénéficiant d'une certaine indépendance des EUA et dont le point de départ serait une zone sino-nippo-coréenne. Son influence se trouve accrue du fait de la diaspora chinoise dans toute cette région du monde et dont l'immense majorité garde des liens avec la mère-patrie. C'est ce qui lui a permis, sinon de résoudre, en tout cas de geler, à son avantage, les contentieux qui touchent à la souveraineté sur les archipels de la Chine méridionale et de la mer de la Chine orientale, riches de matières premières et énergétiques. Dans le *Pacifique*, à la grande surprise, la Chine conclut, en 2006, des accords avec les îles Fidji qui, régulièrement, avaient des ennuis avec le «Commonwealth» britannique.

Quant aux voisins ex-communistes, il faut mentionner *la Corée* et *le Vietnam*. La question de la Corée du Nord est simplement celle de la réunification des deux Corée. La discussion autour de ses armes nucléaires n'est qu'un écran de fumée devant cette question fondamentale. Car celle-ci soulève le problème : qui, demain, dominera ou contrôlera cette réunification ? La Chine, le Japon ou éventuellement les EUA ? En cas de réunification de deux parties du pays, cette nouvelle Corée ne pourrait-elle pas s'ériger en une puissance régionale significative et gênante pour les pays environnants ? Dans l'hypothèse de la réunification, une neutralisation du territoire ne lui sera-t-elle pas imposée ? Sans pouvoir apporter ici une réponse à ces interrogations, il convient, en tout cas, de savoir que la dépendance économique de la Corée du Nord vis-à-vis de la Chine est extrême. La Chine investit massivement et à un rythme croissant en Corée du Nord. Les liens économiques se multiplient également entre la Chine et la Corée du Sud, la Chine y supplante de plus en plus les EUA.

Les EUA ont dû admettre la création d'un «groupe de six» dont font partie les deux Corée, la Chine, la Russie, le Japon et les EUA pour gérer la question coréenne. La Chine vise à la neutralisation des deux Corée, si possible réunies. En contrepartie, elle est prête à donner à l'un ou l'autre, ou à l'ensemble, une garantie de sécurité avec le Japon et les EUA. Voulant, avant tout, maintenir leurs implantations militaires dans la région, les EUA craignent évidemment de revaloriser géopolitiquement, de cette façon, la Russie et la Chine. De leur côté, la Chine comme le Japon, voire la Corée du Sud, appréhendent «l'imprévisibilité américaine» de ces dernières années.

Malgré le règlement du conflit frontalier, les relations sino-vietnamiennes restent sujettes aux effets de la poursuite par la Chine de la construction d'une série de barrages sur le Mékong, le grand fleuve de toute l'Indochine, sans parler de la question des *archipels des mers du Sud* dont ceux du Nord, de Spratly et de Paracel/Xisha. Ces derniers sont déjà partiellement sous la juridiction de la Chine mais plusieurs pays environnants les revendiquent également. C'est ici qu'il convient de signaler l'établissement d'une importante liaison routière entre la Chine du Sud et la Thaïlande, traversant le territoire laotien. Le récent rapprochement entre l'Inde et la Chine a permis aussi de voir que cette dernière ne soutient plus les soi-disant maoïstes du *Népal* et vise à la stabilisation de ce dernier.

En ce qui concerne les relations chinoises avec *l'Inde* et *le Pakistan*, elles sont enchevêtrées car elles font intervenir une multiplicité de grandes puissances, locales ou non. Les deux puissances de l'Asie de Sud, la Chine et l'Inde, mènent des politiques d'équilibre délicates entre elles, alors que le Pakistan est plutôt dans la zone d'influence américaine. La Chine tient actuellement à maintenir une distance égale, mais de proximité, avec l'Inde et le Pakistan, sans oublier son voisin du Nord, la Russie. Ainsi, elle intervient pour empêcher une guerre indo-pakistanaise. L'Inde, de son côté, en fait autant à l'égard de la Chine et de la Russie, mais entretient des relations tumultueuses avec son voisin immédiat, le Pakistan (voir ci-après). Pour l'Inde, et surtout depuis qu'elle n'a plus de frontières communes avec elle, la Russie reste un allié indispensable pour contrebalancer le poids de la Chine à ses frontières, notamment himalayennes truffées d'armes nucléaires chinoises. Depuis quelques années, l'Inde dispose néanmoins d'armes nucléaires dont la portée couvre pratiquement tout le territoire chinois. L'intrusion américaine a sans doute contribué au rapprochement sino-indien de ces dernières années.

Nonobstant, New Delhi entame, en 2005, des négociations avec Beijing pour régulariser les questions liées aux frontières communes (3 500 km de long) et relancer la coopération économique entre les deux pays. Rappelons que ces deux pays totalisent un tiers de la population mondiale. Par ce rapprochement, la Chine vise à s'allier avec le pays le plus puissant de la région, à y réduire la tension, notamment entre l'Inde et le Pakistan, désormais puissances nucléaires, et surtout à y atténuer l'influence des EUA, autrement dit à tempérer les effets de l'encerclement qu'elle subit. Il n'empêche que les EUA et l'Inde concluent, en 2006, un accord de coopération nucléaire remarqué.

Face à l'installation des bases militaires américaines en Afghanistan et en Asie centrale et pour des raisons économiques liées aux liens économiques sino-Centre-asiatiques traditionnels et à l'intérêt de la Chine pour le pétrole du bassin de la Caspienne, Beijing a tenu à renforcer le Groupe de Shanghai. Ce groupe réunit la Chine, la Russie et le Kazakhstan ainsi que quatre autres pays Centre-asiatiques et quelques pays avec un statut d'observateur[84]. Chose importante, ses membres ont signé un pacte de démilitarisation d'une zone de 100 km de large le long des 8 000 km de frontières communes. Le gouvernement chinois soutient activement le projet de gazoducs et oléoducs de Caucasie méridionale et à travers l'Asie centrale jusqu'à sa région occidentale ouïgoure du Xinjiang.

En 2004, le Kazakhstan et la Chine signent un accord de coopération en vue d'une liaison de chemin de fer entre les deux pays à laquelle participeraient la Turquie, l'Iran et le Turkménistan. En décembre 2005, c'est l'inauguration du deuxième tronçon de l'oléoduc reliant le Kazakhstan à la Chine. Ces 1 000 kilomètres d'oléoduc entre le Centre du Kazakhstan et le Xinjiang (Ouest de la Chine) sont le deuxième tronçon d'un projet de 3 000 kilomètres au total qui permettra à Beijing d'accéder directement, en 2011, au pétrole de la mer Caspienne. Le projet est cofinancé par la CNPC (China National Petroleum Corporation) et la Société d'hydrocarbures de l'État kazakh, Kazmounaïgaz. L'oléoduc transportera 10 millions de tonnes de brut par an, d'ici six mois, et, à terme, doublera sa capacité. Toujours en 2005, le Groupe de Shanghai

---

84. Voir pour les détails la Partie 3 ci-dessus.

«recommande» aux pays Centre-asiatiques de se défaire des bases militaires américaines. Tous suivent la recommandation, sauf le Kirghizstan, du moins à court terme. Il se préoccupe du commerce d'opium et de la sécurité dégradée en Afghanistan et s'engage à les maîtriser ensemble, en lançant ainsi un défi à Washington.

Le «harcèlement» américain de l'*Iran* tombe fort mal pour la Chine en termes diplomatiques. L'Iran a conclu, ces dernières années, d'importants accords de fournitures massives de gaz naturel pour une valeur d'environ € 16 milliards à 25 ans auxquels s'ajouteraient des travaux importants de construction. D'autres contrats seraient en pleine négociation entre Téhéran et Beijing. Or, si les EUA réussissaient à amener l'Iran devant le Conseil de Sécurité, la Chine pourrait se trouver dans une posture délicate du point de vue de ses alliances. Certains pays de l'UE, dont la France, se trouvent dans une situation analogue.

Depuis les années 1960 et surtout 1990, la Chine marque un intérêt évident pour l'*Afrique,* à la fois comme «absorbeur» de ses produits de masse et comme source d'approvisionnement. Les nombreux quartiers chinois dans les diverses villes africaines démontrent la première orientation que complètent des constructions routières et de chemins de fer ou d'autres infrastructures. Pour la seconde, les investissements opérés par les compagnies chinoises (CNOOP, NCPC, Petro China, SINOPE, etc.) correspondent à la volonté de rechercher et de produire du pétrole et du gaz naturel dans le but d'en approvisionner l'économie chinoise. Parmi les États africains, on cite dans l'exploitation d'hydrocarbures le Soudan, le Nigeria, le Tchad, l'Angola, la Guinée, etc., dans celle des forêts le Mozambique et la Guinée équatoriale, et, enfin, dans celle des mines la Zambie, le Zimbabwé, le Congo et l'Afrique du Sud. Les rapports *sino-latino-américains* connaissent une évolution assez semblable, notamment au Brésil, en Argentine et au Chili.

Quid des puissances nucléaires de la guerre froide ?

La Chine développe une politique étrangère de *multilatéralité* qui consiste à mettre en place des distances égales entre Beijing, d'une part, et d'autres puissances dont les EUA, Tokyo et la Russie, d'autre part. La rivalité économique entre l'UE, la Russie, le Japon et les EUA qui s'exprime à travers la stratégie de leurs multinationales, donne à la Chine comme économie «naissante» une marge de manœuvre certaine en matière énergétique ; la Chine, elle-même, développe, à travers ses compagnies pétrolières, des rapports de force avec les compagnies européennes ou américaines en Afrique, en Asie centrale ou en Caucasie méridionale. Quant aux droits humains, les grandes puissances ne sont guère en tête du peloton de ceux qui les respectent, car Washington a ses «terroristes», Moscou, ses Tchétchènes et Beijing, ses Ouïgours !

La Chine semble se trouver devant une situation analogue à celle des anciens pays du monde soviétique. Aux dirigeants comme aux communs des mortels, les EUA apparaissent comme un modèle de référence en termes économiques et militaires, voire culturels et idéologiques. Ils seraient partagés entre l'admiration et la méfiance, entre la volonté de devenir partenaires des EUA et de s'y opposer. C'est politiquement comme géopolitiquement fort délicat, car cette hésitation rend les *options du régime branlantes, voire boiteuses*. Les stratégies d'ouvertures réciproques entre Beijing et Washington se définissent, selon les moments, en fonction de la rivalité de l'un ou de l'autre avec Moscou.

Outre la question taïwanaise bien connue, *les relations sino-américaines* se caractérisent, spécifiquement, par l'importance des exportations excédentaires chinoises vers l'Amérique et les créances toujours croissantes qui en résultent et que la Chine détient sur les EUA. L'accumulation de ces réserves de dollars peut être interprétée comme la contrepartie à l'accord de Washington à l'entrée de la Chine dans l'Organisation mondiale du commerce en 2001, comme un moyen pour acquérir des entreprises énergétiques à l'étranger ou comme un instrument stratégique pour pouvoir, au moment voulu, faire chanter les EUA. La Compagnie pétrolière chinoise CNOOC voulait, en 2005, acquérir la Compagnie américaine Chevron mais les autorités américaines l'en ont empêchée.

Après les banques centrales et les groupes privés d'Europe et du Japon, la Chine est, en réalité, le troisième créancier en importance d'Amérique, ce qui lui donne évidemment un levier de pouvoir non négligeable face à Washington. Ce dernier le sait, d'où sa volonté d'encercler militairement, et aussi effectivement que possible, la Chine. C'est assurément la raison principale pour maintenir la domination américaine sur l'île de Taiwan et l'expression toujours vigoureuse de Beijing de vouloir, jusqu'ici en vain, exercer sa souveraineté sur celle-ci. L'exemple de l'incorporation de Hong Kong en Chine populaire a, il y a quelques années, montré néanmoins que rien n'est éternel dans ce bas monde.

En ce qui concerne *les rapports sino-russes*, la Chine, comme la Russie, défend forcément la même position de fond : pas d'unilatéralisme américain et lutte pour un monde multilatéral ! Ces dernières décennies, elles ont réussi à stabiliser véritablement leurs frontières communes qui ont été à l'origine de pas mal de conflits, même armés. La Russie est un important fournisseur de la Chine en matière d'armements de haute technologie et de matières énergétiques, les deux développent des projets d'envergure : oléoducs et de gazoducs à partir de la Sibérie orientale (Angarsk près du lac Baïkal) jusqu'au Nord-Est (Daqing) et à l'Ouest chinois. Au printemps 2006, les deux capitales auraient marqué leur accord à la construction de deux gazoducs, l'un traversant la Mongolie venant de Sibérie occidentale, et l'autre arrivant en Chine du Nord venant des îles Sakhaline.

Le réarmement nucléaire de la Chine ne fait pas plaisir à la Russie qui, tout en l'alimentant, peut craindre des infiltrations chinoises croissantes en territoire sibérien, fort peu peuplé. Néanmoins, Beijing considère actuellement Moscou comme son allié naturel pour s'opposer à la pénétration américaine en Asie centrale et Moscou s'en montre tout à fait consentant. Alors que, jadis, le démantèlement de l'Union soviétique a été, bien entendu, favorable à la Chine, l'apparition des nouveaux États Centre-asiatiques comme le panturquisme ou le fondamentalisme musulman l'inquiète et inquiète la Russie comme sources de pénétrations national-religieuses dans les régions occidentales et comme problèmes frontaliers. Il reste qu'en matière du «système de défense antimissile», il existe une complicité certaine entre la Russie et les EUA, au-dessus des têtes et de la Chine et de l'UE.

L'histoire (im)possible des rapports Chine-UE

Dès le début des années 1970, la Belgique reconnaît diplomatiquement la Chine populaire, suivie par la France, en 1974, et puis, progressivement, par les autres pays européens. Depuis la chute du Mur de Berlin, les contacts se multiplient devant les nouvelles donnes géopolitiques et, en 1998, on a franchi une étape importante par l'institution de réunions au sommet, Chine-UE. En 2003, l'UE signe un accord de partenariat avec la Chine. Parmi les partenaires commerciaux actuellement les plus importants de la Chine, les EUA, le Japon et l'UE occupent, chacun, une place quasi équivalente. En 2002, puis en 2006, Beijing annonce sa décision de diversifier ses réserves en devises en faveur de l'euro pour mettre en évidence sa vision multilatérale du monde et, au moment voulu, de réduire ses risques de change qui ne faisaient qu'augmenter avec l'accroissement des relations commerciales sino-européennes.

La diversification et l'élargissement des liens commerciaux constituent un enjeu d'envergure pour la Chine comme pour l'UE. Comme on le sait, la Chine recherche, de toutes les façons, l'ouverture des moyens de communication terrestres ou maritimes afin de garantir son approvisionnement en matières énergétiques et, en contrepartie, d'écouler sa production vers d'autres économies. Ainsi, elle s'intéresse beaucoup à la mise en place du projet européen TRACECA. En cours d'achèvement, ce projet devra relier, par le biais des infrastructures de transport, l'UE, la Caucasie méridionale et l'Asie centrale avec la Chine occidentale afin d'améliorer les liaisons économiques eurasiatiques. En 2003, la Chine marque son accord pour cofinancer le système mondial de navigation par satellite de l'UE, le GALILEO qui est d'une haute importance du point de vue géostratégique. Enfin, l'UE décide, en 2006, de reprendre des négociations avec la Chine en vue d'approfondir les relations entre les deux entités, notamment par la levée éventuelle de l'embargo européen sur les armes.

Il reste que la vision chinoise des EUA est, politiquement, peu claire et empreinte d'hésitations. Ce caractère indécis et parfois déroutant des attitudes chinoises ne peut pas être interprété comme de simples manœuvres tactiques ou pragmatiques. Elles réduisent la lisibilité des options du régime et constituent, jusqu'à un certain point, un obstacle à un rapprochement de fond entre Beijing et Bruxelles. Certes, du côté de l'UE, les incertitudes des relations transatlantiques ne facilitent pas non plus de grandes options stratégiques. Comme la pratique historique le montre cependant, la coalition géostratégique entre entités mondiales, dont les forces et les faiblesses sont complémentaires, qui peuvent se considérer comme étant «encerclées» et qui, de l'une à l'autre, se situent au-delà des puissances voisines, bénéficie d'une certaine stabilité. La stabilité de ces coalitions contribue à l'avènement d'autres alliances de même nature. Certes, toujours fragiles, ces évolutions peuvent néanmoins faciliter l'établissement des équilibres en termes géopolitiques dans le monde, du moins diminuer les risques de guerre.

C'est ce que semble souhaiter l'UE comme la Chine qui sont faiblement nucléarisées et, dès lors, moins craintes par leurs voisins. Elles partagent également la conviction de privilégier des stratégies géo-économiques et diplomatiques aux actions militaires. De plus, leurs dépendances surtout énergétiques les lient beaucoup à la Russie, mais pas exclusivement, ce qui est susceptible d'apaiser les relations. Elles sont partisanes du multilatéralisme, tout en reconnaissant la nécessité d'être toujours en position de négociation avec les EUA. Idéalement, les relations entre Bruxelles et Beijing devraient ainsi devenir plus développées et plus fortes que celles entre Bruxelles et Moscou, même dans une perspective d'une *Ostpolitik* renouvelée. Une alliance entre la Chine et l'UE peut, d'ailleurs, paraître moins alarmante pour les EUA qu'une alliance russo-européenne. Cette dernière pourrait, en fait, s'avérer trop forte au regard des autres puissances car elle réunirait une capacité économique dominante avec un pouvoir nucléaire non négligeable. Enfin, par contre, une alliance sino-européenne pourrait devenir une contre garantie à des liens stratégiques traditionnels entre Washington et Moscou, dont la volonté de toujours est de maîtriser, superviser ou contrôler l'Europe occidentale et centrale comme la Chine.

Bibliographie spécifique :

ADHIKAI, Ramesh & Yongzheng Yang, La Chine à l'OMC : quelles conséquences pour le pays et pour ses partenaires commerciaux, in : *Finances & Développement*, septembre, 2002.
Alternatives Sud, Le miracle chinois vu de l'intérieur - Point de vue d'auteurs chinois, n°4, 2005.
ANDERSON, Perry, Jottings on The Conjuncture, in : *The New Left Review*, n°48, nov-déc., 2007.
ANDREAS, Joel, Changing Colours in China, in : *New Left Review*, n°54, nov/dec 2008.
Banque centrale européenne, Mise en perspective de l'expansion économique de la Chine, janvier, 2007.
BENOIT, Bertrand, Germany eyes free-trade zone to rival China, in : *FT*, 15.9.2006.
BO, Fu, Les silences diplomatiques de la Chine, in : *Le Monde Diplomatique*, mars 2003.
BOISSEAU DU ROCHER, Sophie & François Godement, *Asie - édition 2006*, Documentation française, Paris, 2006.
BULARD, Martine, Expansion chinoise, in : *Le Monde Diplomatique*, mai, 2006.
Idem, La Chine aux deux visages, in : *Le Monde Diplomatique*, janvier, 2006.
Idem, La Chine bouscule l'ordre mondial, in : *Le Monde Diplomatique*, août, 2005.
BRUYLAND, Erik, Levert Congo uranium aan Teheran ?, in : *Trends*, 18.8.2006.
BURUMA, Ian, Tibet Disenchanted, *The New York Review*, July 20 2000.
Campagne Vêtements propres, Chine - Agir pour les droits des travailleurs ?, juin 2005.
CANNON, Terry, La Chine et l'économie spatiale des réformes : comprendre la topocratie et «l'État développementaliste local», in : DECROLY & NICOLAÏ 2006.
CHENG, Anne (sous la dir.), *La pensée en Chine aujourd'hui*, Gallimard Folio-essais, Paris, 2007.
CHINA, FACTS & FIGURES 2007, New star publisher, Beijing, 2007.
DICKIE, Mure, Beijing to back private military suppliers, in : *FT*, 5.8.2006.

DUFOUR, Jean-François : *Géopolitique de la Chine*, Complexe, Bruxelles, 1999.
DYER, Geoff & Richard McGregor, Opposition to US inspires «NATO of The East», in : *FT*, 22.6.2006.
FAUJAS, A. & C. GATINOIS, L'épargne chinoise finance l'endettement des consommateurs et de l'État américain, in : *Le Monde* ; 8.11.2007.
FISCHER, Peter, Zweckbündnis, Liebeswerben oder bloss Bluff ?, in : *NZZ*, 5.4.2006.
FISCHER WELTALMANACH/DIE ZEIT, Weltmacht China, Fischer, Frankfurt a.M., 2005.
FT, Country Report : China 2006, 12.12.2006.
Idem, Friend or forager ? How China is winning The resources and The loyalties of Africa, 23.2.2006.
Foreign Affairs, Spécial Section : China, n°5, septembre-octobre, 2005, in : *New Left Review*, n°54, nov/dec 2008.
GREEN, M. & R. McGREGOR, China offers Nigeria $50bn credit, in : *FT*, 1.4.2008.
GUAN DJIEN CHAN, Martin, *Der erwachte Drache - Grossmacht China im 21. Jahrhundert*, Wissenschaftliche Buchgesellschaft, Darmstadt, 2008.
HARNEY, Alexandra, Top Chinese general warns US over attack, in : *FT*, 15.7.2005.
Heartland/LIMES, China-America - The great game, n°1, 2005.
HERZINGER, Richard, Die Angst vor dem Musterschüler –Sentiment und Ressentiment– das aufstrebende China erhizt die Phantasie des Westens, in : *NZZ*, 10.5.2007.
HOLLANTS van LOOCKE, Jan, La Chine : nouvelle grande puissance, in : *Courrier Verbiest*, décembre, 2005.
HOLZMAN, Marie, Vingt ans de réformes économiques en Chine : quel impact sur le statut des femmes *?*, in : *Dossiers et Documents d'Églises d'Asie*, n°7, 2002, voir aussi : www.china-woman.com.
HUTTON, Will, *The Writing on the Wall : China and the West in the 21st Century*, Little-Brown, London, 2007.
HUTURER, Manfred & Arndt Freytag von Loringhoven, Wird Russlands Ferner Osten Chinesisch ?, in : *NZZ*, 8.8.2005.
JANG Zemin & ZHU Rongji, *Chine : la réforme autoritaire*, Bleu de Chine, Paris, 2001.
JACQUES, Martin, China is well on its way to being other superpower, in : *The Guardian*, 8.12.2006.
JULLIEN, François, La Chine au miroir de l'Occident, in : *Le Monde Diplomatique*, octobre, 2006.
KANDIYOTI, Rafael, de nouvelles routes pour le pétrole et le gaz, in : *Le Monde Diplomatique*, mai 2005.
KELLNER, Thierry, *La Chine et la nouvelle Asie centrale - de l'Indépendance des républiques Centre-asiatiques à l'après-11septembre*, GRIP, Bruxelles, 2002.
KISSINGER, A. Henry, US and China - Conflict is not an option, in : *International Herald Tribune*, 9.6.2005.
La défense nationale de la Chine en 2004, Office d'information du Conseil des Affaires d'État de la RPC, Beijing, 2004.
LAGUE, David, Comming to terms with the Ascent of China, in : *International Herald Tribune*, 7.11.2005.
La Revue Nouvelle, La Chine sort de l'ombre, thème spécial traité par une série d'auteurs, septembre, 2003.
LEMOINE, Françoise, À l'heure de l'OMC - Gagnants et perdants de l'ouverture chinoise, in : *Le Monde Diplomatique*, avril 2002.
LEONARD, Mark, The road obscured, in : *FT*, 8.7.2005.

LESER, E., Bruno Philip & Service entreprises, L'émergence de la Chine perturbe les équilibres mondiaux, in : *Le Monde*, 26.4.2005.

LEW, Roland, *La Chine populaire*, Que sais-je ?, n°840, Paris, 1999.
HERODOTE, Géopolitique de la mondialisation, 1er trim., 2003.
Idem, Géopolitique de l'eau, n°102, 3e trim., 2001.
Idem, Géopolitique en Chine, n°96, 1er trim., 2000.
Idem, Le cercle de Samarcande, n°84, 2e trim., 1997.
KREGEL, Jan & William MILBERG, Global rests on sharing the gains, in : *FT*, 4.9.2006.
LEMOINE, Françoise, L'impact de la Chine sur l'économie mondiale ne doit pas être surestimé, *Le Monde*, 21.4.2008.
LIMES, Tema spéciale : Cindia la sfida del secolo, Parte I : Cinna e India o Cindia ?, Parte II : Cinna, n°4, 2005.
Idem, I tre vertici : USA/Russie/Cinna, n°3, 2002.
LIMES, 4/2008 :
 • PAOLINI, Margherita, Il drago ha sete,
 • MAFODDA, Giovannie, Il soldi di Pechino et le paure de Washington,
 • DESIDERIO, Alfonso, Il drago nella Rete,
 • ZHANG, Xiaodong, La marcia All'Ovest, come la Cina penetra nel Grande Medio Oriente,
 • JEAN, Carlo, Il nuovo grande gioca in Asia centrale,
 • ROCCUCCI, Adriano, Il mondo visto dalla Russie.
LINK, Perry, He Would have Changed China, in : *The New York Review*, April 3 2008.
LUDWIG, Klemens, Tibets heuimliche Widerstandsarmee, Der vergessene Guerilkrieg gegen China in der füfziger und sechziger Jahren, in : *NZZ*, 18.4.2008.
MALLET, Victor, The global superpower is starting to lose its grip on Asia, in : *FT*, 23.8.2005.
McGREGOR, Richard, China sees value in record reserves, in : *FT*, 7.9.2006.
Idem, Power not socialism is today's Chinese ideology, in : *FT*, 25.7.2006.
Idem, Business and politics converge in China, in : *FT*, 13.7.2006.
Idem, Putin to tackle energy during China visit, in : *FT*, 20.3.2006.
Idem, China launches «New deal» for farmers, in : *FT*, 22.2.2006.
Idem, Chinese struggle for rights brings New breed of political fixers to the fray, in : *FT*, 15.2.2006.
MINI, Fabio, La legge truffa eccita la sfida Cina-Stati Uniti, in : *LIMES*, n°4, 2006.
MIRSKY, Jonathan, He Won't Give In, in : *The New York Review*, February 14 2008.
Idem, China's Area of Darkness, in : *The New York Review*, November 8 2007.
Idem, China : The Uses of Fear, in : *The New York Review*, 6.10.2005.
MISHRA, Pankaj, The Quiet Heroes of Tibet, in : *The New York Review*, January 17 2008.
MOONEY, Paul & R.L. Parry, Leaders bury hatchet as Beijing summit sets out route to detente, in : *The Times*, 9.10.2006.
NATHAN, Andrew J. & Bruce Gilley, China's New Rulers : 1. The path to Power & China's New Rulers. 2. What They Want, in : *The New York Review*, 26.9.2002.
NZZ, China jenseits von Olympia - Ein Traum - Zwei Welten, 25.4.2008.
Idem, China zeigt militärische Muskeln im Weltall, 20/21.1.2007.
Idem, China will seine militärische Muskeln stärken, 16.1.2007.
Idem, Wachsende Unzufriedenheit mit Chinas Justiz, 8.8.2006.
Idem, Chinas betritt ein neues Zeitalter –Rasche Reifungprozesse in der Volkswirtschaft, 5/6.8.2006.
Idem, China investiert vermehrt im Ausland, 24.7.2006.
Idem, Schillernde Schanghai-Connection, 17/18.6.2006.
Idem, Verstimmung zwischen China und Japon, 16.6.2006.
Idem, Chinas Verlierer melden sich zu Wort, 3/4.6.2006 .
Idem, Chinas Aufstieg zur Seemacht weckt den Argwohn Amerikas, 15/16.4.2006.

Idem, Viel Konfliktstoff zwischen China und den USA, 7.4.2006.
Idem, Lhassa mit Chinas eisenbahnnetz verbunden, 20.10.2005.
Idem, Neue Potenzila für soziale Unrast in China, 1.6.2005.
Idem, Modernisierung und Professionalisierung von Chinas Stritkräften, 13.5.2005.
O'BRIEN, Kevin J. & LIANJIANG Li, *Rightful Resistance in Rural China*, Cambridge Univ. Press, Cambridge, 2006.
Outre-Terre - Revue française de géopolitique, Puissance Chine ?, n°15, Daedalos-Erès-OGENI, Ramonville Saint-Agne, 2006.
PEDROLETTI, Brice, Le ton monte entre Washington et Pékin à propos du financement de la dette américaine, in : *Le Monde*, 10.8.2007.
PENG GUANGQIAN, *China's national défense*, China Intercontinental Press, Beijing, 2004.
Politique internationale, «dossier Chine», n°97, automne 2002.
POMONTI, J.-C., Redistribution des cartes en Asie, in : *Le Monde Diplomatique*, décembre, 2005.
RACHMAN, Gideon, As America looks the other way, China's rise accelerates, in : *FT*, 17.2.2007.
RAMONET, Ignacio, Chine contre Chine, in : *Le Monde Diplomatique*, avril 2005.
RAVAILLON, Martin & Shaohua CHEN, Comprendre les progrès (inégaux) de la Chine dans sa lutte contre la pauvreté, in : *Finances & Développement*, décembre 2004.
REDDY, Sanjay, Death in China, in : *The New Left Review*, May June, 2007.
ROCCA, J.-L., Quand la Chine redécouvre la question sociale, in : *Le Monde Diplomatique*, mai 2007.
Russia Profile, Central Theme : China, octobre, 2006.
SCHEEN, Thomas, China rollt den afrikanischen Kontinent auf - und die Welt merkt es nicht, in : *Frankfurter Allgemeine*, 11.5.2006.
SHEN, Dingli, Pyongyang mise sur la neutralité de Pékin, in : *Le Monde Diplomatique*, novembre 2006.
SCHMILLEN, Achim, Neues «great game» in Zetralasien ?, in : *Frankfurter Allgemeine*, 15.5.2001.
SCHOETTLI, Urs, Im Zweifel immer für die Familie - Nationalismus, Chauvinismus und Patriotismus in China, in : *NZZ*, 21.4.2008.
Idem, Chinas Landwirtschaft kann die Bevölkerung kaum mehr ernähren, in *NZZ*, 6.6.2007.
Idem, China als Verursacher und Opfer der Klimaveränderung, in : *NZZ*, 19/20.5.2007.
Idem, Aufbruchstimmung in Chinas Hinterhof - Ambitiöse Entwicklungspläle für den Westen des Landes, in : *NZZ*, 27.4.2007.
Idem, In China geht die Gründerzeit zu Ende, in : *NZZ*, 2/3.12.2006.
Idem, Chinas energiehunger beunruhigt die Welt, in : *NZZ*, 3.5.2006.
SCHÜRER, Wolfgang, Wenn Asiens Bäume in den Himmel wachsen - der Aufbruch Chinas und Indiens, in : *NZZ*, 14/15.1.2006.
SERVANT, J.-C., La Chine à l'assaut du marché africain, in : *Le Monde Diplomatique*, mai 2005.
SEVASTOPULO, Demetri, Indian nuclear pact raises doubts in Congress, in : *FT*, 4.5.2006.
SHAKAYA, Tsering, Blood in the Snows, in : *The New Left Review*, May June, 2002.
SISCI, Francesco, La Cinna è un giallo, in : *LIMES*, n°1, 2005.
SKIDELSKY, Robert, The Chinese Shadow : II, in : *The New York Review*, 1.12.2005.
STAIGER, Brunhild, Stefan Fried rich & Hans-Wilm Schütte, *Das grosse China-Lexikon*, Primus, Darmstadt, 2003.
STEPHENS, Philip, Hollywood presents China with a lesson in geopolitics, in : *FT*, 14.2.2008.
STIGLITZ, Joseph, US has little to teach China about steady economy, in : *FT*, 2.8.2005.

The Economist, China bashing - Giving China a bloody nose - By sabotaging a Chinese bid, America has damaged its own interest, 6.8.2005;
Idem, China and The key to Asian peace, 24.3.2005;
Idem, Spécial report - China's champions, 8.1.2005.
VANAIK, Achin, The New Himalayan Republic, in : *The New Left Review*, n°47, jan fév, 2008.
VERNEREY, Mathieu, Bourgeonnement précoce du printemps de Lhassa, in : *Le Monde Diplomatique*, avril, 2008.
WALKER, Richard & Daniel BUCK, The Chinese Road - Cities in the Transition to Capitalism, in : *The New Left Review*, n°46, juil-août, 2007.
WEI, Shang-Jin, Chine : la mondialisation profite-t-elle aux plus démunis ?, in : *Finances & Développement*, septembre, 2002.
WOLF, Martin, China's autocracy of bureaucrats, in : *FT*, 30.5.2006.
XING, Xu, Les tribulations d'un paysan chinois, in : *Le Monde Diplomatique*, août 2002.
ZACHARIE, Arnaud, La Chine en Afrique : le pire est-il certain ?, in : *Imagine*, mars avril 2008.
ZHANG, Zei-Zei, La montée en puissance de la Chine et ses implications géopolitique : une perspective civilisationnelle, in : *Centre International d'Études Géopolitiques, Géopolitique, Religions et civilisations - Quelles perspectives pour le XXIe siècle ?*, L'Age d'Homme, Lausanne, 2003.
ZHANG, Yongle, No Forbidden Zone in Reading - Dushu and the Chinese Intelligentsia, in : *The New Left Review*, jan feb 2008.
ZHANG, Wei, Die Aura der Macht strahlt wie Licht, in : *NZZ*, 11.4.2008.
ZHIQIANG, Pu, «June Fourth» Seventeen Years Later : How I Kept a Promise, in : *The New York Review*, 1.8.2006.

Inde-Pakistan, antagonisme sans fin ou coopération tacite ?

Voir la suite sur le site suivant : www.bardosfeltoronyi.eu

L'Iran, un acteur ou un enjeu du Moyen-Orient

SOMMAIRE, CONCLUSION et ÉVALUATION :

1. Pays du Moyen-Orient, l'Iran devient, dès aujourd'hui et pour les décennies à venir, un enjeu eurasiatique d'importance pour l'UE. D'une part, les EUA sont arrivés dans cette partie du monde dès la fin des années 1940, puis plus activement depuis 1970/80 et tentent d'élargir leur *zone d'influence* de la mer Méditerranée jusqu'aux confins de la Chine, en passant par l'Asie centrale. Ces tentatives les mettent en concurrence directe avec la Russie et l'UE, sans compter l'Inde et le Japon. Cet expansionnisme américain correspond, pour l'Iran, à une tentative d'encerclement certaine.

D'autre part, pour l'UE, les sources d'approvisionnement de la région moyen-orientale aussi bien que les liaisons terrestres de communication dans un but d'échanges commerciaux attribuent à *l'Iran une position clef, à l'instar de la Turquie*. Si ce dernier pays pourra bien adhérer à l'UE de plein droit vers 2020-22, le cas de l'Iran n'est guère envisagé dans cette perspective. Un accord d'association et de stabilité reste cependant en négociation depuis un certain temps dans le cadre de la «politique de voisinage».

Quant au reste, comme l'Irak, la Turquie s'inscrit parmi les adversaires séculaires de l'Iran et, pour des raisons de localisation, il existe *une rivalité turco-iranienne* par rapport à la domination de la région. Enfin, l'Iran, lui-même, bénéficie d'une position forte. Cette position du pays est due, entre autres, à *son insertion dans un Moyen-Orient* en pleine mutation et traversé par de profondes contradictions, à sa place dans le secteur mondial des hydrocarbures et à sa position particulière au sein de l'Islam.

2. En dehors de ses côtes maritimes, le pays est dépourvu de frontières naturelles mais a une e*xpérience séculaire de gestion impériale et plurale.* Il se trouve, dès lors, exposé à de fréquentes invasions qu'il absorbe cependant aisément. Il marque, depuis toujours, un intérêt «naturel» à la plaine mésopotamienne et au golfe Persique. Il a un large accès au golfe Persique, à la mer Caspienne et à l'océan Indien, et dispose de côtes pour des transports maritimes bon marché et de zones maritimes économiques exclusives qui s'avèrent riches en hydrocarbures. Les ventes d'hydrocarbures à l'étranger correspondent à plus des quatre cinquièmes du total des exportations et *6-7 % du PNB* annuel du pays. *Ce qui n'est pas un indice de dépendance excessive par rapport à l'étranger.*

Beaucoup d'observateurs de l'Iran font remarquer que le pays a connu, depuis les années 1960, des progrès notables. Malgré toute la répression persistante, le pays est plus démocratique que jadis. Son développement économique s'avère non négligeable au niveau individuel et notable sur le plan collectif. Du point de vue institutionnel, il tente, pour la première fois, une synthèse entre la démocratie et l'Islam. En dépit de l'obligation de devoir porter le foulard, la libération de la femme est, pour la majorité, réelle par rapport aux structures féodales et patriarcales prédominantes avant 1979.

Les crises qui ont récemment déstabilisé l'Iran, n'ont pas entraîné une explosion des nationalismes, alors même que la position périphérique, sur le territoire du pays, d'ethnies minoritaires peut faciliter les mouvements sécessionnistes. Il n'empêche que *la minorisation progressive des Iraniens de souche* pourrait déboucher sur une remise en cause de leur primauté. Cette vulnérabilité leur impose de contrôler solidement les différentes structures de pouvoirs.

3. Élargissant leur influence tout au long du XIXe siècle et durant la première moitié du XXe, l'Union soviétique au Nord et la Grande-Bretagne au Sud occupaient une partie du pays en 1941. Au lendemain de la guerre 1939-45, il fut progressivement libéré de ces deux pays mais devint rapidement le satellite des EUA. Grâce à l'accroissement fulgurant des exportations d'hydrocarbures, il s'est lancé dans une véritable modernisation accélérée. Le caractère, considéré comme hâtif, de cette dernière provoqua le durcissement progressif du régime monarchique, aboutissant à un régime de répression odieux, notamment contre le clergé. Sous la pression de l'opposition à fractions multiples, le dernier chah quitte le pays et *la République islamique* s'instaure sous la direction de l'âyâtollâh Khomeyni. La République fête son 30e anniversaire en 2009.

En 1979, le rêve d'un islam militant apparaît comme une réponse possible au sécularisme imposé par l'oligarchie régnante. Sa force de mobilisation trouve sa démonstration lors de la guerre irako-iranienne. Alors qu'une des idées forces du mouvement révolutionnaire était la restauration de l'indépendance et de l'autosuffisance économiques, notamment dans le domaine agricole, le pays doit importer de nombreux produits de première nécessité. La différence accrue des revenus et des fortunes accentue la paupérisation et les difficultés quotidiennes engendrent une profonde vague de mécontentement. La population a également augmenté sous l'effet des migrations des réfugiés. Enfin, chose remarquable, elle est devenue *la population musulmane la moins religieuse* dans l'Islam.

Plusieurs traits ont caractérisé l'économie révolutionnaire : la nationalisation des banques, de secteurs industriels entiers et, en partie, du commerce extérieur, ainsi que le rôle important des fondations religieuses et paraétatiques qui sont largement financées par l'État. La distribution des postes de commande dans l'administration et dans l'économie nationalisée serait devenue la manière de financer tel ou tel groupe ou personnalité politiques. Ainsi s'établit un système de corruption étendu et s'y ajoute le fait que l'annulation partielle de la réforme agraire favorise, sans conteste, certaines anciennes classes rurales et les nouvelles classes dominantes dont le clergé.

Finalement, le pays érige un grand nombre de centrales nucléaires dans le but de mieux assurer son approvisionnement en courant électrique et, *peut-être, de développer des armes nucléaires*. Ce développement fort possible n'étonnera personne eu égard au fait que trois pays qui lui sont proches, sont déjà nucléarisés et que les EUA disposent de nombreuses bases militaires dans un rayon de 1 000 kilomètres, sans oublier la proximité de la Russie. Il fournit, en tout cas, un prétexte aux EUA pour que ceux-ci exercent un chantage dans un but géostratégique bien précis à l'Iran. L'UE a une tout autre approche du problème. Certes, la doctrine géostratégique actuelle des EUA qui prévoit la «préemption», pourrait inciter, en principe, les États concernés à vouloir détenir des armes de destruction massive, par crainte d'une action préventive.

4. Le *régime classique dualiste et bicéphale* qu'a installé la révolution islamique, s'avère à la fois fort et fragile. En réalité, il ressemble davantage à un *régime oligarchique* de groupes et d'influences variés *de 8 à 10 centres de pouvoirs*. Les milieux religieux seraient, politiquement, partagés entre divers courants : les «fondamentalistes», les «réformistes» et, entre les deux, les partisans de l'ancien Président Rafsandjani, néo-libéral et autoritaire. D'autres cercles religieux s'opposent à l'idée d'un «pouvoir terrestre» pour les chefs religieux ou se regroupent autour de fondations religieuses et paraétatiques géantes ou encore s'organisent auprès de diverses forces armées. Les forces militaires sont aussi partagées entre l'Armée, avec 420 mille soldats, et la Garde révolutionnaire, avec 125 mille miliciens.

Complices de la révolution islamique de 1979, les Moudjahiddins de tendance gauche et laïque mènent, par ailleurs, une vie clandestine en Iran et fort active à l'étranger. Outre d'autres milieux d'affaires proprement privés (les *bazaaris*, représentants de la moyenne et de la petite bourgeoisie, musulmans convaincus*)*, le reste des élites s'avère fort éclaté entre les libéraux démocrates, les néo-libéraux autoritaires et affairistes, les conservateurs ou monarchistes classiques (dans le pays ou à l'étranger), les milieux laïcs et universitaires, et des gauches variées. Il faut enfin mentionner les femmes et les milieux intellectuels, dont les orientations politiques ne me sont pas connues mais qui interviennent, sans doute, dans les débats politiques et de façon de plus en plus active.

Les alliances constamment changeantes entre ces centres de pouvoirs rendent la vie politique intense, mais les moyens de répression du régime demeurent jusqu'ici suffisants pour maintenir un ordre «établi» face à la population exclue du jeu politique. Certains milieux dits «conservateurs», qui seraient proches de certains religieux, de la «nouvelle bourgeoisie» affairiste née de la révolution khomeyniste, des «nouveaux riches» et des technocrates, accepteraient, semble-t-il, une «solution postmaoïste» : *l'économie néo-libérale et un régime dictatorial sur le plan politique auxquels se joindrait un rapprochement avec les EUA*, garants de ces visées. La victoire électorale de ces «conservateurs» peut cependant se retourner contre eux, s'ils ne réussissent pas à redresser la situation socio-économique qui, à présent, apparaît comme explosive, et si Washington ne les soutient pas.

Plus que sur l'orientation politique du pays, les affrontements entre les différents tenants du pouvoir portent sur l'équilibre des pouvoirs entre les institutions dualistes du régime, impliquent des déplacements constants du pouvoir d'un organe à un autre et contribuent à un enchevêtrement des institutions. Malgré les signes évidents de *consolidation*, l'ensemble de ces caractéristiques induit une fluctuation tenace des clivages au sein du pouvoir, ce qui risque de fragiliser sérieusement le régime, notamment dans certaines circonstances qui peuvent être déterminées de l'étranger. Il s'y ajoute *la forte féminisation de la vie socio-économique* qui, tôt ou tard, ne peut pas rester sans impact sur la société politique.

5. Les relations avec Washington demeurent l'un des thèmes privilégiés de la lutte entre les factions rivales au sein de la vie politique du pays. Il en résulte que les EUA font, directement ou indirectement, tout pour semer la zizanie et, de cette façon, s'approprier un pouvoir d'intervention. L'exemple par excellence consiste à classer le pays comme faisant partie de «l'axe du mal» ou à l'importuner en matière de prolifération des armes nucléaires. Des bombardements inopinés du pays ne sont donc pas à exclure soit par Israël, soit par les EUA, surtout en périodes électorales. Par contre, l'Iran dispose de moyens de défense militaire et d'une capacité d'interventions multiples dans les conflits du Proche et du Moyen-Orient, par exemple en Irak, au Liban ou en Palestine.

Une *alliance russo-iranienne* me paraît inéluctable puisque les deux ont le même adversaire dans la région : les EUA. La Russie vend volontiers des équipements militaires et nucléaires à l'Iran. Cette nécessaire alliance fait taire le conflit entre les deux pays dans le domaine de l'exploitation de la mer Caspienne et les «affaires d'armes nucléaires». Un *rapprochement certain avec la Chine* s'opère en fonction des besoins croissants d'hydrocarbures de cette dernière. De plus, les deux ont le même adversaire. Outre le «dialogue critique» de l'UE avec l'Iran, celui-ci développe des alliances avec le Pakistan et l'Inde, mais il faut bien reconnaître que *ses alliés véritables ne sont pas très nombreux*. On identifierait un axe Est-Ouest entre l'Iran, la Syrie, le Liban et la Palestine, encore qu'il ne faille pas exagérer sa portée. Un autre est observé entre la Russie, l'Iran et certains États du golfe Persique à majorité chiite.

S'agissant de la question kurde dans la région, la Turquie se retrouve avec l'Iran, l'Irak et la Syrie pour empêcher même le risque de voir établir une autonomie kurde quelque part, voire une souveraineté kurde véritable. Afin de déstabiliser la région et notamment ces pays, et de renforcer leur position par rapport à l'UE et à la Russie, les EUA pourraient prendre l'initiative de la création d'un Kurdistan plus ou moins autonome et créer ainsi, à l'instar de ce qui se passe en Palestine, une *nouvelle région de conflits à intensité faible*.

Devant une certaine fragilisation structurelle et conjoncturelle du régime, face aux mutations fondamentales au sein du pays et l'enjeu que représente le Moyen-Orient, l'UE ferait bien de ne pas laisser ce «morceau géopolitique» entre les mains exclusives des EUA qui pourraient tourner l'Iran contre l'Union. Elle est appelée à formuler une stratégie d'action et à proposer une «alliance structurelle» à l'Iran. Il conviendrait que l'UE imagine une série de garanties internationales à fournir par les grandes puissances à l'Iran : un traité de non-agression, la réduction sensible des forces militaires américaines dans la région, un système de contrôle d'armement, notamment nucléaire, etc. Enfin, «l'alliance structurelle» pourrait contribuer à la mise en place progressive d'une solution à la question kurde, sans que cela accroisse le risque de conflits au Moyen-Orient et d'une réduction du caractère patriarcal du régime chiite.

Voir la suite sur le site suivant : www.bardosfeltoronyi.eu

Partie 5
Cas géo-économiques

La géo-économie correspond à la dimension économique de la géopolitique. Trois secteurs fort différents seront traités ici. Leurs caractéristiques communes relèvent de l'articulation spécifique entre les multinationales et les États ou les fédérations d'États ou encore des organisations publiques internationales. En premier lieu, la rivalité qui s'accentue avec le temps entre la portée du dollar et de l'euro dans le monde, incarne un beau cas où les rapports de force entre banques multinationales des deux côtés de l'Atlantique se joignent à ceux qui se développent entre les EUA et l'UE depuis le début des années 1990. Une tout autre occurrence est l'entrée du capitalisme au «Centre de l'Europe» d'abord lente à partir des années 1970, puis accélérée avec la chute du Mur de Berlin. Le troisième cas qui retient l'attention, explique le rôle problématique des firmes et banques multinationales dans les opérations clandestines «roses», «grises» et «noires». Ces opérations s'organisent à l'échelle mondiale et apparemment «au vu et au su» des États, insuffisamment actifs dans ces domaines.

Faisant partie de la géopolitique, la géo-économie vise précisément à examiner la stratégie des entreprises qui s'imbriquent dans la stratégie des États et vice versa[85]. Les États leur fournissent la sécurité, la garantie absolue à la propriété privée, des subsides directs ou indirects, des aides variées, etc. Les multinationales leur garantissent une certaine loyauté et parfois des recettes fiscales et douanières non négligeables. Les entreprises qui opèrent la globalisation, ne pourraient cependant guère réussir sans l'appui des pouvoirs publics nationaux et internationaux tels la BM, le FMI, l'UE, l'OMC, etc., ainsi que sans la menace de recours à la force ou le recours à la force même, étatique ou privée. Mais, la géo-économie ne se réduit pas seulement à cela. Elle étudie, entre autres, des réseaux d'infrastructures de communication au sens large du terme (routes, chemins de fer, satellites, conduites, etc.) de caractère principalement économique.

Comme déjà mentionné dans le chapitre introductif, elle explore la (re)production de la spatialité des modes de production et des régimes politiques, c'est-à-dire la politique que l'on appelle communément l'«aménagement du territoire» qui accommode, conforte et garantit la reproduction, par exemple, par des mécanismes politiques, bancaires, sociaux ou budgétaires, ainsi que des modes de production et des régimes politiques par la politique internationale et régionale : fixer la spécificité du cadre national eu égard à d'autres territoires et régler concrètement les contradictions à l'intérieur du cadre national. Dans le processus de la globalisation actuelle, la fonction et la place de l'État se redéfinissent constamment par la création de fédérations d'États (UE, Mercosur, ASEAN, etc.), d'institutions internationales privées (OMC) ou publiques (FMI, BM, Tribunal pénal international), du mercenariat multinational privé, des mafias diverses, etc.

---

85. Cette introduction s'appuie sur mon livre *Géoconomie* mis à jour.

La Partie 5 se limitera à l'examen des trois cas mentionnés ci-dessus, même si les autres enjeux géo-économiques n'échapperont pas non plus totalement à l'étude de ces cas. Les autres enjeux attendent d'être explorés tels que le mercenariat international privé, le réseau international de gazoducs et oléoducs, l'assurance et les transports internationaux, l'accès aux matières premières et énergétiques dont l'eau ou les hydrocarbures ou encore ces «boîtes à idées» qui badigeonnent d'un vernis d'expert les priorités des groupes d'intérêts qui les financent[86]. Avant d'entamer l'examen des trois problématiques, il convient d'esquisser le cadre théorique dans lequel prennent place ces études.

Quelques fondements à l'expansion géographique et sectorielle du capital

C'est devenu un lieu commun de considérer que *l'économie-monde capitaliste a connu, depuis la guerre 1939-45, un processus de restructuration globale et est en crises multiples à présent*. Cette restructuration s'inscrit dans le cadre de la nouvelle internationalisation du capital ou, autrement dit, du capitalisme, dans «la lutte et la coopération» élargies entre les multinationales concernées et entre les États. Déjà, pendant la deuxième moitié du XIXe siècle, le capitalisme avait connu une évolution fort semblable. À l'époque, les États ont réussi, vaille que vaille, à réguler progressivement le fonctionnement «sauvage» du capitalisme et ce, jusqu'à la fin de l'époque keynésienne-fordiste, jusqu'en 1960. Aujourd'hui également, ils le font mais d'une tout autre façon.

À présent, «parler de mondialisation, c'est évoquer l'emprise d'un système économique, le capitalisme, sur l'espace mondial» (Adda). Depuis le Moyen Âge, les économies nationales, défendues et régulées par les États, constituaient la base première de l'accumulation mais dont les ressources essentielles provenaient du commerce international. Après 1945, les grandes entreprises et les banques, avant tout, entament une stratégie d'internationalisation qui aboutit à la mondialisation et au démantèlement des états. L'emprise géographique du capitalisme s'accentue avec l'effondrement du bloc soviétique qui constituait un frein à l'expansion du capitalisme. La mondialisation tend maintenant à transcender la logique d'un système interétatique à laquelle elle substitue une logique de réseaux multiples transnationaux. Elle correspond également au démantèlement progressif des frontières physiques et réglementaires maintenues par les États qui faisaient obstacle à l'accumulation du capital à l'échelle mondiale.

Selon les rapports de force qui prévalent, le rôle actuel des États semble se réduire essentiellement
- au maintien de l'ordre local ou du moins à la gestion locale des «transitions» socio-économiques et culturelles ;
- à l'appui des intérêts de leurs multinationales respectives par la libéralisation sélective, la déréglementation systématique et la privatisation approfondie, ainsi que par

---

86. Voir Chapitre introductif.

la réduction des coûts (directs et indirects)[87] du travail et la flexibilisation de ce dernier ;
- aux interventions militaires afin de régler les conflits interétatiques nés de la mondialisation et si possible de soutenir la stratégie de leurs multinationales dans un monde économiquement hiérarchisé.

La tentative des fédérations d'États pourrait réussir à surmonter les aléas de cette mondialisation en «rerégulant» les parties essentielles de leur économie, voire celles de toutes leurs sociétés, par exemple, en instituant un véritable «modèle social» au sein de l'UE ou une coopération européenne au développement équitable et durable face au reste du monde. La rerégulation devra concerner les domaines socio-économiques, financiers et monétaires, ainsi que les secteurs de la Culture et de la formation.

Le jeu des acteurs et des rapports de force

Nous considérons que cette internationalisation est le résultat de stratégies multiples, pas nécessairement cohérentes, d'acteurs variés de la sphère internationale. L'importance de ces acteurs s'avère variable mais celle des firmes et banques est majeure. Depuis les années 1960-70, ce processus est souvent interprété en Europe comme une crise alors que, pour une part notable de la société, il correspond à une régression. En ces dernières décennies, le processus fait apparaître, entre autres, les caractéristiques structurelles suivantes qui se vérifient assez bien, notamment dans le cas des PECO :

– *une redéfinition constante des relations du capital-travail* par une exploitation accrue ; grâce à celle-ci, le profit s'accroît, dans une proportion dépassant l'ordinaire historique, au profit de quelques-uns (1 à 5 % de la population) alors que les conditions de travail se détériorent pour la majorité des populations, notamment par la privatisation et la libéralisation ainsi que par l'introduction stratégique des technologies nouvelles, de la «gestion dynamique du capital humain» et de son organisation, et par celle de la flexibilité transnationalisée (immigration, télécommunications, durée du travail et horaire, etc.) qu'opèrent les États principalement ;

– *une modification fondamentale du rôle des pouvoirs publics* par des mécanismes de libération, de déréglementation et des privatisation, puis par ceux de rerégulation sur des nouvelles bases dans la sphère des États ou au-delà des États ; des États dont la plupart deviennent trop petits eu égard aux quelques centaines de grandes firmes et banques, et compte tenu du déclin relatif mais structurel des EUA et de la Russie, et de l'avènement de nouvelles puissances telles que la Chine, l'Inde, le Japon, le Brésil, l'UE, etc.; de plus, l'argent public se transforme, sans contrôle démocratique suffisant, en subsides, directs ou indirects, de plus en plus massifs en faveur des entreprises privées par des mécanismes de redistribution à rebours ;

---

87. L'exemple significatif, à ce propos, est comment, en 2007-2008, les banques centrales du «Centre capitaliste» aident financièrement et massivement les sociétés financières et bancaires pour sortir de leur crise liée à leurs crédits «foireux» à partir desquels elles ont fait beaucoup de profits mais dont les charges/pertes financières sont transférées aux épargnants bernés et, surtout, aux contribuables.

– *l'extension de l'économie marchande, c'est-à-dire monétaire* ou encore autrement dit *la marchandisation* dans des activités qui, jusqu'alors, relevaient de l'économie publique en vertu de l'intérêt général ou de l'économie sociale basée sur la solidarité telle que la famille, les tribus ou d'autres collectivités ou ce qui revient à la création de nouveaux marchés tels que celui des adolescents, de nouvelles techniques de financement telles que le micro crédit, de nouveaux secteurs d'activités tels que l'électroménager ;

– *l'apparition ou le développement de nouvelles institutions ou organisations* de Droit public ou, surtout, privé international dont les structures politiques et la position géopolitique sont de portée variable, telles l'ONU, l'OMC, l'UE, la CEI, l'ALENA, la BCE, de nombreuses ONG, etc.

Le processus en question favoriserait à la fois des interdépendances et des possibilités de conflits accrues à travers les frontières nationales et au sein des pays, mais il reste caractérisé par *l'inégalité* à la Balogh, *l'asymétrie* à la Perroux et le *développement inégal* à l'Amin. Néanmoins, il reste global par la stratégie de développement des transports et des télécommunications dans la sphère essentiellement des États. Ce qui n'empêche pas que des phénomènes spécifiques s'observent du point de vue des effets dans le temps et dans l'espace, selon la force et la faiblesse des acteurs en jeu. Ainsi se distinguent des continents, des pays, des régions, des villes. Il en est de même pour des secteurs économiques anciens et nouveaux ou pour des classes dominantes et des autres couches de la population.

Les rapports sociaux de production se modifient sous l'emprise des investissements multinationalisés et subissent des mutations par la réorganisation des méthodes de travail en accroissant le rythme et le contrôle du travail, quel qu'il soit : intellectuel ou physique. Ces développements mènent à un affaiblissement des contre-pouvoirs au sein de la société et de la capacité des organisations syndicales à améliorer (ou à préserver) les conditions de travail.

Crise du capitalisme au Premier Monde

Depuis les années 1960, la crise du capitalisme s'installe ainsi dans les pays développés, faisant suite à une baisse des taux de profit. Elle entraîne, dans les années 1970, un chômage massif qui, à son tour, modifie structurellement les rapports de force entre le capital et le travail. De plus en plus, cette évolution pèse sur les conditions de travail et les salaires, ce qui, bien entendu, permet une reprise vigoureuse du taux de profit. Celui-ci en moyenne atteint, au moins, le double des taux moyens observés dans l'histoire du capitalisme. Cette observation prouve que, suite à des fusions et des acquisitions nombreuses, la concurrence tant vantée ne fait que se réduire comme une peau de chagrin. Ces concentrations du capital créent des structures oligopolistiques, voire monopolistiques nombreuses, sans contrôle adéquat des autorités publiques.

Coïncidant avec le début de l'expansion du capital à travers le monde, la reprise du taux de profit, vers 1975-80, a un double effet. Elle facilite, financièrement, la diffusion de nouvelles technologies qui augmentent rapidement la productivité. Les deux effets conjugués renforcent la nouvelle hausse des taux de profit dans les années 1980-90, sans que les salaires réels ne cessent de stagner, parfois de baisser. Il reste que la crise a provoqué une extraordinaire fragmentation de la société du Nord au Sud, de l'Est à l'Ouest. Cette fragmentation a historiquement rendu aisée l'expansion du capital. Il s'en est suivi une dualisation au sein de l'économie-monde et une accentuation marquée des inégalités dans les pays «Centres» du capitalisme. Il en était de même dans les pays Centre-européens et du Tiers-monde. La fragmentation, comme la dualisation, alimentait à son tour la crise, dans un développement dialectiquement bien connu.

Pour une théorie

La théorie de l'internationalisation du «capital financier» intègre tous ces éléments. Elle correspond à une tentative d'explication de la logique du développement capitaliste et des acteurs majeurs de ce dernier, plus particulièrement pendant la deuxième partie du XXe siècle et en ce début du XXIe siècle[88]. L'ensemble de la théorie s'appuie, rappelons-le, sur l'hypothèse que l'évolution du capitalisme s'explique par un ensemble de stratégies d'acteurs, entre autres, les grandes firmes/banques et les États. La stratégie de base des firmes/banques capitalistes vise à obtenir le maximum de profits pour augmenter, de façon optimale, le capital. Elle réunit une série d'autres stratégies, toutes aussi importantes, qui permettent sa réalisation. De leur côté, autonomes ou non, les États sont en crise structurelle, dont ils tentent de sortir par l'intégration «vers le haut» et le régionalisme «par le bas». De plus, ces dernières décennies, on peut parler d'une véritable «prolifération d'États», qui affaiblit la majorité d'entre eux par rapport aux plus grands. La catégorie «État» peut enfin être interprétée soit comme acteur indépendant ou autonome, soit comme entité soumise aux intérêts privés dominants.

Tant le profit que le capital est, par définition, d'ordre financier. D'où l'importance de la notion de «capital financier» dans l'explication de l'internationalisation du capitalisme. La logique et l'évolution récente du capital financier s'analysent dans les sphères des firmes/banques et des États, et dans un style télégraphique, comme suit :

   Sphère des firmes/banques   **Sphère des États**
    Entre 1945 et 1970 :

   INTERNATIONALISATION <———> LIBÉRALISATION
    des échanges

L'amplification des flux spatiaux polarisés s'appuie profondément sur les modèles de consommation en voie de standardisation. C'est cette internationalisation qui se prolonge dans les PECO à partir de 1960.

---

88. Voir une première version de ce renouvellement théorique in Bárdos-Féltoronyi, 1991.

Entre 1960 et 1990 :

   TRANSNATIONALISATION <————> LIBÉRALISATION
   de la production

               + DÉRÈGLEMENTATION

La délocalisation des «actifs», des projets, des moyens de production est aussi en voie de standardisation segmentée et croissante des fabrications en termes technologiques ; d'où la redéfinition de la hiérarchisation mondiale des firmes et des banques occidentales, mais sous l'influence croissante du capital russe. L'interventionnisme militaire de la part des États capitalistes se multiplie et se joint à un renforcement des forces de maintien de l'ordre.

Entre 1980 et 200.. :

   GLOBALISATION <————> LIBÉRALISATION
   de la propriété   + DÉRÈGLEMENTATION
   des actionnariats   + PRIVATISATION

L'avènement des réseaux de contrôle capitaliste des «flux» des échanges et des «stocks» de placements et d'investissements s'avère mobile et se réalise à échelle mondiale par une marchandisation grandissante de l'univers humain. Cette évolution s'explique par diverses actions et raisons :

- les changements obtenus dans les modèles de consommation,
- les stratégies de développements technologiques,
- les accroissements de productivité publique et privée,
- l'instabilité monétaire et les difficultés de financement,
- le discours idéologique néo-libéral ou néo-conservateur,
- des mouvements migratoires, spontanés ou forcés.

De ces évolutions naissent des *difficultés de cohérence interne* dans la manière dont s'articule chaque projet productif aux diverses sources financières et ce, par le capital financier et eu égard aux :

- énormes coûts des technologies éphémères et «dépenses stratégiques» pour influencer l'environnement physique et sociétal ;
- nouveaux marchés en termes de produits et de consommateurs ;
- nécessaires amortissements rapides, au sein de chaque firme ou banque.

Malgré les succès séculaires du capitalisme, *la cohérence globale du capitalisme et ses problèmes* se posent, en même temps, en termes d'adéquations simultanées des :

- structures de production par le biais des filières et liaisons technologiquement appropriées,
- modèles de consommation adaptés par la formation, la publicité et la corruption,
- systèmes des prix absolus et relatifs idoines, y compris celui des cours de changes,
- répartitions et structures des revenus assorties,

- systèmes de financements bancaires et étatiques conformes,
- idéologies et discours pertinents[89],

L'inadéquation sectorielle ou régionale est la situation normale : c'est l'image du «capitalisme sauvage», c'est-à-dire non planifié, en crise plus ou moins importante. S'y ajoutent éventuellement les aléas naturels ou d'ordre politique. Ces derniers sont à l'origine de certains efforts de RE-RÉGULATIONS étatiques pour faire accepter des règles du capitalisme à ses opposants et afin de lui épargner les «excès» et garantir la propriété privée.

Comme Adda le souligne, la mondialisation actuelle en processus est la remise en cause de l'ordre hégémonique international de la deuxième moitié du xxe siècle. Cet ordre a été façonné par les EUA qui sont arrivés au bout du cycle hégémonique qu'ils ont dominé. Cette mondialisation est synonyme de triomphe du principe de profit à l'échelle mondiale et dans les moindres parties privées au sein de la société et des individus. Elle exprime le rééquilibrage des rapports de force productifs, technologiques et financiers entre les pôles qui commandent désormais l'économie-monde capitaliste : l'UE, les EUA, la Chine, la Russie ou peut-être le Japon, ainsi que les multinationales de ces entités géographiques. Cependant, par rapport aux siècles précédents, elle s'opère en réduisant, jusqu'à un certain point, l'importance de la base territoriale du capitalisme.

Sans entrer dans les détails de la démonstration, les changements de rapports de force entre les monnaies, la pénétration du capital au Centre de l'Europe, et les privatisations apparaissent donc comme partie intégrante et indispensable de l'expansion actuelle du capital. Le capital ne peut plus faire confiance à l'État-Nation classique pour extraire le profit à l'échelle locale ou mondiale, comme cela s'est fait notamment à l'époque coloniale. L'appropriation directe en est devenue primordiale. Dès lors, tout est pour le moment à privatiser. En cas de crise, le capitalisme s'inventera d'autres formules à sa convenance.

Bibliographie spécifique :

Cette section s'appuie essentiellement sur mes travaux effectués depuis le début des années 1980 ; voir mon site : www.bardosfeltoronyi.eu.

ADDA, Jacques, *La mondialisation de l'économie - Genèse et problème*, La Découverte, Paris, 2007.
AMIN, Samir, *La déconnexion pour sortir du système mondial*, La Découverte, Paris, 1986.
ANDREFF, W., *Les multinationales globales*, La Découverte, Paris, 1996.
BALOGH, Thomas, *Unequal partners*, Basil Blackwell, London, 1960.

---

89. Un discours idéologique s'exprime à travers la parole, l'écrit et l'image. Il *propose* une représentation collective de la manière de comprendre ou d'expliquer. C'est par quoi un objet, un phénomène est présent à l'esprit. Une telle représentation *fonde* les aspirations et les comportements. Elle *légitime* l'action des groupes sociaux. Elle ne présuppose aucun fondement rationnel ou factuel. Tel est le discours néo-libéral qui est la langue de bois d'une pensée unique du capitalisme (voir Partie 6).

Banque centrale européenne, rapports annuels et bulletins mensuels.
Central Intelligence Agency, *The World Factbook*, Brassey's, Washington-London, éditions annuelles.
CNUCED, *World Investment Reports*, New York & Genève.
HARDT, Michael, The Violence of capital, in : *The New Left Review*, n°48, nov-déc., 2007.
HOUTART, François, *Délégitimer le capitalisme, reconstruire l'espérance*, Colophon, Bruxelles, 2005.
KORTEN, D.C., *When Corporations rule the World*, Kumarian & Berret-Koehler, New York, 1995.
L'État du Monde, La Découverte, Paris, éditions annuelles.
PANITCH, Leo, The Imperial State, in : *The New Left Review*, Mars-avril, 2000.
Idem & Sam GINDIN, Superintending Global Capital, in : *The New Left Review*, septembre-octobre, 2005.
PEEMANS, Jean-Philippe, Territoires et mondialisation : enjeux du développement, in : *Alternatives Sud*, n°1, 2008.
PERROUX, François, *Indépendance de la Nation*, Aubier-Montaigne, Paris, 1969.
Idem, *Dialogue des monopoles et des Nations*, Presses Universitaires de Grenoble, Grenoble, 1982.
TEULON, F., *L'État et le capitalisme au xxe siècle*, PUF, Paris, 1992.
WADE, Robert, A New Global Financial Architecture, in : *The New Left Review*, n°46, juil-août, 2007.
WALLERSTEIN, I., *The Capitalist World Economy*, Cambridge Univ. Press, Cambridge, 1980.
WEBER, Max, *Wirtschaft und Gesellschaft*, Mohr, Tübingen, 1972.
WIESS, Linda, Globalization and the Myth of the Powerless State, in *The New Left Review*, n°225, septembre-octobre, 1997.

EURO et DOLLAR, le même combat, la géo-économie transatlantique ou la «désaméricanisation» institutionnelle ?[90]

Depuis le 11 septembre 2001, on le dit et le répète : ce ne sera plus jamais comme avant. On l'avait déjà proclamé après Auschwitz. Or, depuis 1945 et à travers le monde, il y a eu des centaines de guerres et de massacres, notamment au Rwanda, en Afghanistan ou en Irak, pour lesquels nous n'avons pas gardé un silence ni de trois minutes, ni de trois secondes et pourtant les choses se passent comme avant. Certes, l'horrible attentat n'est que l'expression brutale d'une fureur, d'une fureur des exclus. S'il n'est cependant pas le «grand soir» du capitalisme américain, il n'est pas non plus l'apothéose de l'hégémonie des EUA. Pour un tel soir, l'histoire le montre, une mobilisation du grand nombre est nécessaire et ce, à présent, à l'échelle quasi mondiale. Il ne s'agit pas de cela. Au lieu de l'apothéose de l'hégémonie, l'Amérique découvre avoir besoin d'alliés. Aussi ai-je le sentiment que nous n'allons guère voir changer que les tendances lourdes du monde[91]. C'est cette idée qui présidera à l'examen suivant des relations actuelles et futures entre l'euro et le dollar.

---

90. Une première version de ce texte est parue in : *Cahiers marxistes*, n°223, octobre-novembre, 2002. Pour la présente publication, elle est révisée et abrégée.
91. *Wirtschaftliche Folgen des Terrors*, in Neue Zürcher Zeitung, des 15/16.9.2001.

Observons[92] que «(..) les "décisions historiques" (euro, armée européenne et élargissement de l'Union) définissent, sans doute, les voies possibles vers une Europe du XXIe siècle, différente de celle du siècle passé. Cette Europe restera-t-elle protectorat américain ou deviendra-t-elle puissance autonome de paix (..) ? Bruxelles pourra-t-elle se tenir à distance égale de Washington, de Moscou et de Beijing ? L'Europe sera-t-elle une grande puissance impérialiste ou une union de caractère autonome, social et pacifique ? Les questions de la réforme de l'ONU et de la nécessaire *désaméricanisation* des institutions internationales sont liées à celles de l'avenir de l'Europe. L'élargissement vers l'Est de l'Union appelle une politique claire et décisive (..)».

Dans la suite, on n'épinglera que deux ou trois questions qui sont liées à la question des liens éventuels entre l'euro et le dollar, celle de la gestion monétaire de ces devises clefs et celle que l'on peut appeler la désaméricanisation des institutions monétaires et financières internationales.

Diversité structurelle et différences monétaires

Pour commencer, qu'en est-il des liens entre l'euro et le dollar ? Constatons, de prime abord, que la diversité des *structures productives et étatiques* est de nature spatio-historique. Elle explique l'origine et l'avènement de la diversité monétaire qui s'appuie sur le processus de la fiscalisation multiple en faveur des pouvoirs publics quels qu'ils soient. Ainsi, en termes chronologiques et diachroniques, la multiplicité semble être, avant tout, expliquée par la différenciation des pouvoirs publics qui veulent instituer un ordre fiscal propre. Le développement multiple et progressif des pouvoirs locaux qui ont peu de contacts monétarisés entre eux implique, dès lors, celui des monnaies locales. Or, non seulement l'existence de multiples devises mais les changements de dénominations monétaires à travers le temps sont remarquables. Les historiens pourraient, sans doute, aider à en comprendre les raisons.

De fait, la monnaie ne s'inscrit pas seulement dans le temps mais également dans l'espace. Les conditions locales ou régionales de production, d'échange et de consommation sont, par définition, diversifiées, selon les évolutions historiques spécifiques. Il en résulte des coûts, des revenus et des prix différenciés et donc des valeurs monétaires distinctes en termes réels. De leur côté, les frontières et la pluralité des monnaies concrètes ne font qu'ajouter des raisons supplémentaires à la différenciation des espaces monétaires. À son tour, chacune des monnaies constitue un facteur de différenciation entre structures régionales et un facteur de cohésion au sein de structures régionales. Les régions fortes ont évidemment une monnaie forte. Les régions faibles ou soumises ont une monnaie faible et doivent supporter la charge de l'adaptation aux fortes. Le rapport entre les monnaies ou les devises différentes suit fidèlement, bien qu'avec une certaine inertie, les rapports de force entre les États-Nations, créateurs et gestionnaires des monnaies.

---

92. Voir mon article intitulé La dimension géopolitique d'une Europe du XXIe siècle, in *La Revue Nouvelle*, juin 2001.

Si l'on ne remonte qu'à l'aube de l'époque moderne, les société européennes du XVe et du XVIe siècle commencent à être dominées par les commerçants. La majorité des biens et services reste localement produite et consommée en une espèce d'économie sociale non monétarisée. D'autres participent déjà à des échanges internationaux. En dehors des larges couches de la population agricole, les commerçants organisent le développement de la production et de la circulation, notamment dans les colonies naissantes. En même temps, les États-Nations se créent et se définissent les uns par rapports aux autres. La souveraineté extérieure apparaît ainsi, mais nécessite aussitôt le financement et l'aménagement de celle-ci. Ainsi, depuis presque deux siècles, l'histoire et la position géographique des EUA et de l'Europe s'avèrent de plus en plus différenciées. Dès lors, leurs monnaies respectives ne font qu'exprimer cette différenciation et, les rapports entre elles, les évolutions différenciées entre les deux entités.

Avènement et déclin des monnaies clefs

Par la monnaie, les échanges comme les contraintes, la générosité comme la domination s'opèrent avec une aisance remarquable. La monnaie est un attribut économique essentiel des sociétés humaines où l'on paie et où l'on économise sous forme d'argent. Mais, en fonction de l'avènement, de l'épanouissement et du déclin des sociétés, elle revêt des caractéristiques spécifiques et changeantes. Les sociétés historiquement fortes et puissantes ont des monnaies durables dont, par convenance et facilité, l'usage est accepté et/ou imposé sur une partie plus ou moins étendue du monde grâce aux autres apports de ces mêmes sociétés dominantes. Il en a été ainsi du solidus pour la Rome impériale, du «gros tournois» pour la France capétienne, du franc Germinal pour Napoléon victorieux, de la £ pour le Lion britannique régnant sur le monde du XIXe siècle, du «$ U.S.» pour l'Amérique, de Roosevelt à Nixon.

C'est toujours une puissance (une tribu africaine, les commerçants débrouillards d'une ville comme Florence au XIVe siècle, les gouvernements de nos pays ou une superpuissance comme il n'y a guère les EUA) qui émet, gère et fait accepter une monnaie en fonction de ses propres intérêts. Toutefois, l'importance réelle de la puissance émettrice autant que les conditions économiques des territoires concernés par une monnaie définissent, voire limitent, les possibilités de son émission, de sa gestion et de son acceptabilité. Les modifications des structures politiques mondiales et les changements dans les relations économiques de domination d'une part, l'accumulation des erreurs d'investissements et la création de mauvaises structures économiques d'autre part, sont, en effet, autant d'éléments qui agissent par et sur la monnaie de chaque pays. Selon les réussites ou échecs de divers pays, telle monnaie domine telles autres monnaies. Il s'établit, entre elles, une véritable hiérarchie en fonction du principe du développement inégal.
L'histoire le prouve fort bien : l'usage de la livre sterling n'aurait pu se répandre dans le monde du XIXe siècle si chacun de ses utilisateurs n'avait pas eu la conviction qu'il pouvait l'employer pratiquement n'importe où et n'importe quand, dans la mesure même où les institutions politiques et financières de la Grande-Bretagne étaient puissantes et tenaient en main un véritable empire mondial. Cependant, surestimant ses

possibilités lors de la Première Guerre mondiale et ses intérêts dans le maintien de son empire colonial, et sous-estimant la vigueur du développement d'autres pays capitalistes et l'importance des changements techniques, l'Angleterre a perdu, vers 1920, sa position de puissance mondiale. Comme pour Rome, Byzance ou la France, ce déclin s'accompagnait d'une perte d'influence monétaire.

La bonne monnaie chasse la mauvaise : la loi de Gresham

Il faut pour qu'une monnaie existe qu'elle remplisse une double condition simultanée. Elle doit pouvoir circuler, d'une part, dans les transactions d'achats et de ventes et en même temps, figurer, d'autre part, dans les encaisses, autrement dit dans les moyens d'épargne variés: carnets, bons de caisse, obligations, SICAVs, actions, etc. En effet, dans un système qui remplit son rôle, une monnaie ne peut circuler –c'est-à-dire servir d'intermédiaire dans les transactions– que si elle est susceptible d'être un instrument de réserves. Sinon, personne n'accepterait de la recevoir en se dessaisissant d'un bien réel.

Bien entendu, l'histoire est remplie de monnaies qui circulent, et même de plus en plus vite, tout en étant rejetées des réserves, par les encaisses : chacun cherche à s'en débarrasser aussitôt que reçues. C'est l'application de la loi de Gresham. Cette loi s'énonce par une double affirmation de signe inversé : dans la circulation, la mauvaise monnaie chasse la bonne alors que, dans les réserves, la bonne monnaie chasse la mauvaise. Mais une monnaie chassée des encaisses l'est définitivement et sans appel : elle n'y revient plus. L'inverse n'est pas vrai : la monnaie qui cesse de circuler pour se réfugier dans les encaisses, c'est la bonne monnaie. Elle ne perd, pour autant, aucune de ses qualités monétaires, elle est toujours susceptible de reprendre sa place dans la circulation quand la situation est assainie, par démonétisation de la mauvaise monnaie. Toute monnaie constituant une bonne réserve de valeur et susceptible de figurer dans les encaisses, dans les réserves est donc apte à circuler, alors que toute monnaie susceptible de circuler n'est pas, pour autant, apte à figurer dans les encaisses.

C'est un des aspects historiques les plus importants de la grande crise des années 1930 : une monnaie, la livre sterling avec toutes les institutions qu'elle présuppose, perd son importance mondiale et elle est progressivement remplacée par un autre moyen de paiement et de réserve, le dollar. Dans l'histoire, ces passages d'une monnaie à usage universel à une autre se sont toujours faits à travers des crises plus ou moins longues et difficiles. Néanmoins, après les difficultés du début, l'établissement d'une nouvelle monnaie dominante et plus répandue que d'autres a, la plupart du temps, été de pair avec une évolution économique positive et la création de nouvelles institutions telles qu'aujourd'hui l'euro. Souvent, d'ailleurs, les institutions et le processus de progrès économique voient leur nature et leur contenu complètement modifiés à cette occasion.

Ainsi, le passage de la livre sterling au dollar et l'usage «mondialisé» de ce dernier, enfin son déclin, constituent, en fait, «l'histoire monétaire du monde capitaliste de

1920 jusqu'au début du XXIe siècle. La crise du dollar est, en réalité, ouverte depuis les années 1960. Ses étapes peuvent être sommairement décrites comme suit. Tablant sur la diffusion internationale du dollar et sur la complaisance de tous les pays capitalistes, les EUA obligent[93], à partir d'environ 1960, leurs nombreux prêteurs étrangers à leur prêter encore davantage, autrement dit, ils accumulent les déficits des balances de paiement ; en 1968, ils cessent d'honorer leurs engagements monétaires envers les particuliers et les banques centrales en supprimant la convertibilité plénière du dollar en or ; en 1971, ils refusent le paiement de leurs dettes aux conditions préétablies en faveur des États étrangers, ce qui signifie que les Banques centrales étrangères détiennent des dollars dont elles ne savent que faire, sauf comportement courageux de gouvernements[94].

Le passage d'un système de taux de change fixes à celui de taux de change fluctuants depuis le début des années 1970 n'exprime que le conflit de souveraineté monétaire entre les nouvelles et grandes entités économiques du monde : le Japon, les EUA et l'UE. Le système monétaire international actuel fonctionne, désormais, comme un tripode instable dont les produits sont progressivement quasi substituables mais portent des noms différents : yen, euro, dollar. Mais, on l'a compris, chaque monnaie clef est l'émanation d'une souveraineté politique différente en termes de taille, d'implantation géopolitique et de degré d'élaboration institutionnelle. La maîtrise des mutations séculaires des monnaies clefs dont le flottement des cours de change n'est que la partie visible de l'iceberg, s'inscrit, cela va de soi, dans les rapports de force où s'enchevêtrent les pouvoirs publics et privés par leurs stratégies multiples de luttes et de coopération.

Les taux de change entre l'Euro et le Dollar

Comment peut-on alors comprendre les variations concrètes des taux de change entre différentes monnaies ou devises ? Dans l'économie marchande ne s'échangent pas seulement des biens et des services mais également les diverses formes du capital-argent à des durées variables de prêt ou d'emprunt (de quelques jours à 20 ou 30 ans, selon les opérations) et sous forme de diverses devises (selon les différentes sortes de monnaies nationales). La création et la gestion de la monnaie par l'État sont normalement indépendantes du marché privé et relèvent proprement de la souveraineté étatique.

En cas d'une seule monnaie dans l'économie, l'échange visant l'obtention ou l'octroi du capital-argent (appelé parfois les actifs financiers, les créances, les avances ou les prêts, etc.), pour une certaine durée, implique le paiement d'un prix qu'il convient d'appeler l'intérêt. En cas de multiplicité de monnaies (des devises), l'échange du capital-argent peut comporter non seulement le paiement de l'intérêt par l'emprun-

---

93. Par exemple, par le chantage à la sécurité, face au «danger communiste».
94. Sans doute, le fait que le général de Gaulle et la Banque nationale de Suisse aient exigé le remboursement de leurs avoirs en dollars sous forme de lingots d'or, a précipité des décisions successives des gouvernements américains.

teur, mais également le rapport, le taux ou le cours de change (autant de dollars pour autant d'euros) et le coût de l'opération de change (une commission).

Pour saisir bien ce rapport et ce coût, il convient de faire un bref retour aux considérations théoriques ci-dessus. Comme on l'a déjà explicité, on peut considérer que l'espace économique est constitué de régions qui peuvent être des pays ou des entités plus petites, des groupes de pays ou des continents, etc. La pluralité des régions exprime celle des prix, coûts et revenus, et correspond à celle de structures économiques. Elle peut se traduire en une pluralité de monnaies, mais celle-ci n'est pas une nécessité. Chacune des monnaies constitue cependant un facteur de différenciation entre structures régionales et un facteur de cohésion au sein de structures régionales.

Répétons-nous, les régions fortes ont de la monnaie forte car les premières imposent la seconde. Les régions faibles ou soumises ont de la monnaie faible et doivent supporter la charge de l'adaptation aux fortes. Le rapport entre les monnaies ou les devises différentes suit les rapports de force entre les États-Nations. Or, sans tenir compte des commissions de change prélevées par les banques, les taux de change peuvent être définis en termes de *parité financière* à court terme. À plus long terme, il convient d'y faire intervenir le facteur de la *parité de pouvoir d'achat*. Et plus fondamentalement y est constamment sous-jacent le *poids géopolitique*, c'est-à-dire les poids économique, militaire et idéologique respectifs.

La parité financière n'est qu'une combinaison des taux d'intérêt prévalant dans les divers pays par rapport aux taux de change. Tandis que la parité du pouvoir d'achat se calcule à partir des taux de change et sur base de la comparaison entre rapport de coûts et rapport de productivité des facteurs de production intervenant dans la fabrication des biens et services exportés ou importés. On sait que la parité financière est subordonnée –à moyen et à long terme– à la parité du pouvoir d'achat en raison du fait que la première est soumise aux fluctuations rapides des cours de change et des taux d'intérêt, et que la seconde est l'expression véritable des rapports de force déterminés par l'inégal développement de chaque pays en termes, bien entendu, économiques, militaires et idéologiques.

La parité de pouvoir d'achat, à son tour, sera ainsi conditionnée par le poids de l'émetteur et le gestionnaire des monnaies en jeu. Les monnaies clefs servent dans le monde comme encaisses, comme moyens d'épargne et de financement. Les pays puissants garantissent l'imposition de leurs monnaies, précisément par leur puissance. Cette dernière leur donne la possibilité quasi infinie de créer la monnaie sans contrepartie, de forcer leurs partenaires à l'utiliser dans les transactions et de persuader les riches d'épargner dans la monnaie concernée L'Angleterre de jadis, comme les EUA encore récemment, n'a jamais accepté de payement, d'épargne sous diverses formes, de cotation en bourses, de contrats d'assurances, etc. stipulés en une autre monnaie que respectivement la £ ou le $. C'est toujours dans leur propre monnaie qu'ils se sont endettés afin de ne pas subir des aléas de variations de taux de change.

La désaméricanisation des institutions monétaires et financières

C'est dans ce contexte qu'il faut situer le caractère foncièrement américanisé des institutions monétaires et financières créées au lendemain de la guerre 1939/45 à l'initiative des EUA et la nécessité de sa mise en question. Les attentats contre les EUA ainsi que l'échec militaire de ces derniers en Irak et en Afghanistan notamment ont démontré à la puissance hégémonique –ou à celle qui se prend pour telle– les nécessaires alliances dans le monde sans lesquelles son pouvoir d'intervenir demeure limité. Ainsi, une certaine «désaméricanisation» des institutions internationales est-elle devenue inéluctable, qu'il s'agisse du FMI, de la BM, de l'OMC ou de l'ONU elle-même. Tout s'y fait jusqu'ici sous contrôle des EUA. Avec une certaine complicité européenne, japonaise et de pays pétroliers, l'influence de Washington s'y est maintenue jusqu'à aujourd'hui.

La désaméricanisation signifiera réduire cette influence à la proportion du droit de vote et des cotisations effectivement payées du pays. Elle entraînera la modification des règles de fonctionnement, l'installation de leur siège dans les pays européens, au Japon ou en Inde par exemple, une nouvelle composition de leur direction et l'introduction du multilinguisme effectif. Au plan mondial, et dans la perspective d'une réelle démocratisation, la réforme de l'ONU semble prioritaire afin de l'affranchir d'une tutelle américaine excessive. Tout ce qui vient d'être argumenté, s'applique, dans les relations plus limitées et transatlantiques, à l'OTAN et aurait un impact non négligeable sur les relations €-$ à long terme.

L'enjeu géopolitique par excellence, cette désaméricanisation est d'autant plus important que les EUA sont le pays le plus endetté du monde et vivent aux dépens des pays plus pauvres qu'eux. C'est très souvent le cas des grandes puissances. Comment l'Amérique peut-elle se le permettre ? D'une part, ils l'imposent par la voie du mécanisme suivant. Leurs balances des payements sont déficitaires depuis un demi-siècle. Simplement, d'une façon constante, ils importent plus qu'ils n'exportent ou, autrement dit, ils consomment plus qu'ils ne produisent. Ils font rentrer davantage de biens et services qu'ils n'en sortent, autrement dit, l'Amérique vit aux crochets du monde, elle appauvrit le monde en termes réels.

D'autre part, les déficits sont financés par les rentrées massives des capitaux de quelques-uns en quête de placements intéressants. Les taux d'intérêt et de profit restent toujours légèrement plus hauts aux EUA qu'ailleurs grâce au taux d'exploitation plus élevé mais à conditions de risque égales[95]. Ces placements sont détenus par les non-résidents et constituent l'endettement du pays «qui devra être réglé», comme le sou-

---

95. Ces conditions peuvent bien avoir été ébranlées suite aux nombreux échecs en termes militaires et de services de renseignement depuis le dernier quart du XXe siècle sur le plan international (Vietnam, Liban, Nicaragua, Irak, Serbie, etc) et désormais à l'intérieur de leurs frontières (attaques contre New York et Washington). Il faut se garder d'interpréter ces échecs comme des insuccès diplomatiques. Tout au contraire. Comme toute grande puissance en déclin, la diplomatie américaine est assez brillante, même pour camoufler les échecs en question.

ligne la BCE en 2006[96]. Ces rentrées des capitaux manquent au reste du monde et y freinent les investissements au détriment du grand nombre. Pour le maintien du niveau de change du dollar, les besoins des capitaux des non-résidents[97] doivent être satisfaits par l'afflux continu des capitaux étrangers, sinon c'est l'effondrement.

Enfin, sous contrôle américain, les institutions internationales n'en disent forcément rien, sauf la BCE. La dette faramineuse des EUA à l'égard des pays européens et du Japon ne pourra trouver d'autre solution que celle trouvée pour les «balances sterling» du Royaume-Uni, ces dernières décennies. Il faudrait ainsi que les EUA s'appliquent à rembourser, notamment en € et selon des modalités à négocier, les dettes nées grâce au système du dollar qui leur donnait l'illusion de pouvoir s'endetter sans devoir rembourser. Le cas de la Chine pourrait être différent. Depuis le début des années 1990, ce pays exporte nettement plus qu'il n'importe, surtout dans sa relation avec les EUA. Par conséquent, il détient un volume substantiel de dollars. Il semble vouloir l'utiliser dans une perspective géostratégique : faire le chantage aux EUA et acquérir des entreprises, notamment américaines.

Quelques événements récents renforcent le sentiment de voir poursuivre l'affaiblissement du dollar par rapport à l'euro. D'une part, il y a ce que l'on appelle le pétrodollar. Au début des années 1970, les EUA et l'Arabie Saoudite concluent un accord en vertu duquel les premiers apportent leur soutien technique et surtout militaire au second, en échange de quoi, celui-ci s'engage à n'accepter que des payements en dollars pour le pétrole. Peu de temps après, les autres pays de l'OPEP décident de fonctionner sur base du même principe. De leur côté, les pays consommateurs sont ainsi obligés de payer en dollars, autrement dit d'exporter leurs biens et services aux EUA afin d'obtenir le dollar nécessaire. En 2000, l'Irak est parmi les premiers pays de l'OPEP à refuser le dollar pour son pétrole et exige l'euro. Le Vénézuéla, l'Iran et la Russie suivent, ne fût-ce que partiellement.

De même, à la fin 2006, l'Iran, quatrième pays exportateur de pétrole, annonce que ses revenus extérieurs et ses avoirs à l'étranger sont désormais libellés en euros plutôt qu'en dollars, pour répondre à l'embargo américain et le contourner. Selon un rapport de la fin 2006, la Banque des règlements internationaux indique que la Russie et les pays membres de l'Organisation des pays exportateurs de pétrole (OPEP) préfèrent désormais placer leurs liquidités en euros plutôt qu'en dollars. À ce moment, leurs avoirs en dollars ne représentent plus que 66 % du total, tandis que ceux en euros s'élèvent à 24 % en constante augmentation lente mais réelle. Le volume de billets en euros dépasse celui en dollars, encore qu'il faille tenir compte du fait que les payements se font davantage par cartes de crédit aux EUA qu'en UE.

---

96. Déséquilibres internationaux de paiements courants : évolutions récentes et ajustements nécessaires en matière de politique économique, in : Bulletin mensuel, novembre 2006.
97. Fiscalement, les résidents américains correspondent à ceux ou celles qui payent leurs impôts aux EUA.

D'autre part, les dépôts en devises sont de plus en plus en euros dans les banques multinationales et centrales[98]. Enfin, un grand nombre de pays instituent, en commerce bilatéral, l'usage d'une monnaie plus à leur convenance que le dollar. L'endettement extérieur des EUA qui est supérieur à la somme de l'endettement de l'ensemble des pays du monde, aggrave la position de la devise américaine. Il convient cependant de remarquer que la chute brutale et substantielle du dollar peut entraîner une crise mondiale non négligeable. Dès lors, elle n'est guère souhaitée par les banquiers ou les gouvernements et n'est point souhaitable du point de vue des consommateurs ou des travailleurs. Elle est susceptible de mettre fondamentalement en question l'équilibre approximatif des forces dans le monde et de provoquer même des guerres.

Privatisation de la création monétaire

Depuis le début des années 1980, on observe, en fait, une véritable accélération de fusions, de rapprochements, d'alliances, d'acquisitions... de banques, entre autres. Tout cela ne signifie évidemment pas une concurrence accrue, ni un meilleur service aux consommateurs. Il est plus que probable que le «marché intérieur européen» soit finalement plus concentré, à l'heure actuelle, que les économies nationales de jadis. Donc, il n'est guère certain que la concurrence s'accroisse véritablement et que la baisse des coûts entraîne celle des prix, notamment des tarifs bancaires.

Du plus, les ressources financières circulent, en toute liberté, dans le monde grâce aux mafias, aux terroristes et aux multinationales, entre lesquels la distinction n'est pas toujours évidente. Le contrôle en a diminué grâce aux États devenus «néo-libéraux libéralisés». Dans la grande poussée de libéralisation, on a paradoxalement réussi à rigoureusement et trop réglementer la Banque centrale européenne. D'une façon absurde, il lui est interdit de prêter aux pouvoirs publics et, d'une façon franchement anhistorique, de ne se préoccuper que d'évolution des prix. Les politiques d'emploi, de revenus ou de change ne sont pas de ses compétences, ni même la politique de crédit. Ceci est d'autant plus étonnant que son correspondant américain, la Réserve fédérale, se trouve totalement intégrée dans la politique économique du pays et même on lui a attribué la forte croissance de l'économie des EUA de ces dernières années.

Dans l'UE, il s'agit donc d'empêcher «le Prince de frapper la monnaie» et le peuple d'en contrôler la politique. L'interdiction en question rend impossible le financement public par création monétaire et oblige ainsi l'État à couvrir constamment ses besoins mêmes conjoncturels par des impôts ou par des emprunts auprès des banques, désormais, exclusivement privées. Il est difficile de comprendre économiquement pourquoi les seules banques commerciales auraient le droit de créer de la monnaie par

---

98. La Banque centrale de Chine augmente progressivement ses réserves en euros au détriment du dollar tandis que la Banque centrale de Russie fixe la part de l'euro dans le panier d'ancrage du rouble à 40 % contre 60 % pour le dollar. La hausse progressive du cours de l'euro par rapport à celui du dollar tend à indiquer que l'euro voit grandir son rôle de valeur de refuge à l'échelle mondiale et son usage dans l'épargne mondiale.

opérations de crédit tant en faveur de l'économie publique que privée. Ce n'est que purement et simplement privatiser la création monétaire. Si l'on avait été logique dans l'antiétatisme libéral, le traité de Maastricht aurait dû imposer la privatisation des banques centrales, de la Banque centrale européenne, elles-mêmes.

À présent, la fixation des taux de change et d'intérêt s'affranchit, en grande partie, des autorités monétaires. La raison en est complexe mais a principalement trait au fait que, d'un côté, les volumes d'intervention dont elles disposent s'avèrent modestes par rapport aux masses sur lesquelles travaillent les quelque 400 à 500 «gros acteurs» bancaires et financiers. Par ailleurs, l'absence d'un quelconque contrôle significatif permet le recours à un «marché des non-résidents». De ce fait, la création monétaire devient massivement privée et échappe à toute intervention publique de quelque importance. Même tout au contraire, les pouvoirs publics nationaux sont de plus en plus soumis aux diktats de quelques-uns sans être contrôlés en vertu de l'intérêt général. Une politique monétaire et financière ne se conçoit, dès lors, que par le (r)établissement d'une autorité publique idoine. Le caractère adéquat de celle-ci se mesure, d'une part, en termes d'exigences sociales de l'univers économique que l'on se donne et, de l'autre, compte tenu des contraintes d'organisation et d'aménagement spatial de cet univers.

Et, en ce qui concerne les prix, leur niveau général ne dépend évidemment pas de la Banque centrale européenne. Il se trouve entièrement déterminé par les entreprises qui fixent leurs prix en fonction de leurs positions de marchés. Comme on le sait, celles-ci ne sont qu'exceptionnellement concurrentielles ; d'où l'inflation, c'est-à-dire une hausse séculaire et quasi-constante des prix. L'inflation sera plus ou moins forte selon les variations de ces rapports de force sur lesquels agit également l'exigence du taux de profit formulé et imposé par de gros actionnaires. En matière des taux ou cours de change, les banques privées ne peuvent arbitrairement agir en fonction de la seule maximation de leur profit car elles sont soumises aux rapports de force avec d'autres acteurs de l'économie internationale, notamment d'autres multinationales.

Les fameux critères de Maastricht

Il faut bien constater que la surveillance des trois indicateurs de base de Maastricht n'est qu'un ersatz avarié à une politique économique et monétaire. Les EUA ne subissent aucunement des contraintes aussi imbéciles. Ils mènent une politique économique, budgétaire et financière aussi dynamique que possible dans une perspective de croissance au risque de quelques déséquilibres et d'endettement public et privé assez énormes. C'est ce que l'on appelle une «politique keynésienne». Par rapport à cela, rappelons les indicateurs «européens» pour montrer leurs insuffisances foncières pour développer le «bien-être économique» au sein de l'Union. Le respect de ces indicateurs n'a guère de rapport avec l'euro. Voyons-les.

Primo, les États membres doivent éviter les déficits publics excessifs, en respectant des «valeurs de référence». La règle, elle-même, est d'une inanité rare. D'une part, un déficit budgétaire signifie qu'au lieu d'une couverture fiscale totale, l'État se finance par emprunts. Sans doute du point de vue démocratique mais sans lien avec une quelconque convergence économique, il vaut mieux que les citoyens payent d'une façon transparente tous les impôts nécessaires pour couvrir les dépenses publiques et que leur vision ne soit pas ainsi obscurcie par des opérations financières.

D'autre part, des charges d'intérêt et de remboursement se prêtent à des chantages politiques à l'instar des pratiques séculaires des gouvernements belges en évoquant des «assainissements nécessaires» et aux chantages des multinationales bancaires. Néanmoins, il n'existe aucune raison économique pour déconseiller à l'État de vouloir emprunter comme tout autre acteur économique. Enfin, l'équilibre budgétaire est un mauvais critère car il n'est que comptable. Seule l'évaluation de l'efficacité économico-politique des dépenses publiques présente un intérêt réel. Si un accroissement des dépenses publiques se traduit par des recettes supplémentaires, tant mieux ! Mais, il est tout aussi possible qu'un effort supplémentaire des pouvoirs publics ne fasse qu'assumer un coût collectif qui peut être générateur d'effets positifs sur l'ensemble de la société, sans entraîner un accroissement immédiat des recettes. D'ailleurs, une rigueur budgétaire à l'échelle européenne risque d'entraîner une récession substantielle, ce qui, présentement, pourrait bien être le cas.

Quant aux «valeurs de référence», les deux chiffres ont été fixés : un endettement public cumulé ne dépassant pas 60 % du Produit intérieur brut annuel et un déficit annuel maximum de 3 % de celui-ci. En termes économiques, ces indicateurs en tant que critères n'ont aucune signification pour des raisons déjà évoquées et aussi en raison du caractère totalement non fondé des chiffres eux-mêmes.

Secundo, pour l'État membre, la hausse annuelle des prix à la consommation ne devra pas excéder plus de 1,5 % de la moyenne des trois pays les meilleurs. Ici comme ailleurs, le chiffre fixé n'a non plus aucun fondement rationnel. Mais, en outre, il convient de remarquer que la hausse globale des prix n'a pas une portée très précise par rapport aux autres variables de l'économie. On sait que les pays ou régions moins développés ont tendance à aligner leurs prix sur ceux plus élevés des pays ou régions riches. De plus, il y a le comportement non concurrentiel des entreprises qui génère la hausse générale des prix, autrement dit l'inflation.

Tertio, le taux d'intérêt à long terme ne devra pas excéder 2 % de la moyenne des taux les plus bas pratiqués dans les trois pays de l'UE qui ont les taux d'inflation les plus faibles. D'aucuns avancent qu'il existe une certaine corrélation entre les évolutions des taux d'intérêt et les taux d'inflation. La différence absolue des taux d'intérêt s'expliquerait toutefois par l'exigence d'une «prime de risque» que devrait supporter toute devise faible par rapport à une forte. Cette prime s'exprimerait par le pourcentage de différence des taux entre les deux pays. Cette différence s'ajouterait, pour les pays à devise faible, au taux d'intérêt du pays à devise forte. Or, partout où la concentration bancaire est élevée, un différentiel des taux semble devoir plutôt s'interpréter comme expression d'une situation oligopolistique à faible concurrence de taux. Du reste, comme précédemment, le chiffre fixé est totalement arbitraire !

En vérité, une véritable convergence exigerait des politiques foncièrement différentes d'un pays à l'autre, de manière à permettre aux plus faibles d'entre eux de rattraper les mieux armés et se positionner par rapport au dollar. La similitude des politiques ne pourrait que renforcer le statu quo. Les critères de convergence sont simplement et sélectivement monétaires alors qu'il en existe d'autres bien plus importants. Sans doute, les critères de balances des payements comme celui de l'endettement privé des entreprises seraient fort significatifs. Les critères écologiques comme ceux cernant les conditions de travail le seraient tout autant. Un taux de chômage «historiquement acceptable» de 2 à 3 % serait aussi une référence prioritaire du point de vue bien-être et un facteur de puissance du point de vue géo-économique. Complémentaire à ces premiers critères de convergence, la réduction du PIB devrait aussi être une référence bien plus intelligente que celles proposées par Maastricht. Il en serait de même des critères des différences salariales où un écart intra-européen de l'ordre de 1 à 2 paraît déjà intolérable tant du point de vie économique que socio-politique. Que dire des taux de profit ?

Le Conseil des ministres européens ne débat pas la question de fond : le taux de change de l'euro par rapport au dollar ou au yen. D'ailleurs ni ce Conseil, ni la Banque centrale européenne ne semble débattre les fluctuations fortes du dollar de ces dernières décennies, ce qui, cependant, importe pour les citoyens européens. Il en est de même quant à la hausse insistante de cette devise depuis longtemps. Il n'y a pas de politique européenne dans ce domaine et donc c'est le libre-échange dominé par quelques-uns. Existera-t-il encore des différences sensibles du degré de libéralisation entre l'espace européen et l'espace mondial ? La mondialisation des appareils productifs est en marche depuis la deuxième moitié du XXe siècle. Les systèmes productifs des pays européens n'y échappent guère, sauf mesures énergiques. Est-ce possible ?

La question d'un système productif autonome

En résumé, ni la politique de la Banque centrale européenne, ni le respect des critères de Maastricht ne remplacent une politique monétaire et de change jointe à une politique socio-économique. Leurs absences affaiblissent la position de l'euro. La question se pose, dès lors, de savoir s'il reste une chance d'arriver à l'émergence d'un système productif européen global qui devrait constituer la base de l'euro. La généralisation, à l'échelle mondiale, du phénomène de concurrence oligopolistique, concurrence de quelques entreprises géantes, et les contraintes de valorisation du capital au sein des économies dominantes tendent à désarticuler l'ensemble productif européen. L'internationalisation du capital établit une hiérarchisation des divers éléments constitutifs d'un espace mais point une cohérence ou une rationalité supérieure. La mondialisation tend à l'emporter, pour le moment, sur l'européanisation.

Pour mieux maîtriser cette mondialisation, il convient que l'UE se donne rapidement des moyens juridiques pour «créer la monnaie publique par le crédit», comme le font toutes les banques centrales du monde, et pour instituer une politique de crédit qui permette de créer, entre autres, les conditions d'une politique économique globale à l'échelon européen. Cette phase institutionnelle s'imposera inéluctablement avec l'extension réelle du rôle de l'euro tant dans son usage public que dans son utilisation privée. L'espace productif et bancaire européen privé a été rapidement constitué, mais il ne prendra pleinement son sens qu'en étant complété par un espace fiscal commun. L'UE devra devenir un espace économique à haute productivité et à hauts salaires accompagnés d'un euro solide et fort[99].

Les pouvoirs publics d'Europe peuvent-ils tolérer, à la longue, la mise en question de leur droit d'émettre et de gérer une monnaie publique ? Est-il possible de disposer, sur le plan multinational, d'un système bancaire complet sans que ce système ne soit organisé en référence extérieure à lui-même, garanti et réglementé par un «prêteur en dernier ressort» ? Comment peut-on mener une politique monétaire consistante lorsque les opérations échappent, dans leur majorité, aux autorités ? Par ailleurs, il existe une possibilité de mener des politiques monétaires, à condition que celles-ci s'appuient sur une politique économique élaborée et aussi complète que possible. Quand l'Europe récupérera-t-elle les créances qu'elle détient sur les EUA ? À quel moment, occupera-t-elle la place qui lui est due dans les institutions internationales et obtiendra-t-elle une relance économique indispensable par la voie de l'€ ? L'UE peut-elle éviter une substitution trop rapide de l'euro au dollar afin d'éviter l'éviction internationale de celui-ci et une crise économique majeure ?

Ces questions géo-économiques nous renvoient à la question géopolitique de fond : au XXIe siècle, quelle Europe aurons-nous ? Une Europe restera-t-elle enfermée dans «l'Agenda Transatlantique» profondément asymétrique à son détriment, autrement dit un satellite soumis aux EUA, ou deviendra-t-elle une puissance autonome qui se tiendra à distance égale de Washington, de Moscou et Beijing ? La disparition de la position hégémonique des EUA peut-elle être acquise sans guerre, ni agression de leur part ? Quelles que soient les réponses que l'on y donne, il reste que la création, même privée, de l'euro induit un dynamisme pouvant progressivement marginaliser le dollar à travers des crises dérégulées et chaotiques. Est-ce cela que l'on souhaite ?

Bibliographie spécifique :

Cette section s'appuie essentiellement sur mes travaux depuis le début des années 1980, voir mon site : www.bardosfeltoronyi.eu

ANDREANI, Jacques, *«Les Européens auront les Américains qu'ils méritent»*.
GNESOTTO, Nicole, *La longue marche vers le partenariat*, in Commentaire, n°94, été 2001.
COHEN, Daniel, L'Odyssée du dollar faible, in : *Le Monde*, 17.1.2007.
FERRY, Jean Pisani & Benoît COERE, Un regard européen sur la réforme du système financier international, in : *Commentaire*, n°94, été 2001.
FT, Decline in the dollar, 18.8.2001.

---

99. À l'instar de la Belgique au lendemain de la guerre 1939-45 et de la Suisse depuis cette guerre jusqu'aujourd'hui.

GOKAY, Bülent, L'Irak, l'Iran et la fin du pétrodollar, in : *Pravda*, 15.5.2006 et également à l'adresse : b.gokay@intr.keele.ac.uk.
GUHA, Krishna, Paulson sets out new China strategy, in : *FT*, 19.9.2006.
TAGGART MURPHY, R., East Asia's Dollars, in : *New Left Review*, Juillet-août, 2006.
WADE, Robert, Showdown at the World Bank, in : *New Left Review*, n°7, janvier-février, 2001.
Idem, A New Global Financial Architecture, in : *New Left Review*, n°46, juil-août, 2007.
WASSEIGE, Jean-Christophe de, Les 5 menaces qui planent sur l'économie mondiale, in : *Trends*, 15.6.2006.

La rentrée du capital au Centre de l'Europe[100]

À partir du début des années 1970, d'abord lentement, ensuite, depuis la fin des années 1980, d'une façon accélérée, le capitalisme se redéploie sur le terrain perdu au Centre de l'Europe avec l'avènement du communisme, en 1917 ou en 1945, selon les pays. Ce redéploiement se nourrit autant des forces intérieures de chacun des pays que du capitalisme multinationalisé, avant tout européen. Des nouvelles alliances se sont nouées. La présence de Renault ou de FIAT, ou encore celle des banques occidentales ou la construction d'usines chimiques «clef sur porte» se multiplient dès les années de «détente», en 1960-70, à travers la région, notamment en Pologne, en Hongrie et en Roumanie. Il s'agit donc d'un examen géo-économique attentif de l'expansion de l'espace du capital dans des pays en voie de s'incorporer dans le processus de globalisation.

Voir la suite sur le site suivant : www.bardosfeltoronyi.eu

La géopolitique des activités noires, roses et grises dans la mondialisation[101]

L'analyse qui suit, se concentre essentiellement sur les stratégies de certaines multinationales dont la particularité principale est de travailler plus discrètement que les autres et de traiter des opérations spécifiques. Certaines de leurs activités apparaissent comme étant tout à fait légales, tandis que d'autres beaucoup moins. Dans cette dernière hypothèse, elles se mettent éventuellement en conflit, mais pas nécessairement, avec les États ou des regroupements d'États. Parfois, elles bénéficient même de la complicité tacite ou indirecte de ces derniers. D'après certaines estimations, le chiffre d'affaires, c'est-à-dire les transactions de ces activités, s'élèverait à € 2 300 milliards environ[102]. Ce montant représente quelque 8 % du PIB mondial ou, autrement dit, 8 fois le PIB de la Belgique. La majeure partie de ce montant est appelée à être blanchie.

---

100. Il convient de considérer que les matériaux publiés ici s'avèrent loin d'être exhaustifs ou achevés et qu'une version en a été publiée in : Bárdos-Féltoronyi 2005.
101. Cet exercice n'est qu'une première tentative d'écriture !
102. Ces estimations se basent sur l'analyse des balances des paiements, la circulation des billets et les statistiques douanières, voir SCHNEIDER & autres 2006.

Dès le départ, il convient de préciser qu'il s'agit d'opérations dissimulées mais souvent liées entre elles pour pouvoir augmenter le profit. L'exemple typique est de vendre des armes dans les pays pauvres contre des femmes ou des enfants bon marché. Chacune de ces activités porte une couleur différente dans le langage quotidien ou journalistique :
• le secteur rose, la traite humaine, principalement celle des femmes et des enfants ;
• le secteur gris, le commerce des drogues et le trafic d'armes ;
• le secteur noir, l'ingénierie fiscale et financière opérée à travers les banques ou d'autres officines, ainsi que la fraude de la sécurité sociale ou l'évitement de l'imposition fiscale.
Sauf le trafic d'armes qui, ailleurs, est déjà fort bien étudié, les trois secteurs seront abordés en montrant les stratégies qui seraient en jeu. Les rivalités entre les acteurs qui mènent ces stratégies, seront également évoquées mais, en raison précisément de la clandestinité de ces activités, restent, en grande partie, des conjectures.

Cette géo-économie à la frontière entre le licite et l'illicite correspond à une partie constitutive de la mondialisation, de l'internationalisation du capital financier (voir ci-dessus) : production et consommation du grand nombre à marge bénéficiaire élevée ; optimisation des activités des divers stades de production, de transport, de distribution et de consommation ; rémunération maximum des actionnaires ou organisateurs et haute indemnisation des cadres supérieurs, armés ou non ; blanchiments par des flux diversifiés à travers des banques ou assimilées à celles-ci ; etc. Sans doute, si les autorités publiques, nationales ou internationales, avaient investi autant dans le démantèlement de ces activités que dans la «lutte contre le terrorisme», les secteurs roses, gris et noirs cesseraient d'exister.

Cette analyse n'est qu'une première tentative qui doit être poursuivie et surtout précisée. L'auteur n'est guère insensible devant les énormités et les horreurs des phénomènes ici étudiés. Aussi son attitude analytique souffrira-t-elle parfois de ses propos normatifs. Que le lecteur lui pardonne.

A. De la traite humaine à l'argent rose

Dans ce qui suit, on fait abstraction du phénomène de l'immigration plus ou moins spontanée des travailleurs de l'Est à l'Ouest ou du Sud au Nord, la question étant amplement étudiée. Le phénomène est certes d'importance, puisque partout les recensements au Centre de l'Europe indiquent beaucoup de *réductions* de populations. Les réductions varient de quelques millièmes jusqu'à des dizaines de pour cent pendant la période de 1990-2006. En Europe occidentale, il ne fait que nourrir «une armée industrielle de réserve», permettant de peser sur les conditions de travail et les rémunérations.

La traite humaine qui porte principalement sur des femmes et des enfants, est une affaire commerciale des plus anciennes et, sans doute, des plus secrètes. Le travail forcé d'esclaves et l'objet de l'appétence du masculin seraient les deux origines majeures du trafic des êtres humains[103] : trafic d'organes, organisation de prostitutions variées, tourisme sexuel, travail clandestin ou forcé, etc. Limitons-nous ici à l'examen du commerce de la moitié des êtres humains : des femmes ! Notre propos sera aussi fort concentré sur la situation de l'Europe, sans vouloir suggérer que le phénomène n'atteindrait pas des dimensions tragiques ailleurs : en Amérique ou en Asie[104].

Selon la Commission européenne, le nombre des victimes de la traite en UE s'élèverait *au total de 500 000 à 600 000 femmes*. Elles sont essentiellement d'origine extérieure à l'UE à 15 et ce, *depuis la chute du Mur de Berlin, fin 1989*. De son côté, l'Organisation internationale des Migrations chiffre à *120 000* le nombre de femmes et d'enfants qui, *chaque année*, sont l'objet de trafics à destination de l'UE à 15 et dont la plupart sont originaires des Balkans et des pays de la CEI, ainsi que des pays baltes et de Visegrád[105]. Compte tenu des retours, des «renvois» et des «réexportations vers d'autres destinations», les chiffres sont convergents et montrent l'importance du problème. Ils tendent à désigner une rotation (entrées et sorties du système) élevée, d'un à cinq au «stock» constant à l'échelle européenne.

De l'histoire de la Mafia multinationale, en passant par une géographie et une organisation spécifique

Jusqu'au XXᵉ siècle, l'évolution de la prostitution est marquée par des périodes de forte expansion suivies de mesures de prohibition et de répression non sans succès parfois[106]. Les échecs –volontaires ou non–, par contre, amènent les États à se résigner à une tolérance assortie d'une réglementation policière et sanitaire ou, plus fréquemment, à en découvrir les avantages pour le genre masculin et pour les finances publiques. Au XIXᵉ siècle, dans presque tous les pays, la prostitution est, par les hommes, tenue pour un mal nécessaire. Au début du XXᵉ siècle, des maisons de prostitution existent dans la plupart des pays et des milliers de femmes sont, souvent par la force, envoyées, même au-delà des mers, pour être prostituées.

Non sans signification symbolique, ce trafic est appelé la «traite des blanches», en référence à celui des négriers d'antan. Il s'agit purement et simplement de ventes et achats de femmes, puis de leur exploitation sous la contrainte physique ou psychique,

---

103. Voir VAZ CABRAL 2006 et la bibliographie étendue de cet ouvrage excellent.
104. Le Département d'État des EUA estime, en 2004, le trafic d'êtres humains annuel de 600 à 700 000 dont 70 % de femmes et 50 % d'enfants. *L'Atlas du Monde diplomatique* fait état du fait que l'Asie est de loin le continent le plus touché : 2 millions de prostituées rien qu'en Thaïlande, dont près de 300 000 mineurs pour quelque 800 000 visiteurs, par exemple.
105. Pologne, Slovaquie, République tchèque et Hongrie.
106. Les pays ex-communistes obtinrent des résultats d'autant plus spectaculaires que la prostitution y sévissait antérieurement à l'état endémique. Un système économique qui supprimait toute forme de commerce ayant pour but la recherche du profit capitaliste et une forme de société qui, socialement, prenait, en partie, en charge l'individu, ne laissaient guère de place pour une activité de traite des femmes et de prostitution. Seul l'État aurait pu l'organiser ; or, celui-ci s'y opposait en raison même des principes socialistes. De plus, il disposait de moyens de coercition et de rééducation parfaitement efficaces. Une prostitution clandestine s'adressant surtout aux étrangers y subsista néanmoins, soutenue en catimini par les autorités publiques.

autrement dit sous la forme de la prostitution[107]. En fait, il s'agit bien d'un commerce de nature spéciale dont des êtres humains sont la marchandise qui se vend et s'achète, puis qui se consomme, mais se reproduit en même temps et, géographiquement, se recycle. Dès lors, apparaissent les lois du capitalisme classique avec le profit qui tend à sa continuelle expansion.

La traite des femmes est un scandale séculaire et le silence l'est tout autant. De son côté, la prostitution peut, à juste titre, être considérée comme un fléau social et une honte humaine. Elle est, à la fois, une source de corruption sociale et un facteur important de la hiérarchisation entre les sexes au détriment de la femme. Elle permet le financement de ce monde qui vit en marge de la loi et que l'on nomme le «milieu» ou la mafia[108]. Elle est aussi un vecteur important de contamination vénérienne.

La façon dont s'organise la prostitution, varie avec les pays et souvent même à l'intérieur de ceux-ci. Les différences dépendent du niveau du développement économique, des structures sociales et politiques, de la législation en vigueur et des usages locaux. Sous cette diversité plus apparente que réelle, les mêmes procédés sont cependant employés et permettent de distinguer trois modes principaux d'exercice de la prostitution :
• la prostitution «extérieure», qui recherche ses clients dans la rue ou les lieux ouverts au public sous la surveillance stricte des proxénètes ou de leurs sbires ;
• la prostitution en «établissements», qui se pratique à l'intérieur de maisons destinées à cet usage sous le contrôle des mêmes personnages ;
• la prostitution «sur rendez-vous», qui s'exerce avec le concours d'entremetteurs.

Dans l'immense circuit commercial de la prostitution, dont le chiffre d'affaires est considérable, le proxénète intervient très activement, comme recruteur et comme organisateur, afin de prélever la plus large part sur les bénéfices. Le proxénète le plus proche de la prostituée est le souteneur. Il exerce une action directe sur elle, la recrute et maintient une pression constante pour l'inciter à une activité «soutenue». Il la défend contre les entreprises de ses concurrentes, la met en relation avec des tenanciers d'établissements et lui impose de se plier aux usages du milieu auquel il appartient. Il utilise, pour parvenir à ses fins, la séduction, le dol et, s'il le faut, la menace et les violences qui peuvent, dans certains cas, aller jusqu'à la torture et au meurtre. Dans le système proxénète, les entremetteurs/entremetteuses ne sont que les contremaîtres-esses du secteur comme ceux et celles qui rabattent, procurent et expédient les personnes concernées.

La victime est contrainte, dans la majorité des cas, à remettre ses gains, directement ou par personne interposée, au souteneur dont elle dépend. Plus rarement, elle doit

---

107. Toute prostitution n'est pas traite humaine car il existe des indépendantes, encore qu'elles soient statistiquement peu nombreuses. On ne peut passer sous silence l'existence d'une prostitution homosexuelle, surtout masculine, peu répandue dans les pays latins mais relativement importante dans les pays nordiques et anglo-saxons. Nous excluons cependant de nos considérations la prostitution des hommes et des enfants.

108. C'est le proxénétisme qui consiste à favoriser la traite comme la prostitution en l'organisant et en la développant, pour en augmenter les profits et les accaparer. Il en aggrave considérablement les effets.

s'acquitter d'une somme forfaitaire, toujours très élevée, chaque semaine ou chaque quinzaine. Presque toutes les prostituées ont un souteneur. Il faut noter, dans la clientèle habituelle de la prostitution, la présence de nombreux truands. L'esprit de lucre, le désir de se procurer de l'argent sans effort peuvent amener un individu au proxénétisme à l'instar du capitaliste ordinaire. Comme pour les autres matières premières, le passage de la production à la consommation ainsi que la reproduction et le recyclage de la marchandise passent par des filières qui, la plupart du temps, se trouvent sous le contrôle des multinationales des pays développés. Ce sont, en effet, quelques entreprises multinationales particulières –certes clandestines– qui organisent des filières géographiques et sectorielles. Il en résulte l'exportation des femmes de certains pays aux consommateurs, surtout masculins, en grand nombre et dispersés.

Le schéma de cette situation par deux entonnoirs dont les becs étroits se touchent, se vérifie ici comme ailleurs :

Beaucoup de femmes «productrices»

**Quelques filières multinationales
dont les banques + États**

Consommateurs, surtout masculins, nombreux

L'acheminement de femmes présuppose des voies de communication plus ou moins assurées et garanties par les services des douanes et de police complaisants, corrompus ou sous-équipés : d'où l'importance des États et leur plus ou moins grande efficacité qui peut empêcher, laisser faire ou repousser des filières géographiques en jeu. Un exemple tragique parmi d'autres. Durant les années 1990, la République moldave a vu passer sa population de 4,2 à 3 millions suite à l'émigration. Une proportion élevée de celle-ci serait représentée par la traite humaine de femmes et d'enfants. Les trafiquants se chiffreraient à quelques dizaines de groupes et les banques ne font pas plus. Tant pour les femmes que pour les enfants, les consommateurs sont essentiellement des hommes par centaines de milliers.

Femmes = marchandises et la globalisation du capitalisme

L'internationalisation du capital et la globalisation des économies investissent également le commerce des femmes et l'exploitation de ces dernières. La prostitution s'épanouit partout où la crise du capitalisme a pesé sur les économies depuis le début des années 1970, dans les pays développés comme sous-développés. Même, le proxénétisme prend des formes nouvelles qui se rapprochent du «racket». À l'instar des multinationales ordinaires, il tend à devenir l'un des éléments d'un trafic plus vaste consistant à exploiter des chaînes d'établissements «de plaisir» où l'on vend «de la femme» au même titre que de l'alcool, de la drogue, des publications ou du matériel pornographiques et où l'on pratique le jeu. Le «client est roi», proclame-t-on au titre de la promotion marchande. Le tourisme sexuel, qui opère le rapprochement du consommateur à la productrice dans un environnement de villégiature et qui devient de masse dans certains pays, combine loisirs, prostitution et drogue pour les nantis des pays développés[109].

Ces multinationales se basent sur une organisation de «gestion stratégique» et, comme depuis toujours, s'organisent quasi exclusivement pour et par les hommes. De telles entreprises, appelées à prendre une place importante dans la vie de la cité, constituent un très grave danger car elles sont à l'origine d'une «criminalité organisée» d'un type nouveau. La stratégie des acteurs change de fond en comble. La traite des femmes s'opère par tous les moyens de transport. Le choix sera fonction du degré et de la nature de l'éloignement ; des moyens de communication économiquement optimale ; des modes variés de payements ; des accès matériels à des ports, des chemins de fer ou des aéroports ; etc. Le lieu idoine protège le prélèvement du profit. D'où le rôle majeur des banques.

Ainsi, parmi de nombreux acteurs, il faut distinguer : les rabatteurs dans les pays d'origine, les transporteurs vers les marchés consommateurs, les «éducateurs» aux lieux de l'exploitation, les surveillants pendant le «travail» des femmes et après, et les blanchisseurs de l'argent extorqué à ces femmes, etc. Tous ces acteurs peuvent être
- des réseaux –petits ou étendus– d'entreprises multinationales à multiples liaisons ; des transporteurs ; des assureurs ; des fournisseurs ; des logeurs ; etc. ;
- des États et leurs organes variés dont la police, la douane et l'armée qui ne combattent pas le phénomène ;
- des intermédiaires financiers dont les banques multinationales qui garantissent la fluidité des payements, des blanchiments de l'argent, des localisations optimales des comptes, etc. ;
- des institutions internationales dont la Banque mondiale ou le FMI, qui encouragent, indirectement, ce résultat de libéralisations, de privatisations et de dérégulations.

Chacun de ces acteurs peut fonctionner en toute légalité ou en cachette. Cela dépendra de l'action publique qui légalise, tolère ou interdit cette pratique. L'intervention étatique se présente, en fait, de façon très différente et selon des degrés variables. «Quand les Pays-Bas décriminalisent le proxénétisme, le corps humain est mis sur le marché», titre *Le Monde Diplomatique* de mars 1997. Et de poursuivre, «alors que l'aggravation des disparités sociales et l'extension de la pauvreté entraînent une augmentation de la prostitution dans de nombreux pays, une offensive menée par les Pays-Bas vise, au nom de la liberté des femmes, à légaliser le «travail sexuel». À moins d'être forcée –et que la victime en apporte la preuve– la prostitution deviendrait un libre commerce et la mise en exploitation du corps, un droit reconnu sur le marché international du sexe, pour la plus grande satisfaction des consommateurs et des proxénètes». Le déploiement massif actuel de la prostitution est un effet, entre autres, de la présence de mili-

---

109. Les cinq raisons que l'on cite actuellement à l'essor du tourisme sexuel : la paupérisation croissante dans la majorité des pays ; la libéralisation de l'économie sexuelle encourageant la traite aux fins de prostitution ; la persistance de sociétés patriarcales et sexistes ; la chosification de l'image de la femme par la publicité et sur fond de violence sexuelle ; le développement capitaliste du tourisme international et des flux migratoires.

taires engagés dans des guerres ou des occupations de territoires telles que dans les Balkans, en Asie centrale et du Sud-Est ou au Proche et Moyen-Orient. Cet ensemble d'évolution met en évidence une industrialisation des corps humains et la marchandisation de la prostitution en masse.

Rôle de la «communauté internationale» et des États

Actuellement, l'État apparaît comme celui qui libéralise, privatise et globalise dans la plupart des questions socio-économiques et financières dont la traite des femmes, alors qu'il rerégule vigoureusement s'il s'agit de travailleurs, de bénéficiaires de la Sécurité sociale, de consommation de privilégiés ou d'immigration. Aussi l'État peut-il simplement être réduit à l'inaction par «manque de moyens» ou par conviction ultralibérale ou s'abstenir en tolérant des illégalités sous la pression de groupes organisés. Ces groupes peuvent être des multinationales connues ou clandestines, des partis ou des gouvernements étrangers, groupes de pression reconnus ou secrets, etc. Il faut cependant être attentif au fait que la traite des femmes n'est pas nécessairement liée aux questions de territoires au sens d'États juridiquement établis. Elle peut transcender d'une certaine façon, les pays. Elle les ignore par le fait qu'elle peut contourner les obstacles qu'ils pourraient révéler ou profiter des avantages qu'ils pourraient incarner. Ces transactions font suite aux stratégies variées des acteurs en jeu.

Certes, après quelques efforts dans le passé, la convention internationale pour «la répression de la traite des êtres humains et l'exploitation de la prostitution d'autrui» est adoptée, le 2 décembre 1949, par l'Assemblée générale de l'ONU. Les États signataires de cette convention s'engagent à interdire le fonctionnement de tout établissement de prostitution, à instaurer une législation punissant tout mode d'exploitation de la prostitution d'autrui, même si la personne exploitée est majeure et consentante. Viennent ensuite des mesures destinées à la libération et au reclassement des prostituées : suppression de toute mesure créant une ségrégation à leur égard et création d'organismes médico-sociaux destinés à faciliter leur réinsertion sociale. Les intentions sont bien plus fortes que les réalisations !

Il intervient bien d'autres facteurs dans ce commerce particulier. Par exemple, les pays d'origine en Europe ne sont pas n'importe lesquels. Le Parlement européen a, en septembre 2001, critiqué les pays suivants : la Hongrie, la République tchèque, la Slovaquie et la Lituanie qui ne font pas d'efforts suffisants pour combattre la traite des femmes dans leur pays. Sans doute, on peut ajouter à ces pays l'Ukraine, la République moldave, l'Albanie et la Pologne également. La présence de l'OTAN, ou encore «la langue de bois du néolibéralisme» ne serait-elle pas favorable à l'épanouissement des mafias et des trafics de toutes sortes, notamment dans et à travers les Balkans ?
La géopolitique de la traite des êtres humains, des femmes plus particulièrement, se modifie conformément au modèle séculaire. Par exemple, il y a encore quelques années, la Croatie aurait été un pays transit vers l'Europe occidentale. Aujourd'hui, ce pays est «importateur» net de l'Ukraine, de la République moldave, de la Russie et de la Roumanie. La situation a changé avec les accords de Dayton et, plus spécifiquement, grâce à la VIe flotte américaine dont le personnel est désormais «chaleureu-

sement» accueilli en Croatie. Les femmes qui sont vendues entre € 500 et 1 000 dans leur pays d'origine, se trouvent revendues à € 1 500-2 000, voire à 5 000 en Croatie[110] mais le chiffre d'affaires «suggéré» s'élève à € 25 000 l'an. Les marges bénéficiaires pratiquées dépassent toutes les autres. Si une telle femme enfante, l'enfant, lui, est enlevé et vendu.

Parmi les pays d'arrivée, il faut mentionner le cheminement habituel des «marchandises de femmes». Leur aboutissement habituel en Europe est nos pays occidentaux. Il faut évidemment être conscient que, par exemple, les femmes «dans les étalages» de Bruxelles ou d'Anvers sont, en majeure partie, de provenance des PECO[111]. Lorsqu'elles deviennent inutilisables dans nos pays, elles sont réexpédiées vers des pays d'Europe «moins exigeants», puis «comme déchets recyclés» vers les pays d'Afrique[112]. En 2001, l'OCDE a sorti une étude selon laquelle la traite humaine, essentiellement féminine et enfantine, continue à croître à partir des PECO. Selon les années, entre 70 000 et 200 000 femmes et enfants en sont les victimes et font objet de l'exploitation sexuelle. Une des sources majeures de ce commerce serait l'Ukraine. Comme nous le savons, une autre est les Balkans, sous l'égide des mafias albanaises et à partir de la Turquie, notamment. On sait aussi que la traite humaine est, la plupart du temps, liée aux trafics d'armes et de drogues.

En ce qui concerne la traite, on organise des enchères en Europe occidentale. Le prix d'une femme blonde «bien faite» est de l'ordre de € 5 000, alors que le prix d'acquisition ne serait que € 1 500, par exemple, en République moldave ou en Ukraine. Dans certains cas, un commerce d'organes humains serait lié à la traite humaine, notamment en République moldave. Ces activités marchandes s'organisent à partir des pays albanophones tels l'Albanie, la Macédoine et le Kosovo, et s'étendent aux pays balkaniques et au reste de l'Europe[113]. Dans les Balkans, les groupes locaux semblent avoir totalement éliminé les réseaux russes et ukrainiens. Ils se reposent désormais sur l'aide apportée par des groupes italiens. Ces derniers jouent les intermédiaires, contrôleurs et surtout blanchisseurs d'argent car ils ont beaucoup d'expérience. La Hongrie constituerait un lieu de transit tant pour les femmes que pour la drogue, ainsi que l'endroit où d'importantes négociations ont lieu. Parfois, la presse fait état des bagarres fort violentes entre ces diverses bandes mafieuses.

Les ministres de l'Intérieur et de la Justice de l'UE à 15 ont adopté, en 2001, un accord-cadre pour combattre la traite des êtres humains. Les ministres de l'Intérieur

---

110. On signale, depuis peu, que la traite se développe de plus en plus à partir des pays baltes et vers l'Allemagne. Heureusement, il existe aussi des recrutements libres des Roumaines et des Polonaises pour le secteur horticole en Andalousie ! Elles remplacent des Marocaines. Une Roumaine gagnerait € 70 par mois, tandis qu'une Marocaine demanderait € 30 par jour.

111. Certaines émissions récentes de la RTBF et d'ARTE en ont montré l'importance et la nature.

112. Que me soit pardonné ce langage atroce, mais c'est bien celui-là qui est d'usage dans les milieux concernés.

113. GJELOSHAJ, KOLË & Philippe CHASSAGNE, L'émergence de la criminalité organisée albanophone, in *Cahiers d'études sur la Méditerranée orientale et le monde turco-iranien*, n°32, juillet-décembre 2001; une importante contribution à la compréhension de cette criminalité qui porte sur le commerce des drogues et des armes, ainsi que sur la traite des blanches.

de treize pays du Sud-Est-européen se sont réunis, en mai 2002, à Bucarest dans le but d'entreprendre ensemble la lutte contre la traite humaine. La réunion a bénéficié de l'assistance du FBI américain ce qui, hélas, n'est guère une garantie de réussite comme on peut le voir en Amérique latine ou en Afrique.

Dimensions économico-démographiques et adhésion à l'Union européenne

Comme on le sait, les régimes communistes ont, sans doute, amélioré la situation culturelle et socio-économique des femmes, malgré l'accroissement sensible de la «double charge» (travail salarié et travail domestique) qui pesait sur elles. Jusque dans les années 1970, la prostitution y a été efficacement supprimée. Depuis la crise enclenchée par la «transition au capitalisme», entamée dès les années 1980, le niveau de vie a, en moyenne, diminué de moitié pour la population et d'une façon encore plus accentuée pour la majorité des femmes. De plus, en matière d'inégalité de traitement entre hommes et femmes, les femmes gagnent, actuellement, 40 % de moins que les hommes si elles sont ouvrières et 30 % si elles sont employées. Le chômage en est inversement proportionnel. Visible et caché, le chômage féminin ou les «renvois au foyer familial» renforcent des discriminations à leur détriment.

L'UE a estimé que 70 % d'héroïne arrivant sur son territoire vient de l'ex-Yougoslavie et qu'il en est de même pour 200 à 700 000 «esclaves du sexe»[114]. Le groupe qui se nomme «Armée populaire albanaise», de création récente et de caractère transbalkanique, serait particulièrement présent dans les activités criminelles dont la traite humaine. Il tenterait même de contrôler la Macédoine, petit État et montagneux, comme quartier général de ses activités. Enfin, en Albanie, le recensement récent a révélé que la population n'atteint que 3,06 millions fin 2002, après l'émigration de quelque 600 000 personnes, soit un cinquième de la population, surtout jeunes et hommes, encore que la traite humaine concerne avant tout des femmes. Des diminutions démographiques de proportion et de type analogues sont signalées en Ukraine, en République moldave, en Macédoine, en Bulgarie, etc.

Dans l'UE, on est conscient que l'un ou l'autre pays futur membre ou ayant déjà adhéré n'avancera pas assez vite dans ses préparatifs, notamment dans son combat contre la corruption et les multinationales de traite d'êtres humains[115], de drogues[116] et d'armes. Dans un rapport commun, l'UNICEF, l'ONU et l'OSCE estiment que, chaque année, 120 000 femmes et enfants sont enlevés dans les Balkans et exportés vers les pays de l'UE[117].

---

114. Comme on peut le constater, les chiffres mentionnés sont fort variables selon les sources d'information, mais ce fait n'affecte en rien le caractère substantiel du phénomène.

115. Voir WILLAME Magdeleine, Traite des êtres humains - L'ampleur du problème, in : *L'entreprise et l'homme*, n°4, 2002, ainsi que Traite des femmes, Document de la Commission européenne (Justice et Affaires intérieures), mars 2002.

116. Voir le dernier rapport de l'Observatoire des drogues de l'UE qui a été publié en octobre 2002.

117. Pour une personne, on paye encore en Roumanie de € 50 à 200 alors qu'au Kosovo, le prix est déjà de € 700 à 2 500 et, je suppose, le double ou le triple à Anvers. Telle marge bénéficiaire permet de développer beaucoup de «sens entrepreneurial » agressif.

B. Du trafic de drogues à l'argent gris

Comme déjà souligné, le commerce des drogues et le trafic des armes sont fort souvent étroitement liés avec la traite des femmes. En effet, l'un finance l'autre, alors que la troisième ne sert que comme complément aux deux autres. Pour simplifier notre propos, limitons-nous à proposer les éléments les plus marquants dont est fait le commerce des drogues, à l'exclusion des questions telles que la dépendance ou la législation en cette matière.

Quelles drogues, pour quels usages ?

La relativité des classifications et des distinctions (drogue dure ou douce) s'impose lorsque l'on sait que, outre les stupéfiants proprement dits, les hallucinogènes et les amphétamines, plus de deux cents produits pharmaceutiques sont utilisés à des fins toxicomaniaques. On peut distinguer :
- les euphorisants qui comprennent l'opium et ses dérivés (morphine, codéine, héroïne...), la coca et la cocaïne dont les effets : l'accoutumance rapide, la cherté, des risques d'hygiène, etc.;
- les hallucinogènes qui regroupent la mescaline, le chanvre indien et ses dérivés, l'amanite muscarine, les solanacées à alcaloïdes dont les effets : accidents fréquents, relations humaines amoindries, risque accru de cancer de poumon, etc.;
- les enivrants tels que l'alcool, l'éther, le chloroforme, le benzène et ses dérivés ; les excitants parmi lesquels les drogues à base de caféine (café, thé, cola, maté, etc.), le camphre, le cat, le tabac et le bétel.

À cette classification, il convient d'ajouter de nombreuses autres substances synthétiques, en particulier parmi les hallucinogènes : on citera le L.S.D. et l'Ecstasy, dont la fabrication peut se situer pratiquement n'importe où. Un laboratoire relativement simple suffit. Cela pose la question de la substitution de certaines drogues à d'autres, selon les circonstances et les lieux. Les effets en sont l'accoutumance rapide, des accidents de toutes sortes, des risques d'hygiène, etc.

Il convient ici de se demander pourquoi la société poursuit avec acharnement certains drogués et en tolère, avec une relative tranquillité, d'autres, qui, pourtant, sont infiniment plus nombreux et lui reviennent très cher. Ce serait également le cas de certaines passions dont le degré de risque s'avère élevé pour l'individu concerné et pour la société. Citons l'alcoolisme, les excès de vitesse en automobile ou le tabagisme. Il faut bien citer également un précédent historique. Il s'agit de la fameuse «guerre de l'opium» qui a eu lieu entre 1839 et 1942. Par cette guerre, les Anglais imposent à l'Empire chinois l'ouverture d'un certain nombre de ports de façon à ce qu'ils puissent écouler notamment de l'opium produit en Inde sous leur contrôle.

Depuis les années 1960-1970, les pays touchés par la vague toxicomaniaque sont nombreux. Les EUA font figure de précurseurs et l'Europe les a suivis. Dans ce dernier cas, les conflits militaires dans les Balkans ont accéléré le développement du trafic et donc, la consommation des drogues. Plusieurs facteurs auraient joué un rôle certain : la libéralisation débridée des États diminuant les contrôles douaniers, les stratégies des trafiquants, les guerres locales dont le financement est facilité par la drogue, la «faiblesse» des clients et, peut-être, la «dégradation générale des normes et des valeurs sociales». Le trafic des petits intoxiqués revendeurs n'est toujours que le prolongement local du trafic des grandes filières «mafieuses» ; mais les petits se déplacent plus aisément qu'il y a quelques décennies et démultiplient le grand trafic dans des vastes régions, telle l'Union européenne. Il suffit donc que soient approvisionnés des centres de distribution dans des États qui sont soit tolérants, soit incapables de lutter, et la distribution peut alors s'organiser d'elle-même. La toxicomanie contemporaine concerne, avant tout, les jeunes et fait de celle-ci un phénomène radicalement différent des flambées de cocaïnomanie ou d'héroïnomanie du début du xxe siècle.

Faisant suite aux bombardements, puis à l'occupation américaine en 2002, l'Afghanistan a recommencé la production de l'opium à un rythme spectaculaire que les Talibans avaient stoppé antérieurement. Contrôlant parfois des territoires grands comme la Belgique, les chefs des tribus locaux se sont emparés du pouvoir abandonné par les Talibans dans les provinces et se financent désormais avec l'argent de la drogue.

Quelques indications sur la complexité de l'économie des drogues

Conformément au mandat qui lui est dévolu en vertu des traités internationaux relatifs au contrôle des drogues, l'Office des Nations Unies contre la drogue et le crime (l'ONUDC) sélectionne régulièrement plusieurs pays afin d'examiner la manière dont ils appliquent l'ensemble des dispositions desdits traités. Cet examen porte sur différents aspects du contrôle des drogues. L'Office rappelle «aux gouvernements que les stupéfiants et les matières premières opiacées ne sont pas des produits ordinaires et que, dès lors, les considérations liées à l'économie de marché ne devraient pas être des facteurs déterminants pour décider d'autoriser ou non la culture du pavot à opium». L'expression «les considérations liées à l'économie de marché» vise évidemment la libéralisation des États en faveur des groupes financiers et industriels dans le cadre de la globalisation néo-libérale. Citons quelques informations fournies par les rapports annuels de l'ONUDC.

En 2005, l'ONUDC a examiné, par exemple, la situation en matière de contrôle des drogues dans un certain nombre de pays, notamment l'Albanie, la Bosnie-Herzégovine et la Roumanie. Ces trois pays se trouvent sur la route des Balkans, principal itinéraire utilisé pour passer de l'héroïne en contrebande d'Afghanistan en Europe, et ils font face, depuis des années, à de graves problèmes de trafics de drogues. Toutefois, les ressources attribuées par les gouvernements aux activités de contrôle des drogues sont insuffisantes. Il n'y a aucune législation à l'échelle nationale pour garantir l'application des dispositions des traités internationaux relatifs au contrôle des drogues, ni aucune entité nationale responsable de la coordination des activités de contrôle des drogues. Si, dans l'un ou l'autre pays, des progrès ont été réalisés en matière de réduction de la production ou de la vente de drogue, les fonds alloués aux activités de réduction de la consommation ainsi que de la prévention et du traitement de l'abus de drogue restent insuffisants.

Pour renforcer la coopération internationale dans la lutte contre les cyberpharmacies illicites, l'ONUDC a, entre autres, informé tous les gouvernements des dangers que présentaient ces activités illicites. La contrebande de drogues par voie postale, qu'il s'agisse de drogues illicites ou de drogues fabriquées licitement puis détournées, représente une menace majeure pour les services de détection et de répression. Selon l'Organisation mondiale des douanes, ces cinq dernières années, toutes les régions du monde ont connu un accroissement de cette activité illicite. Selon l'ONUDC, l'abus de préparations pharmaceutiques contenant des analgésiques opioïdes a progressé, ces dernières années, aux EUA. Selon les conclusions de l'enquête nationale sur l'usage de médicaments et la santé, 4,4 millions de personnes ont régulièrement fait abus d'antalgiques à base de stupéfiants en 2004. Ces préparations pharmaceutiques sont au nombre des stupéfiants qui continuent d'être détournés et consommés aux États-Unis. Les méthodes de détournement vont de la production de fausses ordonnances au vol chez des fabricants, des grossistes ou des détaillants. L'abus de ces médicaments est également facilité par les mauvaises pratiques de certains médecins et pharmaciens.

Dans les Amérique, les EUA sont non seulement le premier pays où il est fait appel aux cyberpharmacies, c'est également celui où sont installées nombre de pharmacies illicites de ce type. Les Caraïbes ou le Mexique sont souvent des fournisseurs de ces substances. En Asie, la Chine, l'Inde, le Pakistan et la Thaïlande sont les pays les plus cités comme lieux d'implantation de cyberpharmacies illicites. Il est apparu que la Chine était également un pays à partir duquel des matières premières utilisées pour la contrefaçon de substances placées sous contrôle international étaient vendues illicitement par Internet. En Europe, on désigne souvent les Pays-Bas comme le pays à partir duquel opèrent des cyberpharmacies illicites. Si les cyberpharmacies illicites desservent tous les pays, la majorité de leurs clients sont toutefois des habitants des EUA ou de pays européens. D'après les chiffres relatifs aux saisies, une cyberpharmacie illicite réaliserait bien plus d'opérations qu'une pharmacie traditionnelle ayant des activités licites.

L'ONUDC d'insister : les préparations pharmaceutiques contenant des substances psychotropes que l'on trouve dans diverses économies, ne sont pas toujours nécessairement détournées de la fabrication ou du commerce licites. Dans certains cas, l'accroissement de la consommation d'un produit pharmaceutique donné contenant une substance psychotrope a donné lieu à la fabrication illicite de préparations de contrefaçon. Etant donné que les détournements de la fabrication et du commerce international ne représentent plus un apport important pour l'approvisionnement, la fabrication illégale, y compris la contrefaçon de produits de marque, est désormais une source majeure d'approvisionnement pour le commerce illicite. Outre la très forte consommation de ces produits, les connaissances spécialisées de ceux qui exploitent des laboratoires clandestins se sont développées. Dans certains pays, cette évolution est attribuée à des problèmes économiques qui ont fait que des spécialistes de l'industrie chimique ou pharmaceutique ont perdu leur emploi. Des matières premières servant à la fabrication de substances psychotropes peuvent être obtenues à partir de pays où les contrôles sont insuffisants, ou peuvent même être commandées sur Internet et être ensuite transformées par des professionnels qui travaillent pour les trafiquants. Une autre source de production illicite est, selon l'ONUDC, assurée par les opérations clandestines que mènent des sociétés chimiques et pharmaceutiques reconnues, parallèlement à leurs activités légitimes de fabrication. Cette pratique qui consiste, pour une entreprise commerciale, à exercer des activités légales et illégales n'est pas seulement le fait des entreprises manufacturières et se retrouve également au niveau de la vente de détail, à savoir dans les pharmacies. Les narcotrafiquants ont recours à différents moyens, notamment : vol dans les usines et chez les grossistes ; prétendues exportations ; falsification d'ordonnances ; et délivrance de substances par des pharmacies sans les ordonnances requises. Les drogues détournées ne sont pas uniquement destinées à un usage personnel ; elles peuvent aussi faire l'objet d'un trafic dans le pays de détournement ou être passées en contrebande dans d'autres pays. La demande illicite de produits pharmaceutiques contenant des substances placées sous contrôle est en progression. Dans un certain nombre de pays, l'abus de ces produits arrive tout juste après l'abus de cannabis.

Comme le montre l'expérience, les pays qui sont des centres de commerce international mais dans lesquels les contrôles n'existent pas, sont particulièrement susceptibles d'être visés par les trafiquants. L'ONUDC demande instamment à tous les autres pays concernés comme Andorre, les Bahamas, le Bhoutan, le Brunei Darussalam, le Burkina Faso, le Congo, le Gabon, la Guinée-Bissau, la Guinée équatoriale, la Jamahiriya arabe libyenne, l'Irlande, le Lesotho, le Myanmar, le Niger, Singapour et le Zimbabwe d'adopter également les mesures voulues. Compte tenu de l'évolution des tendances du commerce licite et du trafic de permanganate de potassium, il faut veiller à empêcher les détournements de cette substance, qui est un précurseur de la cocaïne, et à endiguer la fabrication illicite de cocaïne. Étant donné que les principaux objectifs de l'ONUDC consistent à détecter et à intercepter les tentatives de détournement de permanganate de potassium et à identifier les sociétés écrans et les personnes suspectes, il faut que les gouvernements mènent des enquêtes approfondies sur les envois de cette substance qui ont été interceptés.

La corruption a freiné les efforts visant à combattre la culture et la production d'opium en Afghanistan où le commerce de la drogue est aux mains d'une poignée de personnes soutenues par les milieux politiques, affirme un rapport de l'Office des Nations Unies contre la drogue et le crime (ONUDC) publié aujourd'hui. Les riches producteurs paient des pots-de-vin pour éviter que leurs cultures ne soient détruites, réduisant ainsi l'efficacité des mesures antinarcotiques et la crédibilité du gouvernement et de ses représentants locaux, affirme le rapport. Les efforts pour combattre l'opium n'ont produit que de maigres succès. Les mesures prises pour aider les fermiers qui vivent dans des zones reculées et qui disposent de ressources limitées, sont le plus souvent inefficaces. La politique d'éradication des cultures d'opium affecte généralement les paysans les plus pauvres. La culture et la production d'opium ont atteint des niveaux records en 2006, avec une hausse de la production de 49 %.

L'organisation du secteur à l'échelle mondiale

Comme pour la plupart des matières premières, le passage de la production à la consommation passe donc par des filières qui se trouvent sous le contrôle des multinationales spécialisées, licites ou non, des pays développés. Ce sont, en effet, quelques entreprises multinationales qui organisent des filières géographiques et sectorielles depuis de nombreux producteurs aux consommateurs fréquemment en grand nombre et dispersés. Des producteurs peuvent être des paysans des pays pauvres ou des chimistes travaillant dans des laboratoires clandestins et forcément petits dans nos pays riches ou encore des multinationales pharmaceutiques. Comme il est montré ci-dessus, on peut très bien représenter cette situation aussi par deux entonnoirs dont les becs étroits se touchent et où le système réunit beaucoup de producteurs avec beaucoup de consommateurs à travers quelques multinationales et banques spécialisées soutenues par les États concernés.

Ce schéma représente assez bien la manière dont fonctionne le système international de la drogue. Ainsi se définit la problématique proprement géopolitique qui porte sur la production et sur l'acheminement de telle ou telle matière d'un lieu du globe à un autre, ainsi que sur son financement par quelques acteurs et sur les rivalités nombreuses de divers acteurs. La production est soumise à des règles précises et habituelles de la gestion capitaliste : l'accaparement du domaine des concurrents ou la simple absorption de ceux-ci ; l'accroissement constant de la productivité par des innovations et la gestion maximale du taux d'exploitation. Les conflits interentreprises sont fréquents ; ils mobilisent parfois des pouvoirs publics afin d'éliminer tel ou tel rival.

L'acheminement présuppose des voies de communication plus ou moins assurées et garanties par des moyens militaires : d'où l'importance, ici et ailleurs, des États ou des multinationales de merceraniat. Il fait intervenir des facteurs tels que le degré et la nature de l'éloignement ; des moyens de communication économiquement optimaux : de l'estomac des transporteurs jusqu'à la Poste ordinaire en passant par les moyens plus classiques ; des modes variés de payement et de couvertures d'assurance ; des accès matériels à des ports, chemins de fer ou aéroports ; des voies maritimes ou terrestres militairement à l'abri d'un adversaire quelconque, etc. Le lieu idoine protège le prélèvement du profit en «euros et cents», en le blanchissant. D'où le rôle essentiel des banques.

Citons quelques chiffres parlants de l'ONUDC. En 2005, l'exportation afghane de production de l'opium et ses dérivés s'élève à € 2,2 milliards qui correspondent à 52 % du PIB du pays. Les trafiquants s'approprient 80 % du montant alors que le reste revient à des dizaines de milliers d'agriculteurs. Quant aux très nombreux consommateurs, ils déboursent le quintuple de la somme.

De *nombreux acteurs* interviennent donc :
• les exportateurs et les importateurs dont
  • des «bandes ou clans», des entreprises multinationales spécialisés ;

- des intermédiaires commerciaux, des «trafiquants» et des milices ou armées privées ;
- des États et leurs organes variés dont la police et l'armée ;
- des intermédiaires financiers dont les banques multinationales ;
- des institutions internationales dont l'OMC ou le FMI ;
- des transporteurs ; des assureurs ; des fournisseurs locaux ; des chercheurs ; etc.

Chacun de ces acteurs peut fonctionner en toute légalité ou en cachette. Cela dépendra de l'action publique qui légalise, tolère ou interdit. Selon les matières, les États jouent un rôle d'une importance variable. En principe, ils s'avèrent détenteurs du monopole de la contrainte. L'intervention étatique se présente, en fait, de façon très différente et selon des degrés variables. Comme on l'a déjà souligné, l'État apparaît comme celui qui *libéralise, privatise et globalise* dans la plupart des questions économiques et financières, alors qu'il re-régule vigoureusement par ailleurs.

Répétons-le : la géo-économie de la drogue n'est pas nécessairement liée aux questions de territoires au sens d'États juridiquement établis. Comme dans d'autres domaines, elle peut se reposer sur le concept de déterritorialisation qui désigne le phénomène suivant. Par leur grande mobilité et flexibilité, les transactions commerciales et financières transcendent, d'une certaine façon, les pays. Elles les ignorent par le fait qu'elles peuvent contourner les obstacles qu'ils pourraient révéler ou profiter des avantages qu'ils pourraient incarner. Ces transactions font suite aux stratégies variées des entreprises et banques multinationales.

Géohistoire de la drogue : voies d'acheminement de la drogue, blanchiment des capitaux et conflits régionaux

La production et le trafic des drogues sont devenus, depuis 1945, un problème géopolitique pour les pays développés capitalistes. Tantôt, les États tels les EUA exercent des pressions sur les pays producteurs. Ces pressions constituent des prétextes commodes afin de pouvoir encore mieux dominer les pays comme en Amérique latine, notamment en Colombie, et dans les pays des Caraïbes. Tantôt, ils sont parfaitement tolérants s'agissant du Pakistan, de l'Afghanistan ou d'autres pays d'Asie, notamment centrale.

Par exemple, la production d'opium du Triangle d'Or, aux frontières de la Chine, de la Birmanie, de la Thaïlande et du Laos, fut, dès le lendemain de la guerre 1939-1945, commercialisée et transformée par des officiers nationalistes chinois qui bénéficiaient du soutien des EUA, puis par les services spéciaux de l'armée française et, enfin, par ceux de l'armée américaine au Vietnam afin de couvrir financièrement des opérations dites spéciales. Les intermédiaires locaux qui, ensuite, sont devenus internationaux, ont repris et ont continué à développer les opérations jusqu'aujourd'hui. Les groupes de guérillas en ont fait de même dans ces régions, puis en Afghanistan et au Moyen-Orient jusqu'à l'époque contemporaine. En Amérique latine, la production comme le trafic de la cocaïne s'inscrivent dans une évolution analogue, mais les réseaux des narcotrafiquants sont bien plus étendus, dû probablement à la relative proximité du marché Nord-américain. Les filières y sont relativement connues : les multiples micro-États antillais, le Panama, le Mexique et le Brésil.

Le trafic de drogues en provenance de Turquie ou surtout d'Afghanistan s'est rapidement propagé depuis les années 1980, notamment en Russie, par l'intermédiaire de divers réseaux ethniques venus du Caucase ou par la Caucasie méridionale. C'est aussi un prétexte pour Moscou afin d'écraser la Tchétchénie et vouloir contrôler la Géorgie, l'Arménie et l'Azerbaïdjan. L'acheminement alternatif depuis les Balkans passe par train de Turquie, via Sofia et via l'Ukraine, et aboutit, par exemple, en Belgique... Depuis 2002, la production d'opium-héroïne en Afghanistan est fort relancée et assure désormais les 9/10e de la production mondiale. Budapest occuperait une place prééminente comme lieu de négociations et de transactions.

À mesure que les effets de la crise mondiale se font sentir, que les conditions des échanges entre le Nord et le Sud sont plus inégales, que le poids de la dette extérieure s'accroît, l'importance de l'argent provenant d'activités illicites comme la contrebande et le trafic de drogues augmente entre les pays pauvres ou riches tout autant qu'entre l'Est et l'Ouest. Les gouvernements ne peuvent plus dissimuler que les revenus de la drogue soient devenus le soutien essentiel de leur économie. Tel est le cas en Amérique latine, ainsi qu'en Asie centrale ou du Sud-Est. Toutefois, la plus grande partie des profits sur les stupéfiants est générée dans les pays consommateurs, c'est-à-dire développés. Loin d'enrichir la population des pays producteurs et, en particulier, les paysans qui cultivent et récoltent des plantes qui, transformées, deviennent l'opium et la cocaïne. Pour 1 euro gagné par les producteurs en grand nombre, les peu nombreux trafiquants en font 3 dans les pays développés.

L'argent de la drogue représente, dans le monde, des sommes colossales, bien plus que les secteurs d'industries les plus importantes. Il s'agit d'une économie parallèle mais dont les gains finissent le plus souvent par être réinjectés dans les circuits économiques légaux après avoir été blanchis par des banques ou des institutions financières honorables : casinos, fonds de pension, etc. Cet argent est également utilisé pour financer, dans les différentes parties du monde, rébellions, guerres civiles ou conflits régionaux. Enfin, une politique antidrogue, telle qu'elle est organisée par les EUA contre le trafic en Amérique latine, peut être également utilisée pour contrôler les États de la région.

Paradoxalement, la chute des régimes politiques communistes et la fin de l'antagonisme des blocs sont à l'origine d'une recrudescence du recours à l'argent de la drogue et de l'ouverture des voies de transit de cette dernière. D'une part, on assiste à une multiplication des conflits nationaux et ethniques et, d'autre part, les protagonistes de ces affrontements, ne pouvant plus compter sur l'aide économique et financière d'un protecteur puissant, doivent avoir recours à des sources de financement parallèles. Il en est de même s'agissant des républiques d'Asie centrale de la CEI, traversées par les crises ethniques, sociales et économiques et dont le territoire recèle un immense potentiel pour les productions de cannabis et de pavot, qui représentent la plus grande menace en matière de drogue pour les pays occidentaux. De son côté, une des drogues synthétiques est l'ecstasy dont les producteurs mondialement les plus importants seraient les Pays-Bas, puis le Canada. Les deux alimentent en produits les EUA avant tout. Aux Pays-Bas, la fabrication et la commercialisation de l'ecstasy seraient dominées par les Israéliens et les Chinois. La matière première serait surtout importée de la Chine.

C. Le blanchiment de l'argent et le rôle des banques multinationales

Les doubles entonnoirs, dont il a été souvent question ci-dessus, se touchent à leurs-bec. Là, se situent la direction générale des multinationales qui dirigent les opérations et le lieu où la transaction financière, le payement des opérations se réalise et le profit concret peut être dégagé. Dès que des sommes importantes sont en jeu, ce lieu ne peut être qu'une banque également multinationale. Le secteur noir qui correspond à l'ingénierie fiscale et financière de la majeure partie des multinationales, officielles ou clandestines, s'opère nécessairement à travers les banques, elles aussi multinationales. Essayons de le (dé) montrer !

Une banque, c'est une usine pour payer

La banque est une entreprise spécialisée dans le payement. Elle est, en effet, appelée à payer selon les ordres qu'on lui donne à l'endroit, au moment et dans la monnaie ou devise voulue. À défaut d'argent liquide, elle paye en faisant du crédit, en créant de la monnaie. Outre le fait de payer et de prêter, la banque tient les comptes de ses clients et, grâce à cela, gère la trésorerie de ces derniers. Elle procède également au change d'une monnaie en une autre et collecte des dépôts pour pouvoir rester toujours liquide. Par ailleurs, elle effectue des opérations dites financières en émettant des actions, des obligations ou tout autre titre de créance en faveur des tiers et parfois d'ordre de tiers. Des activités d'émissions, qui sont factices, se prêtent fort bien à des opérations de blanchiment. Enfin, la banque gère la trésorerie et les titres de ses clients. Cette gestion crée aussi la possibilité de procéder à de pareilles opérations.

Les esprits non initiés voient, avant tout, dans la banque un distributeur plus ou moins capricieux de crédits qui lui assurent un pouvoir. Or, tout banquier qui connaît son métier, dira que son souci principal est de pouvoir payer sans risque et à tout moment en son nom propre et au nom de ses clients. Le pouvoir y est présent, sans doute, en vertu de la position centrale de la banque dans les transferts d'argent et le financement du capitalisme. Peu importe d'ailleurs que ce dernier soit de nature ouverte ou dissimulée, licite ou illicite. La banque a donc une fonction exclusive qui est de gérer les payements de masse et surtout de montants substantiels que personne d'autre n'a réussi à organiser en-dehors d'elle. La fonction est, selon nous, exclusive en vertu du principe de la division du travail et de la spécialisation exigeant de la haute technicité et des investissements extrêmement lourds. Cette fonction se réduit à la passation et à la transmission d'écritures ainsi qu'à la tenue des comptes chez elle et dans d'autres banques.

Toutefois, comme une transaction bancaire implique généralement d'autres transferts d'actifs (escompte, opérations fiduciaires, achats ou ventes de devises, encaissements ou remboursements de chèques, etc..), la banque est amenée à exercer d'autres fonctions comme prêteur, émetteur de titres, escompteur, changeur, etc.. Elle a pratiquement toujours informé sur –ce que l'on appelle dans le secteur– «la nature» du payement, c'est-à-dire la contrepartie de ce dernier, ce à quoi correspond ce dernier. L'accroissement du commerce extérieur mondial, en moyenne deux fois plus rapide que celui de la production à la même échelle, pouvait, dans un premier stade, se contenter de règlements ou payements et des opérations de change opérées de banque à banque, alors que l'internationalisation de la production et des actionnariats nécessite désormais de nouvelles modalités à une échelle élargie. Dès lors, le système de payements ou de transmissions d'ordres s'est extraordinairement développé depuis la deuxième moitié du XXe siècle.

En ce qui concerne les payements internationaux, le système le plus connu est le SWIFT, installé en Belgique. Échappant au contrôle des pouvoirs publics[118], celui-ci est une coopérative mondiale créée à l'initiative des banquiers européens et qui centralise les payements des banques membres. Les banques devenues internationales acquièrent, à partir de cette base, un caractère international par la mondialisation de leurs opérations et par leurs structures. Elles fournissent aux firmes –n'importe lesquelles!– les fonds nécessaires à leurs activités. Elles contribuent à rendre mobiles d'un point à l'autre du monde ces fonds que les firmes multinationales souhaitent déplacer pour des raisons de gestion de trésorerie et de transferts, de placement ou d'investissement. Pour le faire, elles se transforment en mégabanques ou doivent passer entre elles des accords en vue des payements et d'autres règlements.

Depuis les années 1960, on distingue, en fait, mégabanques, banques régionales à échelle continentale et banques locales spécialisées vis-à-vis d'une certaine clientèle. La mégabanque correspond à un acteur à l'échelle mondiale, intègre toutes les activités bancaires et dispose d'un réseau de filiales et d'agences à travers des continents. Multinationales, les mégabanques seraient celles qui figurent parmi les quelques dizaines de premières banques du monde. Ce sont elles qui, en connaissance de cause ou non, ouvrent des comptes multiples dans des banques liées à des trafics variés et à des trafiquants et effectuent des opérations sur ces derniers. Ce sont elles qui, de pays à pays, exécutent les successions d'opérations blanchissant l'argent noir, gris ou rose en recourant notamment aux mécanismes informatiques de SWIFT.

Quelles sont les techniques du blanchiment ?

L'importance actuelle du blanchiment de l'argent apparaît comme proprement énorme. Rappelons-le, selon les estimations les plus récentes, il porte annuellement à € 2 300

---

118. SWIFT est une coopérative de banques privées. Dans le cadre de la transmission de données sur les donneurs d'ordres et les bénéficiaires de transferts par SWIFT aux autorités américaines (CIA) depuis 2001, le Gouvernement comme le Parlement belge n'ont manifestement guère fait respecter le secret bancaire alors que, dans la lutte contre les flux d'argent noir, gris ou rose, il l'évoque constamment pour la rendre quasi impossible.

milliards environ[119], ce qui représente quelque 8 % du PIB mondial ou 8 fois le PIB de la Belgique. De tels volumes ne peuvent pas être traités en dehors du système bancaire pour des raisons à la fois techniques et matérielles. Il faut, en effet, tenir compte en plus qu'un même avoir rose, gris ou noir peut et doit impliquer plusieurs transferts avant d'être convenablement blanchi.

Quelques exemples de blanchiment parlent mieux que de longues considérations théoriques. Le blanchiment peut faire intervenir différentes techniques dont la multiplicité, la complexité ou la répétition successive accroissent les chances de réussite. L'aspect le plus indispensable s'avère l'ouverture de comptes très nombreux sous différents noms, dans divers pays et auprès de multiples établissements. Le recours varié à ces comptes tend à camoufler la raison véritable des transferts opérés mais se gère sans difficulté grâce à l'informatique. La technique peut porter sur un transfert bancaire vers des pays où la visibilité publique est modeste, par exemple, des lieux dits hors zone OCDE, suivi par un nouveau transfert vers le pays où les bénéficiaires des opérations résident. Elle pourrait aussi avoir recours à des opérations de crédit fictives dont le remboursement blanchit l'argent. Elle peut consister à racheter des billets de loteries, puis à les encaisser et à verser l'argent ainsi gagné sur le compte de l'opérateur ; achat de valeurs mobilières avec des fonds transférés de l'étranger et établissement d'un prêt garanti par ces valeurs mobilières ; achat ou vente de chèques de voyage de montants élevés ; exportation fictive et/ou fortement majorée donnant lieu à un payement ; etc.

Le blanchiment bancaire se servira de techniques encore plus raffinées où le profit obtenu seul doit être blanchi. Ces techniques passeront par des compensations, par exemple, entre achats de femmes et ventes d'armes ou de drogues, des doubles opérations de crédit ou de change croisées dans différents pays, des activités peu contrôlées par les autorités telles que le tournage de films, l'achat ou la vente de licences ou de fonds de commerce fictifs, etc. Au cours des années écoulées, se sont multipliées des opérations qui ont fait intervenir des services financiers proposés sur l'Internet. Une des méthodes de blanchiment via l'Internet consisterait à créer une société proposant des services payables par Internet. Le blanchisseur utilise ensuite ces services et les règle en utilisant des cartes de crédit ou de débit liées à des comptes dont il a le contrôle (éventuellement localisés dans une zone extraterritoriale) et sur lesquels sont déposés le produit d'activités criminelles et le solde bénéficiaire de ces dernières.

L'OCDE anime un Groupe d'Action Financière sur le Blanchiment de Capitaux (GAFI) qui publie des rapports annuels. Ces derniers décrivent les différentes sortes de tactiques et de mécanismes, ainsi que les mesures que l'on devrait prendre pour empêcher le blanchiment. Comme source d'information, le GAFI n'est pas dépourvu d'intérêt. Cependant, il convient de savoir que les pays membres de l'OCDE sont précisément des pays riches qui ont le plus de multinationales de toutes sortes, dont les banques, et ne font que peu pour les réguler au nom de la liberté de marché. Cette complicité d'État revêt ainsi une importance primordiale dans la gestion des flux d'argent noir, gris et rose dans le monde.

---

119. Ces estimations se basent sur l'analyse des balances des payements, la circulation des billets et les statistiques douanières, voir SCHNEIDER & autres 2006.

Une première conclusion

Dans les activités dont une première analyse est tentée ici, on peut observer le phénomène suivant. Le principe du libre-échange dont bénéficient, avant tout, les multinationales, s'oppose au principe de la souveraineté étatique, dont celles-ci continuent néanmoins à avoir besoin. Toute réglementation du commerce, au sens large du terme, soulève des problèmes de fond depuis la victoire du libéralisme radical dans le monde. Ainsi, les discussions autour de l'ONU ou de l'OMC, qu'il s'agisse de la drogue, de la traite humaine, des armes, des clauses environnementales ou sociales, des blanchiments des fonds, de la fraude fiscale ou sociale, posent véritablement le problème du conflit entre les deux principes.

Il en résulte une contradiction qui, dans la pratique, s'avère quasi insurmontable. Jusqu'ici, dans le climat du libéralisme américain depuis la guerre 1939-45, le monde penche constamment en faveur du premier principe au détriment du second. Cette évolution privilégie des grands (États et entreprises) alors qu'elle défavorise les autres (États et entreprises). Les privilégier semble comporter des limites : le chaos éventuel qui implique plus de risques que de profits et qui provoquerait probablement le succès de l'altermondialisme.

Bibliographie spécifique :

Alternative sud, Prostitution, la mondialisation incarnée, CentreTricontinentale-Syllepse, 2005.
Idem, Évasion fiscale et pauvreté, CentreTricontinentale-Syllepse, 2007.
Conseil de l'Europe/Assemblée parlementaire, Campagne contre la traite des femmes, doc. 9190 révisé, 7.9.2001; http://vvww.coe.int/Documents/WorkingDocs/cloc0l/FDOC190.htm
CALDWELL, Christopher, Free us from this slavery overload, in : *FT*, 6.4.2007.
DAUCHOT, Alain, Prostitution : la réalité des réseaux albanais (entretien avec Hermine Bokhorst qui a publié «Femmes dans les griffes des aigles» décrivant ce qui se passe chez nous, en plein cœur de Bruxelles et d'autres villes belges), in : *Esprit Libre*, Université libre de Bruxelles, mai 2003, n°13; http://www.ulb.ac.be/espritlibre/22.html
DHOMBRES, Dominique, La prostitution à Paris, grise et banale & Les barons de la drogue en Afghanistan, in : *Le Monde*, respectivement 12 & 21.11.2007.
Dixième Congrès des Nations Unies pour la prévention du crime et le traitement des délinquants à qui a été soumis le projet du nouveau traité mondial de lutte contre l'esclavage sexuel des femmes et des filles, Département de l'information de l'ONU, DP112098; http:l/wwvv.un.org/french/events/lOthcongess/2098fhtm
Futuribles, Numéro spécial : Géopolitique et économie politique de la drogue, mars 1994.
GJELOSHAJ, Kolë & CHASSAGNE Philippe, *L'émergence de la criminalité organisée albanophone*, in *Cahiers d'études sur la Méditerranée orientale et le monde turco-iranien*, n°32, juillet-décembre, 2001.
HÖHENER, T.-M., KALBERER, P. & ROTH, M., Ausfernde Geldwäschereigezetzgebung - Ein Tatbestand wird immer weiter gefasst und damit banalisiert ; STÄHELIN, P., Überzogene Kritik am Geldwäschere-Abwehrdispositiv der Schweiz - Erkenntnisse aus einem rechtsvergleichenden Bericht des Eidgenössischen Finanzdepartements, in : *NZZ*, 7.2.2007.

HUBER, Judith, Toujours talibans, mais avec le sourire, in : *Le Monde Diplomatique*, mars 2003.
Human Rights Without Frontiers, Traite des femmes entre l'Europe centrale/orientale et la Belgique, sans date, Bruxelles (document belge donnant des informations importantes sur la situation et la liste des organisations d'accueil en Belgique), voir http://www.hrwf.net/newhrwf/html
International Federations of Red Cross and Red Crescent Societies/ Regional Delegation for Central Europe, The Bridge - The most vulnerable : human trafficking, Printemps, 2005.
KAPSTEIN, Ethan B., The New Global Slave Trade, in : *Foreign Affairs*, vol. 85, n°6, novembre-décembre 2006.
LABROUSSE, Alain (éd.), *Dictionnaire géopolitique des drogues*, De Boeck, Bruxelles, 2002.
LEBERT, Didier & Carlo VERCELLONE, Mafia et capitalisme : dix thèses sur la nature et les transformations de l'entreprise mafieuse, in : *Économies et sociétés - Cahiers de l'Isméa*, t. LIX, n°1, mars 2006.
Le Courrier des Balkans, Le trafic humain sur la route des Balkans, 4 juin 2002, http://www.terredescale.net/article.php3?id article=155
Le Ligueur, Un ensemble d'articles dans le n°16 du 23 avril 2003 sur le cannabis et Infor-Drogues.
Le Monde, Drogués en Europe (une série d'articles), du 4 au 10 janvier 1994.
Les rapports annuels du Groupe d'Action Financière sur le Blanchiment de Capitaux (GAFI).
LIMES, n°speciale : Come Mafia commanda, n°2, 2005.
LUCY, Christophe-Emmanuel, *L'Odeur de l'Argent sale - Dans les coulisses de la criminalité financière*, Eyrolles-Société, 2003.
MICHEL, Franck, Vers un tourisme sexuel de masse ?, in : *Le Monde Diplomatique*, août 2006.
MOOREHEAD, Caroline, Women and Children for Sale, in : *The New York Review*, October 11 2007.
MORARJEE, Rachel, Why Afghanistan looks on course to fail, in : *FT*, 4.9.2006.
NAIM, Moisés, *Le livre noir de l'économie mondiale, contrebandiers, trafiquants et faussaires*, Grasset, Paris, 2007.
NAVAI, Ramita, Le vie della droga, in : *LIMES*, n°5, 2005.
NICOUD, Frank, *La géopolitique de l'Albanie et l'émergence d'une puissance criminelle balkanique*, mémoire de DEA, «Défense Nationale et Sécurité Européenne», Université de Lille II, 2001-2002; http://194.167.255.17/téléchargement/mémoires/nicoud702.pdf
NZZ, Menschenhandel und Zwangsprostitution überfordern alle, 31.3.2008.
Idem, Wo die Gesetze des Marktes starker sind als jene der Staaten, 4.3.2008.
Idem, Moderne Sklaverei im Rotlichtmilieu, 16/17.2.2008.
Idem, Wo die Taliban herrschen ; blüht der Mohn, 12.2.2008.
Idem, Dubai als Hafen für Dirnen und Bordelle, 8.1.2008.
Idem, Starker Anstieg der Opiumproduktion in Afghanistan & Zäher kampf gegen die Kokapflanze in den Andenländern, 28.6.2007.
Idem, Schwache Staatliche Strukturen in Afghanistan, 5.9.2006.
Idem, Schlagmohn-Anbauschlacht in Afghanistan, 4.9.2006.
Idem, Männer und Moral in Montenegro - Verbindung zwischen Politik und Zwangsprostitution, 11.3.2003.
Observatoire géopolitique des drogues, GRIP-Complexe, Bruxelles, 2002.
ONUDC, L'industrie de la drogue menace la construction de l'État afghan, in :
Organisation des Nations Unies, Tendances globales de drogues illicites, 2002, n°de réf.: 9211 4815 03 & Rapport du contrôle international des narcotiques, 2001, n°de réf.: 9211 4814 57.

Parlement Européen, Pour de nouvelles actions dans le domaine de la lutte contre la traite des femmes, COM (1998)0726-C5-0123/1999.

PETERSOHN, Ulrich, Boomender Markt privater Militärfirmen, Die Auslagerung militärischer Aufgaben wirft heikle völkerrechtliche Fragen auf, in : *NZZ*, 7.6.2006.

Petit Robert - Des noms propres, L'Atlas géopolitique & culturel, Paris, 1999.

SCHNEIDER, F., Elisabeth DREER & W. RIEGLER, *Geldwäsche. Formen. Akteure, Grössenordnung - und warum die Politik machtlos ist*, Gabler, Wiesbaden, 2006.

Sénat de Belgique, Traite des êtres humains et prostitution - Une volonté d'agir, Journée d'étude, 29.6.2001, Bruxelles.

SÜMEGI, Noémi, Hongrie - l'État maquereau, in : *Heti Válasz*, novembre, 2007.

VAZ CABRAL, Georgina, *La traite des êtres humains - Réalités de l'esclavage contemporain*, La Découverte, Paris, 2006.

VENTI, Sergio Mario, *Le marché des drogues et son contrôle international –l'Europe dans la tourmente, entre sécurité et libre circulation*, mémoire de fin d'études, Département des sciences politiques et sociales/UCL, Louvain-la-Neuve, septembre 1999.

VICTOR, Jean-Christophe, Virginie RAISSON & Frank TETART, *Les dessous des cartes - Atlas géopolitique*, ARTE-Tallandier, Paris, 2005.

Site Internet :
www.strategic-road.com/dossiers/paradis.htm comporte des nombreuses indications bibliographiques ;

L'OICS est l' Organe international de contrôle des stupéfiants de l'ONU. L'OICS est un organe de contrôle indépendant et quasi judiciaire qui est chargé de surveiller l'application des traites internationaux relatifs au contrôle des drogues ; d'autres sites de l'OICS :
www.incb.org

www.incb.org/incb/en/sitemap.html; www.incb.org/incb/annual_report_2005.html

Le site du Groupe GAFI : www.fatf-gafi.org/index fr.htm

UNNews@un.org, 28, Novembre, 2006, ainsi que http ://www.unodc.org/unodc/index.html

Partie 6
Cas géoculturels

Partie intégrante de la géopolitique comme la géo-économie, la «géoculture» au sens large du terme étudie, entre autres, certains discours spécifiques. Les discours que nous visons, sont d'ordre incantatoire, idéologique, propagandiste, publicitaire, etc., en un mot, des rhétoriques. Ils peuvent contribuer, directement ou indirectement, à maintenir, modifier, acquérir ou engendrer les espaces ou du moins leurs représentations. Nous nous concentrons sur quelques exercices de cette étude.

Voici deux rappels qui illustrent notre propos. Ainsi, d'une part, répéter le message de propagande est le principe de base. C'est ce qu'applique, pour faire la propagande, Goebbels en Allemagne nazie expansionniste, parlant de «Lebensraum». Grâce à l'application de ce principe, la répétition rend, petit à petit, vrai et acceptable le contenu du message, quelqu'absurde qu'il soit. Par une telle propagande agressive et insistante, Goebbels obtiendra des succès spectaculaires aux élections à partir de 1930 et, plus tard, fera avaler les pires abus du régime et les victoires comme les reculades dans la guerre d'agression menée de 1939 à 1945. D'autre part, pendant cette même guerre, il se fait que Staline posa la question à Molotov : «Alors camarade, le Vatican dispose-t-il de combien de divisions ? Peut-il nous aider ?» Molotov lui répondit : «Il n'en dispose d'aucune mais, ajouta-t-il, le Vatican parle avec succès depuis deux mille ans et maintient "l'empire catholique"». Le premier lui répliqua : «Oubliez même ma question ! C'est uniquement les forces militaires qui m'intéressent.» Or, nous le savons : Staline et l'Union soviétique ont disparu alors que le Vatican perdure !

Géopolitique des rhétoriques

La rhétorique a comme objectif de proposer, de construire ou d'imposer des représentations collectives[120] par la pensée exprimée, par la parole. Une de ces représentations bien connue est l'identité et la mémoire collectives quant à l'appartenance nationale, religieuse, ethnique, etc. L'identité et la mémoire collectives sont multiples et évolutives au sein des sociétés humaines. Aucune collectivité ne peut être entièrement réduite à une seule identité. Toutefois, une identité collective peut être déterminante en cas, par exemple, de guerre : la haine collective de l'ennemi. L'identité et la mémoire collectives ne tombent pas du ciel. Elles se construisent et sont construites avec l'assentiment ou non des intéressés. Toute revendication ou rhétorique identitaire correspond à
- une démarcation et une différenciation face à l'altérité : eux, c'est eux ; nous, c'est nous !
- une affirmation de supériorité par rapport aux autres.

---

120. De son côté, une représentation est ce par quoi un objet, un phénomène est présent à l'esprit. Une telle représentation fonde les aspirations et les comportements, mais peut mener à la violence individuelle et sociale.

En géopolitique, ces représentations peuvent concerner l'histoire, un territoire, une conviction forte, des frontières ou la pratique d'une soi-disant *lingua franca* telle que l'américain[121]. La rhétorique en question peut néanmoins avoir, au moins, deux versants : l'un est nécessaire à toute politique tandis que l'autre est trompeur et donc évitable. Certes, toute action dans la société a, en effet, besoin d'être légitimée et diffusée par la parole, par le discours. Des telles pratiques géostratégiques visent évidemment à modifier des frontières, à transformer des sphères d'influence ou à garantir des voies de communication, ainsi qu'à réduire ou amplifier des conflits internationaux. Elles présupposent une adhésion, une recherche d'identification ou d'appartenance.

Les rapports entre le discours et les réalités peuvent être réels ou factices, pourvu qu'ils soient acceptés. Il n'en résulte aucunement que la réalité ne conditionnerait pas les discours que l'on peut tenir. À différentes époques de l'histoire comme dans les différentes contrées du monde, le langage, la Culture et les croyances se modifient et s'expriment de façon variée selon les conditions socio-économiques données. À ce propos, trois remarques s'imposent.

Primo, une géopolitique des rhétoriques se doit de rechercher des liens ou des articulations entre les discours et les pratiques géostratégiques[122]. Ces liens et articulations peuvent aboutir à la lutte ou à la coopération, à la conviction ou à l'exclusion, selon les situations, les acteurs, les données et les objectifs géopolitiques. Secundo, les rhétoriques véhiculent des représentations. Ces représentations s'inscrivent dans des espaces de rivalités et de conflits des groupes humains et les expriment. Ces représentations sont nombreuses comme sont nombreux des discours apparemment contradictoires qui nous entourent sur des sujets variés grâce à la propagande et la publicité. Tertio, il faut évidemment souligner le rôle capital des médias, lieu par excellence des représentations exprimées, sans référence véritable de temps et d'espace. Des discours stratégiques s'engouffrent véritablement dans ce vide médiatique spatio-temporel.

Question de narration ou narration de la question

Partons de l'idée que les faits, les événements, les situations humaines et sociales sont *racontés, proclamés* ou *déclarés*. De tels récits ne sont jamais neutres. Il est donc important de savoir *qui* raconte l'histoire et *comment*. Qui est le narrateur ? Quelle est la question, s'il y en a ? Sans question posée, les réponses l'emportent-elles : nous nous noyons sous le poids rien que des réponses ? Nous sommes généralement tributaires de l'information diffusée par les médias. Ces derniers ont inéluctablement leurs propres sources, leurs allégeances et leurs présupposés. Rendre compte d'un événement, c'est le faire d'un certain point de vue, c'est nécessairement le sélectionner, c'est utiliser une rhétorique, c'est aussi le théâtraliser. Comment pourrait-il d'ailleurs en être autrement ? Les médias sont libres mais ils n'en sont pas moins subordonnés

---

121. Cette langue est apparemment fort répandue par l'usage de quelques centaines de mots. Elle n'est en réalité, qu'un langage pauvre mais idéologiquement efficace en raison de son caractère sommaire. Elle devient néanmoins, depuis quelques décennies, une *Novlangue* à la Orwell de «*1984*».

122. À rappeler que je distingue la géostratégie de la géopolitique. L'une est un mode d'analyse disciplinaire alors que l'autre relève de l'action systématique de divers acteurs sociaux.

à des enjeux de pouvoirs et à des rapports de force. Par ailleurs, à leur source même, les faits sont construits et interprétés par des acteurs sociaux, politiques, religieux, culturels, etc. qui sélectionnent eux-aussi les événements rapportés.

En réalité, volontairement ou inconsciemment, les acteurs institutionnels ou individuels (politiciens, officiers, religieux ou ecclésiastiques, diplomates, journalistes, chargés de communication ou de relations, etc.) font subir aux faits des distorsions ou des manipulations car ils mènent, sous une forme ou une autre, leur propre stratégie. D'où l'importance d'aborder les informations, les déclarations ou les décisions –dont nous disposons et que nous utilisons– avec un esprit critique : se méfier des témoins directs non qualifiés ou trop émotifs, consulter des documents contradictoires ainsi que d'autres médias, vérifier leur qualité et leur vraisemblance, comprendre les procédés et techniques utilisés etc. D'où l'intérêt d'une analyse du discours. Une telle analyse peut se faire sous différents aspects :
- la thématique : le narrateur privilégie certains termes ou images à forte *valeur connotative* dont le choix n'est pas neutre puisque leur différence est une question de point de vue. Exemples :«la violence des terroristes» versus «la force des résistants», «la guerre propre» versus «la guerre sale»ou encore «le 11 septembre» (non pas 1973 au Chili mais, bien sûr, 2002 à New York). «Tous les pouvoirs créent des mots pour nous obliger à penser comme eux», disait déjà Orwell.
- la rhétorique : le narrateur utilise des *procédés et des techniques d'expression* susceptibles de *persuader autrui* en faisant appel aux émotions plus qu'au discernement systématique, à l'imaginaire plus qu'à l'analyse concrète, aux sentiments plus qu'à la critique nécessaire et suffisante.
- la théâtralisation : le narrateur monte une *mise en scène* qui aboutit, par différents scénarios, à un *sens* évident, persuasif, affectif, clair, séducteur ou indiscutable. Exemples : force et neutralité de la scientificité ; exposé clair et rigoureux ; ton d'autorité ou d'affection paternelle ou maternelle.
- la localisation et la datation : tout discours articule *le temps social* et *l'espace social*, c'est-à-dire situe ce qui est narré dans un déroulement et dans un lieu sélectionnés. Le temps construit peut ainsi être abrupt, fragmenté et atomisé ou homogène ou continu. Soit sans avant et après, comme un accident (comme si la famine au Darfour tombait du ciel). Soit donnant l'impression d'une grande continuité, comme un enchaînement logique (la répression russe en Tchétchénie depuis des siècles). Il en est de même pour l'espace construit, par exemple, l'angle des prises de vues.

Les conflits réels ou fictifs se narrent et sont nourris selon ces règles de discours. Les fragments du réel concret se trouvent choisis, insérés et mis en perspective afin d'en dégager un sens. Les acteurs en conflit développent des récits d'oppositions : eux, c'est eux ; nous, c'est nous ! N'oublions cependant pas que les récits se nourrissent de la réalité ambiante tout aussi bien que des représentations de cette réalité. Il faut également et en même temps insister sur le fait que la base de nombreuses négociations de paix et de réconciliations est l'accord des parties autour d'une narration commune des événements, en faisant taire des récits divergents à propos des conflits.

Toute politique est discours

Précisons ces considérations. D'une part, toute politique, avant de se faire action, est d'abord un discours. C'est ainsi, par la parole, qu'elle se légitime, s'explique et se transmet. C'est de cette façon, en s'exprimant le plus clairement possible, qu'elle fonde un espace public, s'offrant, dès lors, en partage, se proposant à l'interpellation et se prêtant à l'illustration. D'autre part, en même temps, c'est en quoi des rhétoriques peuvent s'apparenter à la «propagande de guerre», une «taxinomie de mythes» ou aux langages de réclames publicitaires. Elles correspondent plus généralement à tout discours qui fait appel :
• aux émotions plus qu'au discernement systématique,
• à l'imaginaire plus qu'à l'analyse concrète,
• aux sentiments plus qu'à la critique nécessaire et suffisante.

En vertu de leurs caractéristiques et de notre diversité générique, les représentations que les rhétoriques véhiculent, s'inscrivent dans des espaces de rivalité des groupes humains. Si elles s'avèrent trompeuses, elles légitiment sans le faire réellement. Cependant, elles peuvent justifier, uniquement par les figures des mots, l'action souhaitée du groupe. Elles s'expriment, en même temps, par des thèmes mobilisateurs qui n'appellent pas d'analyse pour pouvoir précisément devenir efficaces. Elles montreraient ainsi que ce ne sont pas tellement les choses en soi qui agissent, mais plutôt la façon dont elles sont perçues. Elles sont, en tout cas, incarnées par ceux qui sont au pouvoir ou aspirent à y parvenir. Elles peuvent néanmoins être des armes de guerre comme des outils de paix. Servir à organiser un contrôle de la société ou motiver un projet social.

Le lieu par excellence des représentations exprimées sans référence véritable au temps et à l'espace est le discours médiatique. Le rôle des médias est donc capital car ils sont porteurs des discours monologues, voire parfois des débats dialogues. Les médias dominants nous (dé)montreraient le monde entier alors que nous habitons et percevons notre village. Notre village représenterait le sentiment du local qui, pour les autres, ne serait que l'international, tandis que le local des autres correspondrait, pour nous, à une vision mondiale. Tel quel, c'est véritablement l'a-spatialité. Bourré de rhétorique, l'espace médiatique est ainsi virtuel et dépourvu d'interprétation. Néanmoins, il existe également d'autres moyens ou lieux de discours tels l'école, la famille ou la liturgie.

De même, par des (re)présentations médiatiques, le présent et l'instantané évanescent du dominant tendraient à réduire le temps à zéro et renieraient la continuité et l'histoire, voire la réflexivité critique. En résumé, le «court-termisme» s'impose et rend le devenir irréfléchi, échappant à la conscience du discernement. L'espace virtuel et l'instantané nous dorlotent, nous enlèvent tout souci, mais permettent des surgissements brusques de sensations et d'engouements sans fondement. C'est l'a-temporalité des médias. En termes géopolitiques, un espace médiatique a-temporel et a-spatial a «horreur du vide» et n'attend qu'à être comblé. De quoi il sera comblé dépend de ce que le plus fort impose. Le faible n'a qu'à «l'encaisser» de façon consciente ou inconsciente. Des discours géostratégiques s'engouffrent véritablement dans ce vide.

C'est aussi ce que Bromwich appelle l'euphémisme. Il s'agit de remplacer un mot ou une expression par un autre. Cette substitution atténuerait, en apparence, la portée de ce qui aurait été trop cru ou trop choquant, exprimé directement. Dire «l'économie de marché», un «contractuel» ou «le leadership» pour respectivement le «capitalisme», un «mercenaire[123]» et «l'impérialisme» constitue un euphémisme. Les auteurs de ces «commutations» savent, bien entendu, que l'essentiel de ces opérations consiste à
- obscurcir le sens des faits ou des événements,
- brouiller la vérité et éliminer l'exactitude,
- mobiliser pour des buts dissimulés.

Discours, régulation et médias

La question analytique se pose : existe-t-il des modes de régulation[124] par rapport à ces exercices rhétoriques et à ces réalités ? Y a-t-il des normes qui les réguleraient ? À ce stade, une triple hypothèse peut être énoncée. D'une part, il y aurait toujours de modes de régulation dans la vie collective des humains, sinon c'est la violence, l'explosion, la guerre ou le chaos. Cependant, d'aucuns interpréteraient ces derniers comme des modes particuliers de régulation. D'autre part, la réflexion comme l'action peut se réduire à la fermeture de l'homogénéité inhumaine ou s'ouvrir au pluralisme du grand nombre. La fermeture apparaît comme plus conflictuelle, alors que l'ouverture se prête mieux à la coopération. Enfin, quel qu'il soit, le mode de régulation se situera soit à l'un de ces deux pôles d'action ou de réflexion, soit entre ces pôles. Dans le champ délimité, les modes de régulation en question pourraient, assez simplement, se schématiser comme suit :

Des domaines :	Rhétorique	Politique	Économique
«fermeture»	**Discours**	**Force**	**Argent**
⋮	⋮	⋮	⋮
«ouverture»	**Débat**	**Contrat**	**Solidarité**

Le tableau désigne comment se lient discours-force militaire, parole de foi-conviction forte et expression sécuritaire-pouvoir financier par le langage de fermeture, de clôture qui simplifie, rassure et sécurise ou, surtout, manipule. Ainsi, le discours idéologique ou de propagande s'exprime à travers la parole, l'écrit et l'image. Il *propose* une représentation collective et simple de la manière de comprendre ou d'expliquer.

---

123. En 2008, à la cinquième année de la guerre contre l'Irak, les EUA y entretiennent pratiquement autant de mercenaires que de soldats ordinaires.

124. Rappelons que cette notion importante peut être considérée de deux façons différentes mais pas nécessairement dissociées : comme des mécanismes conjoints qui concourent à la reproduction d'ensemble, compte tenu des structures socio-économiques (féodales, capitalistes, etc..) et des formes sociales en vigueur (esclavagisme, salariat, etc.), et/ou comme un ensemble de procédures institutionnelles qui permettent de rendre compatibles les comportements des acteurs politiques, économiques et sociaux avec les contraintes d'un certain équilibre global.

Il *légitime* l'action des groupes sociaux et *justifie* le profit approprié. *Il ne présuppose aucun fondement rationnel ou factuel*. Tel est le discours néo-libéral ou néo-conservateur. L'un correspond à la langue de bois d'une pensée unique du capitalisme. L'autre est le langage de ceux qui savent et prophétisent, au nom du «paradis perdu», des certitudes en terme d'un monde en noir ou en blanc ou du droit divin de la propriété. Ce sont les langages dichotomiques et appartenant aux possédants.

Choisissons un exemple dans un tout autre secteur pour nous faire comprendre. Le succès de l'antitabagisme fournit un cas intéressant par ses excès et son intolérance : le monde serait divisé entre les bons non-fumeurs et les mauvais qui s'adonnent à cette drogue plus dangereuse que n'importe quoi : l'alcool, la vitesse au volant, le regard fixé à l'écran de TV pendant de longues heures, etc. Il en est de même s'agissant de l'attaque militaire de l'Irak en 2004 et qui apparut sur nos écrans comme le énième feuilleton guerrier d'origine hollywoodienne. De cette façon, il nous est apparu comme à la fois vrai et faux, bon et mauvais.

Sans doute est-il impossible de fixer l'origine de la propagande géopolitique, d'en circonscrire le champ et d'en recenser les moyens. Les symboles de puissance des chefs dans les sociétés archaïques peuvent déjà y être rattachés. Insignes, chants, gestes rituels qui marquent l'appartenance à un groupe et une commune allégeance peuvent être considérés comme des moyens privilégiés de propager la foi dans le pouvoir et dans la légitimité de ceux qui l'exercent. De nature nationaliste, étatique ou religieuse, la propagande géopolitique apparaît avec le fait explicite du politique. C'est à partir du moment où la question du pouvoir est ouvertement posée, où sa figure n'est plus dissoute dans la représentation mythique ou religieuse d'un ordre du monde, que des méthodes spécifiques de conquête du consensus sont mises au point. En ce sens, l'origine de la propagande politique coïncide avec celle de la démocratie en Grèce. L'art oratoire en constitue sans doute la première armature.

La propagande est une arme puissante lors d'une guerre. Son but est de déshumaniser l'ennemi et de susciter la haine contre un peuple, un pays, en altérant la *représentation* que s'en fait l'opinion publique. Les procédés de propagande vont de l'omission de dimensions importantes à l'imputation mensongère. La propagande se réfère à l'*information* fausse censée rassurer les personnes qui y croient déjà ou modifier leur croyance. En effet, si des individus croient à une information fausse, ils seront constamment envahis par des doutes. Puisque ces doutes sont inconfortables, ils désirent les faire disparaître, et sont donc particulièrement réceptifs aux messages manipulateurs. Pour cette raison, la propagande s'adresse, en priorité, à ceux qui sont déjà disposés à l'assimiler ou qui vivent dans le doute.

On a pu observer tout récemment que des discours, et des discours abondamment répétés, sur le terrorisme permettaient, voire légitimaient de lancer des guerres d'invasion et d'assassiner des centaines de milliers d'innocents. Il en est de même des discours imprégnés de néolibéralisme et de néoconservatisme face à la globalisation dont les victimes se comptent par millions. Historiquement, la parole de la foi comme, plus tard, les déclarations nationalistes de libération, ainsi qu'aujourd'hui, la propagande politique et commerciale développent des rapports de force d'une puissance inégalable. Du point de vue géopolitique, il importe d'examiner de près la portée de ces discours, ces prises de parole et ces proclamations qui, finalement, paraissent plus forts que n'importe quelle arme entre des mains puissantes. Cependant, les discours qui se complètent aussi par des débats notamment diplomatiques, le politique qui n'est pas seulement fait de force mais aussi de contractualisation, et l'économique qui ne se réduit pas à l'argent mais admet la solidarité, tous s'ouvrent à la coopération et à une stratégie de paix.

La géopolitique des idéologies

Parmi les discours fermés, il importe d'examiner ceux dont le contenu est idéologique[125]. On se rappellera que le phénomène du politique s'impose à la fois comme quelque chose de socialement construit et comme une structuration des imaginaires collectifs à travers des réseaux institutionnels organisés et aussi des discours. D'où ses valeurs, ses règles et ses institutions apparaissent comme buts et enjeux, comme moyens et objectifs. Elles se prêtent aux manœuvres et interprétations idéologiques et seront tantôt «opium du peuple», tantôt sens et signification.

La force du pouvoir est dans la manière dont il gère ses actions positives ou négatives par rapport à la conscience critique des citoyens. La politique est, par conséquent, un jeu d'équilibre. Le «pouvoir machiavélien» conjointement avec la «résistance marcusienne» (voir chapitre 1) mettent en place des réseaux d'actions sociales et manient la mémoire collective. Comme nous le précisions, la géoculture a pour objet l'étude des rivalités qui créent des images dans l'opinion et des stratégies des acteurs qui les manipulent. C'est par l'analyse d'un certain nombre de représentations que l'on peut comprendre l'intérêt ou la valeur symbolique de ces espaces. Dans cette perspective, gouverner, c'est établir, maintenir et renforcer un pouvoir en utilisant l'image produite par les actes qu'on pose.

Alors, la question analytique se pose néanmoins : comment les phénomènes du nationalisme ou du religieux peuvent-ils être interprétés dans le cadre qui vient d'être esquissé ? Selon ce qui est déjà suggéré ci-dessus, on peut comprendre ces phénomènes comme quelque chose qui est *socialement construit*. Chacun de ces phénomènes est socialement construit, même si, –et c'est à souligner–, il prend comme origine *un sentiment fort de se trouver localisé à un endroit spécifique du monde et à un moment donné de l'histoire*. Il en est évidemment de même s'il s'agit de reconnaître *une révélation*. Ils correspondent à *une structuration des imaginaires collectifs à travers des réseaux institutionnels organisés*. Ces réseaux sont, eux-mêmes, liés à d'autres appareils institutionnels, dont l'État et les Églises. D'où la foi et la nation apparaissent comme buts et enjeux, comme moyens et objectifs, se prêtent aux manœuvres et interprétations idéologiques, et restent basées sur des processus de légitimation. En

---

125. Ce qui est relatif à un ensemble plus ou moins systématisé de croyances, d'idées, de doctrines influant sur le comportement individuel ou collectif (Le Petit Larousse).

termes géopolitiques, il importe, dès lors, de comprendre comment le religieux ou le nationalisme peuvent à la fois être facteurs «entraînant» ou «entraînés» dans l'espace d'une région du monde.

En tant que sociétés ou communautés globales, les États-Nations ou les Églises, historiquement établies, sont des organisations qui, notamment, traitent des intérêts géopolitiques propres, internes et externes, au sein de chaque pays. Ce qui explique qu'ils «font, en sciences et praxis humaines, figure à la fois de causes et de motifs», de prétextes et d'alibis, ainsi que de buts et d'enjeux ; ce qui n'est point incompatible avec le fait de croire ou de ne pas croire à l'origine divine des religions ou d'éprouver des sentiments patriotiques. Comme toute institution, les États comme les Églises n'existent pas sans légitimité, c'est-à-dire sans l'appui d'un système d'idées ou de convictions justificatrices, qui peut conditionner le comportement individuel ou collectif. La production d'un tel système est, sans doute, l'intérêt évident des acteurs, des classes et des institutions, dominants ou non. Aussi devient-elle inéluctablement une facette de leurs stratégies politiques.

Et, toujours Thual de souligner que le nationalisme ainsi que «les religions, même si nous ne les réduisons pas à des idéologies, ont pu donner naissance à des phénomènes idéologiques avec ou sans leur accord»; et d'insister «sur la nécessité de décrypter les imaginaires collectifs» pour faire progresser les analyses politiques et géopolitiques. Les religions «verrouillent et renforcent» très souvent, en termes historiques, «les clivages ethnico-nationaux». En fait, les représentations de type géopolitique regroupent les images et les idées que les groupes se font de leur situation et de celle de leurs voisins. «Une idéologie religieuse, dans cette perspective, est un réseau plus ou moins organisé de thèmes qui se situent en amont du comportement politique».

De son côté, le nationalisme est irrédentiste, c'est-à-dire qu'il a souvent besoin de récupérer des territoires qui ne font pas encore partie de l'État-Nation. Un phénomène remarquable, c'est lorsque l'identité religieuse tend à fusionner avec l'identité nationale. À un certain fanatisme nationaliste ou religieux, les processus d'homogénéisation et d'exclusion sont des stratégies complémentaires. Dans ces domaines, l'instrumentalisation par les acteurs politiques majeurs joue non seulement au niveau de leur politique intérieure mais aussi de leur politique extérieure. L'interaction de la conscience nationale ou du religieux en termes géopolitiques s'est souvent opérée dans tous les États Centre-européens et dans toutes les grandes Églises, du moins dans le passé. Selon l'expression de Thual, cette interférence contribue à la «fusion symbiotique entre le fait ou l'ardent désir national», ou encore entre l'anticommunisme séculaire d'une part et l'idéologie ou la stratégie des religions établies d'autre part. On l'évoque souvent dans le cas de l'orthodoxie. Mais elle n'est pas moins prégnante pour le catholicisme polonais et croate, ou pour le protestantisme slovaque ou germanique. Le nationalisme comme la religion fonctionnent différemment selon les pays et les situations historiques. Ces différences renvoient à celles des articulations entre les idéologies et les politiques selon les sociétés et les époques.

Les trois exercices proposés dans la suite traitent : primo, de la rhétorique du terrorisme et de la globalisation de la part des dirigeants capitalistes du monde ; secundo, en tant que force de mobilisation idéologique, du nationalisme plus particulièrement au Centre de l'Europe à titre d'illustration ; tertio, des sentiments religieux et leurs incarnations institutionnelles comme facteurs éminents de la géopolitique et instruits également par le cas de l'Europe du Centre. Chacun de ces exercices vise des discours qui ont comme point commun d'être géoculturels dans certaines circonstances et grâce à des acteurs spécifiques, mais sans que ces discours ne se réduisent nécessairement à l'aspect uniquement géopolitique.

Bibliographie spécifique :

BETTELHEIM, P. & STREIBEL, R. (sous la direction de), *Tabu und Geschichte - Zur Kultur des kollektiven Erinners*, Vienne, Picus, 1994.
BOURDIEU, Pierre, *Ce que parler veut dire (l'économie des échanges linguistiques)*, Fayard, Paris, 1982.
BROMWICH, David, Euphemisme and American Violence, in : *The New York Review*, 3.4.2008.
BRUNER, Jerome, Do Not Pass Go, in : *The New York Review*, September 25th., 2003.
BURKE, Kenneth, A «Mein Kampf» retorikája, in : SZABÓ, Márton (sous la direction de), *Az ellenség neve*, Jószöveg, Budapest, 1998.
Commission Justice et Paix, Terrorisme, entre discours, réalité et réponses, Bruxelles, avril, 2006.
CORM, Georges, *Orient-Occident, la fracture imaginaire*, La Découverte, Paris, 2002.
DERRIDA, Jacques, La raison du plus fort, in : *Le Monde Diplomatique*, janvier 2003.
DRAY, Joss & Denis SIEFFERT, *La guerre israélienne de l'information, désinformation et fausses symétries dans le conflit israélo-palestinien*, La Découverte, Paris, 2002.
GENARD, Jean-Louis, Responsabilisation individuelle ou déresponsabilisation collective ?, in *La Revue Nouvelle*, décembre, 2002.
HERBERG-ROTHE, Andreas, *Das Rätsel Clausewitz*, Wilhelm Fink, München, 2001.
Hérodote, Langues et territoires, n°105, 2ᵉ trimestre, 2002.
Idem, Les géographes, la science et l'illusion, n°76, 1ᵉʳ trimestre, 1995.
Idem, Géographie historique, n°74/75, 3ᵉ et 4ᵉ trimestres, 1994.
JACAB, Attila, Relgions et conflits identitatires - À la quête de nouvelles idéologies, Manuscrit de la conférence donnée au Webster Security Forum 2008: *Identity and Conflict*, Webster University Worldwide, Bellevue/Geneva, April 25, 2008.
LEBRUN, Jean-Pierre, *Les désarrois nouveaux du sujet, prolongements théorico-cliniques au «Monde sans limite»*, Érès, Ramonville Saint-Agne, 2001.
LOROT, P. & THUAL, T., *La géopolitique*, Paris, Monchrestien,1997.
MAILLARD, Jean de, Nouveaux bunkers de l'Occident, in : *Le Monde Diplomatique*, janvier 2003.
MEYERS, Jacques, Unis vers la diversité, in : *Agenda Interculturel*, mars, 2003.
MORELLI, A., *Principes élémentaires de propagande de guerre - Utilisables en cas de guerre froide, chaude ou tiède...*, Bruxelles : Labor, 2001.
NZZ, «Der Krieg der Worte im früheren Jugoslawien - Medie als Propagandainstrumente der Nationalisten», 23.3.2003.
ORWELL, George, *1984*, Gallimard, Folio, n°822, Paris, 2002.
PILET, Stéphane, Le jeu vidéo comme arme de propagande - mise en scène des «soldats du Bien», in : *Le Monde Diplomatique*, septembre, 2003.

PIRET, A., NIZET, J. & BOURGEOIS, E., *L'analyse structurale, une méthode d'analyse de contenu pour les sciences humaines*, De Boeck, Bruxelles, 1996.
RODINESCU, Elisabeth, Les «psys» face à l'idéologie de l'expertise, in : *Le Monde*, 18.1.2008.
ROSEAU, V.-B., *Les usages de la mémoire dans les relations internationales*, Bryulant, Bruxelles, 2001.
SCHÖPFLIN, G., «The fonction of Myth and a Taxonomy of Myths, in : Hostking, G. & Schöpflin, G., *Myth and Nationhood*, Hurst & Company, Londres, 1997.
SZABÓ, Márton (sous la direction de), *Az ellenség neve*, Jószöveg, Budapest, 1998.
THUAL, François, *Géopolitique du chiisme*, Arléa, Paris, 2002.
TISSERON, Serge, Ces mots qui polluent la pensée - «Résiliences» ou la lutte pour la vie, in : *Le Monde Diplomatique*, août 2003.

La rhétorique du terrorisme et de la globalisation en tant que légitimation de quelques acteurs dominants

Depuis les années 1980, les discours sur la lutte contre le terrorisme et sur la globalisation envahissent nos écrans de télévision et nos conversations de «café du commerce». Il s'agit de propos qui semblent, avant tout, justifier l'un et qui paraissent disculper l'autre. L'un fonde des mesures de sécurité renforcées et des «menaces de l'emploi de la force», voire «l'usage de la force» même[126], tandis que l'autre réhabilite le capitalisme. Cette rhétorique constitue, en réalité, un univers spécifique dans lequel se déploient et par lequel apparaissent les évolutions et les événements actuels quasiment dans le monde entier. C'est à la fois le contexte et le prétexte, tout aussi bien que le moyen et le résultat.

«Les mots et les choses» en géopolitique

L'efficacité de tout discours tient en sa capacité de construire une réalité autrement inexistante et inaccessible à l'esprit humain. La fonction du discours n'est pas de décrire une réalité concrète qui leur préexisterait, mais de prescrire une vision en instituant des schémas de perceptions, de représentations, à force de répétitions. Dès les années 1950, les anticipations géniales de George Orwell ont montré ce que l'on peut faire dire aux mots et par les mots. Dans le contexte d'un déferlement rhétorique autour du terme «terrorisme», «bombardement humanitaire», «lutte pour la paix» ou «guerre globale contre le terrorisme», il n'est certes pas inutile de présenter quelques extraits du livre de cet auteur intitulé «1984». Pour Orwell, le monde de 1984 se basera ainsi sur deux principes :

«LA GUERRE, C'EST LA PAIX. Peu importe que la guerre soit réellement déclarée... Tout ce qui est nécessaire, c'est que l'état de guerre existe... Il faut convaincre les groupes dirigeants de tous les pays que quelques bombes atomiques de plus entraîneraient la fin de la société organisée et, partant, de leur propre puissance...

---

126. Les deux derniers sont strictement interdits par la Charte de l'ONU.

La guerre est une affaire purement intérieure... La guerre est engagée par chaque groupe dirigeant contre ses propres sujets et l'objet de la guerre n'est pas de faire ou d'empêcher des conquêtes de territoires, mais de maintenir intacte la structure de la société.»

«L'IGNORANCE, C'EST LA FORCE. Le mot clef ici est noirblanc. Ce mot désigne... l'habitude de prétendre que le noir est blanc, contrairement aux faits évidents... Il désigne aussi l'aptitude à croire que le noir est blanc, et, plus, à savoir que le noir est blanc, et à oublier que l'on n'a jamais cru autre chose... Le but du novlangue était... de rendre impossible tout autre mode de pensée... Le novlangue était destiné, non à étendre, mais à diminuer le domaine de la pensée... Le mot pensée, par exemple, n'existait pas en novlangue... Des mots signifiaient exactement le contraire de ce qu'ils paraissaient vouloir dire..». Il en résulta une organisation de la société : «Le ministère de la Paix s'occupe de la guerre, celui de la Vérité, des mensonges, celui de l'Amour, de la torture, celui de l'Abondance, de la famine.»

Il n'est pas sans intérêt non plus de fournir quelques extraits de la «stratégie nationale de sécurité» que le Président Bush II a fixée en septembre 2002 : «Nous défendrons la paix en combattant les terroristes et les tyrans... La guerre contre les terroristes à travers le monde est une entreprise d'envergure dont il nous est impossible de déterminer la durée... Les alliés du terrorisme sont les ennemis de la civilisation... (et) de l'Amérique... Nous ne faisons pas de distinction entre les terroristes et ceux qui, consciemment, les protègent ou leur apportent de l'aide... Nous les écraserons... en défendant les États-Unis, le peuple américain et nos intérêts chez nous et à l'étranger par identification et destruction de la menace avant que celui-ci n'atteigne nos frontières...

Nous n'hésiterons pas à agir seul, si nécessaire, pour exercer notre droit à l'autodéfense en agissant préventivement... Il est temps d'affirmer le rôle essentiel de la force militaire américaine. Nous devons développer et maintenir notre défense au-delà de tout défi... Nos forces seront assez importantes pour dissuader tous les adversaires potentiels de poursuivre un développement militaire dans l'espoir de dépasser ou d'égaler la force des États-Unis... Dans l'exercice de notre direction (mondiale), nous respecterons les valeurs, jugements et intérêts de nos amis et partenaires. Mais, nous sommes préparés à agir séparément lorsque nos intérêts et nos responsabilités uniques l'exigent.»

Certes, les discours de Bush II ne sont guère étonnants en 2002. Grosso modo et si l'on prend en considération l'ensemble de l'électorat de la nation qui se prend pour le «commandant» du monde[127], 12 à 13 % de cet électorat proviennent des milieux extrémistes, notamment de ceux du Renouveau chrétien et à peu près autant

---

127. Le texte utilise le terme américain équivoque «leadership». Il peut signifier à la fois le commandement militaire, la conduite, le guidage, le pilotage ou la direction. Selon le sens du texte, cette direction ou ce commandement concerne, sans aucun doute possible, le monde entier. Cependant, il convient de ne pas s'inquiéter outre mesure en Europe puisque, après l'Afghanistan et l'Irak qui n'ont été que des «nains stratégiques», nous savons que l'armée américaine n'est, à présent, guère capable de gagner véritablement une guerre au sens plein du terme, c'est-à-dire de s'imposer sur un territoire donné.

d'électeurs proviennent des hésitants. L'abstentionnisme étant de l'ordre de 50 %, ces quelque 25 % au total représentent la moitié des votants et assurèrent l'élection d'un président. Il est frappant d'observer l'effet efficace du discours de Washington. Il fait, par exemple, sentir son influence même dans les milieux qui devraient en être les plus préservés en Europe. À sa réunion du 27 septembre 2002, la Conférence épiscopale catholique allemande déclare condamner la production supposée «d'armes de destruction massive» et, le cas échéant, souhaiter leur destruction en Irak en tant que but légitime de la communauté internationale. La Conférence ne fait référence qu'à l'Irak et ne mentionne ni Israël, ni la Chine ou l'Inde et encore moins la Russie, la France ou les EUA qui disposent de ce type d'armes et ils n'excellent pas tous en fait de comportements démocratiques.

Nos représentations

De nombreuses représentations, puis des discours, nous entourent, nous envahissent sur des sujets variés à l'échelle internationale, voire globalisée, fréquemment sous forme dichotomique : la distinction infondée entre l'Orient et l'Occident ; le terrorisme et le contre-terrorisme collectif ou étatique ; le lien suggéré entre démocratie ou marché ; la contradiction entre nationalisme et citoyenneté ou entre sécurité et liberté ; le néo-conservatisme inéluctable et globalisant ou re-régularisation du monde ; l'incompatibilité réputée entre marché et solidarité ; etc.

Parmi les pratiques liées à ces discours, citons-en quelques-unes :
- des bombardements (aveugles, humanitaires ou chirurgicaux ?) de peuples et de régions du monde comme, par exemple, en Chine ou en Algérie, ou encore ceux effectués par la Russie ou par les EUA contre «leurs» terroristes ;
- des agissements qui permettent de mener des répressions ou des guerres civiles, reflétant des paroles sur des territoires «sacrés» de pays tels que la France, la Roumanie, le Rwanda ou Israël par exemple ;
- des actions qui trouvent leur fondement dans une propagande extraordinaire telle que chez les néo-libéraux du monde entier, les fondamentalistes américains, les hindous indiens extrémistes, les juifs intégristes du Grand Israël.

Depuis les années 1970/80, nous entendons des discours extraordinairement variés et violents sur le terrorisme. Ces discours recourent à un vocabulaire fleuri autour du thème d'Autrui. Ils s'avèrent, en réalité, extrémistes, fréquemment religieux, motivant un véritable terrorisme d'État. Les mots désignent, chaque fois, quelque chose qui déplaît aux gouvernants en place. Ils servent à formuler les termes de la propagande politique et à créer une atmosphère sécuritaire à l'usage local comme international. Ils leur donnent l'occasion de s'affirmer et, le cas échéant, de mener une guerre qui n'en est pas : avant d'envahir un pays, bombarder aveuglément un territoire, sans risque pour soi-même mais en faisant des milliers de victimes, le plus souvent civiles. Ces bombardements leur assurent cependant de pouvoir établir des bases militaires solides, voire d'accéder à des voies de communication stratégiques ou à des matières premières et énergétiques.

Une «stratégie nationale de sécurité» se donne comme objectif la réorganisation du monde, selon la volonté de ses rédacteurs. En Europe, nous connaissons un livre qui, dès 1925, envisageait de soumettre toute l'Europe à une nation dont les dirigeants, plus tard, ont considéré cette dernière comme supérieure aux autres[128]. Le livre esquissait d'une façon assez précise, la manière de réorganiser cette Europe suivant le dessein de l'auteur, le «guide» futur de cette nation. Aujourd'hui comme hier, mais à nouveau, un certain provincialisme se joint ainsi à un nationalisme et à un fondamentalisme religieux en évoquant –à tort ou à raison, mais à tout bout de champ– le terrorisme. Certes, le discours sur la «guerre au terrorisme jusqu'à la victoire finale» combine avantageusement deux choses : d'être simpliste et universaliste, et dès lors, de susciter l'adhésion populaire, voire celle à laquelle on ne s'attendrait guère.

Les fondements en sont plus que suggérés : le pays se prend pour le plus fort dans le monde et doit garantir sa mission à travers le monde. Les rédacteurs véritables du document semblent croire à ce qu'ils écrivent. Mais cette sincérité et cette volonté missionnaire associées à des intérêts économiques bien précis rendent, à mes yeux, le pays tout à fait dangereux pour le reste du monde. La rhétorique peut ainsi remplir l'espace géopolitique et se métamorphoser en guerre ou en menace de guerre. À partir de ces données, un double champ pourrait être ouvert où des rhétoriques et des réalités du monde contemporain sont massivement présentes :
• les propos guerriers à propos de la lutte contre le terrorisme,
• les discours lénifiants sur la globalisation socio-économique et la démocratie.

Le discours sur l'empire du mal, la globalisation ou l'américanisation ?

L'idéologisation par des discours vise massivement, aujourd'hui, la mondialisation du capitalisme et l'américanisation de la politique internationale. Comme si l'on assistait à la naissance d'un empire du mal nouveau dont les trois thèmes ou étapes ont été les suivants depuis 1989 :
• la «fin de l'histoire», c'est-à-dire le triomphe définitif du capitalisme libéral de style outre-Atlantique ;
• le «choc des civilisations» entre la modernité néo-conservatrice de Washington et les anciens et les vieux tels que l'Europe ou l'Asie ;
• la «lutte contre le terrorisme», autrement dit, contre ceux qui ne sont pas avec nous Américains, «with us/with US»;
• encore plus récemment, le slogan inventé par Brzezinski : «démocratiser la globalisation».

---

128. Comparaison n'est pas raison et que mon audace soit pardonnée dans l'analogie suivante. Dans *Mein Kampf*, Hitler annonce aux Allemands «une paix [...] garantie par l'épée victorieuse d'un peuple de maîtres qui mettra le monde entier au service d'une civilisation supérieure». En même temps, les nationaux-socialistes choisissent des «ennemis» auxquels ils attribuent la responsabilité de tous les maux dont souffre le pays : les juifs, les marxistes et la République de Weimar. Hitler explique qu'il faut toujours désigner «un ennemi visible». Les autorités nationales-socialistes s'efforcent d'orienter les loisirs des travailleurs par l'organisation «Kraft durch Freude» ou, plus tard, de donner un slogan à l'extermination des non-Aryens et, avant tout, Juifs par «Arbeit Macht frei» des camps de concentration et d'extermination.

Chacun de ces discours est formulé à partir des positions *messianiques*, *nationalistes*, *provinciales* et finalement empreintes de *tentations impérialistes* des EUA. Ceux-ci se présentent comme la seule hyper-puissance du monde ou sont, par beaucoup, considérés comme telle. Les EUA, comme leurs discours, sont acceptés par un nombre assez élevé de personnes même si, par-ci par-là, il y a des manifestations non négligeables dans un sens contraire. À la fois, ces discours *globalisent* par le message de prétention universelle et *divisent* par une dichotomie simpliste. Le discours du et sur le terrorisme puis, demain, quelque chose d'autre, c'est l'autorité de la force brute de Hobbes, en deçà de la parole partagée, du débat. Nonobstant, la force ou la puissance en tant que telle peut certes remplir dans le monde un *rôle structurant*. Ce rôle serait comparable à celui de la police à l'intérieur d'un État ou de l'armée sur le plan international et qui assurent l'ordre politique établi, sans discussion ni démocratie.

La norme de la «guerre froide» est *bilatérale*, c'est-à-dire invente la réaction de l'Autre dans chaque camp. L'après-guerre froide cherche encore sa norme. Dans un système *multilatéral*, ce serait la recherche du règlement systématique ou la guerre d'alliance à alliance, par exemple, entre les EUA et l'UE alliée à la Russie. Dans un système *unilatéral*, ce serait la logique de l'empire hiérarchisé ou la folie meurtrière qui veut soumettre le monde dans son entièreté à son emprise. Mentionnons à titre d'illustration que, dans ces deux derniers cas, des bombardements unilatéraux deviennent possibles et fréquents pour maintenir l'ordre mondial établi[129].

Entre les deux extrêmes, des moments de conflits alternent historiquement avec ceux de coopération. Les conflits ne sont pas seulement militaires, mais peuvent s'exprimer sous des formes de guerres économiques ou de chantages diplomatiques. La coopération peut varier entre la contractualisation sous forme d'accords juridiques internationaux et l'intégration qui, ipso facto, élimine le fait inter-national tel qu'au sein de l'UE. Les mouvements tiers-mondiste et altermondialiste préconisent précisément à la fois *le multilatéralisme* et une pratique de *contractualisation internationale*[130] telle que la pratique de l'ONU, l'accord de Kyoto ou le fonctionnement de la Cour pénale internationale, pour ne citer que ces éléments.

De même, dans la mondialisation, le discours insiste sur les bienfaits éternels du capitalisme. Il (dé)montre les avantages de la marchandisation et de la norme universelle de l'argent. C'est l'autorité de celui qui possède et qui ainsi structure. Certes, des manifestations de rue nombreuses et la vie active de milliers d'associations tiennent des discours qui *déglobalisent, alter mondialisent* et *associent* des personnes concernées dans beaucoup de pays. Dans la présente conjoncture de l'histoire, le capitalisme triomphant à l'échelle mondiale et la géostratégie des grandes puissances sont des données. Il en résulte que toute notre société serait organisée comme «discours du capitalisme».

---

129. Voir toujours *1984* d'Orwell où les faubourgs «prolétaires» sont régulièrement bombardés, sans raison raisonnable, sinon pour maintenir l'illusion ou la réalité d'un état de guerre qui justifie le pouvoir du Grand Frère.

130. La contractualisation des relations de travail-capital nous est bien connue sous le vocable de conventions paritaires d'entreprises, intersectorielles et interprofessionnelles.

L'articulation de l'économique au politique par géo-rhétorique

La modernité n'est pas seulement celle de l'individu mais aussi celle de la manière d'habiter, d'être conditionné, de produire et de consommer, d'être éduqué, de concevoir l'histoire et la société, d'organiser le politique, d'exercer ou d'acquérir le pouvoir et de s'en abstenir dans et par la société, etc. Imbibée pour beaucoup du libéralisme, elle est uniquement interprétée aujourd'hui comme l'autonomie ou la liberté de l'individu. Ainsi, cette liberté est proposée soit comme bornée par celle des autres individus dans une perspective lâche, soit comme étant sans référence ni limite par rapport à Autrui ou à la société dans une optique rigoureuse. Dès lors, elle s'avère individualiste. Or, le libéralisme a abouti au capitalisme qui en est concrètement le reflet collectif et économique.

Quelles en sont les normes ou les modes de régulation ? Individualiste, le capitalisme sauvage sans limite n'en produit donc en principe aucune. Dans la pratique, c'est ce qu'établit la logique conjointe du profit et de l'accumulation du capital. De deux choses l'une. Soit, c'est la solidarité entre nous et avec d'autres, le grand nombre constituant la limite et le contre-pouvoir de l'humanité. Soit, c'est l'hypothèse de Hobbes et la dictature de quelques-uns qui s'impose avec des luttes de «loups contre des loups». Cela peut être ce que l'on appelle «la démocratie et le libéralisme oligarchiques», accompagnés d'une «dictature éclairée» des «grands de ce monde» à Davos[131].

Il n'empêche que l'économie capitaliste reste l'exploitation du grand nombre par quelques-uns et le développement inégal à la fois comme résultant et comme base de départ. En termes économiques et pour les quatre cinquièmes de la population dans le monde, la société n'est pas de consommation, ou de jouissance, mais de survie ou de mort. C'est le cas du *Quart-monde* dans la misère du monde du «centre» et de ceux qui vivent tout juste au-dessus du minimum vital, soit un tiers des habitants des pays développés. Il en est de même de l'immense majorité des peuples du reste du monde, du *Tiers-monde*. Bien entendu, il n'y a qu'un cinquième de l'humanité qui peut se tourner vers la consommation, douce et lisse, dirigée par la publicité sans borne.

Dans le capitalisme pur, la norme absolue de la propriété privée garantit l'autocratie du propriétaire et le contrôle universel des moyens de production. Elle s'oppose à la solidarité comme principe fondateur de la société économique. La figure de père dans notre monde apparaît sous l'image du «patron». Il donne du travail pour pouvoir faire du profit et licencie pour maintenir un ordre particulier, celui de la propriété. Finalement le vrai patron est le propriétaire du capital, des moyens de production. Il est juge de la vie et de la mort, sans appel, sauf si la solidarité s'organise au-delà des individus entre peuples, femmes et hommes, consommateurs, travailleurs, contribua-

---

131. Chaque année et sous la protection gratuite de l'armée et de la police suisses, quelques milliers de représentants de la vie politique et économique de la Terre se réunissent, à titre privé, à Davos afin de débattre les «affaires» du monde capitaliste. Évidemment, il n'existe aucun contrôle social sur la liste des invités. Leurs délibérations et discours informels ne relèvent point du domaine public où il serait possible de mener des débats démocratiques et contradictoires.

bles, touristes et vagabonds, piétons, cyclistes ou voyageurs de transports en commun. Mais comment organiser la solidarité en jeu ? Sur base de quelle norme ?

Dans le temps présent, une infime minorité tient des discours de maître sur les loisirs et la jouissance programmés. La programmation se réalise par la marchandisation croissante de tous les «biens et services» sous le regard bienveillant des gros propriétaires ou actionnaires. À notre grande félicité et avec notre complicité d'individu, tout s'achète et se vend : auto, loisirs, plaisir, enfant, bonheur, corps des femmes et des enfants, amitiés. La comptabilité en est assurée par l'argent. Le discours en fait autant dans le domaine des représentations.

> ARGENT COMME **NORME** + MARCHANDISATION COMME **PROCESSUS**

Le symbole monétaire est la mathématique du capitalisme, consigne d'une hiérarchie solide et garantie de la marchandisation uniforme. Le système monétaire se substituerait à tout autre langage et, ainsi, l'argent constituerait la norme au sein de la société. La réduction de tout langage s'opère en faveur du numéraire monétaire qui s'avère parfaitement homogène, anonyme et aphone. Par son étalonnage, l'argent est un signifiant clair et limpide. Tout le monde le comprend, bientôt, même les bébés. Il est d'une rationalité exemplaire et parfaitement déshumanisée. Il peut signifier le renoncement comme le gaspillage et même un «bon usage», voire un maniement «politiquement correct». «L'argent, c'est le bonheur»!?! Il en est la métaphore, en tout cas pour ceux qui disposent de l'argent : le discours sur la rentabilité dite nécessaire mais jamais suffisante du capital financier.

L'historique de la période d'après-guerre marque une évolution gigantesque du capitalisme en plusieurs étapes et dont on ne voit pas encore la fin. Les trois étapes significatives de caractère géographique de cette évolution correspondent à l'internationalisation, la transnationalisation et la mondialisation opérées par la sphère privée dont la nature apparaît comme condition suffisante de l'évolution en question. Il en existe cependant deux conditions nécessaires. D'une part, la marchandisation jointe à l'usage croissant de l'argent. Celui-ci y joue un rôle dominant en tant que condition nécessaire au fonctionnement du système. Le «tout s'achète» est un discours redoutablement efficace car répété, il passe pour devenir toujours davantage vérité.

D'autre part, ce processus s'appuie sur les actions délibérées de la sphère publique, aussi en tant que condition nécessaire. Trois mots clefs constituent la base de tout discours dans la sphère des États : *libération, déréglementation et privatisation*, accompagnées de renforts sécuritaires. Ceci correspond au démantèlement du pouvoir économique des autorités publiques nationales, sans un remplacement suffisant et véritable au niveau international. Mais, la garantie de la propriété privée des moyens de production tout autant que celle du contrôle des zones d'influence, riches en matières premières et de consommateurs solvables, exigent des forces militaires qu'organisent les États. Le phénomène fondamental dans la sphère privée s'avère *le profit maximum et l'accumulation du capital optimum* à l'échelle mondiale désormais, sans entrave publique. Certes, les forces antisystèmes tentent à établir des liaisons du local au mondial, en passant par des réseaux multiformes et multiculturels, mais leur portée demeure encore limitée.

L'importance renouvelée de l'État ou des États intégrés

Le capitalisme ne peut et ne veut tenir que des discours *court-termistes*. Ils s'inscrivent dans le *localisme du privé* et la *durabilité incertaine*. L'ailleurs trop lointain dans l'espace ou les lendemains trop éloignés dans le temps dévaluent promptement le profit comme l'accumulation. La propagande politique se rend utile et efficace. L'État de puissance apparaît comme seul pouvant empêcher cette dévaluation accélérée par sa géostratégie ou par sa géo-rhétorique plus ou moins suffisante. Son interventionnisme poursuivra deux fins :
- pour coopérer avec le capital en imposant la privatisation et le droit absolu de la propriété, la création et la gestion monétaire publique, l'administration de la sécurité sociale ou de la vie privée, «la loi et l'ordre», etc., mais aussi
- pour tenir compte de la nécessité ou de la contrainte que font surgir l'environnement, la justice, la guerre ou la manière de l'éviter, les biens ou services communs, etc.

Loin d'être, de cette façon, débridé, le capitalisme se donne constamment comme enjeu unique à gérer : la répartition des revenus et des fortunes par l'argent, compte tenu
- des rapports de force du moment et des discours qui le légitiment ou
- de l'organisation du système scolaire et de l'enseignement idoines dans une perspective où le risque d'une mise en question est modeste. Par cette gestion, il se garantit le maximum de profit compatible avec la nécessité de revenus autres que capitalistes afin d'absorber la production par la consommation. Dans l'immense reflux de la solidarité du grand nombre depuis quelques décennies, le libéralisme exclusif et le néoconservatisme hobbesien ont imposé des écarts de revenus et de fortunes considérables et croissants à travers le monde. Or, pour qu'elle soit adéquate, la répartition se doit d'assurer des structures de consommation et, partant, des structures de production idoines. Peut-être Lénine aurait-il eu quand même raison par rapport à Rosa Luxemburg quant aux limites intrinsèques du capitalisme ?

C'est ainsi qu'un débat sur la sécurité et la défense de l'UE se doit de tenir compte du contexte des discours médiatiques et des violences au quotidien qui nous entourent. La télévision nous apporte, chaque jour, son lot d'images violentes : accidents de la route avec ses morts absurdes, guerres civiles avec ses victimes ensanglantées, assassinats sordides, famines meurtrières. À cette accumulation de souffrances et de misères humaines inanalysée viennent s'ajouter, s'entremêler des fictions cinématographiques tout aussi sanglantes. Les films, les feuilletons ou les séries sont trop souvent littéralement imbibés de sang et de viscères.

Cette violence ne nous choque plus. À force de subir, à jets continus, ces représentations de la violence, celle-ci se banalise. Images et paroles se renforcent mutuellement pour concourir à la confusion des genres. La violence devient spectacle. «Le problème n'est pas que la télévision ferait croire que la fiction est réelle mais, au contraire, d'inciter à croire que le réel est toujours réductible à une fiction. Or, nous sommes toujours disponibles pour faire basculer dans la fiction ce qui ne nous plaît pas, ce qui signifie abdiquer notre identité, notre possibilité d'être libre». La violence devient abstraite. Nous souffrons d'accoutumance à l'horreur. Ce n'est pas une maladie innocente puisqu'elle inhibe la pensée et abolit la liberté de jugement. L'information donnée en une minute glisse dans la banalité de notre conscience. La violence est montrée parce qu'il y a un bouleversement, une rupture d'un ordre établi. Le narrateur de ce bouleversement va lui donner un sens, lui construire un sens par ce langage particulier de l'image/parole.

De la propagande politique à la publicité capitaliste

Dans les sociétés industrielles modernes, la propagande politique comme la publicité capitaliste a connu une mutation avec l'avènement des régimes totalitaires. C'est alors qu'elle cesse de se confondre avec l'emploi des moyens traditionnels de persuasion, pour devenir une technique hautement rationalisée, tandis que son secteur se voit délimité. L'identification du sujet au pouvoir est systématiquement recherchée par la mobilisation de l'affect et la contagion émotionnelle. L'argumentation se trouve souvent subordonnée à la nécessité de créer une fascination collective à l'égard d'un personnage quelconque un peu charismatique ou à propos d'une marque commerciale. Les techniques du politique et de l'économique se joignent, du moins dans le domaine de la rhétorique.

La propagande se révèle, en politique, comme le langage même du terrorisme et de la dissuasion : c'est le fameux «Peace is war, war is peace» de George Orwell. Toutes les modalités mettent ce discours hors d'atteinte du jeu de la raison logique, d'une dialectique du sens et de la contradiction. C'est en cela qu'il est terroriste, car c'est en cela, par cette manipulation du langage au niveau du code même, qu'il interdit toute réciprocité de la communication et toute réponse à ses messages (autre que déjà codée selon ses propres signes). Bien sûr, publicité et propagande véhiculent aussi des contenus idéologiques : valeurs morales dominantes, dogmes politiques - mais encore une fois, cette idéologie «manifeste» se heurte à des systèmes de défense individuels ou collectifs très complexes, plus solides qu'on ne le pense. Derrière son idéologie de dialogue et de communication massive, la publicité et la propagande prolonge et contribuent à la reproduction élargie d'une société de monopole de la parole et du sens, renforçant par son articulation même la puissance des uns et l'irresponsabilité des autres.

Il est instructif, à titre d'exemple, de voir comment, dans le contexte polarisé de la vie politique de la Hongrie en 2007, on observe une lutte entre
- une droite néo-libérale de type blairiste d'origine néo-communiste dont les propos mythiques sont les suivants : ouverture vers l'Ouest, vers le monde ; libéralisme de marché (sic!) ; bonheur immédiat ; rationalité du profit et modernisation capitaliste ; globalisation inéluctable ou intégration par la globalisation ; etc.

- une droite nationalo-radicale et populiste qui a recours à l'usage des mythes historiques : nation constitutive ; peuple chrétien ; histoire nationaliste ; tradition millénaire ; xénophobie naturelle ; etc.

Ces mythes ont deux caractéristiques. D'une part, ils constituent un discours dont la portée n'est limitée que par des sentiments, par des représentations non raisonnées. Mais, quelque fantaisiste qu'elle soit, une politique basée sur eux peut contribuer à la réalisation des buts visés par cette politique. D'autre part, ils ne concernent ni directement ni indirectement les questions socio-économiques que les observateurs qualifieraient comme des «questions véritables». Or, l'usage de ces mythes relève aussi des «questions véritables», puisqu'il induit des modifications tangibles dans la société en terme de décisions, de protestations, de programmes de restrictions, de manifestations ou de grèves. Enfin, de fait, quelle que soit la politique effective dans le pays, la politique a toujours facilité l'entrée du capital dans le pays (voir chapitre 5.2 ci-dessus).

Sur le plan international et au-delà de l'argent, une autre norme s'est établie par un «consensus» grâce au FMI et à la BM dont les Conseils d'administration restent sous le contrôle des pays développés et principalement des EUA et de l'UE. Un discours de propagande patent et violent, ce *consensus de Washington,* a été négocié, au sein des institutions financières internationales, sans contrôle ou débat démocratique, au début des années 1990. Il préparait la «transition» des pays abandonnant des régimes communistes et la prise en main capitaliste des pays concernés. Son application a été imposée par tous les moyens de pression disponibles, mais d'une manière sélective. S'exprimant uniquement par la négation, la réduction ou la restriction, ces critères de politique socio-économique correspondaient à ce qui suit :

- présupposant une égalité du niveau de développement, la *libéralisation* du commerce, puis des flux des capitaux sur le plan international, ce qui signifie, avant tout, l'élimination du contrôle des changes et, par conséquent, toute politique publique en ces matières ;
- une *discipline budgétaire* uniquement publique, *une redéfinition des priorités en matière de dépenses publiques* et *une réforme fiscale,* toutes postulant l'inefficacité de l'économie publique ; d'où préconiser la *réduction de la fonction étatique* dans un certain nombre de domaines socialement importants et qui équivaut à des diminutions fiscales et des dépenses ; d'où aussi diminuer les interventions volontaristes des pouvoirs publics, sauf le maintien de l'ordre ;
- corollaire du critère précédent, la *privatisation* tous azimuts et surtout des entreprises de services publics mêmes efficaces, tout autant que la *dérèglementation* pour les entreprises ;
- attribuant la hausse générale des prix à l'augmentation de la masse monétaire, le *combat prioritaire contre l'inflation par restrictions monétaires et hauts taux d'intérêts* pratiqués par les banques privées au détriment de toute autre mesure de politique économique dans les secteurs tels que la monnaie ou le crédit, l'emploi, différentes branches socio-économiques, des régions, l'environnement ou le développement durable, pour ne citer que les plus importants.

Sur le plan de la logique ou des faits historiques, les critères restent discutables. Leur inanité laisse croire qu'il s'agit purement et simplement d'un discours idéologique particulièrement efficace. D'une part, il y a une inégalité profonde du niveau de développement à travers le monde et donc aucune libéralisation ne s'impose d'évidence. Tout dépend des cas d'espèce et des moments de conjoncture économique. D'autre part, toute l'histoire du capitalisme a montré l'efficacité de l'économie publique dans de nombreux domaines tels que la santé et l'enseignement publics, les infrastructures nombreuses, l'armée et les industries d'armement au sens large du terme, l'organisation de l'ordre et de la justice, des secteurs d'activités indispensables pour l'ensemble de la population, etc.

Par ailleurs, la privatisation des activités économiques publiques ne fait que substituer un propriétaire à un autre, le plus souvent un monopole public à un monopole privé. Le nouveau propriétaire est, par définition, suspect car il ne poursuivra que ses intérêts propres et non pas l'intérêt général. Enfin, le bon sens indique qu'il n'existe pas d'augmentation de la masse monétaire uniquement par octrois de crédits. Or, des crédits ne sont attribués ou donnés par des banques à des entreprises, à l'État ou aux particuliers que pour financer la hausse des prix et/ou la quantité de biens produite et à acheter. Personne ne s'endette pour le plaisir.

Puisque les pays qui subissent le consensus de Washington, apprennent à détourner les mesures qui leur sont imposées, un nouveau discours est celui de la «bonne gouvernance». Les difficultés du développement et la persistance de la pauvreté sont attribuées à l'inaptitude des gouvernants. La bonne gouvernance repose essentiellement sur l'efficience socio-économique, qui adopte la manière de gérer du secteur privé capitaliste, et sur la garantie aux multinationales d'un climat juridique, social et politique stable. Ce climat serait à générer par n'importe quel moyen pour leur assurer l'appropriation du profit et la sauvegarde de leurs avoirs. Le discours sur la gouvernance est agrémenté de propos lénifiants sur la transparence, la responsabilité et la participation des sphères publiques et civiles. En est soigneusement exclu le domaine de l'économie privée où le secret des transactions reste de rigueur.

Quel discours, pour quelles normes ?

À la fin de cet exercice de réflexion géoculturelle fort approximative, la toute première question à se poser est : comment s'articulent finalement les trois domaines examinés afin de pouvoir éventuellement en détecter des normes, voire des références ? Reprenons notre tableau de départ et complétons-le :

Des domaines	Rhétorique	Politique	Économique
	Discours	**Force**	**Argent**
«fermeture» américains et en américain	propriété privée	Privatisation	Marchandises
	⋮	⋮	⋮
	Néoconservatisme ?		Néolibéralisme ?
	⋮	⋮	⋮
«ouverture»	Débat multiculturel	Contrat	Solidarité

L'articulation principale serait l'idéologisation par des discours quant à la lutte contre le terrorisme, à la mondialisation du capitalisme et à l'américanisation de la politique internationale. L'on découvre que le néolibéralisme et le néoconservatisme, qui fonctionnent comme discours et pratiques, y réguleraient le degré de fermeture par/pour quelques-uns ou d'ouverture par/pour le grand nombre. En tant que discours, ils globalisent par le message de prétention universelle et divisent par une dichotomie simpliste. S'y opposent ceux qui instituent des débats multiples, dé-globalisent pour tenir compte de l'humain et de la situation locale par rapport à l'ensemble, et associent des personnes concernées. Les médias sont les lieux de discours dominants, mais aussi les lieux possibles de débats. La désétatisation des médias –trop soumis à des États trop partisans du système établi– est-elle possible ou souhaitable ? Ne faut-il pas inventer de nouvelles méthodes qui respectent tant les personnes associées spécifiques que l'intérêt général démocratiquement défini ?

En tant que pratiques, le néolibéralisme et le néoconservatisme s'unilatéralisent pour s'imposer géostratégiquement. Le but en est de maximiser le profit et optimaliser l'accumulation du capital qui s'ensuit dans la sphère exclusivement privée et locale, tout en menant des stratégies au niveau global. La force constituerait la norme au sein de la société internationale. Les mouvements tiers-mondistes et altermondialistes s'y opposent précisément en divers termes et simultanément par la solidarité du grand nombre du Nord au Sud et de l'Est à l'Ouest, et par le multilatéralisme du pluralisme, en poursuivant une pratique de contractualisation des relations internationales tant économiques que politiques.

La norme absolue de la propriété privée garantit l'autocratie du propriétaire et le contrôle universel des moyens de production. Elle s'oppose à la solidarité comme principe fondateur de la société économique. Pour ses intérêts capitalistes, une infime minorité tient des discours du maître sur les loisirs et la jouissance programmés dans les pays développés. La comptabilité en est assurée par l'argent. La programmation se réalise par la marchandisation croissante de tous les «biens et services». Dans les pays pauvres, la pauvreté s'organise et se pratique sous les yeux des oligarchies locales et internationales. La marchandisation est impensable sans l'argent. Elle envahit progressivement tous les domaines socio-économiques autant que culturels. Le système monétaire se substituerait à tout autre langage et, ainsi, l'argent constituerait la norme au sein de la société. Les discours en deviennent dominants.

Les considérations présentées au chapitre introductif ont montré le rôle prééminent joué par les représentations philo-américaines atlantistes en Europe du Centre. Ces représentations sont, notamment, articulées au néoconservatisme à l'échelle des sociétés Centre-européennes. En tant qu'idéologie, le philo-américanisme favorise à la fois la légitimation des élites Centre-européennes d'origine communiste et l'exercice concret de l'hégémonie des EUA dans cette partie de l'Europe. De son côté, évoquant abusivement la liberté des libéraux classiques, le néolibéralisme idéologique justifie et fonde l'enrichissement de quelques uns et l'appauvrissement du grand nombre, la privatisation sélective en faveur d'une petite minorité, locale et internationale, et le «développement du sous-développement» pour le reste de la société.

Par contre, le langage de la solidarité est tissé d'obligations multiples, réciproques et non monétarisées. Historiquement, il s'est toujours adapté aux exigences multiples de la vie en société complexe et compliquée. La solidarité jointe à la contractualisation peut établir des liaisons du local au mondial, en passant par des réseaux multiformes et multicultures. Les mots d'ordre sont, dès lors, l'institutionnalisation solidaire et la contractualisation publique des altermondialistes dans tous les domaines géopolitiques et géo-économiques. Une question nous hante : au lieu des pouvoirs publics soumis à des intérêts partisans ou à des folies impériales, comment se donner localement un État, ou internationalement, un ensemble d'États qui réussiraient à imposer les processus en vue d'institutionnaliser et de contractualiser des «affaires du monde» ? Comment organiser le débat, établir des contrats et mettre en place des solidarités, ici et ailleurs, en face des discours idéologiques de la force brute et de l'argent omnipotent ? Le dédoublement et l'opposition de ces modes de régulation ne seraient-ils pas précisément les normes, voire les références, de la politique et de l'économique mondialisées ? Le conflit entre la globalisation et l'altermondialisation serait-il réglé ?

Bibliographie indicative :

Alternative sud, État des résistances dans le Sud - 2007, Centre Tricontinental/Syllepse, n°4, 2006.
ARMSTRONG, Karen, Our rôle in the terror - Bush has in wittingly reproduced Bin Laden's rhetoric, in : *The Guardian*, September 18th, 2003.
ASH, Timothy Garton, Orwell's List, in : *The New York Review*, September 25th, 2003.
BATCH, Laurent, *Le capitalisme financier*, La Découverte, Paris, 2002.
BETTELHEIM, P. & STREIBEL, R. (sous la direction de), *Tabu und Geschichte - Zur Kultur des kollektiven Eriners*, Vienne, Picus, 1994.
BOURDIEU, Pierre, *Ce que parler veut dire (l'économie des échanges linguistiques)*, Fayard, Paris, 1982.
BRZEZINSKI, Z., *The Choice : Global Domination or Global Leadership*, Basic Books, New York, 2005.
BROMWICH, David, Euphemisme and American Violence, in : *The New York Review*, 34.2008.
BRUNER, Jerome, Do Not Pass Go, in : *The New York Review*, September 25th., 2003.
BURKE, Kenneth, A «Mein Kampf» retorikája, in : SZABÓ, Márton (sous la direction de), *Az ellenség neve*, Jószöveg, Budapest, 1998.
Commission Justice et Paix, Terrorisme, entre discours, réalité et réponses, Bruxelles, avril, 2006.
CORM, Georges, *Orient-Occident, la fracture imaginaire*, La Découverte, Paris, 2002.
DERRIDA, Jacques, La raison du plus fort, in : *Le Monde Diplomatique,* janvier 2003.
DRAY, Joss & Denis SIEFFERT, *La guerre israélienne de l'information, désinformation et fausses symétries dans le conflit israélo-palestinien*, La Découverte, Paris, 2002.
FRIEDMAN, Benjamin M., Globalization : Stiglitz's Case, in *The New York Review*, 15 Août 2002.
GENARD, Jean-Louis, Responsabilisation individuelle ou déresponsabilisation collective ?, in *La Revue Nouvelle*, décembre, 2002.
HERBERG-ROTHE, Andreas, *Das Rätsel Clausewitz*, Wilhelm Fink, München, 2001.
Hérodote, Langues et territoires, n°105, 2e trimestre, 2002.
Idem, Les géographes, la science et l'illusion, n°76, 1er trimestre, 1995.

Idem, Géographie historique, n°74/75, 3ᵉ et 4ᵉ trimestres, 1994.
LEBRUN, Jean-Pierre, *Les désarrois nouveaux du sujet, prolongements théorico-cliniques au «Monde sans limite»*, Érès, Ramonville Saint-Agne, 2001.
LOROT, P. & THUAL, T., *La géopolitique*, Paris, Monchrestien,1997.
MAILLARD, Jean de, Nouveaux bunkers de l'Occident, in : *Le Monde Diplomatique*, janvier 2003.
MELMAN, Charles (entretiens avec Jean-Pierre Lebrun), *L'homme sans gravité, jouir à tout prix*, Denoël, Paris, 2002.
MEYERS, Jacques, Unis vers la diversité, in : *Agenda Interculturel*, mars, 2003.
MICHALET, Charles-Albert, *Qu'est-ce que la mondialisation ?*, La Découverte, Paris, 2002.
MONDZAIN, Marie-José, Quand Aristote et la querelle des icônes aident à mieux comprendre les enjeux de la violence à la télévision, in : *Alternatives non violentes*, Les représentations de la violence dans les médias, n°112, automne, 1999.
MORELLI, A., *Principes élémentaires de propagande de guerre - Utilisables en cas de guerre froide, chaude ou tiède...*, Bruxelles : Labor, 2001.
NZZ, «Der Krieg der Worte im früheren Jugoslawien - Medie als Propagandainstrumente der Nationalisten», 23.3.2003.
ORWELL, George, *1884*, Gaillimard, Folio, n°822, Paris, 2002.
PAYE, Jean-Claude, Un état d'urgence permanent, in : *Cahiers marxistes*, n°234, nov.-déc. 2006.
PILET, Stéphane, Le jeu vidéo comme arme de propagande - mise en scène des «soldats du Bien», in : *Le Monde Diplomatique*, septembre, 2003.
PIRET, A., NIZET, J. & BOURGEOIS, E., *L'analyse structurale, une méthode d'analyse de contenu pour les sciences humaines*, De Boeck, Bruxelles, 1996.
Politique, Voyage chez les altermondialistes, février, 2003.
RACHMAN, Gideon, Separate rhetoric from reality in central Europe, in : *FT*, 23.10.2006.
ROSEAU, V.-B., *Les usages de la mémoire dans les relations internationales*, Bryulant, Bruxelles, 2001.
SCHÖPFLIN, G., «The fonction of Myth and a Taxonomy of Myths, in : Hostking, G. & Schöpflin, G., *Myth and Nationhood*, Hurst & Company, Londres, 1997.
SZABÓ, Márton (sous la direction de), *Az ellenség neve*, Jószöveg, Budapest, 1998.
TISSERON, Serge, Ces mots qui polluent la pensée - «Résiliences» ou la lutte pour la vie, in : *Le Monde Diplomatique*, août 2003.
THUAL, François, *Géopolitique du chiisme*, Arléa, Paris, 2002.
VAL, Alexandre del, *Islamisme et États-Unis, une alliance contre l'Europe*, L'Âge d'Homme, Lausanne, 1997.
WILLIAMSON, John, Un train de réformes - consensus de Washington : un bref historique et quelques suggestions, in : *Finance et Développement*, septembre, 2003.

De la mémoire des peuples au nationalisme guerrier au Centre de l'Europe

Tout au long du XXᵉ siècle et à l'instar d'autres contrées, l'Europe du Centre a connu, –mais aussi produit–, des représentations collectives. Ces représentations ont joué un rôle substantiel en terme idéologique dans son histoire et sa position géopolitique[132]. Parmi elles, s'impose l'ensemble des schémas historiques et géographiques que déve-

---

132. Voir, à ce propos, mes publications qui figurent sur mon site www.bardosfeltoronyi.eu.

loppe un peuple, ou plus précisément ses dirigeants. Ces schémas fondent, légitiment et alimentent les aspirations et les comportements géopolitiques, autrement dit ceux qui concernent la politique tant intérieure qu'extérieure. Les thèmes sont bien connus, tels que les frontières naturelles, les religions, le pont entre l'Est et l'Ouest, l'unicité nationale, les premiers occupants d'un territoire, l'empire de jadis ou l'ennemi séculaire, etc. Ces thèmes se trouvent organisés dans des ensembles qui portent le nom de nationalisme, de libéralisme, de nazisme, de conservatisme, de fascisme, de communisme soviétique, etc.

Il existe deux formes spécifiques de représentations collectives qui se sont imposées au Centre de l'Europe : les nationalismes, ou leurs concrétisations tardives sous la forme des États-Nations, et les religions, ou leurs incarnations institutionnelles que sont les Églises, voir ci-dessous. La nation comme l'Église sont des phénomènes géoculturels qui se polarisent autour de la récupération d'une mémoire perdue, de la ré-écriture d'une histoire, de l'exaltation d'une foi ou de la fixation d'une langue. Du point de vue géopolitique, ce qui importe c'est, toujours d'après Thual, de saisir l'importance de ces représentations comme «facteur de structuration des sociétés et facteur déterminant de leur comportement» sur la scène de la politique intérieure et internationale.

Dès à présent, il convient de souligner que, à propos du nationalisme, les transformations récentes dans les PECO se sont déroulées sans effusion de sang, peut-être précisément grâce à la sagesse ou la prudence des élites ou classes dominantes[133]. *L'hypothèse défendue ici consistera à montrer qu'à la fin du XXe siècle, les formes classiques de représentations collectives tendraient à jouer, au Centre de l'Europe, un rôle plus modeste qu'on ne le pense, mais suffisant pour maintenir ou alimenter la division entre les peuples qui, ainsi, contribue à la fragmentation et la fragilisation géopolitique de la région*[134]. C'est seulement après avoir analysé des mémoires des peuples Centre-européens, mémoires qui sont causes et effets de ces constructions imaginaires qui s'avèrent socialement construites, que le nationalisme et, dans le chapitre suivant, le phénomène religieux seront examinés en vue de vérifier leurs influences géopolitiques.

---

133. En Europe occidentale, nous n'avons aucune leçon à donner aux PECO, après deux guerres mondiales meurtrières et des génocides pratiqués surtout en Europe mais également en Afrique, tout au long du XXe siècle. Si l'on songe à la Belgique, il faut se rappeler que ce pays est, comme beaucoup d'autres pays Ouest-européens, aussi pénétré de conflits «tribaux» entre le Nord et le Sud : les riches et les pauvres, les catholiques et les laïcs, les habitants de la capitale et les autres ; les conservateurs et les gens de progrès, les Francophones et les Flamands, etc. N'oublions pas l'aphorisme célèbre de Schopenhauer : «Jede Nation spottet über die andere, und alle haben recht»!

134. Le cas des conflits balkaniques, depuis le début des années 1990, donne l'impression, pas tout à fait fausse, qu'ils sont largement alimentés par le nationalisme. Or, nos développements tendent à montrer que son rôle a été réel mais est resté limité à l'usage de politique locale ; d'autres facteurs, notamment le populisme tous azimuts, ont eu des effets bien plus importants dans le même contexte. Peut-être est-ce ce qui expliquerait le caractère moins meurtrier de ces conflits par rapport à ceux de la première moitié du XXe siècle ?

Une des matières premières des «constructions sociales» est ce qu'on appelle la «mémoire des peuples». Dans le contexte d'une géopolitique des idéologies, il importe de savoir que cette mémoire constitue cause et effet. Elle contribue à la structuration des imaginaires collectifs et celle-ci nourrit des représentations des peuples. Or, au Centre de l'Europe, les régimes forts et autoritaires, voire nazis, fascistes, staliniens et néo-staliniens, s'en sont inspirés et se sont succédés, l'un après l'autre, depuis la fin de la Première Guerre mondiale et après des siècles de féodalité. Faisant suite à cela, il semble bien que, comme en Occident il n'y a guère, le problème des mémoires et celui des récits qui les soutiennent, sont sérieusement posés. Le problème des mémoires est celui des coupables et des victimes, des nantis et des appauvris, des pères/mères et des enfants. Il est celui du non-dit ou du mal-dit dans les récits.

Les mémoires séculaires hantent, à proprement parler, les peuples Centre-européens. Les récits historiques, qui alimentent ces mémoires, les poussent à accepter la division et les conflits entre eux, surtout lorsque les circonstances s'y prêtent. Ces récits sont parfois fabriqués de toutes pièces par les élites ou classes dominantes. C'était bien le cas en ex-Yougoslavie. Le risque s'avère constant qu'une «ethnicisation» des rapports sociaux et la «démonisation» de l'Autre par des élites accroissent la conflictualité et l'intervention des puissances étrangères. C'est d'autant plus envisageable que la légitimation intérieure s'opérait par une sorte de «re-nationalisation des Cultures» et des enjeux, tandis que la légitimation extérieure s'effectuerait par un processus de «dé-nationalisation» de type néo-libéral des politiques socio-économiques.

Le nationalisme peut être aussi bien culturel ou ethnique que, surtout, politique. Le fondement des théories et des idées nationalistes est constitué par quatre notions phares : la nation, la communauté organique, l'autodétermination et les politiques d'identité. La nation est ou doit être le principe central de l'organisation politique, bien qu'il soit difficile de définir exactement ce qu'est une nation. Le nationalisme considère que les nations sont des communautés organiques (relation organique entre les éléments la composant) et donc, l'humanité est «naturellement» divisée en nations qui chacune, possèdent une identité séparée et distincte. La nation constitue donc le corps social collectif dominant par rapport à toute autre forme de groupe ou de lien sociaux. Il existe, en outre, une propension à l'universalité du phénomène. Le but du nationalisme est d'établir ou de maintenir un État-Nation dans lequel la souveraineté repose sur le peuple imaginaire, sur la nation qui se gouverne, elle-même, de façon indépendante. L'État-Nation est considéré comme la meilleure et la plus désirable des formes d'organisation politique car elle serait la seule viable. Il offre la perspective d'une cohésion, à la fois culturelle et politique. De plus, il permet la légitimation des autorités nationales car l'État-Nation est vu comme la réalisation d'un gouvernement issu mystérieusement de la nation ou du peuple et qui œuvre pour le peuple dans le respect de ses intérêts nationaux.

Toutes les formes de nationalisme se basent sur l'idée d'une identité collective qui lie tous les membres de la nation. Cela permet, en outre, aux individus de définir leur identité en relation avec la nation. Ils ont le sentiment d'appartenir à un groupe singulier, se sentent différents des autres considérés comme non nationaux. Dans le nationalisme croate, les groupes nationalistes ont, par exemple, tendance à construire l'image du Croate en opposition au Serbe, à la Yougoslavie et aux Balkans. Le nationalisme politique peut être considéré comme l'utilisation des idées et théories nationalistes par divers courants et partis politiques pour obtenir la réalisation de certains objectifs. Ces doctrines nationalistes ont donc une grande capacité de fusion avec d'autres doctrines ou idéologies parfois très opposées, ce qui explique que le nationalisme puisse aussi bien être libéral ou conservateur, progressif ou régressif, libérateur ou oppresseur, voire même rationnel ou irrationnel. Dans un État-Nation constitué, le nationalisme équivaut, entre autres, à la volonté de défendre l'indépendance et la grandeur de l'État-Nation de manière ultime et prioritaire. La notion de souveraineté est donc primordiale ainsi que l'aspiration à l'unité et la (re)construction et l'utilisation du passé historique.

La critique du nationalisme, du traditionalisme ou de l'insuffisance démocratique devra intégrer le fait que toute tradition nationale ou ethnique est, pour une large mesure, le résultat des récits des historiens, des politiques ou des familles. Or, ces récits tendent à montrer des continuités et des constantes, alors que l'histoire est tout aussi marquée par des interférences multiples, des ruptures sociales et des discontinuités identitaires. En réalité, comme Lavabre le montre, «la mémoire est reconstruction et instrumentalisation, usage politique du passé. Elle est aussi enseignement et transmission d'une histoire finalisée. Elle est encore trace du vécu et de l'expérience, souvenirs (...). Quelle que soit la définition qu'on adopte, la cause finale de la mémoire n'est pas la réalité du passé mais la vérité du présent (...). L'usage même de la notion de mémoire confond instrumentalisation du passé et identités politiques».

Avant et après 1945

Des mémoires collectives et des mythologies mobilisatrices sont faites de nombreux éléments. Elles se constituent plus spécifiquement au Centre de l'Europe à partir de sentiments multiples. D'une part, des sentiments «de résistance aux envahisseurs, de perpétuel abandon des grandes puissances et d'encerclement par des ennemis toujours complotant contre la souveraineté nationale», selon De Waele. D'autre part, des sentiments basés sur une impression de manque d'unité nationale interclasses jugée indispensable ou de danger d'une «cinquième colonne», sur la conviction d'être un bastion contre la barbarie antichrétienne venant du Sud ou de l'Est, ou encore de constituer un pont vital entre l'Est et l'Ouest. Ces mémoires et mythologies appuient les manipulations opérées par les appels à l'unité nationale. Elles alimentent des xénophobies variées à l'intérieur, autant que des nationalismes exacerbés à l'égard d'autres pays.

Ainsi, tous les malheurs de la Pologne ne seraient dus qu'à sa partition au XVIIIe siècle. Les difficultés de la Hongrie ne trouveraient leur origine que dans les «traités honteux» de Versailles imposés au pays au lendemain de la Première Guerre mondiale. Les aléas de l'histoire croate résulteraient de l'agressivité des Serbes et de la pensée byzantine, alors que les Serbes sont constamment convaincus d'être, depuis toujours, les victimes d'un complot international. Les seuls Russes seraient responsables des tourments des Ukrainiens ou des Bélarusses. Les Albanais pleurent l'emprise de leurs voisins.

Rappelons-nous des conflits yougoslaves, où le rêve de la Grande Serbie et de la Grande Albanie égale celui de la Grande Croatie ; où, au nom de la démocratie, la solidarité islamique pure et dure n'a jamais été autant évoquée par les dirigeants musulmans de la Bosnie-Herzégovine. L'âme toujours profonde des Roumains, des Slovaques ou des Polonais, tout autant que l'orthodoxie ou le catholicisme, se combinent adroitement pour légitimer des comportements inacceptables. Les «frontières historiques» (de quelle histoire ?) ou les «frontières naturelles» (indiscutables ?) permettent de mobiliser les esprits dans des buts douteux, notamment en Bulgarie, en Hongrie, en Pologne ou en Estonie. Il existe des territoires qui se trouvent, dans l'esprit des gens, doublement ou triplement investis en vertu «d'histoires glorieuses» qui justifieraient des irrédentismes multiples. Tel est le cas en Transylvanie pour les Roumains et les Hongrois, en Bosnie-Herzégovine pour les Serbes, les Croates et les Musulmans, au Kosovo pour les Albanais et les Serbes, en Silésie pour les Polonais et les Allemands ou à Vilnius pour les Lituaniens, les Polonais et les Juifs. Dans chacun de ces territoires, on peut montrer que, en agitant de pareilles idées, le jeu des classes dirigeantes vise simplement à obtenir ou à garder le pouvoir.

La force des mémoires de la période de guerre 1939-45 est, avant tout, le souvenir des massacres atroces. Ceux-ci sont non seulement imputables à la guerre mais également et surtout aux assassinats –jamais égalés dans l'histoire– de peuples quasi entiers, notamment des Juifs et des Roms, ainsi que, dans une moindre mesure, des victimes des Goulags en URSS dans les années 1930 et 40, et des victimes des conflits interethniques, par exemple, en Yougoslavie déjà à cette époque.

En remontant vers le début du siècle, la tradition de falsifications et d'omissions obscurcit aussi les mémoires. Lendvai fournit un exemple tragi-comique à ce propos. Il examine des statistiques démographiques établies dans les années 1900 concernant la Macédoine. Les ethnographes bulgares trouvaient, dans ce pays, 1,2 million de Bulgares et 700 mille Serbes, tandis que leurs collègues serbes y comptaient 2 millions de Serbes, 231 mille Turcs et seulement 57 mille Bulgares ; les démographes turcs enregistraient, avant tout, la présence de 1,5 million de Turcs. Le comptage des peuples a mérité trois guerres successives entre 1912 et 1918 et une dizaine de millions de tués. Dans la géographie Centre-européenne des minorités, qui s'avère probablement la plus bigarrée de notre continent, on peut trouver d'innombrables exemples similaires et leurs exploitations éhontées par des élites diverses.

Pendant la Seconde Guerre mondiale, la collaboration avec l'Allemagne hitlérienne en Europe du Centre n'avait rien à envier à celle, par exemple, de la France vichyste. L'antisémitisme au sein des frontières comme le nationalisme de pays à pays ont été virulents, stupides et méchants, avant comme pendant la guerre. La répression comme les compromissions, puis des complicités multiples, posent le problème des bourreaux et de leurs victimes, des collaborateurs et des opportunistes, des acteurs et des complices. Si l'on peut dire, le test de modernité est, à présent, administré aux peuples Centre-européens sous la figure du Rom[135], le substitut contemporain à l'objet de l'antisémitisme de jadis, encore que cet antisémitisme ne soit pas encore totalement dépassé.

Le danger, qui naît de ces récits mystificateurs, est d'induire en erreur les générations actuelles qui connaissent peu le passé proche ou lointain, dont les interprétations antérieures restaient toujours teintées de processus de justification. Ces interprétations partisanes causent et provoquent certaines formes de pression émotionnelle qui se prêtent à des actions politiques dangereuses.

Peu de choses échappent à l'occultation

Depuis le début des années 90, le sort réservé aux statues ou monuments staliniens ou néo-staliniens fournit aussi une illustration intéressante à ce propos. Dans chaque pays Centre-européen, on hésite, on tergiverse parfois, on accomplit des actes symboliques mais, à part quelques destructions, la plupart de ces monuments ont été soit laissés à leur place, soit relégués en quelques endroits spécifiques, plus ou moins cachés ou éloignés. C'est comme si leur élimination n'était pas jugée convenable, ou comme si ces monuments devaient être sanctionnés par voie de bannissement. Il en a été de même au lendemain de la guerre 1939-1945 lorsqu'il a fallu apprécier le comportement pronazi ou profasciste de larges couches de populations. Est non moins significative la manière dont les sociétés Centre-européennes ont, en général, accueilli des «immigrants rentrant» après 1989 qui voulaient faire la leçon ou occuper des places fortes au sein de la vie économique et politique. C'était avec enthousiasme d'abord, puis avec hésitation, pour aboutir à leur rejet parfois brutal. Il s'agissait non seulement de rejeter bien naturellement des concurrents, mais surtout de repousser des intrus qui, peut-être, pouvaient apparaître comme trop innocents[136].

De cette façon, on peut comprendre qu'une complicité croissante se développe d'une manière diffuse à travers la société. Cette complicité tacite provoque le blocage moral et politique des sociétés Centre-européennes. De fait, elle rend souvent malaisées des clarifications nécessaires et impose la loi du silence. Par ailleurs, elle empêche d'établir les responsabilités de chacun et empoisonne les communications. Enfin, elle se prête difficilement à l'établissement de «projets de société» renouvelés et à l'action politique par rapport à la «tiers-mondialisation» de ces pays depuis le début des années 1980.

Le problème des mémoires se présente à tous les niveaux de la société : celles des individus et des familles, celles des mouvements sociaux et politiques, celles des pouvoirs législatifs, exécutifs ou judiciaires. Tantôt, comme une métastase, le cancer

---

135. Le nom donné à l'ensemble de peuples des Bohémiens, des Tsiganes, Gitans, Manouches ou des Romanichels.
136. Les pays baltes semblent faire exception. Beaucoup de revenants, surtout d'Amérique du Nord, sont des personnes qui, pendant la guerre 1939-45, se sentaient nettement plus proches des idées autoritaires et des Allemands nazis que des Russes bolcheviques ou de leurs descendants. On trouve, parmi eux, de grandes personnalités mais leur intégration ne passe cependant pas sans un certain débat.

du silence s'étend à tous les domaines et tous les aspects de la vie. Tantôt, les tabous subissent des ré-écritures répétées de l'histoire. En ce qui concerne les familles, les parents se murent devant leurs enfants dans un silence profond, dès qu'il s'agit de leurs propres histoires. Ces histoires connaissent, chez chacun, tantôt un refoulement inconscient, tantôt un oubli bien opportun.

Dans les organismes de la société civile s'observent des interdits et des tabous patents. Ces derniers couvrent autant l'acceptation implicite des «convertis» plus ou moins tardifs que la gêne à devoir s'expliquer sur sa propre conversion hâtive à la démocratie ou au pluralisme. On s'autorise à raconter des «contes de fées» sur les quarante années de totalitarisme et d'oppression communistes, en oubliant les décennies qui précèdent avec les misères de la féodalité, les génocides des nazis et l'oppression stalinienne. Cela se vérifie aisément tant dans le secteur économique et social que dans les Églises et d'autres organismes de type culturel. Enfin, dans la sphère politique comme dans les autres sphères, peu de participants actuels peuvent affirmer, sans honte, n'avoir jamais été impliqués dans les régimes précédents ou dans les compromis boiteux, voire dans les compromissions douteuses. Même les «dissidents» ont été amenés à accepter souvent l'inacceptable, sauf dans le cas de quelques héros véritables.

Le nationalisme resurgit-il dans des sociétés fragilisées et éclatées ?

Dans une problématique aussi chargée que celle du nationalisme, il n'est cependant guère possible de ne pas prendre quelques précautions de langage. De prime abord, il faudrait interroger la pensée politique et clarifier les notions en jeu, avant d'aborder le vif du sujet qui tiendra compte de nos discussions à propos de la «mémoire des peuples». La question se posera, enfin, de savoir si, au début du XXIe siècle, la question nationale ou celle du nationalisme restent encore à l'ordre du jour en termes géopolitiques. Dans ce contexte, il faut toujours se rappeler que la «mémoire des peuples» s'inscrit concrètement dans un lieu géographique et une histoire tout autant qu'elle s'appuie sur un milieu familial et social et qu'elle a recours à une langue et à un processus scolaire.

Quelle pensée politique, pour quelle conception nationale ?

Dans un débat portant sur la question du nationalisme, il faut choisir de deux choses l'une : ou l'on refuse d'envisager le caractère autonome du phénomène du nationalisme et, dès lors, le débat devient insensé ; ou l'on reconnaît que le nationalisme existe bel et bien. Si l'on reconnaît que le nationalisme ou du moins le patriotisme existe, la question légitime se pose, alors, de savoir quel est le courant de pensée politique qui accepte de le traiter d'une façon la plus adaptée. Autrement dit, quelle est la pensée politique qui en rend compte et qui lui cherche des explications rationnelles. On n'envisagera ici, un peu schématiquement, que les trois ou quatre courants majeurs de la pensée politique européenne : le libéralisme, le marxisme de Marx, le socialisme et le conservatisme.

Pour *le libéralisme*, reconnaître une minorité constituée présuppose l'existence reconnue d'une majorité basée sur l'ethnicité ou la religion. Or, la citoyenneté ne peut, par définition, être qu'individuelle et égalitaire. Le système électoral de type démocratique ne fournit pas de protection à une minorité, du moins de Droit. Sauf exception, la majorité l'emportera toujours sur la minorité. Le pouvoir judiciaire en tant que juridiction constitutionnelle pourra certes, jusqu'à un certain point, apporter des solutions. Mais, politiquement, ces solutions ne seront pas démocratiques. De son côté, le recours «à la rue» n'est guère, pour un libéral, le moyen idéal de lutte politique. Les exemples de cette incapacité de «réfléchir national» sont fournis, à présent et à l'échelle européenne, par les Roms ou par les Hispanophones aux EUA. Chacun de ces groupes constitue une minorité significative mais, légalement, ils ne peuvent utiliser leur langue, ni disposer de droits spécifiques. Le libéralisme ne développera pas une pensée politique pour protéger des minorités en tant que collectivité, ni pour combattre l'antisémitisme historique ou la xénophobie constamment renaissante, sauf à titre de protection des droits individuels. C'est peut-être pourquoi d'éminentes institutions internationales ont la plus grande difficulté à admettre le débat à propos des droits dits collectifs en matière sociale ou culturelle ou du droit des peuples de pouvoir éventuellement disposer d'eux-mêmes.

L'universalisme des libéraux est rejoint par *le marxisme de Marx*. Pour les uns, l'individu, et lui seul, est à la base de la société, tandis que, pour l'autre, la société ne connaît que des classes composées d'individus et opposées les unes aux autres. Pour le marxisme, la lutte des classes se met en place selon le mode de production (par exemple, féodal, capitaliste ou socialiste) qui prévaut à chaque moment de l'histoire. Les classes dirigeantes ou dominantes exploitent et écrasent les autres classes. Sans l'exploitation de l'une par l'autre, ni l'une ni l'autre ne pourrait exister. L'individu en tant que tel ne sera reconnu et vraiment libre que dans le communisme futur sans classes. De leur côté, des collectivités d'individus qui s'identifient et agissent, en référence à des adhésions ethniques ou religieuses, ne sont que le reflet ou les enjeux de la lutte des classes. De caractère précapitaliste, le nationalisme, comme programme ou action politique, ne serait que prétexte dans la lutte politique, en tant qu'idéologie bourgeoise voulant cacher la véritable lutte des classes. Il concernerait la petite bourgeoisie, les artisans ou les paysans mis à l'écart de la société sous la pression du capitalisme. Sa suppression coïnciderait, dans le communisme, avec celle des classes. Marx prend en considération la question nationale pour tout aussi vite pouvoir la nier.

Dans le contexte d'oppression des peuples de la Monarchie austro-hongroise des Habsbourg, *l'austro-marxisme* observe, cependant, la «nationalisation» massive des masses et donc de la classe ouvrière. Il anticipe sur le fait que les peuples d'Europe, «comme un seul homme», marchaient les uns contre les autres pendant la Première Guerre mondiale. Il avancera précisément l'hypothèse que le patriotisme des peuples opprimés au sein de la Monarchie est une revendication progressiste en vue d'États souverains et, en même temps, une réponse à la fois au système féodal et au capitalisme naissant de leur pays. Selon les penseurs austro-marxistes, Marx n'a pas saisi que la classe ouvrière n'existe que dans le contexte de nationalité et en est profondément segmentée, alors que le nationalisme se trouve en plus radicalement mis à l'ordre du jour, précisément dans cette deuxième moitié du XIXe siècle.

De son côté, Proudhon a foi en l'émancipation des classes opprimées par la science et la liberté dans chaque pays. C'est ce qu'il appelle *le socialisme* scientifique, qui amène la société pluraliste à s'autogérer et à s'intégrer dans une démocratie politique fédérative à l'échelle universelle. Cette social-démocratie admet aisément la pluralité des nations. Comparée au libéralisme, la pensée socialiste est mieux à même de définir une politique en matière de protection des minorités en tant que collectivités, mais, pour des raisons d'hésitations doctrinales, elle ne le fera pas spontanément.

Inspiré d'un idéalisme platonicien et profondément pessimiste, la *conception conservatrice* de la pensée politique est fondamentalement antimoderniste et s'inscrit en faux contre les «Lumières». Le caractère antimoderniste du conservatisme opère une triple substitution :
- primo, celle des valeurs éternelles à la rationalité ;
- secundo, celle des communautés ou corporations naturelles à l'autonomie personnelle, productrice de valeurs propres ;
- tertio, celle de l'intégrisme ou du fondamentalisme holiste[137] du privé et du public, comme celle de la politique, de la Culture, de l'économique et du social à la spécialisation de ces sphères.

C'est sans doute dans la seconde substitution qui concerne les communautés ou corporations que, logiquement, peuvent trouver place les notions de nation, de nationalité ou de nationalisme. D'une certaine façon, on peut affirmer que, paradoxalement, le nationalisme est moderne en tant que conservatisme. Sans une «société de fraternité», les communautés humaines règlent leurs conflits par la force et non par la loi. Il y a un lien entre l'ordre moral et l'ordre social. Une société organisée selon les principes conservateurs est la mieux assurée dans la continuité de pensée et d'attitude, dans le respect des traditions, des nationalités et du sens de l'histoire. Elle reste antisocialiste mais s'affirme comme prosociale. Elle s'avère souvent patriote et progressivement peut devenir tolérante devant les poussées nationales d'autres peuples. Dans ce domaine comme dans d'autres, les conservateurs ne théorisent guère mais font finalement preuve de beaucoup de pragmatisme.

---

137. L'*intégrisme* correspond à une attitude ou à une politique qui a pour objet la fidélité stricte, voire intransigeante, à une autorité quelconque ; *le fondamentalisme* est cette tendance conservatrice de certains milieux religieux à revenir à ce qu'ils considèrent comme fondamental ou originel, tel que le fait de n'admettre qu'une interprétation littérale des écritures considérées comme saintes ; une attitude ou une tendance est *holiste* dans la mesure où elle est tributaire du domaine tout entier dans lequel elle apparaît.

Quelques clarifications

Après ce bref retour vers les doctrines politiques classiques, il devient évident qu'entre les termes ethnicité et citoyenneté s'impose un ensemble de catégories telles nationalité, minorité, Nation, nationalisme, Patrie ou patriotisme. Toutes ces catégories pointent vers le concept de l'État et vers la problématique des relations tant interétatiques qu'intra-étatiques. Pour éviter, dès à présent, des confusions si nombreuses en ces matières, il est indispensable de préciser quelques notions pour aboutir au concept qui nous intéresse.

La métaphore *de l'ici au là-bas*, comme le concept de l'espace, se confond avec les articulations spécifiques et multiples *du local à l'international* et vice versa. Ainsi, une spatialisation particulière, la notion de *nation* est localement la reconnaissance ou l'appartenance ou, du moins, la conscience d'appartenance de l'individu ou de groupes d'individus, à la société, alors qu'internationalement, l'*État* apparaît comme une organisation collective du public opposée à celle du privé. De son côté, le *pays* est le territoire géographique qui correspond à cet *État-Nation*. Les conflits parmi les Nations, les États et les pays s'inscrivent dans des logiques où alternent luttes et coopération géopolitiques.

Distinguons, à présent, citoyenneté et éthnicisme pour mieux comprendre une géopolitique nationaliste. *La citoyenneté* exprime une appartenance exclusive mais tolérante. Elle s'oppose à la notion de lieu de séjour quelconque ou indifférencié des libéraux. À l'Est comme à l'Ouest, une partie de l'élite contemporaine du «capitalisme globalisé» apparaît comme étant opposée à l'appartenance ou à l'adhésion de chacun à une patrie. Cette élite fait figure d'une humanité transformée en marchandise, parfaitement standardisée et flexible à l'échelle mondiale. Au niveau des individus ou des groupes d'individus, il est cependant, selon moi, abusif d'admettre l'hypothèse que l'appartenance ou l'adhésion ne pourrait être qu'unique. De fait, l'une comme l'autre seraient toujours multiples s'exprimant en termes de foi, de violons d'Ingres, de citoyenneté, de tendance politique, ethnique, de positions socio-économiques, etc.

Le nationalisme qui aurait un caractère instrumental, voire agressif, s'oppose *au patriotisme constitutif ou «proto-nationalisme»*, d'après Hobsbawm et Szűcs. Inévitablement, le patriotisme, dans lequel toute communauté humaine puise, à un moment donné de son histoire, découvre l'Altérité et, dès lors, soi-même. Une communauté patriotique ne procède pas nécessairement par exclusion, guerre ou répression. Le passage du paisible à l'agressif n'est autre que celui du patriotisme au nationalisme. Le patriotisme est le terrain légitime de la construction de soi (individu et groupe), d'une identité cohérente, mais évidemment pas unique.

Il importe, néanmoins, de souligner que la généalogie de l'identité culturelle, qu'elle soit nationale, ethnique ou autre, reste normalement plurielle et libératrice. De plus, elle présuppose l'Autre comme révélateur, comme complément ou comme répondant. En fait, elle s'élabore -dans le temps historique daté : à un moment donné d'une quelconque communauté, et -dans l'espace structuré ou délimité : à un endroit géographiquement ou culturellement donné. Il s'agit donc d'une communauté, d'une expression ou d'une référence culturelles, de caractère territorial ou a-territorial. De son côté, le nationalisme transforme ce processus de construction de soi en une quête ou recherche (souvent désespérée) de l'identité unique et exclusive à l'égard d'autres individus ou groupes, et aboutit à une différenciation culturelle ou ethnique démonisée et discriminante, voire meurtrière. S'il est vrai que la genèse des identités suppose des échanges de représentations entre soi et l'autre, alors le nationalisme refuse de reconnaître l'influence et la contribution des autres groupes sur les représentations de soi. C'est pourquoi il n'est pas erroné d'affirmer que tout État-Nation court constamment le risque d'être intolérant et assimilateur, et de s'opposer à d'autres États-Nations.

Sans doute, l'unification ou la centralisation des territoires ou des peuples constitue un renforcement géopolitique tandis que la fragmentation affaiblit, évidemment, une position géopolitique. Certes, l'unité s'oppose à la diversité comme l'unique au pluriel, au pluralisme quel qu'il soit. Si le nationalisme est l'usage agressif et exclusif des identités ethniques, linguistiques, nationales ou religieuses dans un but politique, *la géopolitique du nationalisme analyse l'usage du nationalisme visant à modifier les rapports de force dans l'espace international.*

Plus les États-Nations Centre-européens sont jeunes, plus ils se sentent obligés de fournir des éléments de confirmation de leur existence, calquée sur le type de naissance de ceux de l'Europe occidentale. Ces éléments restent ainsi la langue, l'histoire et l'identité nationales. Toutes relèvent, entre autres, de l'imaginaire dans des processus sociaux variés. Il est particulièrement ironique de constater un double phénomène au Centre de l'Europe. D'un côté, les peuples ont découvert leur identité nationale quasiment au même moment historique, pendant la première moitié du XIXe siècle. De l'autre, chacun considérait cette découverte comme étant unique dans son genre, en ignorant la découverte identique des autres peuples.

La nation n'est pas, pour Andersen, la base des structures politiques mais plutôt une des issues possibles qui résulte d'un processus socio-économique. Car, les symboles ou les monuments, l'histoire et les récits s'inscrivent également dans un processus de légitimation des nations. Le territoire est à la fois symbole matériel de la nation et instrument de différenciation entre les nations. La carte de géographie politique et les recensements sont ainsi devenus des instruments de la construction imaginaire et matérielle de la nation. Par la scolarisation exigée pour l'industrialisation, la langue devient, enfin, une condition de possibilité et l'instrument de légitimation de la nation. Uniformisée sur un territoire, elle est porteuse de connaissances communes, de représentations spatio-temporelles et de modes d'appréhension du monde qui convergent.

Utilisée comme un symbole de légitimité et un instrument de contrainte, la langue est alors devenue, pour tout nouveau dirigeant, l'expression d'un sentiment national en renaissance et d'une distinction des autres peuples qui ont précédemment fait partie du même empire. Pour garantir la pérennité de leur pouvoir, leur but est de former un nouveau système politique en mettant en place une nation comme moyen de légitimation. Il en était ainsi pour beaucoup de pays au Centre de l'Europe, tels que la

Slovaquie, la Roumanie, les États baltes et la Croatie qui édictèrent des lois linguistiques, parfois absurdes et, hélas, si peu respectueuses des droits de l'homme. Le but n'est autre que : Un État, une Culture et un peuple ! Le nationalisme prend naissance dans un certain contexte où sont réunies des conditions qui lui sont favorables. Les changements de régimes politiques s'accompagnent, dès lors, de changements de Culture et viceversa. L'utilisation de la Culture comme symbole de l'unité politique crée l'homogénéité nécessaire de sens.

À l'époque des sociétés en voie d'industrialisation, l'effort pour homogénéiser le sens s'avère primordial. Il s'agit de donner sens aux fonctionnements variés de cette unité politique. La Culture se substitue au symbolisme des religions ou des idéologies par trop totalitaires. Elle s'autonomise. Le nationaliste prétendra que la Culture est une donnée homogène pour l'individu. Les civilisations agraires et féodales n'ont pas besoin du nationalisme car l'hétérogénéité leur est parfaitement supportable. Par la division du travail de plus en plus poussée, une civilisation industrielle exige une écriture homogène qui diffuse la même Culture et en standardise la connaissance.

Cette homogénéisation peut être source de nationalisme au moment des nouveaux enjeux ou des difficultés politiques pour des élites au pouvoir et ce, d'autant plus que l'existence de leur État est fragile dans «le concert des nations européennes». Cette hypothèse se vérifie bien au Centre de l'Europe où les mutations de ces dernières décennies ont fait apparaître des enjeux et des aléas politiques difficilement maîtrisables par les classes dominantes. Reste toutefois posée la question de savoir si «la lutte des classes» est indépendante de la réalité des nations, du nationalisme, ou si la constitution des nations est indépendante du développement du capitalisme ou d'autres systèmes socio-économiques. Au Centre de l'Europe, les élites tendraient à jouer, avec une certaine prudence, le nationalisme, voire la xénophobie, à usage interne et à pratiquer l'internationalisme néo-libéral dans leur politique extérieure.

Nation, conséquence ou cause de l'État ?

Hobsbawm considère que la nation n'est pas seulement une construction venant d'en-haut mais aussi d'en-bas. Les sentiments des simples citoyens méritent l'examen d'autant plus que les identifications ne sont jamais uniques et qu'elles sont changeantes dans le temps. Ainsi, il est utile de distinguer des identifications locales de groupes d'hommes et de régions, des mouvements associatifs portant l'idée nationale, puis des programmes nationalistes succédant et bénéficiant d'un appui plus ou moins populaire. Tel aurait été le processus patriotique des peuples au Centre de l'Europe en face des «colonisateurs» divers : l'Empire ottoman, les Habsbourg, la Prusse, la Russie et puis l'Union soviétique.

Il importe à Hobsbawm de souligner que la nation moderne en Europe est strictement liée à la modernité même. La Révolution française institue l'équation nation = État = peuple. Elle ne se prononcera pas sur la question de savoir ce que représente le peuple et n'identifiera pas la nation à une ethnie ou à une langue quelconque. C'est seulement durant la deuxième moitié du XIXe siècle qu'en Allemagne d'abord, puis en France, on s'attache à ces deux notions pour aboutir, parfois, à des positions franchement racistes. En Angleterre, le libéralisme, par définition universel, aura des difficultés à donner un sens autre que pragmatique (souveraineté monétaire, fiscalité, etc.) à la nation, voire à l'État.

C'est par défaut que la nation existe pour Hobsbawm. Son existence s'avère possible, si elle bénéficie d'une certaine taille économique et d'une certaine importance culturelle, si elle est en expansion et si elle est apte à maîtriser l'hétérogénéité inévitable. Pas de *Kleinstaaterei*[138] ! En légitimant les États-Nations existants, la nation n'est pas éthniciste, ni linguistiquement puriste, elle est agressive et impérialiste à l'égard des petites ethnies, des langues secondaires ou locales ou des territoires faiblement identifiés. La langue ne semble guère y jouer un rôle, mais c'est plutôt la classe ou l'élite dominante qui importe. En tant que moyen de communication de masse, elle ne sera importante que plus tard dans le développement et la formulation des programmes politiques. On créera des langues nationales uniques et officielles. Ce sera le «nationalisme philologique» !

L'ethnicité se limite à établir des différences sociales et à identifier l'autre, l'étranger. Ce qui importe à l'époque de ce proto-nationalisme, c'est la conscience religieuse confondue avec la conscience nationale. Cette confusion sera décisive pour la constitution des attitudes dites patriotiques visant la libération des peuples Centre-européens, puis pour l'établissement des entités étatiques durant le XXe siècle «raccourci». Le proto-nationalisme ou, dans mon langage, le patriotisme, a permis, de cette façon, de donner rétroactivement aux États nouvellement créés des origines nationales au lendemain de la Première Guerre mondiale. La démocratisation de la vie politique jointe à une scolarisation accrue, éveille, sans doute, la conscience d'appartenance à des communautés dépassant le local ou le régional.

Le nationalisme, inséparable de la lutte sociale ?

En fait, pour Hobsbawm, le nationalisme, à partir du dernier quart du XIXe siècle, se modifie. La combinaison des revendications à la fois nationales et sociales assure des succès électoraux, mais prépare des bains de sang futurs. Le nationalisme apparaît comme inséparable de la lutte sociale. De plus, le nationalisme a toujours pu s'exprimer davantage par des masses-médias et des technologies nouvelles et dans des contextes de forte urbanisation. Aujourd'hui, il semblerait ainsi que le nationalisme ne soit plus véritablement à l'ordre du jour dans cette partie de l'Europe. C'est ce qui semble être le cas à la vue des résultats électoraux et à la faible conflictualité armée dans beaucoup de ces pays qui restent, néanmoins, multinationaux jusqu'à un certain point. Comme si les peuples Centre-européens avaient compris qu'ils ont perdu beaucoup de sang durant le dernier siècle. Le seul risque y est géopolitique : d'une part,

---

138. Il s'agit de cette volonté de beaucoup de peuples, de peuplades ou de groupes ethniques, quelque petits qu'ils soient, de vouloir disposer d'un État. Cette volonté s'est exprimée, par exemple, avec beaucoup de vigueur dans la Monarchie austro-hongroise et, aujourd'hui, en Russie ou dans les Balkans.

la *Kleinstaaterei* et la «balkanisation des Balkans» menée par les grandes puissances, comme récemment en ex-Yougoslavie, et, d'autre part, les effets dégressifs et régressifs de l'internationalisation du capital.

Après 70 ans de nazisme allemand et de bolchevisme soviétique, le risque s'avère cependant constant qu'une ethnicisation des rapports sociaux et la démonisation de l'Autre (les Roms, par exemple) par des élites accroissent la conflictualité et l'intervention des puissances étrangères. La «tiers-mondialisation» géo-économique se conjuguerait ainsi avec la «balkanisation» géopolitique au Centre de l'Europe. Jusqu'à présent, les processus démocratiques à l'intérieur se joignaient toutefois à des négociations diplomatiques sur le plan international pour éviter des conflits inter-ethniques ou nationalistes sanglants.

Le nationalisme des États ainsi que l'internationalisation du capital et du travail résultent, selon Wallerstein, des tendances historiques du développement capitaliste. Le nationalisme lié à l'internationalisation répond aux recherches identitaires incessantes des exclus et est canalisé par les forces politiques. L'État en tant que tel tout aussi bien que le système interétatique, multiplie ainsi des identités nationales à travers des structures étatiques et par la division du travail à l'échelle mondiale. L'élargissement et l'approfondissement de «l'économie-monde capitaliste» sont devenus à la fois la cause et la conséquence de l'intrusion du nationalisme et du développement de l'internationalisation. Or, ces récentes décennies ont été marquées par l'élargissement du système de grandes puissances en passant d'un monde bipolaire à un monde multipolaire et à une fragmentation du système interétatique par la multiplication du nombre d'États. La mise en question des États, tels qu'ils sont, et les efforts d'intégration interétatique pourraient reposer la question nationale, selon Wallerstein. Ce qui importe donc, c'est de savoir avec quelle intensité se pose cette question.

L'URSS se décompose, avec une aisance étonnante, en quinze entités dont six Centre-européennes : les trois baltes et les trois pays Centre-européens de la CEI. La Tchécoslovaquie se sépare paisiblement alors que la Yougoslavie se défait plus agressivement. Le comportement et l'intérêt des élites ont été manifestement fort différents dans ces deux pays. Si, dans le monde, chaque groupe ethnique exigeait, pour lui-même, un État, une fragmentation sans limite s'y installerait inéluctablement. À la veille de la Première Guerre mondiale, une dizaine d'États ont partagé l'Europe. Aujourd'hui, le nombre d'États dépasse les cinquante. Rien qu'au centre de l'Europe, il n'y avait, à l'époque, que des pays dominés par des grandes puissances voisines, alors qu'actuellement il existe près de vingt États Centre-européens dont une partie déjà adhère à l'UE. Cette fragmentation les rend vulnérables par rapport aux deux puissances qui les entourent. Il convient, toutefois, de se rappeler, à ce propos, qu'en dehors des guerres balkaniques du XXe siècle qui ont été téléguidées par des grandes puissances visant précisément la balkanisation, les peuples Centre-européens n'ont point fait de guerre entre eux.

Articulations complexes

Les incompatibilités ou leurs contraires apparaîtraient toujours en terme de Culture et de rêves, de social et de politique, de social et d'économique, de spatialité et de temporalité. La question est évidemment de savoir où se trouve l'articulation entre le privé et le social, entre le social et le public. Une hypothèse de travail pourrait, dès lors, être formulée dans une triple articulation, comme le montre ce qui suit.

D'une part, l'ethnicité exacerbée en nationalisme agressif devient, entre les mains des classes ou élites dirigeantes, l'usage des identités ethniques, nationales ou autres en vue d'objectifs politiques ou géopolitiques quelconques. Ces classes ou élites seront d'autant plus tentées de recourir aux arguments nationalistes que, dans tous les pays développés, la légitimité économique des pouvoirs publics est mise en question par la crise économique qui, depuis les années 1960, n'est autre que la réarticulation et l'élargissement du mode de production capitaliste. La gestion étatique de cette crise consisterait, alors, à intégrer l'économie nationale à l'économie internationale et à fragmenter l'espace socio-économique et socio-culturel au sein des sociétés civiles. Comme Samir Amin l'exprime d'une façon métaphorique et sarcastique, «tout le monde boit désormais Coca-Cola alors que tout le monde est tenté de se bagarrer avec tout le monde».

D'autre part, on peut admettre que la politique nationaliste correspond, de l'intérieur, à la volonté d'obtenir ou de garder le pouvoir par ce moyen. Elle sera utilisée soit pour éliminer ou donner l'impression de vouloir éliminer d'autres ethnies ou groupes ou, tout simplement, pour réduire le pouvoir de ces derniers, soit pour s'attribuer des «pouvoirs spéciaux» afin de détruire l'opposition démocratique, ou encore pour poursuivre l'ensemble de ces buts. De l'extérieur, la géostratégie nationaliste vise, plus précisément, à modifier les rapports de force dans l'espace par la destruction de toute structure politique de groupes non contrôlés, par la suppression de groupes, autres que le sien, d'un territoire donné ou par l'élargissement de son propre territoire au détriment de celui d'autres groupes.

Il en résulte enfin que, en vue de la construction d'une citoyenneté démocratique, la critique du nationalisme se doit d'intégrer le fait que toute tradition nationale ou ethnique est, pour une large mesure, l'accomplissement de récits des historiens, des politiques ou des familles. N'échappant guère à la contrainte de la scolarisation imposée, ces récits peuvent alimenter tantôt un patriotisme constitutif, tantôt un nationalisme agressif. Certes, s'ils tendent à ne montrer que des continuités et des constantes propres et exclusives à l'évolution d'un peuple à travers des siècles, ils favoriseront des sentiments nationalistes. Par contre, des récits contribueront à un patriotisme légitime s'ils visent l'histoire comme étant tout aussi marquée par des interférences multiples, des ruptures sociales et des discontinuités identitaires. Outre une telle critique, il importe aussi d'analyser les phénomènes en jeu en articulant toujours le local à l'international, comme la politique à l'économie et en arguant de la dialectique de l'inverse de ces articulations.

En somme, l'ethnicité transformée en géostratégie tente à re-nationaliser la société en l'encerclant de l'intérieur, tandis que l'enjeu de toute citoyenneté démocratique est de savoir comment dé-nationaliser la durée historique et le lieu occupé par des peuples constitués en société civile, sans perdre les acquis culturels de chaque peuple qui, de fait, appartiennent à tous les peuples. Certes, comme partout ailleurs, la conciliation de l'ethnicité avec la citoyenneté ou le principe de territorialité demeure un problème général au Centre de l'Europe.

De la «balkanisation» aux «archipels», en passant par l'homogénéisation

Au lendemain de la Seconde Guerre mondiale, la plupart des pays du Centre de l'Europe deviennent ethniquement plus homogènes. Deux éléments atroces expliquent ce phénomène : les déportations et exterminations massives des nazis ; suivies par les ajustements de frontières convenus à Yalta ainsi que les déportations consenties par les «libérateurs» ou les déplacements staliniens des populations en territoire soviétique. En fait, à la fin de la guerre mais avant d'accéder au pouvoir absolu, les partis communistes s'efforcent de se mettre à l'unisson de tous les courants nationalistes pour «ne jamais se séparer des masses». Entre 1945 et 1948, ils sont les plus actifs pour exiger l'expulsion de millions d'Allemands des pays de l'Europe du Centre et pour obtenir des échanges massifs de populations. Cette politique, sans doute humainement inacceptable, ne fait que rendre plus homogènes ces pays du point de vue ethnique. L'homogénéité obtenue est réelle.

Mais il reste aussi vrai que, comme des «archipels» multiples, beaucoup de Roms-Tsiganes, de Polonais, d'Albanais, d'Allemands ou de Roumains constituent encore maintenant des minorités plus ou moins importantes à travers l'Europe du Centre. Chacun des pays de celle-ci comporte des groupes plus modestes d'ethnies dont le nombre peut varier de cinq à quinze. Sans aucun doute, l'hétérogénéité ethnico-étatique des pays de l'Europe du Centre a fort diminué à la fin du XXe siècle, notamment grâce à la décomposition de l'URSS, de la «grande Yougoslavie» et de la Tchécoslovaquie. Il reste cependant que les pays ethniquement mixtes ou franchement multinationaux ne font que rechercher des solutions équilibrées.

Démocratie faible et nationalisme fort ?

Même dans les pays où le multinationalisme tend à être reconnu, restent des populations plus ou moins minoritaires dont l'autonomie culturelle ou territoriale n'est guère assurée. Il faut citer à ce propos la masse des Russes dans les pays baltes ou dans certaines autres républiques soviétiques, celle des Albanais en Yougoslavie, celle des Hongrois dans plusieurs pays danubiens. La position y est encore plus difficile pour des groupes d'ethnies ou de communautés qui, sans citoyenneté, vivent d'une façon diffuse ou mouvante, tels les Allemands, les Roms-Tsiganes ou les Juifs. Il s'agit de minorités qui vivent en «îlots» fixes ou mobiles et qui ont des difficultés à bénéficier localement de l'identification à un pays ou à un territoire.

Les facteurs religieux peuvent aggraver les problèmes et rendre les solutions plus difficiles. Pour l'ex-Yougoslavie, les conflits entre Croates catholiques et Serbes orthodoxes ont été influencés sans doute par un tel élément, encore qu'il ne faille pas surestimer le phénomène (voir ci-dessous). En Roumanie, il en est de même entre les Roumains orthodoxes ou de rite gréco-catholique et les Hongrois calvinistes ou catholiques. Le caractère très catholique des Slovaques ne facilite pas non plus l'entente entre eux et les Tchèques. La différence, voire le différend, entre les Ukrainiens orthodoxes et gréco-catholiques provoque des surenchères nationalistes. La situation pourrait apparaître encore plus insoluble si, malgré l'Acte d'Helsinki, l'on envisageait des modifications intempestives de frontières. De telles hypothèses sont parfois évoquées dans les pays baltes, en Pologne concernant ses frontières évidemment orientales, par les Hongrois dans leur pays ou dans la diaspora, etc. Certains peuples revendiquent ou proclament leur autonomie ou indépendance. En ce qui concerne la question des frontières, il convient enfin de se rappeler de ces lieux profondément investis en termes affectifs. Dans chaque cas, ces territoires sont considérés par au moins deux peuples comme des lieux de leur origine historique ou, du moins, de leur permanence nationale significative.

Dans les difficultés et les transformations aussi bien politiques qu'économiques, des conflits nationalistes ou interethniques sont sources et résultats des luttes de pouvoir et des rapports d'exploitation. On exalte partout le sentiment national comme résistance au totalitarisme. La flambée du populisme, qui bénéficie d'une tradition certaine, se répand dans les campagnes avec des alliances entre certains milieux d'Églises et des conservateurs nostalgiques défendant des positions acquises (nationalistes ou stalinistes). Un «antisémitisme sans juif» en Pologne, des réactions ambiguës des nouveaux pouvoirs plus ou moins démocratiques à l'égard des Turcs en Bulgarie ou des Hongrois en Roumanie.

Pourtant, pendant les années 1970 et 1980, on put relever des phénomènes contraires à peine pensables il y a quelques décennies. Le tourisme se développa massivement et se chiffra en dizaines de millions, chaque année, dans les différents pays de l'Europe du Centre. Dans le langage populaire, les différents noms que les peuples s'attribuent les uns aux autres, tendraient à disparaître. Les souffrances subies de la part du nazisme et puis du stalinisme rapprochèrent les intellectuels et cela expliqua la solidarité tangible entre les oppositions démocratiques de ces pays. Or, historiquement, ce sont des intellectuels qui se sont avérés être les nationalistes les plus dangereux. Personne n'a constaté des mouvements de xénophobie dans la lutte de libération du communisme mais, la plupart du temps, le patriotisme ne se transforme pas en nationalisme. C'est néanmoins vrai qu'à travers tous les pays Centre-européens, un rejet croissant s'observe à l'égard des Roms-Tsiganes. Est-ce la naissance d'une xénophobie sans nationalisme ni irrédentisme ?

Processus et références

La plupart du temps, la «décolonisation» des PECO s'est ainsi réalisée par auto-affirmation non agressive et patriotique. Le nationalisme croate, albanais ou estonien, par exemple, s'effectue néanmoins à travers l'ethnicisation des rapports sociaux contradictoires et la démonisation de l'Autre. Mais remarquons tout de même que tout aussi importante peut s'avérer une autre manipulation perverse et parfois menaçante : décréter que les ethnies n'existent pas, alors qu'un groupe ethnico-politique peut monopoliser le pouvoir et contrôler les ressources. Quoi qu'il en soit, un triple processus complexe et enchevêtré serait en jeu historiquement.

Un processus macro-sociétal d'un jeu compliqué de re-nationalisation de la Culture, de capitalisme à tentation toujours globalisante et de recherche de légitimation des classes dominantes. Dans ce processus, le nationalisme est à la fois cause et effet. *Un processus meso-sociétal* où se combine la dialectique de la majorité-minorité avec l'irrédentisme territorial à deux ou à trois et la gestion des frontières incompatibles entre elles. *Un processus de sécularisation* en face des Églises de facto non séparées des États et de la citoyenneté. Au Centre de l'Europe, ce processus s'impose avec lenteur par rapport aux féodalités nationalisantes.

De plus, les violences consécutives au nationalisme sont évidemment liées, entre autres, à *l'effondrement de l'État* ou, du moins, à l'affaiblissement ou la transformation néo-libérale de celui-ci. Or l'État est censé, depuis Hobbes, détenir le monopole de la violence publique et légitime, tout autant qu'empêcher que les citoyens retournent à «l'état de nature» ou à «l'état sauvage». En même temps, la conquête de l'État tout aussi bien que la volonté de garder le pouvoir, que poursuivent des stratégies politiques des acteurs, peuvent revêtir des formes violentes et nationalistes. Mais on peut, tout aussi bien, assister à l'utilisation d'une rhétorique de l'efficacité économique, du nationalisme ou de la religiosité comme moyens d'accès au pouvoir ou à la domination. Les élites vont manœuvrer en accord avec leurs intérêts et avec ceux des groupes ethniques ou des classes qu'elles sont censées représenter. Tout devient, dès lors, un instrument politique entre les mains des élites. Toute idéologie nationaliste, d'économisme ou de foi intégriste, risque de créer des luttes et des guerres.

Pour les PECO comme pour d'autres pays du monde, les pressions politiques ou militaires des «bailleurs de fonds» publics et privés sont accompagnées de programmes dits d'ajustements structurels. À ces programmes s'ajoutent les exigences spécifiques et massives des firmes et groupes financiers, souvent économiquement plus importants que les pays en question. Insérées dans un contexte international, et devant assumer les pressions économico-politiques qui leur permettent d'assurer le pouvoir, les élites dirigeantes ne se contentent pas d'afficher une «ouverture économique», elles font subir les effets des ajustements structurels. Il en résulte que, comme conséquence, la société ou les élites politiques pourraient parfois être tentées de «s'ajuster» politiquement en termes nationalistes ou xénophobes.

Ainsi, les manifestations identitaires exacerbées résultent de la dé-légitimation de l'État-Nation car, présentement, celui-ci devient incapable d'imposer à l'ensemble de son territoire l'identité citoyenne. Aussi, le malaise d'une population, en quête d'une nouvelle identité, est-il libéré de la contrainte d'une identification citoyenne forte et protectrice, et peut-il être manipulé par des politiciens sans autres projets politiques plus dynamiques. Cette catégorie de gouvernants tente la dérive d'un succès aisé et quasi garanti dans le domaine ethnique ou de foi intégriste. La légitimité ultime des dirigeants est essentiellement extérieure : l'UE et l'OTAN. C'est à Washington, Paris, Bonn ou Bruxelles qu'ils vont présenter leurs programmes et que, sous le vocable de la privatisation, ils peuvent vendre, sans projet social quelconque, le patrimoine économique de leur pays aux groupes privés occidentaux et justifier leurs acquisitions propres. Le nationalisme de l'agir politique interne se combine donc avec une légitimation dé-nationalisée.

Comme nous le savons, la démocratie politique en soi est un outil social remarquable et irremplaçable, mais elle souffre aussi d'insuffisances patentes et bien connues. En effet, dans trois domaines, elle ne fournit guère de garanties. Primo, elle n'organise que d'une façon tout à fait insuffisante la démocratie socio-économique à l'intérieur de nos pays. Secundo, elle n'a que trop peu d'applications dans le Droit international, notamment sur le terrain du Droit des peuples. Tertio, par sa nature majoritaire, elle ne réussit pas toujours –loin s'en faut– à respecter les courants et les ethnies minoritaires au sein de nos États-Nations.

En fonction de cette dernière limitation de l'efficacité démocratique, les pays risquent de voir apparaître les revendications nationalistes des populations les unes à l'égard des autres, accompagnées de xénophobie à l'égard des minorités dans chacun des pays concernés. Il est vrai, par ailleurs, que, dans tout processus de modernisation, les périodes de transition sont toujours délicates, notamment en termes d'appartenance sociale, culturelle et ethnique. Dans les PECO, ces périodes sont marquées par des incertitudes liées à la rapidité des mutations économiques durant la première moitié du XXe siècle et par des changements sociaux survenus depuis les années 1970-80. Elles restent conditionnées plus récemment par l'envahissement sauvage d'un capitalisme devenu désormais international.

Ce sont précisément des périodes où l'instabilité peut conduire à la xénophobie et au nationalisme. L'exploitation de cette situation par de nouveaux partis plus ou moins démocratiques pourrait exacerber certaines tensions profondes, nées des mutations sociales qui restent largement déterminées par les conditions économiques et historiques de chaque pays. Très souvent, le nationalisme se complique d'un problème d'occupation de territoire et aboutit à des comportements irrédentistes. Certains lieux, affectivement trop investis, créent des situations de guerres civiles et se prêtent à des interventionnismes internationaux. Ainsi, l'instabilité interne n'est pas seule en question, loin de là. L'Europe du Centre subit aussi, parfois lourdement, une instabilité externe de nature géopolitique, comme on l'a vu dans le cas des conflits récents dans les Balkans.

L'intégration à l'UE apporte-t-elle des apaisements à la majorité des pays concernés, du moins dans les domaines du nationalisme et de l'irrédentisme ? L'intégration à l'UE ne signifie-t-elle pas un système capitaliste jusqu'ici fort sauvage ? Ne provoque-t-elle pas une accentuation des phénomènes racistes et xénophobes ? Elle ne sera point la spécificité de cette partie de l'Europe.

Bibliographie sélective :

ALTERMATT ,Urs, (sous la direction de), *Nation, Ethnicität und Staat in Mitteleuropa*, Böhlau, Wien-Köln-Weimar, 1996.
AMIN, Samir, *Classe et nation*, Minuit-Arguments, Paris, 1979.
ANDERSON, Benedict, *Imagined Communities, Reflections on the Origin and Spread of Nationalism*, Londres - New York, Verso, 1983/1992/2006; traduction française accompagnée d'une introduction nouvelle : Anderson (1996), Benedict, *L'imaginaire national, réflexions sur l'origine et l'essor du nationalisme*, La Découverte, Paris.
ASH, Timothy Garton, Orwell's List, in : *The New York Review*, September 25th, 2003.
BALIBAR, E. & Wallerstein, I., *Race, Nation, Classe*, La Découverte, Paris, 1997/1988.
Balkans, Les, carrefour d'ethnies et de Cultures : les aspects éducatifs et culturels, Conseil de l'Europe, Strasbourg, 1996.
BECK, Ulrich & Edgar GRANDE, *Das kosmopolitische Europa*, Suhrkamp, Frankfurt a. M., 2007.
BEHAR, Pierre, *Vestiges d'Empires*, Desjonquères, Paris, 1999.
BETTELHEIM, P. & STREIBEL, R. (sous la direction de), *Tabu und Geschichte - Zur Kultur des kollektiven Erinners*, Vienne, Picus, 1994.
BOURDIEU, Pierre, *Ce que parler veut dire (l'économie des échanges linguistiques)*, Fayard, Paris, 1982.
Idem, *Choses dites*, Minuit, Paris, 1987.
Idem , *Raisons pratiques, sur la théorie de l'action*, Essais-Seuil, Paris, 1994.
BRUBAKER, Rogers, *Nationalism reframed*, Discussion Paper n°10, April, Collegium Budapest/Institut for Advanced Study, Budapest, 1995.
CHELSEA, Liviu, Pour une critique culturelle du nationalisme, in *La Nouvelle Alternative*, n°43, septembre, 1996.
Commission Justice et Paix, Terrorisme, entre discours, réalité et réponses, Bruxelles, avril, 2006.
DÉÁK, István, *Beyond Nationalism*, Oxford Univ. Press, New York/Oxford, 1990.
Idem, Holocaust und etnische Säuberungen, in *Europäische Rundschau*, n°4, 1999.
DEIMEL, Johanna, *Beyond Nationalism*, Oxford U.P., New York, 1990.
DELCOURT, Barbara & CORTEN, Olivier, *Ex-Yougoslavie : droit international, politique et idéologies*, Editions Bruylant & Université de Bruxelles, Bruxelles, 1997.
DELWAIDE, Jacobus, Staatsvorming en Europese eenwording, in : *De nationale staat, onhoudbaar maar onmisbar ? Het perspectief van Europese integratie en mondialisering* (publié par A. van Staden), Van Gorcum-Assen, Instituut Clingendael, Den Haag, 1996.
DE WAELE, J.-M., *L'émergence des partis politiques en Europe centrale*, Ed. de l'Université de Bruxelles, Bruxelles, 1999.
Idem & DELWIT, P., *La démocratisation en Europe centrale, La coopération paneuropéenne des partis politiques*, L'Harmattan, Paris, 1998.
ELIAS, Norbert, *Die Gesellschaft des Individuen*, Suhrkamp, Frankfurt (Main), 1998.
Encyclopédie de l'Europe (sous la direction de F. Joyaux) : Géographie, histoire, société, politique, économie, Seuil, Paris, 1993.
Enzyklopädie des europäische Ostens - Studienhandbuch Östliches Mitteleuropa, Band 1, Herausgegeben von Harald Roth, Böhlau, Köln-Weimar-Wien, 1999.
FLORIAN, Radu, Le régime antonescien : histoire et mystification - Les spectres de Marx (un compte rendu du livre de J. Derrida) in *La Revue Roumaine de Théorie sociale*, Année I, n°2, juillet-décembre, Bucarest, 1994.
FOUCHER, M., *Fragments d'Europe*, Fayard, Paris, 1993.
GÁLL, Ernő, La démocratie et les relations interethniques, in *La Revue Roumaine de Théorie sociale*, année II, n°1, janvier-juin, 1995.

GELLNER, Ernest, *Language and Solitude*, Cambridge Univ. Press, Cambridge, 1998.
Idem, *Encounters with Nationalism*, Blackwell, Oxford, 1994/96.
Idem, *Culture, Identity and Politics*, Cambridge U.P., Cambridge, 1987.
Idem, *Nations and Nationalism*, Oxford U.P., Oxford, 1983; version française, idem (1989), Nations et nationalisme, Payot, Paris.
GOWAN, Peter, Neo-liberal Theory and Practice for Eastern Europe, in *The New Left Review*, n°213, September/October, 1995.
GROEN, B.J., Nationalism and Reconciliation : Orthodoxy in the Balkans, in *Religion, State & Society*, June 1998.
HATSCHIKJAN, M. & TROEBST, S., *Südosteuropa, Gesellschaft, Politik, Wirtschaft, Kultur*, C.H. Beck, München, 1999.
Hérodote, Langues et territoires, n°105, 2e trimestre, 2002.
Idem, Les géographes, la science et l'illusion, n°76, 1er trimestre, 1995.
Idem, Géographie historique, n°74/75, 3e et 4e trimestres, 1994.
HOBSBAWM, Eric J., *Nations and nationalism since 1780, programme, myth, reality*, second edition, Cambridge U.P., Cambridge, 1990.
Idem, *The Age of Extremes*, Pantheon, New York, 1994.
ILIES, A., The peculiarities of the human mobility frame in the Romanian-Hungarian and Romanian-Ukrainean border area, in : *Belgio*, n°1-2, 2005.
JÁNOS, Andrew C., The Politics of Backwardness in Continental Europe, 1780-1945, in *World Politics*, vol. XLI, n°3, April 1989, pp. 325-358.
Idem (1982), *The Politics of Backwardness in Hungary, 1825-1945*, Princeton University Press.
JOHNSON, Lonnie R., *Central Europe, Enemies, Neighbors, Friends*, Oxford University Press, Oxford, 1996.
JOLL, James, *Europe since 1870 - an International History*, Weidenfeld & Nicholson, London, 1973.
JUDAH, Tim, The New Old Nationalism, in *The New York Review*, May 26, 1994.
KAPPELER, Andreas, *Der schwierige Weg zur Nation*, Wiener Archiv für die Geschichte des Slawentums und Osteuropa, Böhlau, Wien, 2003.
KEDOURIE, Elie, *Nationalism*, Blackwell, Oxford, 1993.
KIš, Danilo, Variation sur le thème d'Europe centrale, cité in «Dialogue des sept présidents», *Transeuropéens*, n°3, Printemps, 1994.
Knaur Osteuropa (1993), Hg. Peter Rehder, Das neue Osteuropa von A - Z, Droemer Knaur, München.
KRASTEVA, Anna & Antony TODOROV (sous la direction de), *Conflits, Confiance, Démocratie*, Nouvelle Université Bulgare, Sofia, 2004.
KUBLI, O. L., *Du nationalisme yougoslave aux nationalismes post-yougoslaves*, L'Harmattan, Paris, 1998.
LACOSTE, Y., (sous la direction de), *Dictionnaire de géopolitique*, Flammarion, Paris, 1993.
La Nouvelle Alternative, Hongrie (1956-2006), examen de conscience, vol. 21, n°69-70, juin-septembre, 2006.
Idem, Roumanie, nouveau départ ?, vol. 19, n°63, décembre 2004.
Idem, Les relations de voisinage dans l'Europe centrale et du Sud-Est postcommuniste, n°54, 2002.
LAVABRE, M.-C., Mémoire et conflits de mémoire : le cas de la mémoire communiste, in *Nouvelle Alternative*, n°38, Juin, 1995.
LENDVAI, Paul, *Zwischen Hoffnung und Ernüchterung, Reflexionen zum Wandel in Osteuropa*, Jugend & Volk, Wien, 1994.
LEBICH, André & RESZLER, André, *L'Europe centrale et ses minorités : vers une solution européenne ?*, PUF, Paris, 1994.

LOROT, P. & THUAL, T., *La géopolitique*, Paris, Monchrestien,1997.
LÖWY, Michael, *Patries ou planètes ?, nationalismes et internationalismes, de Marx à nos jours*, Page deux, Lausanne, 1997.
MARGA, Andrei, *Die kulturelle Wende. Philosophische Konsequenzen der Transformation*, Cluj Presse Universitaire, Cluj-Napoca, 2004.
MEURS, Wim von, Nationalizmus und Transformation in Serbien, in *Europäische Rundschau*, n°1, 2000.
MICHEL, Bernard, *Nations et nationalismes en Europe centrale, XIXe-XXe siècle*, Aubier, Paris, 1995.
MODZELEWSKI, Karol, *Quelle voie après le communisme ?*, l'Aube, La Tour d'Aiguës, 1995.
MOYNIHAN, D.P., *Ethnicity in International Politics*, Oxford U.P., Oxford, 1994.
NGUYEN, Eric, *Les nationalismes en Europe*, Le Monde-Marabout, Paris, 1998.
NZZ, Der Krieg der Worte im früheren Jugoslawien - Medie als Propagandainstrumente der Nationalisten, 23.3.2003.
Idem, Suche nach eigener Identität in Slowenien, 29.3.2004.
O'BRIEN, Conor Cruise, Nationalists and Democrats, in *The New York Review*, August 15th, 1991.
ORWELL, George, *1984*, Gallimard, Folio, n°822, Paris, 2002.
Ost-West - Europäische Perspektiven, Erinnern und Versöhnen, n°1, 2002.
Idem, Schwierige Nachbarschaften, n°4, 2004.
PAPKE, Sven & WEIDENFELD, Werner, *Traumland Mitteleuropa*, Wissenschaftliche Buchgesellschaft, Darmstadt, 1988.
PHILIPPART, Eric, (sous la direction de), *Nations et frontières dans la nouvelle Europe*, Complexe, Bruxelles, 1993.
PIERRÉ-CAPS, Stéphane, *La multination, l'avenir des minorités en Europe centrale et orientale*, Odile Jacob, Paris, 1995.
POMIAN, Krysztof, *L'Europe et ses nations*, Gallimard, Paris, 1990.
POPOV, Nebojsa (sous la direction de), *Radiographie d'un nationalisme - Les racines serbes du conflit yougoslave*, Éditions Ouvrières, Paris, 1998.
RADVANYI, Jean, *Les États postsoviétiques - Identités en construction, transformations politiques, trajectoires économiques*, Armand Colin, Paris, 2003.
RADY, Martyn, *Core and periphery : Eastern Europe, in National histories and European History*, publié par Mary Fulbrook, Westview Press, Boulder-San Francisco, 1993.
Regard sur l'Est, Dossier : Mythes et symboles, juillet-septembre, 2002.
ROSEAU, V.-B., *Les usages de la mémoire dans les relations internationales*, Bryulant, Bruxelles, 2001.
ROSENZWEIG, Luc, Le populisme alpin, phénomène transnational, in *Le Monde*, le 13 mars, 1999.
SAMARY, Catherine, Espérance frustrée à l'Est, in *Le Monde diplomatique*, avril 2005.
SCHÖPFLIN, G., «The fonction of Myth and a Taxonomy of Myths, in : Hostking, G. & Schöpflin, G., *Myth and Nationhood*, Hurst & Company, Londres, 1997.
SCHREIBER, Thomas, Le rêve de la «nouvelle Europe», in : *Le Monde Diplomatique*, mai 2004.
SELLIER, A. & SELLIER, J., *Atlas des peuples d'Europe centrale*, La Découverte, Paris, 1991/2004.
SZABÓ, Márton (sous la direction de), *Az ellenség neve*, Jószöveg, Budapest, 1998.
SZŰCS, Jenő, *Les trois Europes*, avec une préface de F. Braudel, L'Harmattan, Paris, 1985.
Idem, *Nation und Geschichte : Studien*, Akadémia, Budapest, 1981.
TELÒ, Mario & MAGNETTE, Paul (édité par), *Repenser l'Europe*, Éditions de l'Université Libre de Bruxelles, Bruxelles, 1996.

THUAL, F. & LOROT, P., *La géopolitique*, Montchrestien, Paris, 1997.
TODOROVA, Maria, *Die Erfindung des Balkans*, Wissenschaftliche Buchgesellschaft, Darmstadt, 1999.
TOMIC, Yves, *La Serbie, du prince Milos à Milosevic*, PIE-Peter Lang, 2003, Bruxelles.
VANRIE, Pierre, Mélanges ethnoculturels inédits, in : *La Revue Nouvelle,* mars 2006.
WALLERSTEIN, Immanuel, *Geopolitics and Geoculture*, Cambridge U.P.- Maison des sciences de l'homme, Cambridge-Paris, 1994.
WEHNER, Burkhard, *Nationalstaat, Solidarstaat, Effizienzstaat*, Wissenschaftliche Buchgeselleschaft, Darmstadt, 1992.

Les religions et les Églises de l'Europe du Centre, entre elles et face aux États

Dans beaucoup de cathédrales du haut Moyen Âge, il y avait un trône à chacun des deux bouts de la nef : l'un du côté oriental sur lequel siégeait l'évêque du lieu, l'autre dans la partie occidentale où se trouvait assis l'empereur ou son représentant. Dans les conditions d'une Europe féodale d'ordre chrétien mais aussi jusqu'aujourd'hui, cette situation symbolisait la rivalité ou la symphonie entre la mitre et la couronne dans un face-à-face géopolitique : deux sortes de pouvoir à prétention universaliste par rapport à un même espace donné. En même temps, la rivalité des Églises ou des religions entre elles n'est guère un phénomène secondaire. Songeons aux croisades, à la Réforme et à la Contre-Réforme accompagnées de la guerre de 30 ans, aux conflits nombreux entre Églises chrétiennes en terres missionnaires, à l'opposition moderne entre l'Orient islamique et l'Occident, et finalement à l'holcauste récent ou le génocide au Rwanda. C'est ce face-à-face persistant qu'examine le présent exercice dans le contexte Centre-européen. Précisons d'emblée que ce «Centre» de l'Europe se situe, géopolitiquement, entre la Russie et l'UE à 15, entre la Méditerranée et la Baltique. Il se compose d'une petite vingtaine de pays.

Voir la suite sur le site suivant : www.bardosfeltoronyi.eu

Ouvrages de référence

Voir la suite sur le site suivant : www.bardosfeltoronyi.eu

Liste des cartes géographiques

Voir la suite sur le site suivant : www.bardosfeltoronyi.eu

TABLE DES MATIÈRES

Préface 5

Chapitre introductif : **Pour une grille d'analyse** 9
    Une discipline interdisciplinaire 9
    De la critique aux présupposés 11
    Du politique à la géopolitique 17
    Acteurs institutionnels 18
    L'image du pouvoir et la raison politique 21
    Espace, temps et État 22
    Les notions de l'État 30
    D'autres acteurs : les multinationales et les Églises 32
    Quid alors d'une géopolitique ? 35
    Les courants théoriques, la question de la méthode et
    la structure de l'ouvrage 38

Partie 1 : **Comment situer l'UE dans le monde ?** 43
    Comment se dessine le système des
    grandes puissances aujourd'hui ? 43
    Limites, frontières et portée de l'Union européenne 60
    Le différend russo-américain récent dans
    la Caucasie méridionale et l'UE 61

Partie 2 : **Des situations «entre-deux» : pays plats et transitaires** 63
    L'Ukraine et le transit d'hydrocarbures 69
    Le Bélarus, stable mais «désobéissant» 94
    La République Moldava, russe ou roumaine,…
    ou encore américaine ? 95

Partie 3 : **Objet des «grands jeux» différenciés** 97
    La Turquie dans le contexte géopolitique du XXIe siècle :
    fragilité interne, force et soumission extérieures 98
    La Caucasie méridionale : entre les grandes puissances mondiales
    et régionales, et les enjeux des «trois mers» 104
    L'Asie centrale, sans accès à la mer mais ayant de puissants voisins
    ou «protecteurs» lointains 106

Partie 4 : **Autres grandes puissances eurasiatiques :**
        avérées, virtuelles ou potentielles 139
    Chine, comme puissance émergente ? 140
    Inde et Pakistan, antagonisme sans fin ou
    coopération tacite ? 160
    Iran, un acteur ou un enjeu du Moyen-Orient 160

Partie 5 : **Cas géo-économiques** 165
    Quelques fondements à l'expansion géographique
    et sectorielle du capital 166
    Euro et Dollar, le même combat ou la géo-économie transatlantique
    ou encore la «désaméricanisation» institutionnelle ? 172
    La rentrée du capital au Centre de l'Europe 185
    La géopolitique des activités noires, roses et grises
    dans la mondialisation 185

Partie 6 : **Cas géoculturels**.. 207
    Géopolitique des rhétoriques 207
    La rhétorique du terrorisme et de la globalisation en tant que
    légitimation de quelques acteurs dominants 216
    De la mémoire des peuples au nationalisme guerrier
    au Centre de l'Europe 229
    Les religions et les Églises de l'Europe du Centre,
    entre elles et face aux États... 251

LISTE D'ABRÉVIATIONS

AIEA = Agence Internationale de l'Énergie Atomique

ASEAN ou ANASE = Association des nations de l'Asie du Sud-est

BERD = Banque européenne pour la reconstruction et le développement

BM = Banque mondiale

CEI = Communauté des États indépendants composés (sans les États baltes) des 12 pays ex-soviétiques

EUA = États-Unis d'Amérique

FMI = Fonds monétaire international

FT = Financial Times

NZZ = Neue Zürcher Zeitung

OCDE = Organisation de coopération et de développement économique de l'Europe dont font notamment partie les EUA et le Japon

OCS = Organisation de coopération de Shanghai

OMC = Organisation mondiale du commerce

ONG = Organisation non gouvernementale

ONU = Organisation des Nations Unies

OSCE = Organisation pour la sécurité et la coopération en Europe

OTAN = Organisation du traité de l'Atlantique du Nord

PECO = Pays de l'Europe centrale et orientale ou Centre de l'Europe

PESD = Politique européenne de sécurité et de défense

PESC = Politique étrangère et de sécurité commune

PIB = Produit intérieur brut

PPA = Parité de pouvoir d'achat

PPP = Programme pour la Paix de l'OTAN

RFA = République fédérale d'Allemagne

RU = Royaume-Uni

TBT = The Baltic Times

UE = Union européenne

URSS = Union des républiques socialistes soviétiques

WIIW = Wiener Institut für Internationale Wirtschaftsvergleiche

L'HARMATTAN, ITALIA
Via Degli Artisti 15 ; 10124 Torino

L'HARMATTAN HONGRIE
Könyvesbolt ; Kossuth L. u. 14-16
1053 Budapest

L'HARMATTAN BURKINA FASO
Rue 15.167 Route du Pô Patte d'oie
12 BP 226 Ouagadougou 12
(00226) 76 59 79 86

ESPACE L'HARMATTAN KINSHASA
Faculté des Sciences Sociales,
Politiques et Administratives
BP243, KIN XI ; Université de Kinshasa

L'HARMATTAN GUINEE
Almamya Rue KA 028 en face du restaurant le cèdre
OKB agency BP 3470 Conakry
(00224) 60 20 85 08
harmattanguinee@yahoo.fr

L'HARMATTAN COTE D'IVOIRE
M. Etien N'dah Ahmon
Résidence Karl / cité des arts
Abidjan-Cocody 03 BP 1588 Abidjan 03
(00225) 05 77 87 31

L'HARMATTAN MAURITANIE
Espace El Kettab du livre francophone
N° 472 avenue Palais des Congrès
BP 316 Nouakchott
(00222) 63 25 980

L'HARMATTAN CAMEROUN
Immeuble Olympia face à la Camair
BP 11486 Yaoundé
(237) 458.67.00/976.61.66
harmattancam@yahoo.fr

L'HARMATTAN SENEGAL
« Villa Rose », rue de Diourbel X G, Point E
BP 45034 Dakar FANN
(00221) 33 825 98 58 / 77 242 25 08
senharmattan@gmail.com

570074 - Juin 2014
Achevé d'imprimer par